The international community and
Human Rights

각 나라 인권의 발전과정과 사례

국제사회와 인권

김숙복·정윤화·정일동 공저

🅱 (주)백산출판사

-

머리말

오늘날의 국제사회는 정치, 교육, 문화, 경제 등의 면에서 민주주의 사회를 지향하고 있다. 민주주의는 모든 국민이 주권을 가지고 있고 인간다운 삶을 누릴 수 있는 인간의 기본권을 보장해 주는 것이 특징이라 할 수 있다. 국민의 기본권은 자유, 평등, 인간의 존엄성, 참정권, 사회권을 보장받음으로써 인간다운 삶을 요구할 수 있어야 하고 이를 보장받을 수 있어야 한다. 따라서 인간의 보편적인 요구들을 가장 잘 보장해 줄 수 있는 것이 민주주의 사회라는 것이다.

우리는 이러한 사회가 오기까지 많은 아픔을 겪으면서 현재에 도달하였다. 미래에는 더 좋은 세상, 즉 인간다운 생활을 충족하여 삶의 질을 풍족하게 만드는 사회로 향하게 될 것이다. 그러나 이러한 사회는 그냥 오는 것이 아니라 많은 시련과 역경이 동시에 수반될 것이다. 다시 말하면 이를 쟁취하기 위하여 많은 피를 흘려야 했고, 수많은 사람들이 투쟁한 결과라 할 수 있다는 것이다.

지구상의 많은 국가들 중에 일부 국가들은 이러한 사회를 이루어 인간의 삶의 질을 풍족하게 해주었으나 아직까지 많은 나라들은 모든 면에서 뒤처진 것이 사실이다. 그러나 민주주의 사회이든 아니든 혹은 선진국이든 후진국이든 우리의 삶의 질은 더 나아질 수밖에 없다. 왜냐하면 인간의 욕구는 매우 강렬하기 때문이다. 이러한 강렬한 욕구는 인간의 기본적 권리인 인권에 대한 관심으로 이어져 이에 대한 욕구가 더욱 거세질 것이라 할 수 있다.

세계인권선언 제1조에 "인간은 태어날 때부터 자유롭고 평등하며 인류는 서로 형제애로 대하여야 한다."라고 규정되어 있다. 인권은 천부적으로 인류에게 주어진 보편적인 권리이다. 이러한 보편적인 권리를 제한하면 오히려 보편적인 권리를 회복하기 위하여 더욱 투쟁할 것이다.

인권에 관해서는 대한민국의 「헌법」에서도 분명히 밝히고 있다. "모든 국민은 인간으로서 존엄한 가치를 가지며 행복을 추구할 권리와 인간다운 생활을 할 권리를 가진다."라고 분명히 적고 있다. 이는 인간은 태어나면서부터 그 자체가 고귀하며 살아가는 동안 타인으로부터 차별이나 무시를 받지 않으며 행복한 삶을 살아갈 권리가 있다는 뜻이다.

이러한 삶은 우리의 기본권인 인권이 보장되어야만 가능할 것이다. 이러한 인권이 우리에게 쉽게 온 것은 아니었다. 우리는 기본권을 쟁취하기 위해 많은 희생을 감내하며 노력해야 했고 앞으로도 인권 수호를 위하여 꾸준히 정진해야 할 것이다. 그러한 예는 영국의 '권리청원' '권리장전' '프랑스혁명', 미국의 '독립선언문' 등을 통해 분명하게 나타나 있다.

인권은 사회변화에 따라 추구하는 내용이 달라졌다. 과거에는 절대권력에 항거하여 개인적인 권리들을 추구한, 다시 말하면 인간의 기본권인 자유, 평등, 참정권 등의 개인적 권리를 쟁취하는 데 목적을 두었다. 이는 당시의 자유사상에 근거를 두었으며 이는 제1세대 인권이라 할 수 있다. 19세기는 영국으로부터 시작된 산업혁명의 결과로 자본주의가 도래하자 여기에서 발생되는 인간소외, 불평등, 불합리한 산업환경 등에 대한 사회권이나 문화권을 주로 문제삼았다. 이러한 것은 당시 널리 퍼져 있던 사회주의 사상에 근거하였고 인간의 불평등을 해소하기 위하여 모두가 인간다운 삶을 영위할 수 있도록 경제적인 공정화, 공평화, 평등화를 주장한 시기로 이를 인권의 2세대라고 할 수 있다.

그러나 오늘날은 1, 2세대를 넘어서 인권이 개인적이고 시민적인 권리를 넘어선 복잡한 문제가 새롭게 나타난다. 즉 인간의 개인적 권리를 넘어서 국제적 연합을 통한 인간의 권리에 관심을 가지게 되었다. 과거에는 전통적이고 개인적인 권리에 초점을 두었다면 현재는 집단적인 수준으로서 국내 법보다 국제적 공조를 통한 인권의 문제가 대두되어 국가들의 연합을 통해 인권문제를 해결해야 할 수준에 이르렀다는 것이다. 예를 들면 깨끗한 물을 먹을 수 있는 권리, 경제개발의 권리, 깨끗한 공기를 마실 권리 등은 한 개인이나 국가가 해결할 수 없는 문제라 할 수 있다. 이러한 것들은 여러 국가들의 공조를 통해 해결할 수밖에 없다는 것이다. 이를 3세대 인권이라 할 수 있다.

제3세대 인권시대에 살고 있는 우리는 특히 환경에 대하여 매우 우려하고 있다. 대한민국은 아름다운 국토, 맑은 하늘이라는 옛 이미지가 이제는 적용되지 않는다. 하늘은 온통 미세먼지로 가득하고 모든 물은 이제 함부로 마실 수 없어 고통받고 있기 때문이다. 이와 같은 문제는 개인적으로 권리를 추구하여 해결하는 데 한계가 있으며 국제조약과 협정을 통하여 해결해야 하는 문제일 것이다.

따라서 본 교재에서는 이러한 권리를 가져오게 된 역사와 사례들을 중심으로 현재 각 나라의 인권 발달과 역사적 사례, 그리고 오늘날 인권의 정도를 통해 우리의 인권수준은 어디까지 진보했는지와 앞으로 우리가 누려야 할 인권에 대하여 살펴보고자 한다. 이를 위해 다음과 같은 부분에 주안점을 두어 서술하였다.

첫째, 인권이 무엇인지를 알아보고 각 나라별 인권의 역사를 살펴본다. 또한 그들이 권리를 획득하기 위해 어떻게 노력해 왔는지를 서술하는 데 중점을 두었다.

둘째, 우리나라의 인권에 대한 개념과 발전과정을 살펴봄으로써 앞으로 진행해야 할 문제들을 살펴보고자 하였다.

셋째, 인권 선진국인 서유럽을 통하여 그들의 인권관과 그것을 얻기 위해 노력했던 사례들을 살펴봄으로써 우리에게 주는 시사점을 통하여 교훈을 얻고자 하는 데 중점을 두었다.

넷째, 각 나라는 자국뿐만 아니라 타국에서 얼마나 잔인하게 인권을 훼손하였는지를 각 사례들을 살펴봄으로써 그들의 아픔을 이해하는 데 목표를 두었다.

또한 저자는 각 나라 인권의 발전과정과 사례들을 살펴봄으로써 글로벌 시대에서 살아가기 위해 우리의 마음자세를 가다듬는 데 목적을 두고자 하였다. 다시 말하면 인권은 자기를 보호하는 데도 목적을 두지만 타인에 대한 권리도 매우 중요하다고 볼 수 있다. 자신의 권리를 추구하려고 타인의 권리를 침해해서는 안 된다는 것이다. 따라서 타인에 대한 존중, 타국에 대한 배려를 통하여 전 세계인 모두가 행복한 삶의 질을 추구하기 위해 노력해야 한다는 것이다.

끝으로 본 교재를 저술하는 데 도움을 준 문성대학교 2019학번 학생들과 4월에 자랑스러운 부사관으로 입대함에도 불구하고 학교에 나와 본 교재의 자료정리와 원고교정 및 편집에 도움을 준 경북과학대학 군사학과 2년 유지연 학생에게도 깊이 감사하며 군에서 건강하게 또한 열심히 복무할 것을 기원한다.

그리고 본 교재를 출판할 수 있도록 도움을 주신 백산출판사 사장님을 비롯하여 상무님, 편집부장님, 과장님에게도 감사의 뜻을 전한다.

2020년 6월

저자 일동

차례

제 **1** 장

인권의 개념과 역사

① 인권이란 무엇인가?

　　우리는 살아가면서 인권이라는 단어를 당연히 사용하지만, 또한 인간이 당연히 가져야 한다는 것은 알고 있지만 왜 가져야 하는지를, 또한 왜 필요한지를 깊게 생각하지는 않고 생활한다. 왜냐하면 본인이 인권침해를 당하지 않은 이상 인권에 대하여 무관심하기 때문이다. 신문이나 방송매체 등에서 인권침해에 대한 소식이 심심찮게 소개되지만 대체로 사람들은 관심을 두지 않는다.

　　만약 본인에게 장애가 되거나 누군가에게 인권침해를 당한다고 상상해 보자. 과연 우리의 삶은 행복할 것인가? 그렇지는 않을 것이다. 인간은 누구나 자유롭고 행복하게 살아가고자 하는 욕망이 있다. 따라서 자기의 삶이나 행동이 침해당한다면 삶이 행복하거나 자유롭지 못할 것이다.

　　우리는 여기서 인권의 정의를 유추해 볼 수 있다. 인권이라는 단어는 일반적으로 인간이 태어나면서부터 가지고 있는 고유한 권리이며 성별, 인종, 남녀노소, 국적, 교육 정도, 빈부의 격차 등과 상관없이 가져야 할 기본적인 권리를 말하는 것이다. 이를 천부인권(天賦人權)이라 하며 이것의 유무가 인간의 행복과 관련이 있다는 것이다. 다시 말하면 사회적 약자가 존재하지 않는 사회가 인권을 보장받는 사회라고 할 수 있다는 것이다.

　　현대사회는 여러 정치체계를 가지고 있지만 이 지구상에서 인간의 자유, 평등, 정의, 인간의 존엄성 등을 추구할 수 있는 국가체제는 민주주의라고 할 수 있다. 따라서 지구상의 모든 국가들은 인간의 존엄성을 존중하는 민주주의의 원리 아래 살아가며 또한 민주주의를 옹호하는 것이다. 이러한 민주주의제도에는 자유권과 차별받지 않을 권리, 노동권, 참정권 등이 포함되어 있다. 만약 이런 인권들이 보장받지 못한다면 진정한 민주주의를 이루기가 힘들 것이다. 민주주의는 인간의 존엄성을 지키는 것을 목표로 하기 때문이다. 하지만 우리 주변을 돌아보면 아직도 인종이나 성별, 장애 등을 이유로 인권을 침해받는 경우가 많다. 인권을 침해받는 사람들은 주로 여성, 아동, 장애인 등, 힘이 약하거나 권리에 대해 잘 몰라 스스로를 지키기 어려운 사회적 약자들이다. 이러한 권리들은 누구에게도 양도되어서는 안 되며 양도할 수 없는 권리라는 것이다. 결론적으로 인권이라는 것은 천부인권이며 자연권이며 생래적 권리라는 의미가 반드시 포함되어 있다는 것이다.

인권이라는 개념은 우리가 알고 있는 기본권과는 차이가 있다. 왜냐하면 기본권은 헌법에 의해 보장되어 있는 국민의 기본적인 권리를 말하며 여기에는 포괄적 기본권인 인간의 존엄과 가치 및 행복추구권, 개별적 기본권인 자유권, 평등권, 사회권, 참정권, 청구권이 있다.

자유권이라는 것은 모든 사람은 국가 권력의 압력이나 간섭을 받지 않고 행동이나 생활을 보장받을 수 있는 권리이다. 자유권의 특징은 국가의 역할을 제한함으로써 보장되는 권리로 소극적 성격을 지닌다. 자유권에는 신체의 자유, 정신적 자유, 사회·경제적 자유 등이 있다.

평등권은 국가나 인종, 성별, 남녀노소, 종교, 신분, 장애 등에 의해 부당하거나 억울함이 없는 동등한 권리를 말하는 것이다. 이러한 평등권은 우리가 살아가는 국가나 사회의 기본적 가치이며 추구해야 할 목표이며 다른 권리를 실현하고자 하는 가장 기본적인 전제조건이다. 따라서 모든 국민은 법 앞에 평등한 대우를 받아야 하며, 정치적·경제적·사회적·문화적 생활의 모든 영역에서 차별받아서는 안 된다는 것이다.

사회권이라는 것은 국가에 대하여 인간다운 생활을 할 수 있도록 보장하고 요구할 수 있는 권리를 말한다. 이러한 사회권은 반드시 국가가 개입하여 모두가 인간다운 생활을 추구할 수 있는 권리를 말한다. 이는 현대 국가에서 추구하는 것으로 이에 따라 복지국가의 유무를 알 수 있다는 것이다. 왜냐하면 교육을 받을 권리, 근로의 권리, 사회 보장을 받을 권리, 쾌적한 환경에서 살 권리 등이 복지국가를 이룰 수 있는 척도가 되며 현대 국가에서 실현되어야 할 과제이기 때문이다.

참정권은 누구나 알고 있듯이 국가의 의사 결정이나 과정에 참여할 수 있는 권리이다. 다시 말하면 국가의 권력은 주권에 있다는 주권재민(主權在民)을 말하며 여기에는 대통령이나 국회의원, 지방자치단체장 등을 뽑을 수 있는 선거권이 대표적이라 할 수 있으며 선거권, 국민 투표권 등이 있다.

청구권의 의미는 국가에 대해 문서를 통하여 행위를 신청하고 요구할 수 있는 권리를 말하며 개인의 기본권을 보장받기 위한 권리이다. 예를 들면 자기의 기본권이 다른 권력기관에 의해 침해받거나 억울함이 발생하였을 때 그것을 구제받을 수 있도록 하는 권리를 말한다는 것이다. 청원권, 재판청구권과 국가나 국가기관 등이 불법적이거나 고의적이지는 않지만 책임질 행위가 있을 때 국가가 나서서 책임을 질 수 있는 국가배상청구권 등이 있다. 예를 들면 공무원들의 잘못이나 과도한 충성심으로 인하여 개인이나 사회에 억울함을 끼쳤을 때 국가가 나서서 이를 금전이나 다른 형태로 책임질 수 있도록 청구하는 능동적인 권리를 말한다.

따라서 인권이라는 것은 특정한 사람들이 가지는 특별한 권리를 지칭하는 것이 아니라 사람답게 살 권리를 말하며 누구나 행복하게 살아갈 수 있는 실천적인 권리로서 보편적인 의미를 가진 것이다. 좀 더 구체적으로 살펴보면 시대나 사회적 조건에 따라 변화는 권리가 아니라 사람답게 살아가기 위해서 필요한 것으로 누구에게나 개방되어 있는 가장 기본적인 권리라는 것이다. 이에 따라 우리나라의 「헌법」 34~35조에 보장되어 있듯이 국민은 인간다운 생활을 할 권리와 건강하고 쾌적한 생활을 할 수 있는 권리를 가지며 이를 위해 국가나 사회는 국민에게 반드시 보장해 주어야 한다고 명시되어 있다. 따라서 국가나 시대적 상황이 어려울지라도 정치체계는 국민의 인권을 반드시 보장하고 실현하는 데 앞장서야 한다는 것이다. 물론 모든 국민의 인권을 완벽하게 추구하기는 어렵지만 다른 무엇보다도 국가는 인권을 보장하기 위해 각고의 노력을 할 필요가 있으며 이를 등한시할 경우 국민들의 저항을 받게 될 것이다.

 인권의 역사는 어떻게 발전해 왔을까?

우리는 앞에서 인권은 무엇이며 왜 보장받아야 하는지에 대해 알아보았다. 인권이라는 것은 이렇게 중요하지만 이것을 쟁취하여 오늘날까지 온 것은 그리 쉽지 않았다는 것이다. 다시 말하면 무작정 우리에게 주어진 것이 아니라 이를 획득하기 위해 많은 희생과 참혹함과 노력이 있었다는 것이다. 왜냐하면 시대적, 문화적, 역사적, 국가적 상황이 인권에 대하여 동일하지 않았기 때문이다. 따라서 여기에서는 인권이 어떻게 오늘날까지 발전하고 성장할 수 있었는지를 살펴보기로 하겠다.

자유권   사회권   집단권

▲ 인권의 범위

인권에 대하여 관심을 가지게 된 시기는 동양보다는 서구에서 인간의 존엄성을 중시하는 근대로 접어들면서부터였다. 다시 말하면 인권에 대한 관심은 고대, 중세를 지나면서 사회현상의 변화로 인하여 서서히 발전하게 된 것이다.

이 시대의 특징은 자유주의와 계몽주의, 지리상의 발견, 인쇄술의 발달로 인하여 인간성 회복운동과 시민들의 자각 등이 많은 영향을 미쳤다고 볼 수 있다.

따라서 근대적인 인권보장은 무엇보다도 새로운 국가의 출현으로 인하여 관심을 가지게 되었는데 이 중에서도 영국을 위시한 입헌군주제의 영향으로 제도 및 문서로써 발전하게 되었다는 것이다. 왜냐하면 정치, 경제, 사회 등 모든 분야에서 법치주의에 입각한 새로운 형태의 국가로 헌법에 인권이 기본권으로 성문화되기 시작했기 때문이다.

가장 대표적인 것이 1215년 영국의 존 왕이 귀족과의 다툼으로 마련한 서약서인 영국의 대헌장(마그나카르타, Magna Carta)은 국왕의 절대적 권력의 제약과 의회의 승인을 받아야 한다고 명시한 데서 비롯되었으며 이는 영국 헌법의 기초가 되어 이후 세계 여러 나라에서 헌법을 기초하는 데 많은 영향을 주었다고 볼 수 있다.

비록 이 문서가 귀족들의 강요에 의해 작성되었다고는 하지만 전제군주의 권력을 제한했다는 데서 의의를 찾을 수 있으며 이를 요약하면 다음과 같다.

군주는 의회의 승인 없이는 군역 대납금과 공과금 등을 부과할 수 없다는 것과 체포, 구금은 반드시 정당한 재판에 따라야 한다는 것이다. 이는 매우 이례적인 것으로 63개 조항으로 된 서약서가 바로 영국의 대헌장인 것이다. 비록 자유민을 대상으로 하였지만 인권의 발달에 많은 영향을 미치게 된 것은 사실이라 볼 수 있다.

이후 1628년 영국 의회가 찰스 1세의 승인을 얻은 국민의 인권에 관한 선언으로 1625년에 즉위한 찰스 1세는 왕위를 계승한 이래 각국과의 잦은 전쟁으로 인하여 국민들의 고통이 매우 심각해지자 마지못하여 의원들이 국왕에게 청원한 청원서이다. 당시 전쟁의 충당금을 국민들에게 강제 기부금이나 상납금의 형식으로 모금하자 이를 부당하게 여긴 의회에서 국민들의 재산권과 자유권을 보장하기 위하여 권리선언을 한 것이 '권리청원'이다.

청원서의 내용을 살펴보면 누구도 함부로 체포·구금될 수 없다는 것, 국민은 군법에 의한 재판을 금지한다는 것, 군대가 민가에 강제 투숙할 수 없다는 것, 의회의 동의 없이는 강제기부, 어떠한 과세, 증여 등을 부과하지 않을 것 등이 포함되어 있다. 일반적 원칙을 확립시키기 위하여 이론적 입장에서 기초된 것이 아닌 실제적 필요에 의해 작성되었다. 청원의 형식으로 행하여졌으므로 이러한 이름으로 불리지만 '마그나카르타' 및 '권리장전'과 함께 인권선언의 기초를 이루며 영국 헌법의 중요한 문서가 되었다. 특별세 승인이 필요했던 찰스 1세는 마지못해 허락하였으나, 1629년에 의회를 해산시키고 11년간 의회를 소집하지 않고 전제정치를 계속 단행함으로써 이후 청교도 혁명의 원인을 제공하였다. 1679년 인신보호령은 1679년 부당한 구금에 따른 인권침해를 방지하기 위해 제정된 영국의 법률이다. 영국에서는 일찍이 이유 없는 구금이나 장기간의 구류를 막기 위하여 피구금자의 신병을 재판소에 출두시켜 신속하게 재판을 받게 하는 인신보호영장이 있었다. 그런데 17세기에는 국왕의 특권재판소가 이 영장이 미치지 못하는 지역에 구금하는 등 인권을 침해하자 그와 같은 폐단을 없애기 위해 제정되었다. 1689년 '권리장전'은 영국에서 명예혁명 다음 해인 1689년에 공포된 법률을 말한다. 의회의 승인

없이 법률의 정지나 면제, 금전 징수, 상비군을 유지할 수 없으며, 의회 안에서의 언론의 자유, 왕위 계승의 순서와 자격 등을 규제했다.

또 하나의 특징은 영국을 비롯한 서유럽에서 당시 활발하게 일어난 계몽주의 사상에 많은 영향을 받았다는 것이다. 로크, 루소 등을 비롯한 당시 철학의 한 사조인 계몽주의 사상은 이성과 지성을 중시한, 인간의 존엄성과 자유권을 강조함으로써 유럽의 중세시대를 지배한 종교와 신학의 독단으로부터 벗어나고자 노력한 사상으로서 인간의 자각을 일깨운 일종의 자각운동이었던 것이다. 이러한 운동은 당시 유럽 전역에 걸쳐 확장되었으며 각 나라의 헌법을 기초하는 데 많은 영향을 미쳤다고 볼 수 있으며 계몽주의 원리는 '미국의 독립선언', 아메리카 합중국 헌법, '권리장전', 그리고 프랑스 혁명과 '시민의 권리선언'의 서명자들에게 동기를 부여했다.

특히 로크는 '사회계약론'을 통하여 당시 영국의 정치철학과 유럽에 많은 영향을 미쳤다고 볼 수 있으며 후에 볼테르와 장자크 루소에게 영향을 주었다. 이는 미국 혁명뿐만 아니라 여러 스코틀랜드 계몽주의 사상가들에게도 영향을 미쳤다. 그의 영향은 미국 '독립선언문'에 반영되었다.

이 시기의 대표적 사상가인 장 자크 루소는 『사회계약론』을 통하여 국가는 자연상태에서는 노동을 통하여 재산을 갖게 되는데 이는 국가와 개인과의 계약을 통하여 보호받을 수 있다는 야경국가론(夜警國家論)을 주장하였다. 이는 영국 민주주의의 근원이 되었다.

인간은 자기의 재산을 더욱 효과적으로 안전하게 지키기 위해서 다른 어떠한 기관이 필요하였는데, 그 기관을 만들기 위한 중간과정이 바로 사회계약이다. 사회계약에 의하여 국가는 성립되었으나 국가는 절대 권력을 행사하는 기관이 아니며, 홉스의 국가관과 대조, 입법부가 정한 법으로 행정부에 의해 통치되는 기관이었다. 완벽한 삼권분립의 형태가 아닌, 국가는 그 기능을 제대로 수행하지 못했을 경우, 국민의 재산을 안전하게 보호할 의무, 계약이 성립한 국민에 의해 파기될 수 있다는 로크의 주장에 주목할 만하다. 당시 홉스의 사회계약론을 주장한 강력한 국가이론과는 대조적이라 볼 수 있다.

장 자크 루소(Jean-Jacques Rousseau, 1712~1778)는 국가는 국민의 일반의지

로써 국가가 형성되고 통치되어야 한다는 것이다. 다시 말하면 국가의 권력은 국민에게서 시작된다는 국민 주권론을 주장하였던 것이다. 따라서 절대적이며 타인에게 양도되거나 침해받아서는 안 된다는 것이다. 이를 위해서는 직접민주제가 필요하다는 것이다.

이는 각 개인은 자유와 평등을 최대한으로 확보하면서 공동 이익을 지키기 위해 하나의 약속을 하고 국가를 형성한다. 이 약속이 사회계약이라는 것이다. 다시 말하면 우리 모두는 일반의지라는 최고의 명령 아래 공동으로 자신의 주권을 행사할 수 있다. 그리고 공동체의 한 부분으로서의 개인이 된다. 따라서 사람은 "자유로워질 수밖에 없다"라는 그의 유명한 말로 이해된다.

1748년 계몽주의 시대의 프랑스 정치사상가인 몽테스키외는 권력 분권론에 관한 명확한 설명으로 유명한데, 이러한 권력 분권론은 정부에 대한 근대의 논쟁에서 허용되었고, 전 세계 많은 헌법에서 이를 규정하고 있다. 자유주의 입장에서 권력분립에 의한 법치주의를 제창하였다.

권력분립(權力分立)이란 권력이 한 개인이나 집단에 집중하지 않게 나누어져야 한다는 제도를 가리킨다. 다시 말하면 국가의 권력은 어느 한곳에 집중되어서는 안 된다는 것이다. 왜냐하면 권력의 집중화는 개인이나 집단에 커다란 패악을 가져와 국민이나 사회집단에 국민의 기본권인 자유권이나 참정권 등을 제약할 수 있다는 것이다.

따라서 국가의 권력은 행정, 입법, 사법부가 철저히 권력을 나누어 상호 견제를 통하여 국민들의 기본권을 보장해 주어야 한다는 것이다. 이것이 바람직한 민주주의의 실현이며 곧 인권을 보호할 수 있다는 것이며 독재를 예방할 수 있다는 것이다.

또 하나의 특기할 만한 사상적 배경은 봉건제 말기에 정치세력으로 부상하던 시민계급인 자본가 계층이 인권운동을 주도하였다는 것이다. 이들은 경제적 부를 토대로 새로운 정치세력으로 부상하였으며 그들은 경제활동과 자유로운 정치활동을 할 수 있도록 권리를 주장하게 되었던 것이다.

이러한 사상은 유럽을 넘어 신대륙에 전파되었는데 이것이 유명한 버지니아 권리장전(Virginia declaration of rights)이다. 버지니아 권리장전은 미국 독립선언문을 발표하기 직전, 미국 버지니아주에서 부당한 정부에 대한 반역의 권리를 포함해 인간에 내재하는 자연권을 선언하였다. 이 문서는 1776년 버지니아 의회에서 만장일치로 채택돼 이후 수많은 인권선언에 영향을 주었다. 시민의 천부 인권과 함께 생명, 자유, 재산권을 규정했으며, 최초로 행복 추구권을 선포하였다. 이외에도 저항권, 신체의 자유, 언론, 신앙의 자유 등을 포함하였다. 이는 후에 미국의 독립선언문을 만드는 데 크게 기여하였다.

출처: 미국대사관 및 영사관

▲ 미국의 독립선언문

미국 독립혁명(獨立革命)은 18세기 중엽 영국의 13개 식민지가 프랑스의 원조를 받아 왕국으로부터 독립하여 미국을 수립한 것을 말한다. 당시 영국은 동인도회사의 재정난을 해결하기 위하여 차 제품을 북미 식민지에 세금 없이 독점할 수 있도록 차의 세법을 고쳐 정규적으로 수입된 차보다 값싸고 어떤 면에서 원주민에게 더욱 유리하게 되었다. 동인도회사 차를 싣고 오던 배가 항구에 진입하자 배를 습격하는 사태가 발생하였다. 이것이 1773년에 일어난 '보스턴 차'사건이며 이것을 계기로 미국 독립혁명의 기틀이 마련되었다.

당시 영국은 산업혁명의 결과로 자국 산업에 필요한 원료를 식민지에서 생산, 조달하게 하고 본국의 제품을 팔려는 속셈이었다. 따라서 자국의 이익에 따라 식민지 국가산업을 제한하고 억제하기 위해 만든 조례(條例)를 강요하였다.

이를 살펴보면 대표적인 것이 인지조례로서 졸업장과 신문광고에까지도 인지세를 강요하였으며 이에 식민지국의 반발로 '보스턴 차'사건의 빌미를 제공하였다.

따라서 1774년 식민지 대표들이 모여 식민지 국가 주민의 권리를 선언하자 본국과 식민지 국가 군대가 충돌하여 독립전쟁의 시발점이 되었다. 여기에서 13

주 식민지 대표들은 제2회 대륙 회의에서 조지 워싱턴(1732~1799)을 지도자로 선출하고 독립의 정당성을 선포하면서 독립의 길로 향했다. 당시의 유명한 문구인 "우리에게 자유를 달라. 그렇지 않으면 죽음을 달라"라고 외치면서 시작되었던 것이다.

결국 1776년 7월 4일, 제퍼슨(1742~1826)이 기초하고, 프랭클린(1706~1790)을 포함한 기초위원회에서 결정한 독립선언문이 공포되었다. 독립선언문의 서문에는 인류의 생명·자유·행복의 추구와 그 일을 위한 정부의 수립을 인간의 자연권이라 주장하고, 본문에서는 조지 3세의 압제를 열거하며, 독립의 불가피함을 설명하고 있다.

이 혁명은 프랑스 혁명과 함께 양대 민주주의 혁명으로 유명하다. 1775년에서 1783년까지 13개 식민지는 그레이트브리튼(현 영국) 왕국을 상대로 미국 독립전쟁을 벌였다. 미국 독립선언은 1776년에 발표되었으며 전쟁에서 승리를 확고히 한 것은 1781년이었다. 7년 전쟁의 일환으로 북아메리카의 식민지 지역에서 벌어진 프랑스, 인디언 전쟁이 끝난 1763년, 그레이트브리튼 왕국이 제국 유지비용의 상당수를 아메리카 식민지에서 충당하려 한 것이 미국 독립운동의 발단이 되었다. 이러한 그레이트브리튼 왕국의 결정은 아메리카 식민지 대표들의 참여 없이 이루어졌기 때문에 13개 식민지는 대표의 참여 없는 세금 부담은 무효라고 주장하였다. 애국자라 불리던 독립파 인사들이 서신 교환을 통하여 영국 제국에 대항하기 위한 독자적 의회의 구성에 합의하였고 이들은 대륙회의를 결성하였다.

1773년 '보스턴 차'사건 이후 영국이 군대를 파견하자 미국인들은 민병대를 조직하여 대항하였다. 미국 내 왕당파가 인구의 30%에 이르렀음에도 독립파들은 전쟁 기간 동안 식민지 80% 이상의 지역을 실질적으로 지배하였으며 영국 제국은 일부 해안지역만을 방어할 수 있을 뿐이었다. 1776년 13개 식민지의 대표들은 '미국 독립선언'에 서명하고 새로운 국가인 아메리카 합중국(미국)을 수립하였다. 1778년 미국은 프랑스와 동맹을 맺어 프랑스의 군사적 지원을 받았으며 이후 에스파냐와 네덜란드공화국과도 동맹을 맺었다. 미국의 대륙군은 1777년 새러토가전투와 1781년 요크타운전투에서 영국 제국의 군대에 승리하였다. 미국과 영국 제국은 1783년 파리조약으로 평화협정을 맺었고 영국은 미국의 독립을 인정하였다.

미국 독립 초기의 공화주의자들, 특히 건국의 아버지로 불리는 조지 워싱턴과 13개 식민지의 대표들은 중우정치에 대한 우려로 민주주의의 확장에 대해 부정적인 견해를 갖고 있었다. 그러나 독립운동은 미국의 정치, 사회에 변화를 가져왔고, 이러한 변화를 바탕으로 민주주의가 발전하게 되었다. 미국 독립은 민주주의를 미국적 가치의 핵심으로 삼고 있다.

1776년 미국은 '미국 독립선언'을 발표했으며, 이 부분의 본문이 미국 독립선언문이다. 1774년 제1차 대륙회의의 폐회 연설에서 패트릭 헨리는 "자유가 아니면 죽음을 달라"라는 유명한 말을 했다고 알려져 있다. 그러나 이것은 워싱턴 및 벚나무 일화와 마찬가지로 전기(傳記) 작가(作家)의 거짓말이다. 헨리는 무슨 말을 하긴 했으나, 그마저도 머뭇거리며 왕에 대한 충성을 맹세했고, 죽었다. 하여튼, 이를 계기로 민병대를 조직하여 훈련시키고 군수물자를 비축하기 시작했다.

1775년 제2차 대륙회의에서 벤저민 프랭클린, 존 애덤스, 로저 셔먼, 로버트 리빙스턴, 토마스 제퍼슨의 다섯 사람이 미국 독립선언문의 기초 작업을 수행했다. 그리고 대륙군을 창설하고, 조지 워싱턴 장군을 대륙군 총사령관으로 추대하면서, 각 주에 군사와 물자 지원을 요청하였다. 제2차 대륙회의는 1775년 5월부터 사실상 미국 연방의회의 역할을 하였으며, 이 1775년 제2차 대륙회의부터 미국 독립전쟁이 시작되었다. "모든 사람은 평등하게 태어났으며, 조물주로부터 몇 개의 양도할 수 없는 권리를 부여받았다. (…) 생명과 자유와 행복의 추구, 이 권리를 확보하기 위하여 인류는 정부를 조직했다 (…) 정당한 권력은 인민의 동의로부터 유래하는 것이다. 어떠한 형태의 정부이든 이러한 목적을 파괴할 때에는 (…) 새로운 정부를 조직하는 것은 인민의 권리이다."

1776년 7월 4일 13개 식민지의 대표자들은 필라델피아 인디펜던스 홀에서 미국 독립선언에 서명하고 독립을 선포하였다. 미국은 이날을 독립기념일로 여긴다. 그러나 실질적인 독립의 인정은 전쟁이 종료된 1783년에야 인정되었다.

미국 독립선언문에는 자연법에 근거한 인권의 주장, 사회계약설에 의한 정부의 구성 등 당시 미국 독립운동에 가담한 사람들의 사상이 대변되어 있다. "모든 인간은 날 때부터 평등하게 자유롭고도 자주적이며 일정한 천부의 권리들을 갖고 있는 바, 인간들이 한 사회의 성원이 될 때, 예컨대 생명과 자유의 향유와 같은 그러한 권리를 후손들로부터 박탈할 수 없다."라고 천명하였다.

또한 이 시기 유럽에서는 미국의 독립선언문과 맥락을 같이한 시민혁명이 1789년 프랑스에서 일어나는데 이것이 '프랑스 대혁명'이다. 이를 통하여 '인간 및 시민의 권리 선언'(Declaration of the Rights of Man and of the Citizen)의 선포는 '프랑스 혁명'으로 만들어진 인권 선언이다.

이 문서에는 천부인권, 자유권, 저항권과 함께 국민 주권과 권력의 분립, 소유권 불가침의 원칙을 규정하며 근대 민주주의의 탄생을 알렸다. 자유권 중심의 인권을 강조하며 민주주의 발전에 크게 이바지했지만, 권리의 주체인 '시민'의 범주가 백인 남성에게 한정돼 있다는 점에서 한계를 찾을 수 있다.

당시 프랑스 사회를 살펴보면 대혁명이 일어날 수밖에 없는 상황이었다. 프랑스는 루이 14세의 절대주의적인 권력과 "짐이 곧 법이다."라는 신권주의(神權主意)의 영향 아래 있었고 루이 16세와 마리 앙투아네트의 호화롭고 사치스러운 생활에 염증을 느낀 나머지 왕정과 귀족계급의 횡포에 맞서 세계적으로 유례가 없는 시민들에 의해서 일어난 대혁명이라고 할 수 있다. 이 혁명의 여파로 인해 유럽과 제국주의 국가들은 불안에 떨기 시작하였다는 것이다. 왜냐하면 최초로 일어난 국민이 주도한 시민혁명이었기 때문이다. 따라서 각 나라들은 언제 혁명의 바람이 자국에 영향을 미칠지에 촉각을 세울 수밖에 없었을 것이다.

프랑스 혁명은 크게 보면 유럽과 세계사에서 정치권력이 왕족과 귀족에서 자본가계급으로 옮겨지는, 역사분야에서 완전히 새로운 시기를 열어놓을 만큼 뚜렷이 구분되는 전환점이었다. 따라서 근대 민주주의의 발전을 위한 기념비로서 세계 정치사에 일대 변혁을 준 획기적인 사건이었다.

또한 이전의 운동이 주로 자유권을 회복하는 데 주안점을 두었다면 프랑스 혁명 이후에는 참정권으로 확대하는 모습을 보여주고 있다는 것이다. 왜냐하면 시민계급으로 인한 정치적 참여는 더욱 확장되어야 한다는 것이 그들의 주장이며 곧 선거권을 이루고자 노력할 수밖에 없다는 것이다. 다시 말하면 모든 국민에게 똑같이 참정권을 부여해야 한다는 것이다. 따라서 모든 선거권이 계급, 빈부, 성별, 인종, 국적 등과 상관없이 주어져야 한다는 것이다.

이를 위해 영국에서 일어난 차티즘(Chartism), 차티스트 운동(Chartist Movement,

1838~1848)이라는 사회운동이 대표적인 예라 할 수 있다. 영국에서는 당시 자본가계급과 노동자계급의 충돌로 인하여 일어난 운동으로서 자본가계급의 횡포와 배신으로 선거권을 보장받지 못한 결과로 일어난 운동이었다. 당시의 노동계층들은 재산의 유무와 상관없이 성인들에게 투표권을 줄 것을 주장하였지만 자본가계급이 주축이 된 의회가 중산층에게만 투표권을 부여하고 노동자계급을 무시하였기 때문이다.

이러한 노력에도 불구하고 지도자들의 분열, 사상의 불일치, 탄압과 영국의회의 강경책 등으로 인하여 목적을 달성하지 못하였으나 1867년과 1884년 선거개정을 통하여 보통선거가 이루어졌으며 여성에게 선거권을 부여한 것은 제1차 세계대전 이후에 이루어졌다.

미국에서의 여성 참정권(Women's suffrage in the United States)은 1920년 미국 수정 헌법 제19조의 통과로 그 절정에 이르렀다. 이 헌법에서는 선거를 할 수 있는 미국 시민의 권리가 미합중국이나 어떠한 주에서도 성별이 다르다는 이유로 부정되거나, 제한되지 아니한다고 명시하고 있었다. 1844년 6월 전원 남성으로 구성된 자유당은 대선을 위해 '여성 참정권'을 공약으로 내세워 미국 여성의 참정권에 대한 최초의 공식적 요구가 이뤄졌다. 1889년, 이 단체들은 '전미 여성참정권협회'(National American Woman Suffrage Association)로 통합되고, 1900년 이후, 진보의 시대에 개혁을 주장하게 된다. 미국의 제1차 세계대전 참전(1917~1918)으로 여성의 기여는 최후의 승리에 원동력이 되었다.

유색인종에 대한 참정권은 주로 흑인을 위주로 미국에서 처음 발생하였다. 흑인 민권운동은 1950~60년대에 일어난 미국 흑인들의 차별 철폐 및 투표권 획득을 위한 일련의 운동으로 오늘날의 미국을 만들었다고 봐도 과언이 아닌 20세기의 대표적인 민주주의 투쟁이자 시민 불복종 운동 중 하나로 꼽힌다.

1860~1890년대, 1890~1950년대까지도 이런 민권운동은 존재했으나 이 시기에 일어난 운동의 파급력이 매우 높아서 1950~1960년대에 일어난 것을 흑인 민권운동이라 할 수 있다. 19세기로 접어들어 인권은 인도주의법의 발전으로 확대되었다. 흑인 민권운동은 흑인들을 노예로 부렸던 노예제에 대한 반발에서 비롯되었다. 19세기 중후반에 이르러 노예제는 세계적으로 실효성이 없다는 이유로 사장되

는 상황이었으나 미국에서는 달랐다. 목화농업이 발달한 남부 주(州)의 자본계급들은 인력을 중시하였기에 노예제를 고수하려 했고 이로 인해 남북전쟁이 발발하였다.

20세기에 이르자 흑인 젊은이들 가운데 더 이상 이렇게 살 수 없다는 불만이 끓어오르고 있었다. 노예생활을 경험한 세대들이 흑인 차별에 순응하고 살았던 것과는 다른 분위기였다. 이런 가운데 20세기의 흑인 차별은 여러 이유로 점점 무너질 조짐을 보였다. 일차적으로 흑백 차별에 틈이 생긴 공간은 군대였다. 제1, 2차 세계대전으로 미국은 많은 미군을 파병해야 했고 자연히 흑인도 참전하게 되었다. 이 과정에서 법적으로 흑인 차별이 완화되어 갔다. 해리 트루먼 대통령은 중요한 두 가지 조치를 취했는데 첫째는 법무성에 민권담당 부서의 권한을 강화하는 것이었으며, 둘째는 군대 내에서 흑백 차별을 공식적으로 금지한 것이었다. 물론 이것이 즉각 효과를 나타낸 건 아니었으나 이런 조치들은 후일 흑인 민권운동에 중요한 역할을 하였다. 제2차 세계대전의 전쟁영웅이기도 했던 드와이트 아이젠하워도 트루먼의 조치들을 이어받았다. 흑백 차별조치를 완화하는 데 힘을 쏟았으며 그의 통치기간 중 흑백 차별을 무너뜨리는 단초가 형성되었다.

산업혁명으로 인한 자본주의의 본격화로 노동자계급의 양적 증가로 인한 아동노동, 저임금, 열악한 노동조건이 심각한 사회문제로 등장하였고, 노동자의 인권에 대한 관심이 고조되면서 노동자계급의 해방을 주장했던 사회주의 사상은 인권운동에도 큰 영향을 주었다.

20세기에 들어와 인류는 제1차 세계대전과 제2차 세계대전을 겪었다. 반세기에 두 번의 세계대전을 겪은 인류, 특히 서구사회는 전쟁과 같은 대규모 인권침해를 제도적으로 예방하기 위해 더욱 많이 노력하였다.

제1차 세계대전(1914~1918) 때, 대규모 인권침해가 발생하여 독가스, 탱크, 세균전 등 근대의 과학기술 남용에 의한 군인과 민간인의 대량 살상이 일어났다. 제1차 세계대전의 반성의 결과로 1919년 국제연맹 창설 및 국제노동기구(ILO)가 설립되었고, 당시의 정치적 분위기에서 다른 나라의 인권에 관여하는 것은 내정간섭 즉 주권침해로 받아들여졌다. 따라서 국제연맹의 규약에는 인권에 대한 명시적 언급이 없었고, 인권을 국제적으로 보장하기 위한 제도적 장치에 대한 계획도 없었다.

한편 독일에서는 1871년 독일 통일 이후에 산업화와 제국주의 영향으로 강력한 국가주의하에 제1차 세계대전을 통하여 제국주의의 길로 향하고자 하였으나 패망한 뒤 1918년 1월 19일 바이마르헌법(Weimarer Verfassung)이 제정되었는데 이것이 현대적 헌법의 효시가 되었다. 이는 20세 이상의 남녀에 의하여 보통, 평등, 직접, 비밀 선거에 의해 선출된 국민의회가 공포한 헌법으로 19세기 자본주의 발달에 따라 빈부격차와 사회적인 불평등이 심각해지면서 사회적 약자의 인간다운 삶을 보장하는 인권을 강조했다. 이 헌법은 이후 여러 복지국가의 헌법 제정에 큰 영향을 미쳤다.

20세기 들어 전 세계는 제1, 2차 세계대전을 통하여 다시 한번 인권에 대해 각성하게 되었다. 나치의 만행으로 유대인과 유럽의 소수민족이 대규모로 학살되었고, 아시아는 일본 제국주의 군대에 의한 남경대학살, 종군위안부(정신대) 등 대규모 인권침해가 발생하였다. 따라서 1946년 미국, 중국, 영국 등 다양한 국가들을 대표하여 당시 정치 지도자들은 전쟁을 방지하기 위한 집단적인 안보체제의 필요성을 자각하였고 인권의 존중과 보장이 평화의 전제조건이라는 인식을 공유하게 되었다. 이에 자각하여 일어난 것이 '세계인권선언'이다.

'세계인권선언'은 1948년 12월 10일, 새롭게 출범한 유엔에서 채택됐다. 이는 2차 세계대전 중 "인류의 양심에 공분을 일으키는… 야만적인 행위"가 자행된 것에 대응하기 위해서였다. '세계인권선언'의 채택은 자유와 정의, 평화의 근간에는 인권이 있음을 인정한 것이었다.

이 선언문에는 모든 사람이 지니고 있으며, 누구도 빼앗을 수 없는 권리와 자유 30가지가 명시되어 있다. 당시 '세계인권선언'에 포함된 권리들은 지금까지도 국제인권법의 기반이 된다. '세계인권선언'은 오늘날까지도 유지되는 현행 문서로, 세계에서 가장 많이 번역된 문서이기도 하다.

'세계인권선언'은 두 차례에 걸친 세계대전 이후, 국제연합(UN) 당시 58개 가입국가 중 50개 국가가 찬성해 채택된 인권선언문을 발표했다. 이 선언문은 세계인권선언과 함께 국제인권장전이라 부르기도 한다. 선언문은 세계 평화와 인권의 보호를 위해 언론과 표현의 자유를 보장하고, 각자의 종교를 개인의 방식으로 신앙

할 자유와 궁핍으로부터의 자유, 공포로부터의 자유를 제시했다. 이는 수많은 국제인권법의 토대가 됐을 뿐만 아니라 오늘날 대부분의 국가 헌법 또는 기본법에 그 내용이 반영되어 실효성이 크다.

1965년, 인종차별 철폐협약은 유엔총회에서 만장일치에 가깝게 채택된 협약으로, 한국은 1978년 12월 5일에 가입했다. 이 협약은 인종이나 피부색, 가문, 민족, 종족 등을 이유로 차별받지 않아야 한다는 기본적인 권리를 보장하며, 어떤 형태의 인종차별도 허용하거나 후원해서는 안 된다는 원칙을 천명했다.

위에서 보듯이 인권은 시대와 정치적 상황에 따라 변화하여 왔다. 이를 종합하여 보면 자유권에서 사회권으로 오늘날에 이르러는 집단권을 중시하여 발전하여 왔음을 알 수 있다.

우리는 자유권을 중시한 시대를 흔히 인권의 1세대라 칭한다고 볼 수 있다. 이는 정치권의 일종으로서 자유주의와 계몽주의 사상의 발달로 인하여 개인주의에 바탕을 둔 인권의 시대이다. 이는 민주주의와 시민적 자유를 공고화하고 조직화하는 데 필요한 기본적인 자유를 중시하는 데 있다는 것이다. 다시 말하면 국가가 개인의 권리와 자유를 방해하거나 간섭하지 말아야 한다는 것이다.

여기에는 신체적 자유, 언론집회의 자유, 종교의 자유, 통신의 자유 등이 해당된다고 볼 수 있으며 이는 차별로 인하여 자유가 방해받지 말아야 한다는 것이다. 차별에는 흔히 성별, 종교, 빈부, 인종, 국가, 민족, 혼인의 유무, 임신, 출산, 사상 등에 의하여 자유권이 제약받지 말아야 한다는 것이다.

2세대 인권은 사회권을 중시하는 것을 말하며 다른 말로 경제적, 사회적, 문화적 권리를 칭한다는 것이다.

이러한 인권의 시기는 1세대와 달리 19세기에 이르러 사회주의 사상과 인간소외의 현상, 빈부의 격차로 인한 소득 불균형에 의해 인간다운 생활을 보장받기 위함을 강조함으로써 국가는 개인에게 적극적으로 인간의 잠재력을 보장할 수 있도록 하는 시대를 제2세대 인권세대라고 할 수 있다.

이것은 취업을 할 수 있는 권리, 의식주에 대한 권리, 교육과 의료의 혜택을 받을 수 있는 권리, 사회보장에 대한 권리, 노령기에 존엄을 받을 수 있는 권리, 여가에 대한 권리, 건강과 행복을 누릴 수 있는 권리 등을 말하며, 이를 위해서는 국가가 적극적으로 나서서 분배의 정의를 실현하도록 요구하는 권리이다. 즉 사회권은 사람들 간의 실질적 평등과 분배의 정의를 핵심으로 하는 적극적 권리라고 할 수 있다. 따라서 이것을 해결하기 위해서는 각 국가가 처한 체제와 여건 그리고 문화적 수준과 경제적 여건에 따라 달리 해석할 수 있으므로 논쟁의 여지가 많으며 오늘날에도 국가와 개인 간은 충돌을 피하지 못하는 실정이다.

3세대 인권은 집단적 또는 연대의 권리라는 것이다. 다시 말하면 이전과는 다른 인권으로서 인류가 직면한 문제들을 공동으로 해결하기 위한 노력을 요구하는 권리이다. 그래서 여성과 인종문제, 제3세계의 빈부문제, 생태위기 등으로 인한 인류의 생활환경과 관련된 인권의 내용을 다루고 있다. 예를 들어 평화롭게 살 권리, 깨끗한 환경에서 살 권리 같은 것 등을 말한다. 이는 개인에게도 혜택이 돌아오지만 집단의 이익과도 연계될 수 있다고 본다. 다시 말하면 지역사회, 국민 전체 그리고 국가의 이익에도 부합된다는 것이다.

이는 경제개발에 대한 권리, 인간다운 생활을 할 수 있는 권리, 깨끗한 물을 마실 권리, 자연을 향유할 수 있는 권리 등이 포함된 환경권을 말한다. 따라서 이러한 환경권을 추구하고 있는 환경운동가의 투쟁 등이 여기에 해당되며 20세기에 진입하여 인권으로써 인정받기 시작했다는 것이다. 이러한 인권은 아직까지도 미흡하여 초기화 단계에 있으며 이를 해결하기 위해서는 경제개발도상국과 저개발 국가를 중심으로 다양하게 주장되고 있다.

따라서 오늘날의 인권은 오랜 역사를 거쳐 다양하게 발전해 온 것이다. 각 나라의 사회적, 문화적, 경제적 등 다양한 요인들에 의해 속도는 더디지만 언젠가는 인간의 존엄성과 행복추구권을 보장할 다양한 정책과 방안들을 세워놓아야 할 것이다.

무엇보다도 인권에 대하여 국가는 보호하고 향상시키고 책임질 의무를 가져야 하며 최소한의 법적 규정을 마련하여 발전시키고 인간의 삶을 향상시킬 수 있는 방안과 대책이 수립돼야 한다는 것이다. 이것은 1993년 비엔나에서 개최된 '세계 인권선언'에서 나타난 것과 같이 "국가는 정치·경제 및 문화적 제도와 체제의 차이에도 불구하고 모든 인권과 기본적 자유를 증진하고 보호해야 한다"는 것이 제5조에 명시되어 있을 뿐만 아니라 마찬가지로 대한민국 헌법에서도 "국가는 개인이 가지는 불가침의 인권을 확인하고 이를 보장할 의무를 지닌다."라고 제10조에 분명하게 명시하고 있다는 것이다.

다음은 인권문제이다. 첫 번째로 장애인의 인권문제를 생각해 볼 수 있다. 장애인들은 장애 때문에 차별받아서는 안 된다. 하지만 우리 주변을 보면 장애인들이 취직하는 데 곤란을 겪거나, 장애인을 위한 시설이 부족해 자유롭게 공공시설을 이용하기 어려운 경우가 많다. 심지어 학교나 대중교통도 장애인을 위한 시설이 마련되어 있지 않은 경우가 있다. 두 번째는 외국인 근로자의 인권문제이다. 다른 나라 사람이라는 이유로, 혹은 피부색이 다르다는 이유로 외국인 근로자들을 무시하거나, 일만 시키고 월급을 주지 않는 경우가 있다. 세 번째로는 사회적 약자의 인권이다. 아직까지도 가난한 사람들, 여성들이나 성적 소수자들이 우리 사회에서 인간다운 대우를 받지 못하는 경우가 많다. 세상의 절반이 여성인데 왜 여성이 차별받는 것일까? 그것은 여성의 숫자가 적어서가 아니라, 여성의 사회적 힘이 약하기 때문이다. 그래서 기업체, 관공서를 비롯하여 사회 각 분야에 참여할 수 있는 길이 남성에 비해 좁은 편이다. 또 가족을 먹여 살리는 사람은 여성이 아닌 남성이라는 편견 때문이기도 하다. 여성은 임신과 출산으로 다음 세대를 유지하고 있기 때문에 여성을 사회적으로 보호해 주어야 할 필요성은 가지고 있으나 차별을 통해 해결할 문제는 아니라는 것이다. 이 모든 사람들이 인간답게 살 수 있도록 사회 전체가 관심을 가지고 보호할 필요가 있다. 또한 성적 소수자의 인권문제를 생각해 볼 수 있다. 개인이 남성 혹은 여성 또는 그 밖에 제3의 성별이라고 느끼는 내면적 자아의식을 성 정체성이라고 한다. 그런데 남자로 태어났지만 마음속으로는 스스로 여성이라 느끼고 행동하거나, 여자로 태어났지만 남자로 살고 싶은 사람도 있다. 그런 사람들을 성적 소수자라고 하는데 여기에는 동성애자, 양성애자, 트랜스젠더 등이 포함된다. 또한 성 지향성은 쉽게 말하면 어떤 성별에게 연애감정을 느끼는지를 말하는 용어이다. 우리나라에는 아직도 많은 사람들이 자신의 성 정체성을 감추고 고통받으며 살고 있다. 사람들의 다양한 성 정체성을 인정하고 존중해 줄 때 평등한 세상이 될 것이다. 마지막으로 결손(缺損)가정의 경우이다. 부모 중에 한 분이 안 계시면 결손가정이라 부르는데, 결손가정이라는 말에는 무엇인가 부족한 것이 있다는 의미가 담겨 있다. 엄마와 아이만 사는 가족, 아빠와 아이만 사는 가족, 할머니와 아이만 사는 가족을 불쌍하게 생각하고 불편해 하는 것은 이들의 인권을 침해하는 것이다. 가족 구성원이 서로 다르더라도 그 속에서 가족의 행복과 평화를 찾으려는 노력이 중요하지, 누가 없고 있는 것은 중요하지 않다.

다음은 인권을 지키기 위한 노력이다. 우리나라에는 인권을 지키기 위해 노력하는 여러 단체들이 있다. 국가기관인 국가인권위원회가 있고, 시민단체인 인권운동사랑방, 장애인 권익과 그에 따른 이익·문제 연구소 등이 있다. 전 세계적으로는 국제연합이 세계인권선언을 통해 모든 인간의 권리를 인정했고, 세계 곳곳에서 뜻을 같이하는 시민단체들이 불법 처형, 고문, 양심수 등의 문제에 관심을 갖고 활동 중이다. 하지만 무엇보다도 중요한 건 모든 사람의 인권을 소중하게 여기는 마음가짐일 것이다.

어린이를 위한 인권보호단체도 있다. 어린이들은 나이가 어리고 어른에 비해 힘이 약하다는 이유로 인권이 무시되는 경우가 많다. 그래서 어린이의 인권을 보호하기 위한 특별한 노력이 있었다. 어린이의 인권보호단체인 '세이브 더 칠드런(Save the Children)'은 이름 그대로 '아이들을 구하라'라는 뜻을 가지고 있다. 이 단체는 세계 모든 어린이의 권리를 보호하기 위해 만들어졌다. 1919년에 설립된 이후, 우리나라를 포함해 전 세계 28개 회원국이 가난과 질병, 학대로 고통받는 아이들을 위해 활동하고 있다. 1953년에 이미 한국지부가 만들어졌기 때문에 우리나라에서도 꽤 오래된 단체이다.

③ 인권을 저해하는 요인에는 어떤 것이 있을까?

인간은 태어나면서부터 자유롭고 평등하며 존엄성을 가지고 태어났다. 이를 위해서는 누구도 인간의 권리를 침해할 수 없다고 하였다. 그러나 인간이 살다 보면 자기도 모르게 인권침해를 당하거나 남의 인권을 침해하는 경우를 의식하지 못하거나 모른 척하고 있다. 인간이 행복한 삶을 살기 위해서는 권리를 누릴 수 있어야 하며 동시에 타인의 권리도 보장해 주어야 한다는 것이다.

현대사회에서는 모든 국민의 인권을 보호하고 향상시킬 수 있는 의무를 국가가 부담할 필요가 있다. 이를 위해서는 인간의 존엄성과 자유 그리고 정의 등을 최소한 법적으로 만들 필요가 있다. 따라서 모든 사람이 인권을 누릴 수 있는 것이다. 그럼에도 불구하고 인권에 대한 인식의 결여로 인하여 곳곳에서 인권이 침해받는 것을 볼 수 있는데 그 내용은 다양하다는 것이다. 인간은 성별, 직업, 장애인, 어린아이, 노인 등의 이유로 일반 사람과 다른 차별을 받고 있다는 것이다. 다시 말하면 차이는 있되, 차별을 받아서는 안 되는 것이 인권을 보호하고 유지하는 것이라 할 수 있다. 이 장에서 우리는 어떠한 이유로 차별을 받으며 개인의 기본권을 침해하는지를 살펴보고자 한다.

첫째, 인권을 침해하는 요소로는 인종차별(Racism)이 존재한다는 것이다. 인종차별은 일부 인종에 대한 배타적 인식을 가지고 있다는 것이다. 과거로부터 우리의 인식은 특정 인종에 대한 적개심을 나타내고 있으며 그들은 우리보다 못하다는 인종 우월주의가 팽배하여 왔다. 쉽게 말하면 인종차별이라는 것은 자신과 다른 인종은 자신보다 모자라거나 미개하며 어리석다는 생각이 나타나고 있다는 것이다. 예를 들면 과거 유대인들의 선민사상(先民思想)이나 백인 우월주의(優越主意), 일부 학자들의 흑인에 대한 편견, 원주민들에 대한 편견 등으로 인종을 구분하여 생각해 왔다는 것이다. 이러한 국수주의(國粹主意)적인 생각은 인권을 보호하는 데 아주 위험하다는 것이다. 예를 들면 과거 백인들은 이러한 생각으로 흑인들에게는 참정권이나 선거권 자체를 허락하지 않은 적도 있다는 것이다.

인종차별의 역사를 살펴보면 서구 열강들의 제국주의가 세계의 패권을 장악할 시기에 노예제를 공식적으로 유지하여 그들을 착취한 경험을 가지고 있다는 것이다. 이러한 흑백 갈등은 최근까지도 존재하여 인종 분리정책을 실시하여 인권을 유린하기도 하였다는 것이다. 또한 나치의 홀로코스트, 세르비아 민병대가 저지른 인종말살정책, 이슬람 문화의 명예살인 등도 여기에 포함된

▲ 인종차별

다는 것이다. 이 내용들은 추후에 설명할 기회가 있을 것이다.

　따라서 인간의 생물학적 우월성을 강조하여 동일한 인종이라는 일정한 집단이 다른 인종에게 저지르는 차별행위는 없어야 한다는 것이다. 이러한 차별행위에는 적대감 못지않게 호의감도 문제가 되는 것이다. 다시 말하면 동족에 대한 호의감도 차별이라는 것이다.

　이러한 인종차별은 유럽, 미국, 아프리카, 남미, 아시아 등의 전 세계에서 아직도 자행되고 있는데 이에 대한 해결방법은 다음과 같다.

　첫째, 상대방이 인종차별적 행위를 한다면 그만할 것을 요구해야 한다는 것이다. 상대방은 무심코 내뱉는 말이나 행동이기 때문일지도 모르기 때문이다. 둘째, 자리를 피하라는 이야기를 하고 싶다. 왜냐하면 그런 사람과는 같이 있어야 할 의무나 필요가 없기 때문이라는 것이다. 본인이 타인을 이해할 만큼 인내심이나 이해심을 가지고 있다는 것을 보여줄 필요는 없다는 것이다. 셋째, 문제가 되는 행동에 대해서는 어떤 단어나 행동이 문제인지를 정확하게 이야기해 줄 필요가 있다는 것이다. 예를 들면 "당신은 기분 나쁘다."라는 말 대신에 당신의 그 말은 "아프리카 사람들에게는 불쾌하게 들립니다."라고 분명히 할 필요가 있다는 것이다.

　넷째, 친한 친구라면 명확하게 직설적으로 대할 필요가 있다는 것이다. 우리는 친구관계가 어색해질 경우를 생각하여 답변을 피하는 경우가 있는데 그럴 필요가 없다는 것이다. 친구관계라면 그러한 권리도 있다는 것이다. 다섯째, 집단 간에 그러한 행위가 보인다면 두 가지를 생각하자는 것이다. 하나는 다시는 그 말을 듣고 싶지 않을 경우 모두가 있을 때 대응하는 것이며, 또 하나는 상대방이 무의식적으로 한 경우는 따로 불러내어 말하는 것이 좋다는 것이다.

　여섯째, 인종차별에 대한 행동이나 말에 다양한 방법을 시도하는 것이다. 예를 들면 한 가지 방법은 "사람들이 그렇게 행동하거나 말을 하면 내겐 상처가 돼. 왜냐하면…" 하고 말을 시작하는 것이다. 그래야만 상대방이 덜 방어적인 자세를 가진다는 것이다. 또 한 가지는 조금 더 직설적으로 말하는 것이다. 예를 들면 "그렇게 행동하거나 말해선 안 돼. 특정한 인종에게 차별이 될 수 있어. 왜냐하면…"라고 시작하는 것이 좋다는 것이다. 일곱째, 윗사람이나 경험자에게 대처하는 방법을 배우는 것이 좋다는 것이다. 여덟째, 본인이 권리에 대하여 충분한 지식을 가지고 있어야 한다는 것이다. 법적인 절차를 통해 할 수 있는 최선의 방법을 선택하여야 한다는 것이다. 예를 들면 법률센터라든가 인권변호기관을 통해 문제 해결을 할 수 있는 충분한 지식들을 인지할 필요가 있다. 아홉째, 인종차별주의자와 인종차별적인 행동은 잘 구별해야 한다는 것이다. 왜냐하면 전자는 차별에 대한 편견에 너무 사로잡혀 있어 변화하지 않기 때문이며, 후자는 실수나 성장배경이 원인이 되어 충분히 변화할 수 있는 소지가 있다는 것이다. 마지막으로 자기 스스로가 견딜 수 있는 마음가짐을 항상 가지고 있어야 한다는 것이다. 정신적 그리고 육체적으로 스스로가 헤쳐 나갈 힘을 기를 필요가 있다. 이러한 대처방법은 인종, 성별, 민족, 국가 등등의 모든 경우에 잘 활용할 필요가 있다.

두 번째로 인권을 침해하는 요소 중 하나는 신분에 따른 침해가 있다. 신분이라는 의미는 혈통, 가문, 직업, 수입, 재산 등을 근거로 한 계층을 말한다. 오늘날에는 많이 사라졌지만 전 세계적으로 신분제를 적용하여 인간을 차별하는 경우가 매우 많았다. 인간이 존재하는 이상 신분제도는 어쩔 수 없는 현상일 것이다. 이러한 신분은 인위적으로 구분하여 계급사회로 이어지게 된다는 것이다. 오늘날과 같은 법치주의하에서는 공식적으로는 사라졌지만 인간의 의식 속에는 우월감이나 열등감으로써 존재한다는 것이다.

이러한 신분에 따른 차별은 인도의 카스트(Caste)제도가 우리에게 많이 알려져 있다. 카스트제도라는 것은 일정한 신분이 한번 정해지면 조상 대대로 세습하여 내려오는 신분제도라 할 수 있다. 조선시대에 존재하던 양반과 상놈으로 나누어져 세습된 것과 마찬가지이다. 신분의 분류는 주로 경제적, 사회적, 문화적 권력 등에 의해 나누어지며 개인의 능력으로는 절대 계층이동이 불가능하다는 것이다. 따라서 태어날 때 어느 신분에서 태어났느냐?가 매우 중요하다. 인도에는 아직까지 카스트제도가 남아 있으며 약 2억 5천만 명이 아직도 차별받고 있다.

인도에서는 1947년에 사회적 차별을 금지하는 법률이 제정되었지만 제도 자체는 아직도 남아 있는 상태라고 할 수 있다. 원래 카스트라는 용어에 산스크리트어로 '색'이라는 의미가 있으며 바르나(Varna)라고 칭하기도 한다. 이러한 신분제도는 네 계급으로 나누어지는데 첫째, 성직자, 학자들이 주류를 이루는 브라만(Brahman: 사제자)계급 둘째, 사회제도와 질서를 유지하는 신분으로서 주로 귀족,

무사, 관료, 군인 등이 속한 크샤트리아(Kshatriya: 무사·귀족)계급 셋째, 생산활동을 주로 하는 상인, 수공업자, 연예인 등이 속하는 바이샤(Vaisya: 자영농, 상인, 공인 등의 생산직 중산층)계급, 그리고 육체노동을 중심으로 하는 농민, 노동자를 가리키는 수드라(Sudra: 육체노동자 및 농노)계급이 있다. 여기에 더 낮은 하층계급이 존재하는데 파리아(Paraiyar: 불가촉천민)계급이라 불린다.

파리아(Paraiyar, 불가촉천민, 不可觸賤民)계급은 카스트의 맨 아래 하층계급으로서, '불가촉'으로 부르기도 한다. 이들은 악의 구현으로 악마, 악귀 등 사회악으로서 다른 계층들로부터 경멸당하게 된다. 그래서 보통 힘든 일을 하거나 가죽을 다루는 일(무두장이), 시체를 다루는 일, 구식 화장실의 변을 정리하는 일 등의 더러운 일을 하는 계층이다. 이러한 직업에서 하는 대표적

▲ 인도의 카스트제도

인 일을 유재석의 무한도전에서 극한 알바로 소개한 적이 있다. 오늘날에도 파리아들은 인도에서 엄청난 차별대우를 받기 때문에 사회적인 것을 포함, 모든 면에서 격리 수용되어 생활한다. 이러한 인구의 분포는 오늘날 인도 인구의 약 20%를 차지할 정도로 많으며 아직까지 차별의 대상이 되고 있다는 것이다.

파리아는 다른 일반의 인도인과는 다르게 모든 종류의 고기를 먹는 것이 허용되었는데 이는 파리아의 노동이 힘들거나 잘해서가 아니라 '파리아는 이제 더 이상 타락할 수 없을 때까지 타락했고 더러울 수 없을 때까지 더러워진 저주받은 카스트'라는 인식이 인도인들의 머릿속에 깊이 박혀 있기 때문이다.

또한 파리아는 사회적으로뿐만 아니라 모든 것에서 격리 수용되고 사는 지역도 격리되어 있으며 심지어는 그들이 사용하는 우물조차 격리되어 있는데 파리아 전용 우물은 동물의 뼈로 그 주위를 둘러싸서 표시해 둔다. 만약 파리아가 다른 카스트와 신체적으로 접촉할 경우 큰 죄로 다스리게 되고 심지어 그 이유로 파리아를 죽일 수도 있다. 이는 인도의 카스트 중 최하위인 수드라와 신체적으로 접촉해도

사실상 마찬가지이다.

카스트제도는 원래 사람을 위주로 나누는 것이 아니라 사회적 목적을 원활하게 하기 위해 구분했는데, 즉 분업의 목적이 강했다는 것이다. 플라톤의『국가론』에서 주장하는 인간의 계급과 같은 목적을 가지고 있어서 인간은 각각의 맡은 일에 대하여 전문으로 할 목적을 위해서 존재하였으나 이러한 목적이 퇴색된 것이다.

인도의 카스트제도와 플라톤의『국가론』에 나오는 계급은 매우 유사한 점이 많다. 이들은 다른 계급끼리는 절대 혼인할 수 없으며 개인적인 능력이 아주 탁월하지 않은 이상 계급 간의 이동은 절대 불가하다는 것이다. 이것은 같은 직업끼리의 결혼은 시너지효과를 가져올 수 있으며 우성주의(優性主意)를 근거로 한다는 점에서 아주 유사하다는 것이다.

카스트는 원래 사람을 계급 순으로 나누는 것이 아니라 분업에 목적이 있었다. 다시 말해 성직자, 무사, 경찰관 등 각각의 일을 사람들이 전문적으로 맡아서 할 목적을 위한 것이었다. 같은 카스트인끼리 결혼하게 한 것도 같은 직업을 가진 사람들이 결혼하였을 때 서로 간의 이해를 바탕으로 더 큰 시너지 효과가 나올 것이라 생각했기 때문이다. 그러나 순수한 목적으로 시작했던 카스트는 시간이 지남에 따라 그 뜻이 변질되어 오늘날에 이르렀다.

카스트의 본 목적은 다르게 보는 것이 일반적이다. 아리안이라는 백인들이 들어와서 선주민(先住民)들인 혼혈족을 지배하고 자기들의 기득권을 유지하기 위해 선주민들과 혼혈뿐 아니라 식사하는 것까지 금하고자 종교의 이름을 빌려서 제도화시킨 것으로 보는 것이 더 타당하다고 본다.

또 하나의 인권을 침해하는 요소는 연령에 의한 차별로서 인간의 기본권인 인권을 제한한다는 것이다. 연령차별은 인간이 나이에 따라 어떠한 근거도 없이 불리한 대우를 받아서는 안 된다는 것이다. 즉 연령으로 인하여 인간의 활동에 제약을 받아서는 안 된다는 뜻이다. 예를 들면 인간이 취업할 경우 어떠한 합리적인 이유 없이 나이가 모집이나 채용 등에 있어서 불리하게 작용해서는 안 된다는 것이다. 이는 우리나라의「국가인권위원회법」제2조 3항에 분명히 규정하고 있다.

그 법의 내용을 구체적으로 살펴보면 다음과 같다.

"평등권 침해의 차별행위"란 합리적인 이유 없이 성별, 종교, 장애, 나이, 사회적 신분, 출신 지역(출생지, 등록기준지, 성년이 되기 전의 주된 거주지 등을 말한다), 출신 국가, 출신 민족, 용모 등 신체조건, 기혼, 미혼, 별거, 이혼, 사별, 재혼, 사실혼 등 혼인 여부, 임신 또는 출산, 가족 형태 또는 가족 상황, 인종, 피부색, 사상 또는 정치적 의견, 형의 효력이 실효된 전과(前科), 성적(性的) 지향, 학력, 병력(病歷) 등을 이유로 한 다음 각 목의 어느 하나에 해당하는 행위를 말한다. 다만, 현존하는 차별을 없애기 위하여 특정한 사람(특정한 사람들의 집단을 포함한다. 이하 이 조에서 같다)을 잠정적으로 우대하는 행위와 이를 내용으로 하는 법령의 제정, 개정 및 정책의 수립, 집행은 평등권 침해의 차별행위(이하 "차별행위"라 한다)로 보지 아니한다.

가. 고용(모집, 채용, 교육, 배치, 승진, 임금 및 임금 외의 금품 지급, 자금의 융자, 정년, 퇴직, 해고 등을 포함한다)과 관련하여 특정한 사람을 우대 · 배제 · 구별하거나 불리하게 대우하는 행위

나. 재화 · 용역 · 교통수단 · 상업시설 · 토지 · 주거시설의 공급이나 이용과 관련하여 특정한 사람을 우대, 배제, 구별하거나 불리하게 대우하는 행위

다. 교육 시설이나 직업훈련 기관에서의 교육 · 훈련이나 그 이용과 관련하여 특정한 사람을 우대, 배제, 구별하거나 불리하게 대우하는 행위를 하는 것은 분명하게 금지되어 있다.

오늘날 이와 같은 차별은 많이 사라지고 있지만 아직까지 존재하는 곳이 많다. 우리나라의 경우 전통적인 유교사상이 존재하여 다른 선진국보다 매우 심하다고 볼 수 있다. 예를 들면 연령에 따른 사회문화는 한국의 주요 문화로 자리 잡고 있는데 1분 차이의 쌍둥이도 형과 동생이 분명하게 구별되어 형은 동생에게 반말이나 모든 실생활에서 대우를 받고 있다는 것이다. 이것은 명백하게 연령차별이라 볼 수 있다는 것이다. 나이 차이가 클수록 차별적인 대우가 심한 경우를 흔히 볼 수 있을 것이다. 예를 들어 윗사람은 아랫사람에게 당연하게 반말을 하며 아랫사람의 기분은 개의치 않는 경우이다. 또한 우리나라에는 과거의 장자(長子) 우선의 원칙이 남아 있어 상속문제에 있어서 그 사람의 능력이나 지위에 관계없이 우선적으로 배분하는 것은 분명 연령에 의한 차별이라 볼 수 있다는 것이다. 이는 생물학적 연령에 따라 차등한다는 것이다.

오늘날에도 취업할 경우에 모집광고에서도 나타나고 있다. 예를 들면 OO세 미만, OO~OO세까지, 고졸 이상 등은 특정 나이나 특정학력을 제한하거나 선호대의 나이를 이야기하는 것은 기회균등의 차원에서 분명하게 차별이라는 것이 국가인권위원회의 해석이어서 특정한 직업 이외에는 모두 사라지게 되었다. 역으로 해석하면 고령자들과 저학력자들의 지원을 오히려 단념하게 함으로써 채용기회를 박탈하게 된다는 것이다.

인권침해 요소 중 하나는 장애(障礙)에 의한 차별이라 할 수 있다. 우리나라의 경우 가장 심각한 차별 중 하나라 볼 수 있다. 장애라는 의미는 한자에서 나타나듯이 "신체적·정신적 장애로 인하여 장시간에 걸쳐 일상생활 또는 사회생활에 제약을 받는 자를 말한다."라고 「장애인복지법」에 명시되어 있다. 신체적 장애라고 하는 것은 주요 외부 신체기능의 장애, 내부기관의 장애를 말하며, 정신적 장애라고 하는 것은 정신질환을 갖고 있거나 정신지체를 앓고 있는 자를 말하며 이들은 이러한 이유의 하나로 정치, 경제, 사회 그리고 모든 생활분야에서 기회를 박탈당하거나 제한당하고 있는 것이다.

「장애인복지법」 제8조에 따르면 장애라는 이유로 정치, 경제, 사회, 문화생활의 모든 영역에 있어서 차별은 일반적으로 금지하고 있다는 것이다. 다시 말하면 장애로 인하여 인권이나 생존권을 빼앗아서는 안 된다는 것이며 이를 위반할 경우 대한민국 법률상 유일하게 처벌대상이 되는 차별이라 볼 수 있다. 그럼에도 불구하고 처벌의 고의성, 차별의 지속성, 차별 피해자의 보복성, 내용 등이 충족돼

▲ 장애인 차별

야만 처벌이 가능하기 때문에 제도적인 허점을 이용한 차별행위를 처벌한다는 것은 매우 어려운 상황이라 볼 수 있다.

대한민국 사회에서 인권적으로 접근한 것은 얼마 되지 않았다. 1980년대 중반 이후 장애인들에게 관심을 가지기 시작했으며 장애인에 대한 고용촉진, 장애인 노

동권 보장, 장애인들의 이동권, 참정권, 교육권 등에 관심을 갖기 시작하여 관련된 법들이 제정되기 시작했다. 따라서 우리나라에서는 1998년 「장애인헌장」을 제정한 후부터 장애인에 대한 오해와 편견으로부터 벗어나 사회구성원의 일원으로서 평등한 사회를 구현하기 시작했다.

「장애인헌장」은 장애인의 인간 존엄과 가치를 확인하고 장애인의 자립과 인권 보호, 사회참여와 평등권을 기본보장으로 하고 그들은 차별받지 않을 권리, 인간다운 삶의 권리, 정치적 권리, 자유로운 이동의 권리, 교육받을 권리, 근로의 권리 등이 분명하게 명시되어 있다. 그럼에도 불구하고 아직까지 장애인에 대한 편견으로 국민의식의 밑바탕에서는 무의식적으로 차별하는 것이 심각한 문제이다. 인간은 인간으로서 존중받아야 함에도 불구하고 일상생활에는 많은 차별적 요소들이 도처에 존재한다.

예를 들면 우리는 상대방과 다툴 때 가장 먼저 튀어나오는 욕설이 있다. 그와 같은 예로는 "이 병신 같은 놈" "병신 지랄하고 있네!"라는 말을 자주 내뱉는다. 이러한 말이 쉽게 나온다는 것은 우리의 의식 속에 장애인에 대한 오해와 편견 그리고 차별이 내재함을 보여주는 것이다.

최근 보건복지부가 장애인과 장애시설에 대한 인권침해에 관한 사례들을 약 200여 건 조사하여 60여 개를 행정 조치한 바 있다. 약 2달 동안 5,800여 명을 대상으로 실시한 바에 의하면 39개 시설에서 장애인 간 성폭력 등 59건의 인권침해가 의심되는 사례들을 보고받았는데 사례별로는 성폭력 1건, 성추행 5건 등의 성 관련 의심사례 6건, 시설 이용자 간 폭행 및 종사자에 의한 폭행 의심사례 6건, 학대 의심사례 5건, 체벌 의심사례 12건, 수치심 유발사례 6건, 식자재 위생관리 및 환경 불량 15건, 통장관리 및 종교 강요 9건 등이었다.

이와 같은 수치로 본다면 아직까지 장애인들은 시설이나 환경 면에서 인권의 사각지대에 머물면서 인간다운 삶을 살아가는 데 많은 어려움이 있다는 것이다. 다시 말하면 최소한의 기본권을 보장받지 못한다는 것을 의미한다.

이러한 사례들은 다음과 같은 실례로써 대변할 수 있다. 2012년에 실제로 발생하였는데 21세의 자폐증을 가진 청년이 경찰에 붙잡혀온 사건이 있었다. 이 사건을 추적하다 보니 이 청년은 장애라는 이유로 오인을 받아서 하룻밤을 유치장에서 지냈다고 한다. 잡힌 이유를 묻자 자기도 모르게 오락하던 중에 잡혀왔다는 것이다. 당시 수사하던 경찰관은 소매치기로 오인했다는 것이다.

이 사건으로 인하여 청년은 심한 심리적 충격을 받았고 전에 보이지 않았던 화를 자주 내거나 짜증내는 증상을 보이기 시작하였다는 것이다. 이에 따라 청년의 가족들은 아들이 불안 심리를 보인다며 변호사를 통해 소송을 하였다. 이는 분명히 공권력에 의한 침해라는 것이다. 청년의 가족들은 소송 결과에 관계없이 가족들과 청년 모두 장애인이라는 이유와 장애가족이라는 이유로 심한 스트레스와 과민한 심리적 상태를 보임으로써 신경정신과 치료까지 받았다는 것이다. 결론은 국가기관마저도 장애라는 편견으로 죄 없는 청년을 절도범으로 몰아세운 대한민국을 어떻게 믿고 살아갈 수 있겠냐는 것이었다. 국가기관이 이러할진대 일반 기업이나 국민의 장애인에 대한 인식은 더욱 심각하다는 것이다.

이와 유사한 예로 정상인 한 명과 뇌성마비 청년 한 명이 호프집에 갔으나 출입을 거부당한 사건이 발생하였다. 당시 호프집에서 거부당한 이유는 좌석이 없다는 이유였지만 좌석이 있는 것을 확인한 다음 다른 집으로 갔으나 번번이 거부당하고 네 번째에 가서야 결국 한잔을 하고 나온 사건이었다. 이 사건도 마찬가지이다. 장애인이라는 이유로 다른 사람에게 혐오감을 준다는 주인의 장애인에 대한 인식에 대단히 실망감을 가졌던 사건이며 아직도 우리에게는 장애인에 대한 편견이 있다는 것이다. 지금이라도 장애인에 대한 인식을 전환시킬 수 있는 교육이 반드시 필요하다.

마지막으로 인권을 침해하는 요소 중 하나가 성별에 의한 것이다. 보통 성별이라는 것은 흔히 남녀의 생물학적 차별이라 생각하지만 중성에 대한 성차별도 대단히 심각하다.

우리나라 속담에는 "겉보리 서 말만 있으면 처가살이하랴" "계집 때린 날 장모 온다" "술에 계집은 바늘에 실이다" "여우는 데리고 살아도 곰은 못 데리고 산다"라는 말을 많이 하고 있다. 이 말들은 하나같이 여자들을 비하하는 내용이라는 공통점이 있다. 조선시대 이후로 우리 사회는 여자를 천시하는 문화라 해도 과언이 아니다. 아니 남자들의 천국이라고 전 세계적으로 소문이 날 정도였다는 것이다. 그러나 요즘은 그렇지는 않다. 그러나 이런 현상은 오래되지 않았다.

40년 전까지는 우리 사회가 남성 위주의 삶이었다는 것이다. 다시 말하면 위의 속담처럼 남녀 차별이 매우 심각한 상태였다는 것이다. 필자가 학교를 다닐 때만 해도 여자들은 대학에 갈 엄두를 내지 못할 정도였다. 그만큼 우리나라에서 여성은 여자라는 이유로 경제, 사회, 문화, 정치적으로 많은 차별을 당하며 이를 숙명으로 받아들이며 살아왔던 것이다.

남녀의 차이는 어디에서 발생하는 걸까? 이는 분명 생물학적 차이이지 능력의 차이는 아니라는 것이다. 생물학적으로 남녀 간 차이가 있는 것이 분명하다는 것은 남녀 모두가 공감한다. 그러나 이러한 차이를 가지고 차별을 해서는 안 된다는 것이다. 예를 들면 여성들은 신

체적 골격이나 힘에 차이는 있을지언정 이것이 능력이나 지위가 열등하다는 뜻은 아니라는 것이다. 오히려 요즘은 능력 면에서 남성이 성적으로 소수자가 될 수 있다는 것이다. 이제까지 우리나라에서는 생물학적 차이를 가지고 여성을 학대하거나 비하하거나 혹은 차별해 왔다는 것이다. 즉 성별의 차이를 잘못 이해하고 있었다는 것이다.

따라서 현대사회에서는 이러한 잣대로 차별하면 안 된다는 것이다. 남녀 차별은 「여성차별철폐협약」 제1조에서 "정치적, 사회적, 경제적, 문화적, 시민적 또는 기타 분야에 있어서 결혼여부와 관계없이 남녀평등의 기초 위에서 인권과 기본적 자유를 인식, 향유, 또는 행사하는 것을 저해하거나 무효화하는 효과 또는 목적을 가지는 성에 근거한 모든 구별, 배제 또는 제한"이라 정의하고 있다. 이는 남녀는 위와 같은 근거로 합리적인 이유 없이 성별에 따라 개인의 삶의 질을 향유할 수 있는 모든 것에서부터 자유로워야 한다는 것이다. 예를 들면 개인의 기본권을 보호하는 데 성별은 아무 관계가 없으며 이를 이유로 차별이나 제한을 두어서는 안 된다는 것이다.

우리나라에서 여성은 근로 면에서도 많은 차별을 받아온 것이 사실이다. 남자들과 동등한 업무를 하거나 비슷한 업무를 하더라도 임금에서나 근무조건에서 많은 차별을 받아왔다는 것이다. 이러한 행위는 남녀 차별에 해당된다는 것이다. 다만 남녀를 차별하는 데는 합당한 근거를 제시해야 하는데 그 근거는 첫째, 직무의 성질상 특정성이 불가피하게 요구되는 경우 둘째, 근로 여성의 임신, 출산, 수유 등 모성보호를 위한 조치를 취하는 경우이며 셋째, 현존하는 차별을 해소하기 위하여 국가 및 지방자치단체 또는 사업주가 잠정적으로 특정성을 우대하는 조치를 취하는 경우는 예외라는 것이다. 그리고 "성에 따라 근로자를 달리 대우함에 합리적인 이유가 있기 위해서는 당해 사업의 목적, 직무의 성질, 태양, 작업조건 등을 구체적으로 고려하여 기업 경영상 남녀를 달리 대우할 필요성이 인정되고 그 방법, 정도 등이 적정하여야 한다."라고 분명히 규정하고 있다는 것이다.

우리 사회에서 사회적으로 차별을 행하는 법과 제도는 여전히 남아 있다는 것이다. 이를 위해서는 과감한 법과 원칙을 통하여 또한 교육을 통하여 국민들이 삶의 질을 높이기 위한 기본권을 보호해 주고 유지해야 할 것이다.

제 **2** 장

대한민국의 인권은
어떻게 거듭 발전하였을까?

국 제 사 회 와 인 권

이제까지 우리는 인권에 대한 견해와 정의 그리고 인권에 관한 역사적인 발전을 시대별로 살펴보았다. 즉 인권은 인간이 누려야 할 기본적인 권리이며 타인에게 양도하거나 양도받을 수없는 기본권이라고 정의하였다. 이러한 인권이 역사적으로 문서화되어 발전하기 시작한 것은 동양보다는 서양에서 우선적으로 제기되었고 발전되어 왔으며 국가는 이를 보호하고 누릴 수 있도록 제도적 방안을 마련해야 한다고 하였다.

이를 바탕으로 2장부터는 대한민국을 시작으로 아시아 및 유럽, 아프리카, 미국을 위시한 남미의 주요 국가들을 중심으로 인권에 대한 역사적 인식과 제도적으로 어떻게 노력하였는지를 살펴보도록 하겠다.

 대한민국에서 인권은 어떻게 정의되는가?

1) 인권은 무엇을 의미하는가?

우리나라에서의 인권은 「헌법」에도 분명히 제시되고 있다. 대한민국 「헌법」 제10조에는 "모든 국민은 인간으로서의 존엄과 가치를 가지며, 행복을 추구할 권리를 가진다. 국가는 개인이 가지는 불가침의 기본적 인권을 확인하고 이를 보장할 의무를 가진다."라고 선언하고, 이하 제37조까지 평등의 원리, 자유권, 참정권, 사회권, 청구권 등을 규정하고 있다.

인권이라는 것은 인간으로서 마땅히 누려야 하는 자유와 권리로서 인간이 태어나면서부터 가지는 기본권 중의 가장 기본권이라 할 수 있다. 이는 인간은 존엄성을 가지며 누구로부터도 차별받아서는 안 된다는 것을 암시하고 있다.

다시 말하면 인권이라는 것은 "~때문에 ~안 된다", 즉 재산의 유무, 교육의 정도, 남녀노소, 종교, 인종, 국가, 계급, 지역 등의 문제로 인하여 절대로 제한해서는 안 되며 사회적 약자나 소수자를 위한 권리도 절대 침해해서는 안 된다는 것이다. 이것을 어느 정도 보장하느냐에 따라 민주주의의 정착과 삶의 질 그리고 인권 상황을 가늠할 수 있는 척도를 제공하여 준다는 것이다.

이러한 의미에서 인권은 보편성(普遍性)과 천부성(天賦性) 모두를 갖고 있다. 다시 말하면 인간은 누구나 모두 인권을 가질 수 있으며 권리의 주체가 된다는 것이 인권의 보편성과 일치되며 인간이라면 마땅히 누려야 한다는 측면에서 인권은 천부성을 가지고 있다는 것이다.

1948년 '세계인권선언'에서 밝혔듯이 "인류사회의 모든 구성원을 고유한 존엄과 평등하고도 양도할 수 없는 권리"라는 측면에서 인간은 자연법상의 권리를 말한다는 것이다.

유럽인권조약에서는 인간의 보편적 권리를 다음과 같이 적고 있는데 타인에 대한 생명권이라든지, 노예제도로부터 해방, 사생활의 보호, 가정생활의 불간섭, 양심, 종교, 표현, 결사, 혼인의 자유 등을 절대 침해해서는 안 된다는 것이다. 또한 '세계인권선언'에서도 기본권을 인간 존엄의 기본권, 시민권 및 참정권, 경제적·사회적·문화적 권리 그리고 단결권으로 명시하고 있어 국가나 사회 그리고 사회적 강자는 절대 개인의 기본권을 침해하거나 차별해서는 안 된다는 것이다.

한국사회에서도 인권에 대하여 많은 관심을 가지고 중요성에 대한 인식에 진전이 있었지만 여전히 기본적인 생활권과 당연히 누려야 할 권리라는 측면을 배제하고 정치적 이슈로만 관심을 가지고 논의되는 것은 매우 아쉽다. 다시 말하면 인간다운 생활을 할 권리 등과 같은 사회적 약자의 관점에서 보는 것이 아니라 사형제도의 폐지, 양심수 석방, 국가보안법 철폐 등과 같은 정치적 문제에 국한되어 논의해 왔다는 것이다. 물론 오늘날 문민정부 이후에는 많이 개선되고 있지만 선진국에 비해서는 아직도 미흡하다는 것이다.

이는 인권은 상호 존중의 의미를 가지고 있다는 데 주목할 필요가 있다. 인권이라는 것은 타인으로부터 자신의 권리를 침해받아서는 안 된다는 의미를 가졌을 때, 또한 자기 자신의 권리를 위해 타인의 권리를 침해해서도 안 된다는 것이다. 따라서 인권이라는 것은 천부적인 의미를 가지고 있고 법 테두리 안에서는 보편적으로 기본권으로 규정되어 있다는 것이다.

2) 대한민국에서 보장된 기본법에는 무엇이 있을까?

대한민국 최고의 상위법인 「헌법」에서는 자유권, 평등권, 참정권, 청구권, 사회권 등을 반드시 보장하여 인간답고 행복한 삶을 추구할 수 있도록 하고 있으며 누구도 이를 침해하거나 차별하면 안 된다는 것이다. 이에 따라 가장 기본권이라 할 수 있는 자유권, 예를 들면 자유롭게 행동할 수 있는 권리를 자유권이라 할 수 있는데 여기에는 주거의 자유, 여행의 자유, 직업선택의 자유, 집회 출판의 자유, 사상의 자유, 가족을 구성할 수 있는 자유 등이 포함된다.

다음으로 평등권이라는 것은 민족, 종교, 성별, 남녀노소, 국가, 종족, 빈부의 격차, 출신, 교육수준 등과 관계없이 누구나 평등하게 대우받을 권리를 말한다. 다시 말하면 인간은 차이를 빌미삼아 차별하지 말아야 한다는 것이다. 오늘날 민주주의 사회에서는 이와 같은 평등권이 어느 정도 보장은 되고 있지만 아직도 세계 도처에서는 평등권의 침해가 일어나고 있으며 일부 정치적 후진국이나 개발도상국 중 몇 나라는 여전히 개선되지 않고 있는 것을 볼 수 있다.

참정권은 국민들은 누구나 선거법상 큰 하자가 없는 한 정치에 참여할 수 있는 권리를 말한다. 이는 선거권과 피선거권을 가질 수 있다는 것을 의미하며 본인이 직접 출마하거나 출마한 사람들을 뽑을 수 있다는 것을 말한다. 선거에 출마한 후보 중 누구를 선택할지 또는 선거에 직접 출마하는 등의 권리를 참정권이라 한다. 국가나 사회는 기본적 제약을 최소화해야 한다는 것이다. 과거 미국이나 남아프리카공화국에서 일어났던 선거제도에서 보았듯이 인종이 다르다는 이유로 흑인이나 노예에게 선거권이나 피선거권을 제약하면 안 된다는 것이다.

청구권은 쉽게 말하면 국가의 권력이나 국가기관으로부터 권리의 제약을 받았을 때 국가에 문서로써 요구할 수 있는 권리를 말한다. 다시 말하면 국가기관의 잘못으로 개인의 재산권이나 다른 권리 등이 침해를 받았을 때 국가를 상대로 배상을 청구하거나 호소할 수 있는 권리를 말한다. 이에 따라 국가는 정당한 절차나 재판을 통해 손해를 입힌 개인에게 배상하여 주는 제도를 말한다. 따라서 개인이나 국가는 이에 대하여 청구할 수 있는 권리를 가질 수 있다는 것이다.

예를 들면 요즈음 신문지상에 오르내리는 화성 연쇄살인의 범인으로 지목된 자가 고문을 당해 살인했다고 거짓 자백을 했다가 무죄판결을 받았는데, 20여 년간 옥살이를 하여 신체의 자유를 침해당했을 경우 피해 당사자나 관련자는 국가나 해당기관으로부터 배상을 청구할 수 있는 권한이 있다는 것을 의미한다. 이를 청구권이라 한다.

사회권은 오늘날 다른 어떤 권리보다 더욱 중시하고 있다. 왜냐하면 실질적으로 인간다운 생활을 할 수 있도록 도움을 줄 수 있기 때문이라는 것이다. 따라서 사회가 선진국을 향할수록 이에 관한 많은 정책들을 실시한다.

여기에는 경제적 약자들을 위한 교육정책이라든지 의료복지정책 등이 해당된다는 것이다. 쉽게 말하면 사회적 약자들에게 인간다운 생활을 영위할 수 있도록 국가가 우선 배려한다는 데 목적을 두고 있다. 예를 들면 우리는 누구나 교육받을 권리가 있음에도 불구하고 경제적 어려움 때문에 학교 문턱에도 가지 못하는 경우가 많다. 1980년대 이전까지는 생각지도 못하였던 중학교까지의 의무교육을 실시하거나 현재 완전하게 되지는 않았지만 고등학교까지 의무교육을 통하여 사회적 약자에게도 알권리를 제공한다는 것이다.

오늘날 대한민국이 경제적으로 세계적인 수준에 도달하였지만 아직도 사회적 소수자들, 예를 들면 빈민계층, 장애인, 노인, 여성, 탈북민, 외국인 결혼여성 등이 많이 있다. 그들도 대한민국 국민의 일원이라 할 수 있으므로 그들에게도 「헌법」에 적시한 기본법에 따라 일반 국민과 똑같이 대우해야 하며 차별해서는 안 된다는 것이다. 일부 국민의 반대도 있지만 오히려 적극적인 우대정책 등을 통하여 인간으로서 행복한 삶을 누릴 수 있도록 관심을 가져야 하며 정책적인 배려가 반드시 제공되어야 한다는 것이다. 왜냐하면 그들에게도 행복한 삶을 추구할 수 있는 권리가 있기 때문이다.

2 대한민국의 인권은 어떻게 발전하여 왔을까?

1) 인권의 역사

우리나라에서 인권이라는 개념은 오래전부터 있어 왔지만 구체적으로 관심을 가지게 된 것은 역사적으로는 매우 일천(一淺)하다. 물론 인간의 고귀함과 존엄성을 강조하는 사상들은 문헌상으로는 부분적으로 나타나지만 실천적인 역사는 매우 짧다는 것이다.

역사상 인권에 대한 가치를 굳이 말하자면 홍익인간 사상을 들 수 있으며 그 이후 삼국시대 불교의 도입과 고려 및 조선시대에 도입한 성리학과 유교, 그리고 천주교와 기독교의 전래로 인권이라는 개념의 용어를 사용하지는 않았지만 곳곳에 인간에 대한 관점들이 나타나고 있다. 예를 들면 불교에서는 일체중생개유불성(一切衆生皆有佛性)이라는 근본사상을 앞세워 인간 평등을 주장하였으며, 도교에서는 오심즉여심(吾心卽汝心), 즉 내 마음이 곧 네 마음이라는 뜻으로, 한울님과의 대화에서 한울님의 마음과 인간의 마음이 근본에서 서로 같음을 이르는 말을 하였다. 유교에서는 인간 중심사상으로 또한 맹자의 측은히 여기는 마음인 측은지심(惻隱之心), 부끄럽고 미워할 줄 아는 마음인 수오지심(羞惡之心), 양보하는 마음인 사양지심(辭讓之心), 옳고 그름을 가리는 마음인 시비지심(是非之心)을 통해 인권을 내포하고 있다. 기독교에서는 인간을 사랑하라는 말씀을 통해 인간의 존엄성과 인간존중사상을 엿볼 수 있다. 이는 인간은 누구나 존중해야 하며 타인을 배려해야 한다는 인간존중사상이다. 그러나 실제로 인간을 보는 관점은 실학과 동학혁명사상에서 더욱 구체적으로 나타난다. 조선 후기 실학을 도입한 사상가들은 대부분 서자(庶子) 출신으로 그들은 권력이나 양반계급으로부터 차별을 받아 이를 철폐하려 애쓴 사람 중 일부였다.

대표적 실학자(實學者)인 정약용은 『탕론(蕩論)』에서 "湯放桀可乎(탕방걸가호) 臣伐君而可乎(신벌군이가호)"라 하여 탕왕이 걸왕을 내쫓은 것이 옳은 것인가? 아니면 신하가 군주를 친 것이 옳은 것인가? 하며 역성혁명을 주장하였고, 『원목(原牧)』에서는 백성을 위해 목(牧)이 존재하는가? 백성이 목(牧)을 위해 태어났는가?라고 하면서 임금이나 관료가 제 할 일을 못하면 바꿀 수 있다고 했다. 이는 당시 획기적인 사상으로 폭군방벌론(暴君放伐論)과 사회계약설을 통하여 권력자의 인간관을 여실히 보여준 사상이라 할 수 있다.

또한 권력으로부터 소외된 농민들은 동학사상의 영향을 받아 농민봉기를 통해 인권을 개선하려는 움직임이 이때부터 나타났다고 볼 수 있다. 그들이 주장한 사상은 인내천(忍耐天)사상으로, "사람이 곧 하늘"이라는 인권에 관한 관념과 제도는 근대 시민혁명을 계기로 정립되었다. 인간과 시민을 권리의 주체인 인격으로 인정하여 모든 인간의 이름으로 인권을 선언, 제도화한 것은 근대 시민사회에서 이룩된 위대한 진보로서 이들은 자연법사상을 주장하였다.

또한 조선 말에 도입된 천주교와 기독교는 우리 사회에 만연되어 있던 유교적 이념과 대치되어 새로운 인간관을 제시함으로써 우리가 인권에 관심을 갖게 되었으며 이러한 사상이 기존의 인간관을 배척하고 새로운 관점에서 인간을 바라보게 했다는 데서 의의를 둘 수 있다.

또한 우리 민족은 일제 식민시대를 겪게 되어 일본으로부터 많은 차별을 받았는데 여기에 앞장선 것이 종교계의 역할로 매우 큰 영향을 미쳤다. 종교계 주도로 3·1운동과 더불어 민족자각운동이 일어나 일제의 만행에 대항하기도 하였으며 그 후 평등사상과 여성해방, 반제국주의 등을 통하여 새로운 관점에서 인간을 바라보게 되었다는 것이다.

그러나 실질적인 인권에 대한 관심은 전쟁 이후, 즉 1948년 합법정부가 들어서고 대한민국의 헌법이 공포된 후 법적, 제도적으로는 미비하나 어느 정도로 시작되었다고 볼 수 있다. 대한민국은 1945년 일본이 패망하자 독립의 길을 걸었으나 사회의 혼란, 다시 말하면 좌익과 우익이라는 정치적 갈등 및 혼란과 전쟁이라는 참상을 겪으면서 인권에 대하여 다시금 생각하게 되었다.

그러나 이러한 관심은 이승만 정권의 부정선거와 관료들의 부패로 인하여 학생들을 중심으로 인간의 기본권인 참정권을 확보하고자 궐기를 하였는데 이러한 혁명이 4·19이다. 이를 통해 우리는 인간의 기본권이 얼마나 중요한지를 인식하기 시작했으며 오늘날 선거제도에 많은 영향을 미쳤다고 볼 수 있다.

대한민국의 인권은 해방 이후 근대화 및 민주주의의 발전과 매우 밀접한 관계를 가지고 있다고 해도 과언이 아니다. 해방 이후 이승만 정권의 부정부패와 정치적 불안, 당시 민주당의 혼란 등을 통하여 1961년 5·16군사 쿠데타가 일어나 박정희 군사정권 탄생의 배경이 되었다. 그는 자신의 정치적 결함을 조국의 근대화라는 명목 아래 노동자와 일반 국민들의 기본권을 탄압하기 시작했다.

그는 썩어빠진 정치를 개선하고자 억압정치와 공포정치로 국민들의 기본권을 제약함과 동시에 당시 빈곤을 타파하고자 하는 경제논리와 남북한의 체제를 반공이라는 명목 아래 인권탄압을 정당화하였다는 것이다. 예를 들면 「긴급조치권」, 유신정권, 새마을운동, 「국가보안법」 「야간통행금지법」 「계엄령」이 대표적인 사례라고 볼 수 있다.

1960년대에는 산업화라는 구실 아래 인권 및 노동에 대한 탄압은 더욱 심해져 인권의 개선이나 이를 위한 노력은 더욱 악화된 시기가 되었다. 그 결과 인권개선은 산업화 논의에 밀려 늘 부차적인 사안이 될 수밖에 없었다. 구체적인 사안으로는 노동조합을 결성할 권리와 파업할 권리, 그리고 서민들이 인간다운 생활을 할 최소한의 생존권 보장은 법조문에 있는 내용과는 늘 거리가 있었다.

군사정부는 노동운동을 북한의 사주로 인한 공산주의식 행태라 몰아세웠고, 노동자와 서민의 생존권 투쟁은 경찰력을 동원하여 탄압하였으며, 친기업적 산업환경과 노동환경을 제공하는 등 모든 정책을 '개발지상주의'라는 마스터 프레임에 따라 결정하고 집행하였다.

군사정권(軍事政權)은 남북한의 대치상태를 교묘히 이용하여 반공(反共)이라는 극단적인 이데올로기(Ideologie)를 빌미삼아 6·25전쟁을 경험한 성인 세대들에게 적대심을 고취시키고 「국가보안법」을 제정하여 국민 개인의 집회 결사의 자유를 국가 안보라는 구실 아래 철저하게 차단함으로써 인권을 유린하였다. 당시 군부정권은 정권의 정통성이 없으므로 이를 만회하기 위해 경제성장과 국가안보를 내세웠던 것이다. 따라서 그들은 먹고살기 위해서, 또한 국가안보를 위해서 인권의 희생을 감수할 수밖에 없다는 것이다.

이로 인하여 결국은 1970년 청계천 상가에서 열악한 노동환경, 근로개선과 빈부격차 해소를 외치며 전태일이 분신자살을 시도하는 사건이 일어났다. 이 사건으로 대한민국 사회에서는 근로기준법에 대한 각성이 일어나게 되었고 이는 노동운동의 효시가 되었다. 전태일의 희생으로 대한민국의 노동문제에 대하여 알려지게 되었다.

전태일 분신사건이 노동운동이었다면 학생을 중심으로 참정권과 독재정권에 대한 항거표시가 1980년대에 일어나게 되는

출처: 전태일 기념재단

▲ 전태일 기념상

데 5·18민주화운동과 6·29선언이었다. 이 사건을 계기로 우리나라는 민주화의 길을 걷기 시작하면서 각 계층을 통해 인권의 중요성에 대해 인식하기 시작했다. 즉 우리나라의 인권은 민주화의 과정과 경제성장이라는 두 가지가 일치 및 상충하면서 성장해 왔다고 볼 수 있다.

민주화운동을 계기로 인권운동의 성장은 가져왔으나 국제적인 관점에서 보면 여전히 미흡하기 그지없는 지경이었다. 왜냐하면 그동안의 인권운동은 국내의 영역에만 머물러 국제적인 영역과 관심에는 눈을 돌릴 여력이 부족하였던 것이다. 그럼에도 불구하고 인권에 관심 있는 소수의 종교지도자, 인권운동가, 변호사 그리고 일부 정치인을 중심으로 국제적인 연대활동을 통해 규범의 틀을 갖추기 시작했으나 여전히 초보적인 수준이라 볼 수 있다.

1990년대에 국제냉전의 틀이 무너지고 소련의 지도자 고르바초프와 미국의 레이건 대통령의 극적인 합의로 핵무기 협상이 타결되면서 동구권의 독립과 중국 및 한국의 수교를 통해 대한민국과 북한은 50년 동안 가입하지 못하였던 UN에 가입하면서부터 인권운동이 새로운 차원으로 성장할 수 있는 동력을 마련하였다.

이는 민주화 운동으로 수립된 문민정부가 들어서면서부터 가능성이 보이기 시작하였으며 이제까지의 탄압이나 반인권적인 악법들을 서서히 개정하기 시작했다. 이 시기에 이르러서야 국제적인 시각과 안목을 가지고 국제기구와 연대하여 인권운동이 활발하게 이루어지기 시작했다는 것이다. 이러한 운동은 1980년대까지 꾸준하게 주창한 민주화 운동과 동서냉전 해체의 결과물인 것이다.

이로 인하여 대한민국은 국제인권규약에 관심을 가지면서 국내의 인권규약들을 국제적인 수준으로 향상시키기 위해 꾸준하게 노력하고 있다. 따라서 우리나라의 인권운동은 국내외적인 틀 속에서 조용히 진행되고 있었다.

인권운동에 더욱 박차를 가한 것은 김대중 정부가 들어선 국민의 정부에 들어서이다. 이는 2001년 국가인권위원회 설립의 계기가 되었으며 이에 인권이 우리의 관심과 제도권 정치로 편입되어 오늘날에 이르고 있다. 그러나 일부 인권탄압을 위한 악법, 즉 「국가보안법」이라든가 정규직과 비정규직 간의 갈등, 아동, 장애인, 결혼이주여성, 청년실업 등 소수의 약자들을 위한 인권은 아직까지 멀고 먼 여정이 남아 있다. 이는 새로운 인권운동의 주관심사를 대변하여 주고 있다는 것이다.

또한 군사시절 인권탄압으로 희생되었던 민주화운동의 피해자, 각종 공권력의 악행으로 피해를 받았던 억울한 희생자들과 같은 개인에게 명예회복 및 보상, 배상 차원에도 국가는 관심을 기울여 사회통합의 길로 향하게 해야 개인 삶의 질을 높여줄 수 있을 것이다.

마지막으로 강조하고 싶은 것은 인권개선과 관련하여 국가의 역할이 변하고 있다는 점이다. 과거에는 국가가 인권탄압의 대상으로 비판받아 왔지만 이제는 신자유주의인 세계화의 위협을 막아줄 수 있는 보호막이며, 다양화된 인권 이슈를 국내적으로 구현할 수 있는 인권 구현기관으로서의 국가를 새롭게 보기 시작했다. 사실 인권개선을 위해 인권단체와 국가의 새로운 관계를 모색할 때가 된 것이다.

 우리나라의 대표적인 인권사례에는 어떤 것이 있을까?

이제까지 우리나라 인권의 발전과정을 역사적 추이를 통해 살펴보았다. 이제까지는 역사적인 진행과정으로만 살펴본 결과 구체적이지 못하였다. 그러나 인권탄압에 대하여 구체적인 사안들을 점검함으로써 다시는 대한민국에서 이와 같은 일들이 되풀이되지 말아야 한다는 의미로 각 사항들을 구체적으로 살펴보기로 한다.

1) 제주4 · 3사건

대한민국은 제2차 세계대전 이후 열강들의 도움으로 1945년에 해방되었다. 그러나 광복의 기쁨이 채 가시기도 전에 남북한의 분할통치로 인하여 정치적으로 매우 큰 혼란기를 맞이했다. 다시 말하면 대한민국은 신탁통치 아래 놓여 있었다는 것이다.

한반도 분단상황은 일제로부터의 해방과 한국전쟁이라는 쓰라린 역사적 경험의 결정체였다. 이런 상황 속에서 국가안보라는 명분으로 인권을 침해하는 억압적인 법률들이 만들어졌고, 정부에 대한 비판적인 말과 행동은 북한을 이롭게 한다는 이유로 모두 처벌의 대상이 되었는데, 그 결정판이 바로 1948년 특별법으로 제정된 「국가보안법」이다.

이러한 시기 제주도는 광복 직후 귀환한 6만여 명의 인구가 돌아오자마자 실업난을 겪고 있었고 이에 따라 생활용품의 부족, 공무원들의 부패로 인하여 매우 사정이 어려웠다.

이 시기에 한시적 비상조치로 제정된 1948년의 「국가보안법」은 전체 사형수 1,634명 중 약 800여 명을 사형시킴으로써

출처: 플러스코리아

▲ 제주4 · 3사건

제주는 민심이 매우 혼란스러워졌다. 이러한 원인은 1년 전으로 거슬러가 3 · 1절 기념 제주도 대회에 참가했던 시민들에게 경찰이 무분별하게 발포함으로써 민간인 6명이 안타깝게 목숨이 잃은 사건이 발생하였고 이에 남로당 제주도당은 조직적인 반경찰활동을 전개하였고 항의표시로 제주 도민들과 공무원 등이 대부분 총파업을 하였다.

이 사건은 경찰의 무차별한 발포와 남로당의 선동 때문이라는 결론을 맺고 제주도민들을 압박하며 강공정책으로 일관하자 제주도민들의 반감을 사게 된 사건이라 할 수 있다. 이에 따라 미군정은 제주도민들을 공산주의자와 폭도로 규정하고 경찰들은 시민들을 무작정 체포 구금하여 인권을 학대하였다. 이러한 과정은 한국전쟁과 연결되어 1954년 군인과 경찰들은 공산당원들을 색출한다는 명목으로 집단살해를 한 전대미문의 사건이었다. 진상보고서에 의하면, 4 · 3사건의 인명피해는 25,000~30,000명으로 추정되고, 강경진압작전으로 산간마을 95% 이상이 불타 없어졌으며, 가옥 39,285동이 소각되었다. 4 · 3사건 진상조사위원회에 신고 접수된 희생자 및 유가족에 대한 심사를 마무리한 결과(2011.1.26), 희생자 14,032명과 희생자의 유족 31,255명이 결정됐다. 이 사건은 2003년 진상위원회가 발족되어 대통령의 사과로 일단 막을 내렸으나 아직껏 종결되지는 않고 있다.

2) 노근리 주민학살사건

노근리 주민학살사건은 한국전쟁이 일어난 해인 1950년 7월 미군이 충청북도 영동군 황간면 노근리에서 주민을 학살한 사건이다. 이는 한국 인권의식의 부재를 극명하게 보여준다.

노근리 양민 학살사건은 1950년 7월 25일~7월 29일 사이에, 남하하는 피난민들 사이에 공산당원들이 섞여온다는 잘못된 첩보로 인하여 미군이 충청북도 영동군 황간면 노근리 경부선 철로, 쌍굴다리를 폭격하고 기관총을 발사해서 민간인을 학살한 사건이다. 노근리사건을 실제 경험했던 생존 피해자와 유족들인 정은용, 정구도, 양해찬, 정구호, 서정구 씨 등은 1994년에 구성된 노근리양민학살대책위원회(위원장: 정은용)에서 사망자 135명, 부상자 47명 모두 182명의 희생자를 확인했으며, 300여 명의 희생자가 대부분 무고한 양민들이었다. 현재 살아남은 사람은 겨우 20여 명이다.

현재 살아남은 사람들의 끈질긴 노력으로 2004년에는 사건 희생자의 명예를 회복하는 법안인 노근리사건 특별법이 발의되어 국회의원 169명 전원의 찬성으로 국회를 통과하였다. 그러나 미국 군인들은 처음에는 자기들의 잘못을 인정하지 않았는데 민, 관, 군의 끈질긴 조사와 투쟁으로 그들의 명예를 회복하는 계기가 되었다. 또한 이 사건은 국제적으로도 관심이 깊어 2010년 4월 〈작은 연못〉이라는 영화가 제작되어 노근리사건을 전 세계에 알려 국제적으로도 인정받게 되었고 여기에서 노력하였던 3명의 AP기자는 기자들의 노벨상이라 부르는 2000년 퓰리처상을 수상했다.

3) '세계 사법사상 최악의 사건'으로 기록될 만한 인혁당사건

1961년 군사 쿠데타를 통해 정권을 잡은 박정희는 정권의 정통성을 회복하기 위해 국민들이 먹고사는 데 발맞추어 조국의 근대화를 촉진하게 되었다. 박정희 군부정권은 조국의 근대화와 반공법을 내세워 인권은 나중의 일이라는 식으로 인식하고 관심을 가질 수 있는 여유를 전혀 갖지 못했다. 그러나 당시의 정치적 불안감과 전쟁을 경험했던 세대들에게 어느 정도의 지지를 얻어 근대화의 토대를 마련했다는 점에서 높이 평가받을 수 있었으나 이를 빌미로 인권을 탄압한 것에 대해서는 회의적이다.

조국의 근대화에는 많은 영향을 미쳤으나 20년 가까운 독재기간 동안 자행된 지식인에 대한 인권 탄압과 민주주의를 후퇴시킨 장본인이라는 것에 대해서는 강한 비판을 동시에 받고 있다. 인권개선이라는 측면에서 볼 때, 박정희 정권은 강력한 산업화 정책을 주도했지만 시민적, 정치적 권리를 제한하는 반민주적, 반인권 정책을 지향하였다.

그의 과오는 「유신헌법」을 제정하여 1972년에 국회를 해산하고 계엄령을 선포하여 자신의 영구집권 계획을 선포한 헌법이었다. 이를 위해 그는 중앙정보부를 신설하여 반체제 인사를 불법적으로 체포, 구금하고 고문도 마다하지 않았다. 비록 경제발전을 달성하고 북한이나 공산주의로부터 국가안보를 유지하기 위해 국민의 권리를 일부 제한할 수 있음을 인정한다 하더라도 초헌법적 독재정치로 기본적인 개인의 생명권과 자유권을 해친 것은 결코 정당화될 수 없다. 1970년대에 박정희 정권을 비판한 학자나 정치인은 인권침해는 물론 더 나아가 생명까지 위협받는 경우가 많았다. 1973년 중앙정보부에서 간첩혐의로 조사받던 중 의문사한 최종길 서울법대 교수나 1975년 8월 17일 장준하 선생의 의문사는 당시의 인권탄압을 극명하게 보여주고 있다.

이와 관련한 또 하나의 사건은 1964년 대구에 거주하는 교사들이 모여 시국과 남북관계를 토론하던 단체로서 처음에는 내란음모혐의로 검거하여 간첩과 연계하여 조사하였으나 혐의점을 찾지 못하자 일단락된 인혁당사건이 있다. 그러나 1974년 군사정권은 장기 음모를 저지당하자 국민들에게 반공을 내세워 그들의 목적을 달성하고자 다시 검거하여 그들에게 가당치도 않은 간첩죄를 씌워 8명을 처형한 사건을 말한다.

군부정권은 그들에게 반정부, 내란음모라는 조작된 혐의를 씌워 그들과 관련된 학생과 청년들을 북한과 연계함으로써 여러 명에게 사형을 집행했다. 당시 군부정권은 '인혁당 재건위 사건'에 관련된 사람들을 대법원 판결 뒤 18시간 만에 사형했는데 도예종, 서도원, 하재완, 송성진, 우홍선, 김용원, 이수병, 서정남 등 8명은 교사 및 회사원, 사업가로서 내란음모와 반국가단체가 아니었다는 것이 매우 충격적이며 판결 후 이례적으로 사형을 집행한 것은 세계적으로도 유례가 없는 일이었다.

노무현 정부 이후, 드디어 이들에게 무죄가 선고되고 그의 가족들은 30여 년간 빨갱이로 살아온 세월의 한을 풀 수 있었다. 인혁당 사건은 강산이 서너 번 바뀌고도 남을 세월인 45년이 지난 지금까지도 국내외 사법단체들로부터 '세계 사법사상 최악의 사건'으로 규정되고 있는 기막힌 우리 역사의 한으로 남아 있으며 '박정희 18년 독재의 가장 사악한 죄상'으로 불리는 사건이다.

4) 경제성장이라는 명목하에 저질러진 박정희 정권(1961~1979)의 산업화와 반공제일주의

박정희 정권은 발전주의와 국가안보라는 이데올로기를 동원하여 학생, 지식인, 농민, 노동자, 일반시민의 경제개혁이나 개발정책에 관련된 어떤 반대의 목소리도 듣지 않고, 오직 사회적 안정과 질서를 주장하며 국민들을 압박하였다. 박정희 정권은 '돌진적 산업화' 정책을 통한 빠른 경제성장을 달성하기 위해 저임금 노동력을 확보하고자 강력한 도시화 정책을 전개하여 전통적 농촌공동체는 파괴되었고, 노동자의 기본적 인권은 부당하게 제한되었다. 이렇듯 정부는 경제성장정책을 강력하게 진행하였다. 이러한 무리한 경제개혁 드라이브는 국내적으로는 한반도 분단상황이라는 특수성에 기초한 사회적 안정 이데올로기의 동원이었고, 국제적으로는 냉전체제에 기초한 자본주의와 사회주의의 체제 간 경쟁이라는 맥락 속에서 진행되었다.

숨막힐 정도로 꽉 닫힌 정치기회 구조에도 불구하고 노동·인권운동과 학생운동은 조금씩 성장하기 시작했다. 1979년 박정희 정권이 헌법 개정을 통해 3선을 시도하여 1971년에 대통령 임기를 연장하자 학생과 반정부 정치인은 독재정권 연장에 반대하는 저항운동을 다양한 방식으로 전개하였다. 이것을 두려워한 나머지 1972년 10월 17일 박정희 정권은 국회를 해산하고「유신헌법」을 선포하여 종신집권을 시도하였다. 박정희 유신정권이 사용한 가장 강력한 탄압도구는 바로 국가안보를 위해 내린「비상조치법」으로서 이는 국민의 기본적 시민권과 인권을 제한하는 내용을 담고 있다. 유신정권은 「비상조치법」을 통해 명분상으로는 국가안보를 내세우면서도 궁극적으로는 정권의 정당성과 정치, 경제 정책에 대한 비판과 저항 운동을 탄압하기 위한 도구로 활용하였다.

「비상조치법」 제1호는 1974년 1월 8일에 공포되어 「유신헌법」을 반대하는 어떤 출판활동이나 토론회도 금지하였다. 동일 날짜의 「비상조치법」 제2호는 「유신헌법」이나 정권에 반대하는 자들을 구속영장 없이 체포할 수 있으며 최대 15년 동안 투옥할 수 있는 권한을 부여하는 비상조치 군법회의를 설치하는 내용을 담고 있다. 「비상조치법」은 1974년과 1975년에 걸쳐 총 9호까지 공포되어 박정희 유신정권의 정치적 방패 역할을 하였는데, 특히 「비상조치법」 제4, 5, 7, 9호는 가장 무자비하였으며 유신정권에 대한 급증하는 비판과 저항운동을 탄압하기 위해 활용되었다. 「비상조치법」 제4호는 정부가 조작한 '민청학련'이라는 반정부단체에 관련된 자들을 처벌하기 위해 1974년 4월 3일에 공포한 것이고, 「비상조치법」 제7호는 고려대학교 학생 소요의 확산을 막기 위한 것으로 고려대학교를 봉쇄하기 위해 1974년 4월 8일에 공포한 것이다. 「비상조치법」 제9호는 제정된 「유신헌법」에 반대하고 박정희 정권을 비방하는 어떤 행위라도 금지하기 위해 1975년 5월 13일에 공포한 것이다. 이렇듯 유신정권의 「비상조치법」은 경제성장이라는 명목하에 저질러진 박정희 정권(1961~1979)의 산업화와 반공제일주의(反共第一主義)로 국민의 입과 귀를 막고 손발을 옥죄는 반인권적 정치도구였다.

5) 정권탈취를 위하여 국민들에게 총부리를 겨눈 전두환 정권에 항거한 5 · 18민주화운동

1979년 18년간의 박정희 독재정권은 장기화될 수밖에 없었지만 국민의 저항으로 영원히 유지될 수 없었다. 1979년 10월 26일 궁정동에서 울린 한 발의 총소리는 우리나라의 정치구조에 큰 변화를 가져왔다. 이날 저녁의 총격사건은 중앙정보부장 김재규에 의한 박정희 시해사건으로 이를 통해 국내 정치기회 구조는 급속도로 전개되는 양상을 보였다. 독재정권이 무너지자 일부 시민과 학생들은 민주화의 물결로 새로운 봄을 알리고자 거리로 나왔지만 이후 전두환 신군부세력에 의한 군사 쿠데타, 서울의 봄, 그리고 5·18민주화운동으로 이어진 정치 격변은 인권운동이 민주화운동 속으로 더욱 깊이 편입될 수밖에 없는 정치구조로 이어졌다.

박정희의 사망으로 시작된 온 국민의 민주화 열망은 또다시 전두환을 위시한 신군부의 등장으로 새로운 국면을 맞게 되었고 이러한 민주화의 열망은 급기야 민주화운동으로 번지게 되었다. 그러나 신군부는 그들을 저지하기 위해 광주시민들을 희생양으로 삼은 사건이 5·18민주화운동이었다.

이러한 5·18민주화운동은 1980년 5월 18일부터 27일까지 이어진 민중저항시위를 폭압적으로 탄압한 사건으로, 당시 시위 주동자들은 공산주의를 옹호하는 폭거로 매도되었다. 공식적으로 200명 이상이 사망했다고 발표했지만, 공수부대가 투입된 진압작전은 계엄상황에서 군과 시민군 사이의 시가전까지 벌어졌기에 희생자 수는 훨씬 더 많았고, 지역주민 수천 명이 군인의 총격으로 사망했다고 주장하지만 아직까지 사망자의 수는 정확하게 집계되지 않고 있어 매우 안타까운 실정이다.

1980년 5·18민주화운동의 피와 희생을 밟고 권력을 찬탈한 전두환 정권은 민주화운동 세력을 탄압하기 위해 1948년 이승만 정권이 제정한 「국가보안법」을 개정하여 더욱 강력한 정치도구로 삼았다. 전두환 정권은 1961년에 제정된 반공법 폐지를 자랑하였지만 이 두 법이 여러 측면에서 중복되기 때문에 반공법을 폐지하고 그 안에 있는 핵심내용을 국가보안법에 포함시키는 방식으로 국가보안법을 거대 괴물로 만들었다. 그러나 이러한 압박과 탄압이 강화될수록 시민사회의 저항은 더욱 거세졌다.

사회운동의 중심세력은 1970년대의 노동운동에서 1980년대에는 학생운동으로 바뀌었고 5·18민주화운동을 뿌리로 하여 1980년대 말까지 군사독재 정권에 대한 강력한 저항운동으로 전개되었다.

전두환 정권은 그의 친구이자 쿠데타 세력인 노태우에게 정권을 이양하고자 하였으나 고 박종철 고문치사사건을 계기로 1987년 6월 민주화운동으로 이어져 절차적 민주화를 달성하고, 즉 호헌철폐 및 직선제 요구를 원하는 국민들의 저항에 부딪혀 1990년대 민간정부의 탄생이라는 놀라운 결실을 맺게 되었다. 1990년대 민주화 이후 들어선 민간정권은 광주민중항쟁을 군사독재로부터 민주주의를 회복한 운동, 즉 민주화운동으로 인정하고, 정부는 피해자와 그 가족에 대한 사과 및 보상, 5·18국립묘지 마련 등으로 과거의 왜곡된 역사를 바로잡았다.

이처럼 1980년대의 민주화운동을 견인한 5·18민주화운동의 경험은 한국 시민사회가 '강력한 저항 민주화 세력'으로 성장할 수 있는 소중한 토양이자 원동력이었다.

6) 군사정부를 이어온 노태우 정권시대의 인권침해에는 어떤 것이 있을까?

해방 이후 출현한 군사정권은 산업화와 반공법을 위시한 국가안보라는 이데올로기를 동원하여 개인의 신체적 권리와 시민적·정치적 권리를 크게 침해하였다. 다시 말하면 인권은 국가안보나 이데올로기라는 거대한 괴물 앞에선 무용지물이었다. 이들의 인권침해는 다음과 같이 정리할 수 있다.

첫째, 생명권은 정치적 탄압과 위험한 산업현장으로 나누어볼 수 있다. 정치적 탄압의 결과로 학생, 교수, 군인, 정치 인사가 의문의 죽음을 맞았고, 인혁당사건처럼 「국가보안법」「반공법」「비상조치법」에 의해 소중한 생명을 잃기도 했다. 뿐만 아니라 군사정권은 돌진적 산업화 정책을 최우선 과제로 인하여 산업현장 노동자들의 생명과 안전 권리에 대한 의식은 매우 저조했다. 산업재해에 대한 보상은 부족했고, 직업병으로 보상받을 수 있는 질병은 적었다. 또한 이것에 대한 측정과 지원과정이 매우 복잡했고 오랜 시간이 소요되었다. 원양어선 선원들의 인권침해도 심각했는데, 이들은 열악한 작업환경, 불결한 위생, 강한 노동강도로 인하여 기본적인 인권을 보장받지 못하였을 뿐만 아니라, 이를 벗어나고자 탈출을 시도하다 사망 혹은 실종되는 경우가 많았다.

둘째, 개인의 신체와 관련된 가장 큰 인권침해는 고문이었다. 우리나라 「헌법」에는 신체적 자유와 안전의 자유가 분명히 명시되어 있지만, 즉 법적으로는 분명하게 고문과 구금 등을 금지하고 있음에도 불구하고, 군사정권은 「국가보안법」「집시법」「화염병 사용 등의 처벌에 관한 법률」「노동쟁의조정법」 등을 동원하여 노동자, 학생, 교수, 정치인 그리고 일반시민의 구속수사를 관행처럼 여겼고, 고문과 비인도적인 심문으로 억지 수사와 지나친 처벌을 부과하였다. 정치범에 대한 수사에서는 「국가보안법」의 독소조항인 '반국가단체, 이적단체 구성혐의'를 무리하게 적용하고자 피의자를 고문하는 경우가 빈번했다. 권인숙 성고문사건, 김근태 고문수사, 박종철 고문치사사건이 그 대표적인 예이다. 검찰 수사과정에서 피의자의 자백만으로도 충분히 증거가 되기 때문에 피의자에 대한 강제연행, 구속수사 그리고 자백을 받아내기 위한 고문으로 이어지는 수사를 무리하게 진행한 것이다. 그 과정에서 개인의 신체의 자유와 생명권이 심각하게 침해되었다.

1988년 이후 「국가보안법」은 개혁입법 과제로 최우선시되면서 구속자 수가 일시적으로 줄어들었고, 노동조합 설립도 급속도로 증가하였다. 이렇듯 노태우 정권은 시민사회에서 유리한 정치기회 구조를 제공했지만 이것은 일시적인 현상이었다. 1989년부터 공안정국이 전개되면서 수많은 조작사건과 숱한 사람을 구속하면서 처벌범위는 더욱 넓어졌다. 정치적인 목적으로 서로 간의 이념이 다른 3당 합당이라는 불리한 정치기회 구조를 양산하면서 인권침해는 더욱 노골적으로 나타났고 이는 인권개선의 후퇴로 빠르게 진행되었다.

특히 이 시기에는 이적 표현물에 대한 국가보안법 적용으로 구속된 비율이 상대적으로 높게 나타났다. 출판물과 예술작품에 대한 탄압이 일상적으로 이루어졌는데, 이것은 1989년 합수부의 발족과 '좌익 출판물, 유인물 대책위원회'가 설치된 것과 밀접한 관련이 있다. 전두환 정권 때의 3배가 넘는 103명의 출판인이 국가보안법상 이적 표현물 제작, 판매 등의 혐의로 구속되었다. 이외에도 500여 회에 걸쳐 압수수색이 이루어졌고 15만 권 이상의 도서가 압수되었는데 이는 시민적, 정치적 권리의 핵심인 표현의 자유가 심각하게 침

▲ 언론탄압

해되었음을 뜻한다. 또한 문화예술인의 작품도 이적 표현물로 간주되어 신학철의 〈모내기〉, 홍성담의 〈민족해방운동사〉 걸개그림 사건 등으로 1989년 8월 한 달 동안 무려 8명의 화가가 구속되었다. 형사절차에서 신체의 자유도 여전히 제한된 것으로 나타났다.

당시 수사기관의 가혹행위는 노태우 정권의 '6·29선언'이 무색할 정도로 지속되었다. 수사기관의 불법체포, 구금, 허위자백을 강요하는 고문과 같은 반인권적 행태가 발생하였다. 안기부는 「국가보안법」 위반 피의자의 변호인 접견을 거부하기도 하였으며, 사형집행 건수도 여전히 많았는데, 1990년에 14명, 1991년과 1992년에는 각각 9명의 사형을 집행하였다. 이 사형집행 수는 한국정부가 여전히 인권 후진성을 극복하지 못했음을 보여주는 것이다.

7) 군부독재를 무너뜨리고 문민정부를 탄생시킨 김영삼 정권의 시기에는 아무 것도 할 수 없었다

30년 가까운 군사독재를 무너뜨린 김영삼 정권은 출범 당시 문민정부라 하여 국민들로부터 긍정적인 평가를 받았고 동시에 국민들에게 기대와 희망을 심어주었다. 그리고 공직자 재산 등록과 공개 추진, 인사개혁, 감사원에 의한 성역 없는 사정 추진, 군내 사조직 척결을 통한 군부 개편, 금융실명제 단행 등 다양한 개혁 프로그램을 통해 어느 정도 성과를 기대할 수 있었다. 당시 문민정부의 국정 지지도는 상상할 수 없을 정도로 높았다. 그러나 이러한 개혁의지는 보수의 저항을 받아 쉽게 꺾이게 되었다. 그 결과 김영삼 정부는 일관되고 체계적인 인권개선정책을 추구하기보다는 정국 안정에 초점을 맞추면서 법과 질서, 경쟁력 제고 등에 무게중심을 두었다.

사실 김영삼 정권은 인권과 사회정의를 정책결정의 중요한 준거로 삼지 않았고, 선거 정치를 의식하고 오직 경제 활성화에만 초점을 맞추다 보니 노동자에게 보장된 기본 권리는 점차 제한하는 인권 후퇴의 모습을 보여주었다. 즉 김영삼 정권은 인권을 정책 수립의 중요한 고려요인으로 삼지 않았다. 1995년 고문방지조약에 가입하고 국민인권기구를 세우겠다는 약속을 했음에도 불구하고 인권개선에 큰 변화를 이루지 못했다. 결국 그의 말기는 IMF라는 치욕적인 사태를 맞으면서 역사 속으로 사라지게 되었다.

8) 한국의 인권과 민주화의 길을 걸어온 김대중 정부(1998~2003)는 어떠한 노력을 하였을까?

문민정부 경제성장의 정책은 오히려 인권을 후퇴시켰으며 국민들의 인기에 영합하는 정치를 한 결과 즉 대기업 위주의 성장을 주도하다가 결국 그의 임기 말에는 IMF라는 후폭풍을 만나게 된다. 이러한 후폭풍을 맞으면서 탄생한 정권이 바로 국민의 정부라고 자처하는 김대중 정부의 탄생이다. 이 정권은 시작부터 어수선한 분위기였다. 전 정권의 국제구제금융사태(IMF)를 해결하느라 매우 바쁘게 움직여 국내에 산적한 문제들을 돌아볼 여유가 없었기 때문이다. 따라서 김대중 정권의 인권개선 노력과 한계는 분명히 있었다.

김대중 정권은 인권과 민주화의 길을 걸어온 정부의 수반으로서 과거 정권과 달리 인권과 민주화의 개선에 확실한 의지를 가지고 있었다. 정권의 불안에서 벗어나 과거 정권에서 하지 못하였던 정책들 중 인권개선에 많이 치중하려는 모습이었다. 예를 들면 이제까지 간헐적으로 실행해 온 사형집행을 중단함과 동시에 「국가보안법」 폐지까지 이르지는 못했지만 「국가보안법」 적용에 신중했으며, 의문사 진상규명에 관한 특별법을 제정하고, 「국가인권위원회 설치법」을 제정하여 2002년에 그 역사적인 출범을 맞이하였다. 또한 1998년에는 교원노조를 인가하였고, 여성부의 설립과 UN난민 고등판무관 서울사무소를 설치하는 등 UN 국제인권규약의 권고를 국내에 구현하고자 노력한 점은 주목할 만한 사항이다.

그러나 2002년 김대중 정권은 권력누수현상이 오면서 말년에 인권은 다시 하락했다. 이는 인권 현실을 획기적으로 개선하기에는 아직도 한계가 많음을 의미하는데, 그 대표적인 사례가 2002년 발생한 미군 장갑차에 의한 의정부 여중생 효순, 미선 압사 사건이다. 한미주둔군지위협정(SOFA)에 따라 한국의 형사재판권 행사는 매우 제한적으로 작동했으며, 그 결과 소중한 두 여학생의 인권은 철저히 짓밟히고 말았다.

한미주둔군지위협정(SOFA)이란 주한미군의 법적 지위에 관한 것으로 미군의 공무 수행 중 사고가 발생하면 재판권을 어디에서 행사할 것인가?를 합의한 사항으로, 1966년 7월 9일에 체결됐다. 이 협정에는 한국의 주권을 지나치게 제한하고 미국에 유리하게 적용되는 조항이 여럿 있었다. 대표적인 것은 주한미군이 범죄를 저질렀을 때 한국과 미국 중 어느 쪽의 재판을 받을 것인가 하는 형사재판권 관련 조항으로 아주 불합리한 협정이었다. 여기서 공무 수행 중이었는지 여부는 미군 당국이 판단한다.

국민의 정부는 그 어느 정부보다 유연한 노동정책을 펼 것이라 생각하였으나 노동자의 각종 불법적인 파업을 허용하지 않고 폭압적으로 진압하도록 방치하였다. 이런 이유로 인권운동단체는 김대중 정권에게 남북한 화해와 교류를 통해 「국가보안법」 폐지를 이끌며, 교원노조 허용을 넘어서 공무원 노동 3권 보장과 직권 중재조항 폐지를 강력히 요구하였다. 또한 여성부 설치로 그치는 것이 아니라 호주제 폐지를 통해 남녀 차별문제를 보다 철저히 개선하고, 신설한 국가인권위원회와 의문사진상규명위원회에 실질적 권한을 보장하여 인권개선에 보다 적극적인 효과를 얻을 것을 촉구하였다.

여기에서 특기할 사항으로는 군 인권의 새로운 이슈로 부상한 '양심적 병역 거부자' 문제를 김대중 정권은 해결하지 못하고 이들을 '양심적 병역 기피자'로 판단하여 감옥으로 보냈다. 이렇듯 김대중 정권은 개인 통합권리나 시민적, 정치적 권리 부문에서 대체로 큰 진전을 보인 반면에 새롭게 부상한 인권 이슈인 이주노동자, 난민, 새터민, 양심적 병역 거부자 등의 문제에 대해서는 인권에 감수성을 발휘하지 못하고 제한된 정책 구현에 머물고 말았다.

9) '참여정부' 노무현 정권의 인권개선과 한계는 어디까지 진전되었을까?

국민의 정부의 정통성을 이어받은 노무현 정부는 인권 변호사답게 인권의 개선에 힘을 실었다. 따라서 「국가보안법」 위반 구속자 수는 급격히 감소했으며, 양심수도 거의 100명 이하 수준을 유지하였다. 역시 마찬가지로 정권 후반의 권력누수 현상으로 인권개선의 속도는 완화되었고, 2007년에는 인권수준이 오히려 후퇴하는 양상을 보인다. 2007년 한국 시민사회운동 전체가 참여하여 한미 FTA협상에 반대하는 직접행동을 전개하였다. 시민사회는 노무현 정권이 '참여정부'라는 이름이 무색할 정도로 비민주적이고도 종속적인 방식으로 진행한 FTA협상을 강력히 비판하였다. 사실 노무현 정부는 FTA협상 시 국회의원들조차 그 협정내용을 알 수 없을 정도로 철저히 비공개로 진행하였다. 미국산 쇠고기의 수입 개방, 초국적 기업의 의약품 개방, 교육시장 개방, 공공서비스 부문 민영화까지 거의 모든 부문을 개방하는 수준이었기에 이는 생존권에 대한 위협을 느낄 정도로 심각한 상황이었다. 이런 견지에서 시민사회는 민주주의에 대한 권리와 인권을 되찾기 위해 노무현 정권에 강력히 저항하였다.

이에 대해 노무현 정권은 FTA 반대운동과 노동자의 총파업 운동에 대해 「헌법」이 보장한 집회와 표현의 자유를 부정하면서 대량 구속자를 양산하였다. FTA 총파업에 참여한 30여 명의 금속노조 간부에게 체포영장을 발부하고, 범국민대책운동본부 간부 150여 명에게 소환장을 발부할 정도로 강력한 공안탄압을 전개하였다. 이렇듯 노무현 정권은 초기에 자유권적 인권영역에서 적극적인 개혁을 전개했음에도 불구하고 정권 말기에 한미 FTA를 무리하게 체결하는 과정에서 민주주의와 기본적인 인권을 심각하게 침해하여 인권이 후퇴하는 모습을 보였다. 이것은 사회권이 지속적으로 후퇴하고 있음을 암시하는 정책이기도 하다.

 ## 대한민국을 뒤흔든 인권의 억압과 침해사건에는 어떤 것이 있을까?

대부분의 인권 전문가들은 박종철 고문치사사건을 계기로 일어난 1987년 6월 민주항쟁을 한국의 인권이 한 단계 도약한 가장 큰 분수령으로 꼽았다. 1960년 4·19혁명과 1980년 5·18민주화운동의 맥을 이은 6월 민주항쟁과 「헌법」 개정을 통해 국민의 참정권을 주장하였고 여러 분야의 인권이 양적으로 확대되고 질적으로 향상됐기 때문이다.

첫 번째, 전태일 분신 사건은 1970년 11월 13일 비인간적인 노동환경 개선을 외치며 자신의 몸을 불사른 서울 평화시장 의류공장 재단사 전태일 씨의 죽음으로 노동자들의 인권문제가 처음 제기된 발화점이 되었다. 그의 분신은 열악한 노동환경과 「근로기준법」에 대한 사회적 각성을 불렀다. 16년이 지난 1986년엔 「최저임금법」이 제정됐다.

두 번째, 부천서 성고문사건과 박종철 씨 고문치사사건은 당시 공권력의 인권

상황을 보여주는 대표적인 사례였다. 1986년 6월 노동운동을 위해 위장취업한 혐의로 경찰에 연행된 서울대생 권인숙(당시 22세, 여) 씨를 경기 부천경찰서 문귀동 형사가 성추행한 '부천서 성고문사건'은 당시 공권력의 인권탄압 실상을 적나라하게 보여준 사건이었다.

1987년 1월 경찰이 서울대생 박종철 씨를 물고문과 전기고문으로 숨지게 한 '박종철 씨 고문치사 사건'도 공권력에 의한 대표적인 인권침해 사례로 꼽힌다. 당시 경찰은 "박종철 씨가 '탁 치니 억'하고 쓰러지더라"는 어이없는 변명과 더불어 "단순 쇼크로 사망했다"고 거짓 발표했으나 당시 부검의의 증언과 정의사제구현단 신부의 고발로 사건 발생 닷새 만에 진실은 밝혀졌으며 이 사건은 전 국민을 광분시켰다. 이 두 사건은 신체 억압으로 인간의 본성을 짓밟는 고문을 근절하는 계기가 됐을 뿐만 아니라 1987년 6월 민주항쟁의 도화선이 됐으며 박정희 정권을 유지하였던 간접선거인 체육관 선거에서 국민들이 직접 투표하는 직선제로 바뀌는 계기가 되었다.

세 번째, 1987년 헌법 개정, 즉 6월 민주항쟁 뒤 정치권의 합의로 이뤄진 개헌은 헌법재판소를 만들어 국민들의 기본권을 제약하는 모든 악법들을 심사하여 헌법에 보장하는 기본권을 심사하고 재판하였다. 1987년 개정 헌법은 폭압적이고 권위적이던 정치체제를 청산한 것은 물론이고 이후 30여 년 동안 국민의 인권과 자유를 빠르게 신장시키는 동력이 됐다는 평가를 받았다.

네 번째, '전화교환원 정년 규정'은 남녀차별을 없애는 계기가 되었다. 1988년 12월 대법원은 여성 전용 직종인 전화교환원의 정년을 43세로 정한 한국전기통신공사 인사규정은 남녀차별에 해당돼 무효라고 판결했다. 43세 정년은 여성근로자들의 일반적인 근로기준에 맞지 않는 남녀차별이라는 것이다. 이는 결국 조기퇴직하도록 정한 조치라는 이유로 직장 내 남녀평등 원칙을 확인한 획기적인 판결이었다.

다섯 번째, 유엔인권규약 가입, 유엔인권이사회 이사국 선출이었다. 1990년 4월 '시민적 · 정치적 권리에 관한 국제규약 등 2개 규약 가입을 시작으로 6개 유엔인권규약에 차례로 가입하면서 한국의 인권은 국제적 규약에 걸맞은 제도와 연대를 갖춰갔다. 2001년 11월 독립기구인 국가인권위원회가 창설됐고, 2006년 5월 유엔인권이사회 이사국에 선출된 데 이어 이사국에 재선임되었다.

여섯 번째, 1991년 3월 경북 구미공단에서 일어난 사건으로 당시 30t의 독성을 가진 페놀이 낙동강에서 대구 상수원인 다사 취수장으로 흘러들면서 수돗물을 오염시켜 국민의 건강을 위협하는 사건이 바로 페놀오염사건이다. 당시 이 사건은 대구와 낙동강을 취수원으로 가진 부산, 경남도민들의 건강에 대한 경각심을 고무시켰다. 이로 말미암아 개발 중심의 정부정책은 제3세대 인권의 중요한 환경문제 등을 고려하기 시작했고 환경범죄의 처벌에 관한 특별조치법이 제정됐으며 공장 설립 시의 환경기준이 강화되는 등 건강권과 환경권에 대한 전 국민적 관심을 불러일으켰다.

일곱 번째, 유엔은 일본군 위안부(정신대라고도 함)문제를 공식 조사하기로 결정하였다. 유엔 인권위원회는 1993년 8월 25일 일본군 위안부문제의 인권침해실태를 조사할 수 있도록 하는 결의안을 만장일치로 채택했다. 이후 유엔 인권위원회는 1996년 보고서를 내고 위안소 설치의 국제법 위반, 일본정부의 법적 책임, 책임자 처벌 등을 권고했다. 이러함에도 불구하고 아직까지 일본은 강제로 설치한 것이 아니라며 배상과 사과를 하지 않은 상황이며 2020년 현재까지도 이 문제로 인하여 한일 갈등은 최고조에 이르고 있다.

여덟 번째, 「교통약자 이동편의증진법」이 2004년 12월 국회에서 통과됐다. 장애인 등 '교통약자'가 모든 교통수단을 차별 없이 이용해야 한다는 정신에 입각해 장애인을 위한 저상버스 도입을 의무화했다. 따라서 장애인을 특혜나 배려의 대상이 아닌 인권의 주체로 자리매김한 「장애인 차별 금지법」이 시행되었으며 일반인과 차이는 있을 뿐 차별하면 안 된다는 것을 인식하기 시작했다.

아홉 번째, 호주제 폐지로서 2005년 2월 헌법재판소는 아버지 중심의 가족제도를 규정하는 호주제가 "개인의 존엄성과 양성평등에 위반된다."라며 위헌 결정을 내렸다. 이에 따라 2008년 1월부터 호적 대신 '가족관계등록부'를 가지는 1인 1적제가 시행됐다. 이는 전통과 악습의 이름으로 통용돼 온 남녀 차별적 편견들로부터 인권을 보호하는 헌법적 지표를 구축했다는 평가를 받고 있다.

당시 호주제 폐지는 유교적 성향을 가진 한국사회에 커다란 충격을 주는 사건으로 찬반이 팽팽한 가운데 성별(性別) 갈등을 야기했다.

마지막으로 인혁당사건 재심 무죄선고이다. 2007년 1월 법원은 '사법살인'으로 거론됐던 인민혁명당 사건의 재심에서 무죄를 선고했다. 인혁당사건은 우홍선 씨 등 8명이 1974년 북한의 지령을 받아 유신체제에 반대하는 '민청학련'을 조종해 국가를 뒤엎으려 했다는 내란혐의로 사형이 집행됐던 사건이다.

5 아직도 갈 길 먼 한국의 인권수준은 어느 정도일까?

OECD(경제협력개발기구)는 제2차 세계대전 직후 유럽의 경제를 부흥시키기 위해 조직된 기구로서 오늘날 전 세계 국가 중 민주주의와 경제성장을 이룬 선진국들의 모임이다.

이 기구는 미국의 마셜플랜에 따라 1948년에 결성된 유럽경제협력기구(OEEC)를 모태로 경제성장, 개발도상국 원조, 무역의 확대 등을 목적으로 1961년 9월 30일 발족했다. 설립 당시 18개 유럽국과 미국, 캐나다 등 20개국이 회원국으로 참여했고 그 후 일본과 호주를 비롯해 최근에는 멕시코, 폴란드 등 8개국이 가입했으며, 우리나라는 1996년 12월 12일 회원국이 되었다.

OECD에는 현재 36개국(2019년 기준)의 나라가 정회원국으로 있다. OECD는 회원 국가만의 영역에 머무르지 않고 지구상에 있는 모든 저개발 국가들이 어떻게 하면 민주주의와 시장경제를 실시함으로써 더 잘살 수 있는가? 하는 문제들을 의제로 다루고 그들도 언젠가는 회원국이 되는 것을 목표로 하고 있다. OECD는 앞서 언급한 것처럼 민주주의와 시장경제를 구체적으로 더욱 발전시키기 위한 경제발전의 세 가지 가이드라인을 가지고 회원국들을 평가하며, 개발도상국들이 이 가이드라인을 중시하게끔 유도하고 있다. 민주주의와 시장경제, 그리고 개발의 문제를 이끌어가는 지침이기도 한 이 가이드라인은 첫째가 경제는 강해야 한다고 해서 'Stronger(더 강하게)'이다.

둘째는 사회는 깨끗하고 투명해야 한다고 해서 'Cleaner(더 투명하게)', 셋째는 모든 사람, 모든 나라가 균형 발전을 해야 한다고 해서 'Fairer(더 공정하게)'다. OECD의 세 가지 가이드라인은 사실 선진국을 평가하는 기준이기도 하다. 이 가이드라인으로 1996년 뒤늦게 회원국이 된 한국을 평가할 때, 첫 번째로 강한 한국

경제는 성장을 더욱 지속하므로 제법 점수를 많이 받고 있다. 인구 5,100여 만 명인 우리나라가 세계 11~13위의 경제대국으로 발전했기 때문에 이 'Stronger' 가이드라인에서 한국은 상당히 칭찬받는 나라이다. 그러나 두 번째 'Cleaner'라는 가이드라인에서 한국은 많은 점수를 획득하지 못하여 늘 하위에 머물렀다. 이는 민주주의와 인권이 선진국 수준으로 진입하는 데 아직 무리가 있기 때문이다. 다시 말하면 아직도 정부의 도덕성, 부정부패, 인권에 대하여 관심이 저조하기 때문이다(28위, 29위).

세 번째의 'Fairer'라는 가이드라인에서도 우리나라는 저조한 점수로 평가받았다. 다시 말하면 기회의 공정성에 대해서는 선진국 수준에는 미치지 못하는 점수이다(27~28위). 대한민국은 여전히 국민 개개인이 국가의 정책을 불신하고 있다는 뜻이다. 가진 자들만의 정책이고 여전히 관료와 정부구조에서는 사회적 약자나 소외된 집단이 많다는 것이다.

그림 ▸ 한국의 주요 악성지표들

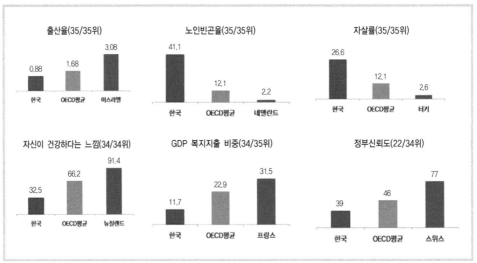

출처: bing.com/images(2019)

결국 우리는 OECD 내에서 경제 외에 인권, 개발과 같은 항목에서 순위가 늘 뒤처지고 있다. 미국의 뉴욕에 본부를 둔 프리덤하우스(Freedom House)라는 세계

인권 전문기구가 있다. 프리덤하우스는 자유권 중에서 시민적 자유권과 정치적 자유권, 이 두 가지를 분리해 매년 약 120개의 나라를 '자유'의 정도에 따라 점수를 매기고 있다.

프리덤하우스의 평가는 세계적으로 영향력을 발휘하기 때문에 자유권에 관한 인권 선진국이냐 후진국이냐를 가름하는 상당한 정보를 제공하고 있다. 2019년 미국 자유아시아 방송에 따르면 "후퇴하는 민주주의: 세계의 자유 2019" 보고서에서는 북한의 정치적 권리와 시민적 자유 지수를 평가하였는데 100점 만점에 3점을 받아 시리아(0점), 남수단, 에스토니아, 투르크메니스탄(이상 2점)에 이어 세계에서 다섯 번째로 자유롭지 않은 나라(not free)로 분류되었으며 최악 중 최악(worst of worst)의 나라로 지칭되었고 조사국 198개국 가운데 190위로 1973년부터 꾸준히 인권이 존재하지 않는 국가로 분류되고 있다.

우리나라는 현재 자유국가로 분류되어 세계에서 한국은 인권이 잘 작동되는 나라로 평가받는 것이 사실이다. 그러나 내용적으로는 인권이 잘 작동되는 것으로 나타나고 있지만 보고서에 의하면 우리나라보다도 인권지수가 높은 나라들은 56개국이나 있어 아직도 가야 할 길이 멀고 제도적으로 보완해야 할 것도 많은 것이 사실이다. 결국 인권의 선진국으로 발전하기 위해서는 법과 제도가 절실히 보완되어야 할 면들이 많다는 것이다.

한국의 인권은 이미 상당한 수준에 이르렀다(already)고 할 수 있으나 아직도 갈 길은 멀다(not yet)고 해야 할 것이다. 이상이 국제기구가 우리나라를 보는 거울이며 점수다. 경제적 성과만으로 선진국으로 도약하는 데 한계가 있음은 명약관화하다. 문화, 환경보존 그리고 인권의 존중이 경제발전에 추가되어야 선진국이다. 그중에서 인권의 생활화는 가장 중요한 덕목이다. 이를 프로그램화하고 달성하기 위한 선장이 국가인권위원회다. 외교부가 못 하고, 법무부가 못 하고, 경찰이 못 하고, 법원이 못 하는 분야를 국가인권위원회는 할 수 있다는 게 선진국의 경험이다.

6 국제사회의 인권에 대한 현주소는?

국제사회에서는 인권의 원칙이자 특성을 천부적인(inherent), 불가양의(inalienable) 그리고 만인의(universal) 것으로 인식하고 있다. 유엔에서는 이러한 세 가지 원칙을 갖고 있으며 이러한 특성의 인권에 대한 개념은 날로 발전하고 있기 때문에 인권에 대해 의식적으로 정의 내리는 것을 피하고 있다. 그러나 인권 의제는 유엔 경제사회위원회에 속해 있던 인권위원회가 2006년부터는 인권이사회로 상향 조정되어 유엔총회의 직속기구로 승격하면서 유엔의 메커니즘(mechanism) 속에서 이전보다 더 힘을 얻게 되었다. 유엔과 몇몇 중요한 국제인권 NGO를 중심으로 전개되는 인권관련 쟁점들을 살펴보면 다음과 같다.

첫째, 유엔협약에 의한 국제적 권고사항과 국내법과의 관계다. 법리론적 해석의 다양성에도 불구하고 오늘날의 국제 동향은 국제적 권고사항이 국내법보다 우위에 있다고 해석한다. 국내의 특수성은 한시적인 효력을 제외하면 장기적으로는 국제규약이 국내법보다 우선한다는 추세다. 예를 하나 들어보면, 한국은 지난 10년간(2010년까지) 1,000여 건의 난민 신청건 중 267건을 승인한 데 그쳐 국제적으로 이 분야에서 우려를 받고 있다. 물론 증가추세를 나타내는 것은 그나마 긍정적이지만 아직 갈 길이 요원하다는 평가다. 유엔 난민고등판무관실은 한국의 난민인정 규약이 너무 복잡하고 난민 인정 수는 국가의 인권신장 위상에 맞지 않는다고 한다. 우리도 이제 국제적인 시각에서 이 문제를 바라보고 해결해 나가야 한다.

둘째, 1993년 오스트리아 비엔나에서 개최된 유엔세계특별총회에서 권고된 인권에 관한 포괄적 접근이 두드러지는 것이 세계적 동향이다. 당시 이 회의의 화두는 인권의 불가분성, 보편성, 상호의존성이었다. 일반적으로 사회주의국가에서는 시민적·정치적 권리(자유권규약)보다 사회적·문화적·경제적 권리(사회권규약)를 더 우선시하고 이 사회권규약이 개선되는 한 자유권규약은 논의의 대상에서 제외하는 경향이 있다. 여기에 아시아 국가들은 아시아적 가치관까지 동원해 서구가 주장하는 자유권규약을 무시하려 든다. 비엔나 회의에서 중국, 말레이시아 대표의 연설이나 지난 57차 유엔인권위원회의 회의장에서 미국의 인권대사가 자유권규약을 거론하며 중국과 쿠바, 북한을 신랄하게 비판할 때 이 세 나라가 반발하며 미국과 첨예한 대립을 했던 예가 그 본보기다. 아직도 이 대립은 끝나지 않은 상태다. 그러나 이 같은 대립은 인권의 본질적 특성을 감안하면 부질없는 것이다. 이 때문에 세계는 사회권과 자유권의 결합을 강조하는 추세로 가고 있고, 앞으로 이 흐름은 더욱 강화될 것이다.

셋째, 발전권이 인권 논의에서 핵심으로 대두되고 있다는 사실이다. 세계화의 찬란한 꿈은 국가 간의 부익부 빈익빈의 추세와 나라 안에서도 똑같은 추세가 이어짐으로 인해 이제 더 이상 인류의 복지 향상에 기여할 수 없다는 것이 국제적 시각이다. 이러한 논의 속에서 나온 것이 발전권의 대두이며 앞으로 선진국과 후진국의 첨예한 대립이 노출될 것이다. 현재는 선진국들마저 양극화의 어두운 그늘에서 헤어나지 못하는 상황이다. 미국의 월가를 점령하자는 젊은이들의 시위나 이와 유사한 런던, 베를린, 프랑스, 벨기에의 시위를 보더라도 이 문제는 우리에게 시급한 해결을 요구하고 있다. 2009년 남아프리카 더반에서 개최된 유엔 인권위원회의 '세계인종차별철폐회의'에서도 이 발전권은 팽팽한 논쟁을 불러일으켰다. 1986년 12월 유엔총회 결의로 '발전권에 관한 선언'이 채택된 후 발전권의 내용, 보장의 주체, 보장의 방법을 둘러싸고 선진국과 개발도상국이 팽팽히 맞서고 있다. 개발도상국들은 발전권은 빼앗을 수 없는 권리로서 개별 국가 및 국제금융기구와 국제사회가 이 권리를 보장해야 할 의무가 있다고 주장하는 반면, 선진국들은 발전권을 권리로 인정은 하면서도 발전권 보장의 일차적 주체는 개별 국가이므로 국제사회는 가능한 지원만 한다는 입장이다. 그러면서 민주주의 확립과 선한정부(good governance)만을 강조하는 실정이다. 미국은 발전권을 권리로 인정하지 않고 개발도상국들이 자국의 열악한 인권상황을 국제사회에 떠넘기려는 의도라고 비판하므로 어느 정도 국제사회에서 고립되고 있다.

넷째는 인권의 포괄적 접근이다. 인권 신장과 인권 창달을 위해서는 각 분야의 상호 협력을 전제로 한 포괄적 접근이 가장 효과적이라는 추세다. 여기에서는 상호의존성이 중요하게 인식되고 있다. 인간의 존엄성이나 인권은 법 하나만으로, 신학 하나만으로, 도덕성이나 철학적 접근 하나만으로는 신장에 한계가 있다는 접근이다. 인권침해 피해자의 치유문제나 인권교육의 문제는 법률이나 사회과학적 접근으로는 한계가 있다는 얘기다. 천부적이고 빼앗을 수 없다는 인권은 선언적 의미일 뿐이지 인권 신장의 역사는 개개인이나 집단이 투쟁한 만큼에 비례해서 인권의 폭이나 질이 향상된 것이 인류의 역사다. 그래서 인권은 상향식 접근 즉 억눌리고, 목소리 없는 가난한 사람들이 스스로 자기 권리를 쟁취해 나가는 과정으로 이해되고 있다. 인권은 하향식으로 주어지는 것이 아니고 상향식으로 쟁취된다는 것이 정설이다. 다만 이 투쟁이나 쟁취과정이 평화적이고 비폭력적이어야 하는 것은 두말할 필요도 없다. 남아프리카의 '진실과 화해위원회'가 세계에서 환영받고 우뚝 서는 이유도 여기에 있다. 이러한 세계적인 추세 속에서 한국 인권위원회의 과제는 더욱 막중하다고 할 수 있다.

 우리가 가야 할 길은?

유엔은 인권이 국제적으로 보호되어야 하고, 법으로 보호되어야 하며, 인간의 존엄성에 초점을 맞추어야 하며, 개인과 공동체가 동시에 보호될 때 가치가 있다고 선포한다. 또한 국가와 국가인권기구가 인권보호의 의무를 져야 하며 어느 경우도 포기되거나 빼앗을 수 없으며 만인 공유이나 동시에 서로 종속적이며 보완적이고 포괄적이라는 특성을 선포하고 있다. 그러나 이러한 인권은 현실에서 서로 충돌하는 게 사실이다. 피의자의 초상권과 시민의 알권리가 서로 부딪친다든지 CCTV의 증설과 사생활 보호의 문제라든지 하는 것들이 그렇다. 이런 경우에는 공동체의 인권이 우선임을 우리는 알아야 할 것이다. 이러한 인권은 또한 이를 증진·추진함에 있어서, 유엔은 진정으로(Truly) 평화적인 방법으로(Peacefully) 그리고 건설적으로(Constructively) 투명하게(Transparently) 비정치적으로(Non Politically) 발전되어야 한다고 천명했다. 다시 강조하지만 유엔은 평화와 안전 없는 개발은 무의미하고 개발 없는 평화와 안전도 동시에 무의미하지만 평화와 개발이 모두 인권을 존중할 때만 의미가 있다고 천명하였듯이 인권은 우리의 삶을 행복하고 풍요롭게 하는 핵심가치임을 알아야 할 것이다. 이러한 관점에서 한국의 국가인권위원회는 우리나라 모든 인권업무의 중심에 서 있다고 할 수 있다. 그러나 현실은 그렇지 못한 것 같다. 우선 예산문제다. 「인권위법」에는 인권위의 예산에 대해 독립성을 부여하면서 특별한 배려를 하고 있지만 역시 현실은 정부의 통제 속에 있다. 그리고 국회에서도 여러 가지 사정으로 어려움을 겪는 경우도 있다. 이러한 문제를 해결하기 위해서는 인권위가 헌법기관으로서 자리매김하는 게 바람직하다. 선진국의 경우와 같이 헌법기구가 되고, 인권위 예산이 독립성과 불가침성을 동시에 부여받는 게 필요하다. 다음은 시민사회와의 협력이 중요하다. 유엔뿐 아니라 모든 국제기구가 시민사회와의 협력을 공식업무의 일환으로 충족시키고 있다. 시민사회와의 비판적 협조체제는 꼭 필요하기 때문에 지금도 하고 있지만 이를 체계적으로 그리고 더욱 잘 준비된 방식으로 이루어져야 한다. 다음은 인권교육의 문제다. 결국 인권 선진국으로의 도약은 인권교육에 달려 있다고 할 수 있다. 인권은 우리 삶 속에서 생활화·내면화될 때 진정한 가치를 발휘할 수 있다. 이를 위해 인권교육이 절대적으로 필요하다.

인권교육은 가정, 학교, 사회가 하나의 선상에서 실행하면서 추진되어야 한다. 이와 관련해 최근 지방자치단체들이 학생인권조례 등을 제정해 실천하는 고무적인 현상도 환영할 만하다. 그러나 국가적으로 전문적인 인권교육이 실천되어야 하고 이를 위해 인권교육법이 제정되고 이런 인권교육을 실천하고 총괄하며 유엔과 긴밀하게 협력하는 인권교육청(가칭)의 설립도 추진되어야 할 것이다. 마지막으로 11명의 인권위원은 정말 국민으로부터 존경받는, 도덕성과 청렴성을 겸비한 분들이어야 할 것이다. 실력도 있어야 한다. 준국제기구인 인권위 인권위원들이라면 유엔의 총회에서, 유엔의 인권이사회에서, 유엔난민기구에서, 유니세프에서, 국제적십자사에서, 국제노동기구에서, 바티칸에서, 세계교회협의회에서, 어떤 인권문제가 토론의 쟁점이 되고 있는지를 스스로 공부하는 분들이어야겠다. 아울러 국내에서 억울하고 목소리 없는 내 이웃의 문제를 풀어주고 대변해야 한다. 국가인권위원회가 한반도에 사는 7,600만 모두에게서 환영받고 존경받는 날이 우리나라가 세계의 모든 나라에서 선진국으로 칭송받는 날이 될 것이다.

제 **3** 장

세계 유일의 3대 세습국가인
조선민주주의인민공화국의
인권은 어느 수준일까?

국 제 사 회 와 인 권

1 북한은 어디에 위치하는가?

북한의 정식 국가명칭은 조선민주주의인민공화국(Democratic People's Republic of Korea, DPRK)이며 한국전쟁 이후인 1953년 정전협정으로 구분된 군사분계선 북쪽을 말한다. 군사협정 이전에는 3.8선을 기준으로 이북의 지역을 일컫는다. 다시 말하면 동북아시아의 북쪽 지방, 즉 한반도의 북쪽과 러시아, 중국과 국경을 이루는 지역을 말한다. 따라서 그 지역의 기후는 온대(溫帶)와 한대(寒帶)를 포함하며 다양한 지하자원, 즉 철광석, 석탄, 금, 아연 등의 광물자원과 명태 등 어업자원 그리고 백두산, 칠보산, 금강산 등 여러 관광자원을 가진 지역을 말한다.

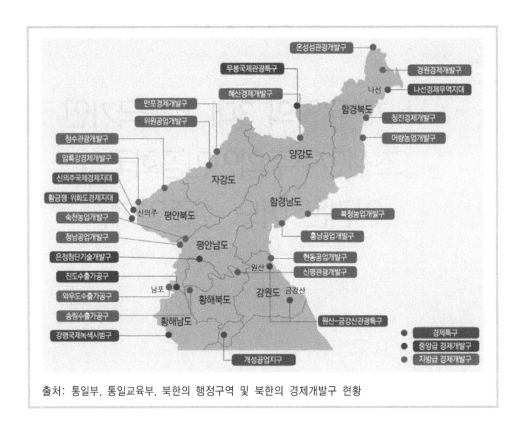

출처: 통일부, 통일교육부, 북한의 행정구역 및 북한의 경제개발구 현황

행정체계는 평양을 수도로 1개의 직할시와 2특별시(나선, 남포), 3지구(신의주 특별행정구, 금강산관광지구, 개성공업지구), 9도(함경남도, 함경북도, 평안남도,

평안북도, 황해남도, 황해북도, 자강도, 량강도, 강원도)로 이루어져 있으며 위도상 북위 37도41'00"(황해남도 강령군 등암리), 북단은 북위 43도00'36"(함경북도 온성 풍서리)이고 중국 및 러시아와 경계를 이룬 동경 130도41'32"(나선특급시 선봉군 우암리), 서단은 동경 124도18'41"(평안북도 용천군 진흥노동자구)을 말한다. 북한의 정치체계는 공화제이며 사회주의를 표방한 북한식 공산주의체제인 주체사상에 기반한 세계에서 유일한 3대 세습국가이다. 또한 당이 중심이 되어 국가를 운영하는 정당체제를 이루며 유일한 정당은 공산당이라 할 수 있다.

　1945년 대한민국은 해방을 맞이하였지만 냉전체제와 사상문제로 인하여 전후처리과정에서 북한은 소비에트연방공화국(지금은 러시아)에 의해, 남한은 미국에 의한 신탁통치가 결정되어 각각 사상과 경제체제를 달리하여 전 세계에서 유일한 분단국가로 현재까지 남아 있다.

　당시 최고 지도자는 김일성으로 본명은 김성주(金成柱). 그는 1912년 4월 15일 평안남도 대동군 고평면(지금의 평양시 만경대)에서 아버지 김형직(金亨稷)과 어머니 강반석(康盤石) 사이에서 장남으로 태어났고 1994년 7월 4일 사망한 후 그의 아들 김정일이 후계자로 승계하였다. 2011년 12월 17일 김정일이 사망한 다음 권력을 승계한 이는 조선노동당 중앙군사위원회 부위원장 김정은이다.

　북한은 경제체제로 공산주의를 표방하는데 공산주의는 마르크스, 레닌주의라고도 불린다. 이는 마르크스와 엥겔스에 의해 확립되고, 레닌에 의해 러시아를 바탕으로 실천적인 측면이 덧붙여졌기 때문이다. 공산주의는 사유재산을 없애고 국가의 모든 구성원이 재산의 공유를 통해 공동소유를 하는 사회주의 경제제도를 뜻한다. 따라서 이러한 시대가 도래하려면 프롤레타리아계급에 의해 가능하다는 것이다.

　프롤레타리아 계급독재란 노동자계급이 혁명을 통하여 부르주아 정치권력을 무너뜨리고 정치적 승리를 거두는 계급투쟁이다. 마르크스의 주장에 따르면 자본주의로부터 계급이 없는 공산주의사회로 이행하기 위한 과도기라고도 하고, 부르주아 지배의 폐절을 통해 노동자계급의 정부가 결성되는 것을 프롤레타리아에 의한 정치권력의 획득에 의한 프롤레타리아 계급독재라고도 설명한다.

표　북한의 국제인권조약 비준 · 가입 현황

조약명	상태	가입/비준일 (통보/기탁일 기준)	발효일	비고
자유권규약	가입	1981.9.14.	1981.12.14.	
사회권규약	가입	1981.9.14.	1981.12.14.	
아동권리협약	비준	1990.9.21	1990.10.21.	
아동의 매매 · 성매매 · 아동음란물에 관한 아동권리협약 선택의정서	비준	2014.11.10.	2014.12.10.	
여성차별철폐협약	가입	2001.2.27.	2001.3.29.	제29조 제1항 유보
장애인권리협약	비준	2016.12.6.	2017.1.5.	

출처: 한동호, 북한의 국제인권조약 비준, 가입 현황, 북한연구백서 2018

　　그러나 북한은 '프롤레타리아 혁명과 건설'이라는 체제적 목적을 수행하는 데서 '수령의 유일적 영도'이며 수령의 지위와 역할이 '사활적 의의를 갖는 중요한 문제'로 간주되어 제도화되어 있다. 현실 공산주의(프롤레타리아 독재)국가가 마르크스의 개념과는 다르게 봉건주의 독재국가로 변질된 것이다. 따라서 북한의 수령은 현재까지 김일성-김정일-김정은 3대 부자로서 지위를 그대로 계승해 절대 권력자의 위치에 있을 수 있는 것이다.

　　국제인권조약과 관련해 북한에 대한 흥미로운 이야기가 있는데, 북한은 1999년에 시민적, 정치적 권리에 관한 국제규약인 '자유권규약'에 가입했다. 그에 따라 UN 인권이사회는 가입국 북한의 인권에 대한 감시기능을 가지게 되었는데 북한에서 보낸 보고서를 보며 우려와 권고의 말을 전한 것이다. 그 탓인지 1997년에 북한이 돌연 자유권규약 탈퇴선언을 한다.

　　당시 국제사무총장이었던 코피 아난은 "조약엔 탈퇴조문이 없으므로 탈퇴할 수 없다."라며 북한의 탈퇴선언을 철회하였다. 실제로 1년 후인 1998년 북한은 탈퇴선언을 철회하게 되었다.

　　현재 북한은 세계 198개국 중에 190위의 인권순위를 가지고 있다. 유럽연합 입법조사기관 EPRS이 '노르망디 지수'를 개발해 각 나라의 인권을 평가한 "전 세계

평화와 민주주의에 대한 위협" 보고서에 나온 내용이다. 북한은 특히 대량살상무기와 민주적 절차, 언론자유 부문에서 '0점'을 기록했다고 한다. 노르망디 지수는 대량살상무기, 격렬한 갈등, 테러리즘, 언론자유, 살인, 민주적 절차 등 11개 항목을 조사해 점수를 매긴 것이다.

 ## 세계에서 인권의 개념을 달리 해석하는 북한은 인권을 어떻게 정의하고 있을까?

　북한의 인권 개념을 설명하기에 앞서, 먼저 '세계인권선언(Universal Declaration of Human Rights, UDHR)'과 우리의 인권은 어떻게 다른지를 규정할 필요가 있다.

　오늘날 민주국가의 헌법이나 기본법에 의한 인권에 대한 개념은 '세계인권선언'에 잘 나타나 있는 데 이 선언에서는 "모든 인간은 태어날 때부터 자유롭고 평등하며 존엄과 가치를 갖는다"고 하며, 인간은 세상에 나오고 나서부터 당연히 향유할 수 있는 권리가 존재한다고 인간의 권리를 규정했다. 이 선언문은 1948년 12월 10일에 UN총회에서 찬성하여 국제관습법으로 법률상 효력이 발생한 유일한 국제관습법이다. 따라서 이는 모든 국가에 법률상 효력을 가진다고 볼 수 있으며 타국에 의해 강제로 적용되는 법이라 할 수 있다.

　'세계인권선언'에서는 크게 두 종류의 권리를 제시하는데 하나는 시민적, 정치적 권리 또 하나는 경제적, 사회적, 문화적 권리 등이다. 이와 관련해서는 '국제인권규약'을 보면 알 수 있다.

　'국제인권규약(1966)은 "경제적, 사회적, 문화적 권리에 관한 국제규약(사회권규약 : A규약)"과 "시민적, 정치적 권리에 관한 국제규약(자유권규약 : B규약) 및 B규약 선택 의정서"가 UN총회에서 채택되어 만들어진 조약이다. 조약은 국가 간의 계약으로 서로 약속한 내용을 지켜야 함에 따라 법적 준수가 보장되는 국제법의 한 종류이다. 다만 관련 규약에 가입하지 않은 국가를 대상으로는 국제법으로 강제력을 가질 수 없다.

　대한민국은 UN의 인권규약 대부분에 가입함으로써, 인권이 최고의 법이라는 이념하에 각 나라 간의 약속을 존중하고 국제법이 우리나라 법과 동등한 효력을 발휘할 수 있도록 하고 있다. 이것은 대한민국「헌법」제6조 1항에 "「헌법」에 의하여 체결, 공포된 조약과 일반적으로 승인된 국제법규는 국내법과 같은 효력을 가진다."라고 명시되어 있다.

따라서 대한민국은「헌법」을 통해 당연한 우리의 권리, 인권을 보장받을 수 있게 법적, 제도적 기틀을 마련한 것이다. 이는 인권은 인간이 누릴 수 있는 기본권으로서 최고의 법률과 마찬가지로 소중하다는 것이다.

그러나 북한의 인권은『북한 법령용어사전』에 나와 있는데 "온갖 착취와 억압이 청산되고 근로 인민대중이 국가와 사회의 주인으로 된 사회주의제도하에서만 철저히 보장되는 것이다."라고 규정되어 있다.

이는 인권이라는 용어는 인격권이라고 지칭하는데 자세히 살펴보면 '사회주의제도하에서만 철저히 보장'된다는 말이 중요한데 전 세계 200여 개 이상 국가 중 공산권이나 사회주의국가에서만 적용되며 그 나머지 국가는 보편적 원리로서 적용받지 않는다고 해석해도 무방할 것이다. 다시 말하면 공산주의, 사회주의 체제를 부정하는 국가나 개인에게는 적용할 수 없다는 것이다. 즉 김일성 체제를 위협하거나 부정하는 집단이나 국가 그리고 개인에게는 대상이 되지 않는다는 것이다.

그들의 대상은 자세히 살펴보면 인민을 대상으로 인권이 주어지며 북한체제 내에서 계급적으로 인민의 범주에 포함되지 않는 사람들은 민족반역자, 반혁명분자들은 해당되지 않는다는 것이다. 결국은 당과 혁명, 조국과 인민, 민족을 저버리는 사람을 통칭하는 말인데, 정치범 수용소에 수용된 정치범이나 탈북민을 예로 들 수 있다. 이들은 북한 내부에서도 그렇고, 법적으로도 인간 이하의 존재로 여겨지고 있으며 인권이 존재하지 않는다고 여겨지고 있다.

위에서 살펴보았듯이 대한민국이나 세계인권선언문에서와 같이 인권이라는 것은 가장 기본적인 권리이며 자연법이라고 하였다. 따라서 최고 상위법은 헌법 그 이상의 효력을 가진다는 것을 의미하는데 북한은 모든 통치행위는 조선노동당을 최상위에 올려놓고 있다.

이와 같은 통치행위는 '조선노동당규약'에 다음과 같이 명시되어 있다. "조선로동당의 당면 목적은 사회주의의 완전한 승리를 이룩하며 민족 해방과 인민민주주의의 혁명과업을 완수하는 데 있으며 최종 목적은 온 사회의 주체사상화와 공산주의를 건설하는 데 있다.”(조선로동당 규약 전문 발췌)는 것이다. 그리고 조선민주주의인민공화국 헌법 1항 제11조에서 “조선민주주의인민공화국은 조선로동당 령(領)도 밑에 모든 활동을 진행한다.”라고 명시되어 조선노동당이 초헌법적인 지위를 갖고 있다고 해도 무방할 것이다.

다시 말하면 조선로동당규약이 인권을 보호하는(체제 안의 인민뿐이지만) 헌법 위에 존재함으로써 규약의 목적, 즉 북한체제의 목적인 공산주의(라고 하지만 세습독재)를 위해 인민들로 하여금 개인의 시간을 희생하여 국가를 위한 노동을 시키는 등 집단을 우선시하게 하는 만드는 것이다.

여기에서 인민이란 용어는 북한에선 인민을 근로인민이라 하여, 당과 국가에 충성하는 자이며, 그를 위하여 육체적, 정신적 노동력을 제공하는 자로 정의하고 있는 것을 보면 알 수 있는데 그들 또한 공산주의와 북한체제를 옹호하고 유지하는 데에는 희생되어야 한다는 것으로 오늘날 자유민주주의와 대한민국의 인권에 대한 개념과는 현격한 차이를 보이는 것이다.

이처럼 북한체제에서 인민의 인권이란, 그 자신의 권리 앞에서도 ‘조선로동당규약이 우선이어야 하고, 개인의 권리는 얼마든지 제한 가능하며, 집단의 이익을 위해서 개인이 희생하는 것이다.

이러한 인권관을 북한이 매체나 선전과 선동을 통해 설명하려 한다지만 자유민주주의적인 관점에서 보면 아무리 이해하려 해도 모순투성이로 보일 수밖에 없는 것이며 이러한 실정은 오늘날 북한의 인권실태와 관점을 잘 보여주는 예라고 할 수 있다.

다시 말하면 개인의 자연법적이자 기본법이 집단의 목적, 즉 아무리 목적이 선량할지라도 인권이 조선로동당 등의 집단 앞에서 무시당하는 이 상황은 법으로도 인권유린을 막을 수 없다는 북한의 현실을 보여준다.

그들의 인권 관점은 로동신문에서 “세계의 모든 나라들의 꼭 같이 맞는 유일한 인권기준이란 있을 수 없다.”라며 북한의 입장을 주장하고 있다. 이는 인간의 존엄성은 그 자체로서 고귀한 것임에도 불구하고 시대와 상황에 따라 다르다는 것은 자연법사상을 부정하는 것이다.

아무리 시대와 사상이 다르더라도 인간으로서 누려야 할 기본법이며 자연법은 인류의 보편적인 것이므로 그들의 변명은 옹색하다는 것이다. 이는 국가, 민족, 인종, 문화, 체제, 사상 등에 관계없이 인권은 어디서나 통용되는 보편성을 갖고 있기 때문이다.

이에 따라 북한정부는 로동신문을 통해 자기 나라의 이념과 사상이 지향하는 바가 세계 보편적인 인권기준과 다른 면이 있고 국가 통치이념이 공산주의인 만큼 서로 다른 문화를 존중해 달라는 말을 하고 있다지만 인간존중의 원리를 오히려 말살하는 궁색한 변명이고 그들의 인간관을 잘 말해주는 것이다. 이를 보면 북한 인권의 현실이 우리와는 얼마나 괴리되어 있는지 알 수 있다. 이를 구실로 북한 주민의 인권을 침해하고 있을 것을 생각하면 참담을 금치 못한다는 것이다. 이는 국제사회에서도 주목하고 있는 대목이다.

하지만 인권이라는 인간의 가장 기본적인 개념 앞에서 기준을 들먹인다는 것은 어떤 다른 속셈이 있다는 의심을 할 수밖에 없게 한다. UN 인권위원회가 북한에 대해 우려의 말을 전하는 것도 같은 이유에서이다.

북한의 진정한 목적은 세계 보편적인 인권 개념을 배제하고 북한체제, 즉 김씨 왕조의 세습권력을 유지하기 위함인 것이다. 따라서 북한정부의 발표는 '우리 방식의 인권이란 것이 있으므로 상관치 말라'로 해석할 수 있겠다.

 ## 김일성(1948~1994) 정권하에서는 어떠한 인권침해가 발생하였을까?

1) "천리마를 탄 기세로 달리자"라는 구호, 천리마운동

첫째, 천리마운동이 있다. 이 용어는 수업시간이나 북한 방송 혹은 언론매체에서 들어 익숙할 것이다.

제1, 2차 세계대전이 끝나고 유럽의 나치즘과 파시즘 등 제국주의 열강들이 전쟁에 패전하고 북한은 6·25전쟁으로 극심한 경제난을 겪던 때, 김일성은 전후 복구와 경제개발을 독려하였다. 1956년 북한은 1957년부터 시작될 예정인 경제 5개 년 계획을 앞두고 대내외적으로 심각한 난관에 봉착한 상황이었다. 이를 타파하기 위해 '천리마를 탄 기세로 달리자'는 구호로 소극성과 보수주의를 퇴치하고 혁명적 대 고조(高潮)를 일으킨다는 명분으로 전개된 천리마운동은 전국의 전 부문으로 확산되어 강제적 집단주의에 기초한 대중운동으로 굳어졌다.

'하루에 천 리를 달리는 천리마와 같은 속도로 사회주의 경제를 건설하자'라는 선전구호처럼 전 주민들을 동원하여 생산량을 늘리고, 경제건설을 하려는 목적의 운동이다. 이는 1959년 '하나는 전체를 위하여 전체는 하나를 위하여' '공산주의식 으로 일하고 배우며 생활하자'라는 구호 아래 사회주의적 경쟁운동의 성격을 띤 '천리마 작업반 운동'으로 발전했다. 소련의 스타하노프 운동이나 중국의 대약진 운동과 비교할 때 천리마운동은 노동생산성 향상을 통한 경제부문의 성과만을 목 표로 하지 않고 대중에 대한 사상 고양을 통해 그들의 혁명적 열성을 높이는 정치 사업을 전제로 했다는 점에서 다르다. 1999년부터 북한은 김정일의 지시로 경제 도약을 목표로 한 제2의 천리마운동을 추진하고 있다.

한국전쟁 이후 북한은 국가기반 시설과 사회간접자본 그리고 공장들의 파괴로 인해 매우 어려움을 겪게 되고 설상가상으로 그들의 원조국가인 중국과 소련마저 국가 경제가 침체되어 원조를 받을 수 없게 되었다. 따라서 김일성은 이에 대한 대책으로 '3개년 계획'(1954~1956)의 수행을 통해 전후 복구건설을 어느 정도 달성 하게 되었다. 그리고 어려워진 경제를 성장시키기 위해 '인민경제 5개년 계획'(1957 ~1961)이라는 새로운 정책을 내놓는다.

따라서 국내외의 사정으로 북한은 자체적으로 인민경제 5개년 계획을 추진해 야 했고, 1956년 12월에 열린 당 전원회의에서 '최대한의 증산과 절약'을 내세우며 종래의 노력 경쟁운동을 한층 강화하기로 했다. 이것이 '천리마운동'의 시작이다.

천리마운동은 1958년부터 전국적으로 전개되어 천리마 속도, 천리마 직장, 천 리마 기수, 이중 천리마 작업반 등의 용어와 훈장 칭호를 사용하며 주민들에게 노 력 경쟁을 강요했다. 또한 '빠른 속도'를 강조하는 것에 비해 높은 질을 원함으로써 많은 북한 주민들이 노동에 많은 힘을 쏟을 수밖에 없게 만들어 주민들의 노동력 을 착취했다. 주민들의 노동권과 쉴 권리를 보장하지 않은 운동이었다.

2) 신년사 원문 외우기라는 것이 특이하게 존재한다

국민학교(현재의 초등학교) 시절 〈국민교육헌장〉이 제정되었을 때 수업시간에 강제로 외우게 했던 적이 있었다. 당시 왜 그렇게 괴롭고 귀찮은지 그리고 왜 해야 하는지를 모르고 강제로 외웠던 시절이 대한민국에도 있었다.

이러한 경험을 한 저자는 그와 유사한 것이 아직 북한에 있다는 데서 깜짝 놀랐고 북한 주민들이 그 방대한 양을 정확하게 습득하고 외워야 한다는 것에 그들의 기분을 충분히 이해한다. 그것이 바로 북한의 〈신년사〉를 암송하는 것이다.

'신년사'란 단어가 지칭하듯 최고의 지도자가 매년 1월 1일 국민에게 정책을 발표하는 것이다. 북한에서 매년 발표되는 새해 정책은 해방 이듬해인 1946년 1월 1일 0시 평양에서 타종식 후 김일성 주석이 '신년을 맞으면서 전국 인민에게 고함'이라는 제목으로 연설한 것에서 시작되었다.

신년사는 그 형식만 조금 달리하여 거의 매년 신년사, 축하문, 연설, 신문사설 등으로 진행되었다. 이후 1995년에 3개 신문 공동사설이라는 새로운 형식이 등장했는데, 현재 김정은 정권이 조부의 카리스마를 연상시키기 위해 김일성과 동일한 신년사 형식으로 진행하고 있다.

전해의 성과와 결함, 보강되어야 하는 내용, 새해 국가의 발전계획, 해야 할 과업들과 그에 따른 방안으로 간부와 주민들이 해야 할 일, 기본적인 사상까지 많은 내용이 담겨 있으며, 북한의 주민들은 모두 새해를 맞이하며 매년 1월 1일, 김일성의 육성 방송과 〈로동신문〉 1면에 게재된 기사를 통해 그 내용을 살펴서 숙지해야 했다.

따라서 북한 주민들은 신년사의 내용을 암송하고 숙지하기 위해 개별학습, 문답법, 토론식 등으로 외우기까지 하고, 그것도 모자라 경연대회까지 개최하여 당의 충성도를 측정하기도 한다. 따라서 그 측정 결과에 따라 자아비판 및 다른 불이익을 받고 있다. 현재도 신년사는 있으며 김 부자의 우상화를 위해 각 개인의 경쟁을 통해 전 주민을 동원하고 있다.

이와 같은 행위는 믿을 수 없는 일이지만 탈북민을 통해서 확인된 사실로 알려져 있고 그들도 탈북하기 전까지 신년사를 암송하였다고 한다. 더욱 놀라운 것은 내용 숙지뿐만 아니라 글자 한 자도 틀리지 말아야 한다는 것이다. 어린이부터 사회생활을 하는 성인, 그리고 노인까지 모두 자신의 생활이 있음에도 불구하고 매년 국가 발전계획이라는 이름 아래 낮에는 강제로 노동하고, 밤에는 신년사를 암기해야 했다. 북한에서 태어났다는 이유로 인해 주민들은 스스로가 원하는 사상조차 가질 수 없다. 다시 말하면 행복추구권과 사상의 자유까지도 억압받거나 침해를 받아야만 했다.

 북한 주민을 굶겨 죽였던 김정일(1994~2011) 시대에는 어떠한 인권침해가 있었을까?

1) 고난의 행군

분단 이후 김일성이 집권하다가 갑자기 사망하게 되어 후계자 수업을 받던 그의 아들 김정일이 북한을 승계하였다. 이것은 세계에 유례가 없는 부자의 세습이었고 이를 두고 전 세계의 나라들은 매우 의아해하였다.

이 시기는 흉년과 홍수라는 재해와 전염병 그리고 대외적으로는 동서 냉전이 화해 무드로 돌아섬에 따라 북한의 경제는 최악의 상태였다.

또한 김일성 정권 시기, 천리마운동 등으로 자체적으로 경제를 건설하려던 무리한 일들로 북한의 경제는 1990년대 초반에는 매우 사정이 어려웠다. 설상가상으로 소련 등의 세계 공산권 나라들의 완전한 붕괴 이후 북한은 외국의 원조까지 끊기자 물자 부족에 시달리게 되었다.

이런 상황에서 1994년 김일성이 사망하고, 기록적인 폭우와 연이은 자연재해 및 국제적인 고립 속에서 북한 내부에 쌓여왔던 여러 문제가 터지며 극도의 경제적인 어려움을 겪은 북한 역사상 최악의 기근사태인 '고난의 행군'이 일어났다.

고난의 행군이라는 용어는 1938년 말~1939년 초 김일성이 이끄는 유격대가 만주에서 혹한과 굶주림을 겪으며 일본군의 토벌작전을 피해 100여 일간 행군한 일화에서 왔다고 한다. 이 시기 북한 경제의 어려움을 김일성의 항일 활동에 빗대어 위기를 극복하자는 뜻을 나타내기 위해 채택한 구호로, 이후 해당 시기를 가리키는 명칭으로 쓰이며 위기를 극복하고자 주민들을 선전, 선동하는 구호로 사용되었다.

이 시기는 흉년, 흉작과 외국의 원조가 들어오지 않아 북한 주민들이 굶어 죽는 사태가 발생하였다. 2010년 11월 22일 대한민국 통계청이 유엔의 인구센서스를 바탕으로 발표한 북한 인구 추계에 따르면, 1996~2000년간 아사자(餓死者)의 수는 33만여 명으로 추산되며, 미국 통계청에서는 1993년에서 2000년까지 경제난에 의한 직간접적 영향으로 사망한 인구를 50만 명에서 60만 명으로 추산하기도 하였다. 대부분이 어린아이와 노인들로 많은 아사자를 양산한 것으로 추정하고 있다.

이는 나라에서 주민들을 위한 정책과 지원은 없고, 많은 사람이 굶어 죽는 것이 눈에 보여도 나라에 대한 헌신(이 경우에는 희생)만 강요했다. 따라서 이 시기는 김일성 시대보다 못하다는 불평과 불만이 많아지게 되었으며 대량 탈북인을 양산하게 되었다. 따라서 주민들에게 고난의 행군이라는 사상성을 내세워 불만들을 잠재우려 했다는 것이다.

따라서 김정일은 고난의 행군을 오히려 자신의 권력 기반을 다지는 데 활용하였으며 이와 같은 상황을 부정한 관료들의 잘못으로 뒤집어씌워 많은 사람을 처형 및 숙청하였다. 이것이 '심화조 사건'이다.

이 사건을 통해 김정일은 자연히 측근 인사들로 교체할 수 있는 토대를 마련하였고 김일성의 측근들을 권력에서 밀어낼 수 있었다. 이를 통해 권력의 교체가 가능했고 주민들에게 자신의 우상화를 강조하였다는 것이다. 인간의 기본권인 의, 식, 주마저 해결할 능력이 없어 탈북과 아사자를 양산하였고 죄 없는 주민들의 생명권마저 앗아갔다는 것이다.

2) 신상옥, 최은희 납북사건은 어떻게 일어났을까?

1978년 새해에 세계가 깜짝 놀랄 일들이 전파를 타고 대한민국과 전 세계로 퍼져 나갔다. 북한은 1월 14일과 7월 19일 대한민국의 간판 영화배우인 최은희와 영화감독 신상옥 부부를 각각 홍콩에서 강제로 납치하여 북으로 데려간 사건이 발생하였다.

6·25전쟁 이후 대한민국 인사로 납치된 것은 처음이라 우리 국민들은 매우

충격에 빠졌고 다시 한번 그들의 행위에 전 국민이 분노할 수밖에 없었다.

안기부의 발표에 따르면 그들은 예술활동을 이용하여 김 부자와 사회주의 북한을 찬양하고 미화하는 데 이용하려는 목적으로 그들을 납치했다고 하니 매우 놀라운 사건이었다. 이러한 내용은 1986년 3월 15일 극적으로 탈출한 최은희, 신상옥 감독의 인터뷰를 통해 확인된 사실이었다. 북한 측은 두 사람이 북한체제를 동경하여 자진 입북하였다고 발표했으나 그들이 강제 납치되었다는 사실은 만천하에 공개되었다.

 ### 5 권력을 위해 이복형과 고모부까지 숙청한 김정은(2011~현재) 시대에서 인권은 어떻게 진행되고 있을까?

1) 장성택과 김정남은 무엇 때문에 살해되고 그의 동료들은 숙청되었나?

앞에서 살펴보았듯이 인간은 존엄하며 생명권을 가진다. 공정하게 재판받을 수 있는 권리를 지니며 고문받지 않을 권리, 비인도적 처우를 받지 않을 권리가 있다. 이를 우리는 기본권이라 부른다. 이러한 기본권에는 자유권, 사회권, 청구권, 참정권, 평등권이 있다. 그러나 북한은 그들의 나라를 지구상 최고의 낙원이라 선전하고 있는데 사실상 북한은 인간의 기본권마저 존재하지 않는 가장 추악한 나라 중하나이다.

왜냐하면 김정일이 정권을 이양받은 후 재판도 없이 숙청한 인물이 수없이 많다는 뉴스를 접했기 때문이다. 그중에서도 가장 최근에 발생한 일이 그의 고모부인 장성택과 이복형인 김정남을 처형 및 숙청 그리고 살해한 사건이다. 이것도 모자라 그들을 추종했던 많은 사람들을 좌천하거나 숙청하였다는 데서 그들의 인권에 대한 생각을 되짚어볼 수 있다.

국가안보전략연구원이 2016년에 발간한 김정은 집권 5년『실정백서』에 따르면 총상, 처형된 간부들은 총 140여 명이라고 한다. 최근에도 김정은과 관련되어 숙청, 처형된 인물이 이슈가 된 경우가 있었는데, 바로 장성택과 김정남이다.

그들은 2011년 김정일 사망 이후 권력승계를 마쳤으나 아직 어린 나이와 권력

불안으로 인하여 항상 긴장, 불안과 초조 속에서 지내야 했다. 왜냐하면 김정일의 갑작스러운 죽음으로 인해 권력 기반이 확고하지 못했기 때문이다. 따라서 그는 북한 주민에게 그의 권력 기반과 건재함을 알리기 위해 자기의 혈족인 고모부를 사회주의의 악인으로 낙인찍어 재판한 후 그날 공개 처형함으로써 북한을 공포정치로 몰아넣어 권력 기반을 다지려 하였다.

장성택은 북한 국방위원회 부원장이자 김정일의 여동생 김경희의 남편으로 김정은의 고모부이다. 북한 내 김정은의 최고 권력자 3인 중 1명이다. 2013년 12월 13일 장성택이 실각하였다는 소식이 들리고, 그의 측근 2명 이용하, 장수길이 처형된 것으로 확인됐다는 뉴스로 시작되었다.

또한 그는 권력의 불안감 때문에 자신의 유일한 백두혈통인 김정남을 암살하라는 지시를 내려 2017년 2월 13일 말레이시아 쿠알라룸푸르 공항에서 그는 피살되었다. 김정남은 여성 2명으로부터 공격을 받고 고통을 느껴 공항 의료실을 찾았다가 병원으로 이송하는 도중 사망하였다.

이와 같이 김정은은 자신의 권력 기반과 체제를 공고히 하기 위해 자신의 혈육까지 무참히 숙청 및 살해하는 만행을 저질렀다. 그는 권력을 위해 누구에게도 양도할 수 없는 생명권을 무참히 밟아버리는 참혹한 행위를 하였으며 이는 오늘날 북한의 인권 현실이라 볼 수 있다.

2) 북한의 여성은 어떠한 위치를 가지고 있나?

최근 북한 매체에서 전문직 여성의 능력을 부각하고, 이들을 본보기로 내세우는 방송을 자주 내보내고 있다고 한다. 가정을 돌보는 등의 노동력 제공뿐만 아니라 전문적인 일에서 성과를 내는 모습을 강조한다. 예전과 달라진 북한 내 여성들의 지위 향상을 볼 수 있다.

조선중앙TV에는 사고로 양쪽 다리 절단이 필요한 여성 환자를 새로운 수술법으로 살린 여의사, 평양 만경대구역 궤도전차를 모는 북한의 1호 여성 궤도전차 운전사, 여군 전투기 조종사, 인기 에어로빅 강사, 여성 교통보안원이 나와 전문직 여성의 능력에 대한 선전을 했다.

이러함에도 불구하고 유엔 여성차별철폐위원회는 북한 내 여성 지위와 인권에 대한 지적을 거듭하고 있다. 아직도 북한 사회의 성차별적 역할에 대한 정형화된 태도가 이외의 교육, 고용 등의 다양한 영역에서 계속되고 있다는 것이다. 실제로 여전히 많은 북한 여성들이 개인의 능력을 발휘하기보다는 북한 당국의 체제 선전을 위한 곳에 동원되고 있다는 지적이었다.

이러한 이유는 대한변협의 인터뷰 조사에서 밝혀진 내용으로 90% 이상이 가정 폭력을 경험하였고 여성들의 전문직 비율은 1990년대 이후 40%가 넘는다는 통계가 있지만 확인되지 않았으며 실질적으로는 이루어지지 않고 있으며 가부장적인 제도하에서 폭력과 가정일을 도맡아 하고 있다고 탈북민들은 증언하고 있다.

 북한의 인권은 과연 존재하는가?

1) 사회주의의 낙원이라는 북한에도 계급제도가 있다

북한의 계층은 크게 핵심계층, 동요계층, 적대계층의 3가지로 구분된다. 이렇게 나눈 목적은 주민들을 원활하게 관리하기 위해서이다. 따라서 계층은 세습되며, 신분 상승은 극히 제한된다. 북한은 세 부류의 계층에 따라 교육, 고용, 식량 배급, 의료 혜택에 이르기까지 모든 사회 전반에서 서비스를 차별적으로 적용한다. 핵심계층은 가장 많은 사회적 혜택을 누리는 반면 적대계층은 국가에서 정한 원칙에 의해 여러 가지 차별적인 대우를 받고 있다. 또한 출신성분제도로 인해 본인뿐만 아니라 가족, 후손들까지도 이러한 대물림을 받거나 정치범 수용소에 끌려가는 문제도 발생하고 있다.

북한은 주민 성분을 철저히 분류하여 계급 정책을 전개하고 있다. 이는 당에 위협이 되거나 반대할 소지가 있는 사람들을 원천적으로 격리시키려는 데 목적이 있으며, 반당(反黨), 반혁명적 세력의 색출과 사상성을 점검하여 주민들에 대한 정치, 사회적 통제를 가하기 위한 조치이다.

따라서 북한 주민을 성분에 따라 3계층 51개로 세분하여 의식주 생활은 물론 진학, 직장 선택 등에서 차별 대우를 함으로써 자기가 속한 계층에 대한 순종과 아울러 주민들로 하여금 상위 계층으로 이동하기 위해 수령과 당에 끊임없이 충성하도록 강요하지만 계층 이동은 극소수에 불과하다는 것이다.

이에 따라 북한의 통치계급은 전 주민의 28%로, 김 부자(父子) 가족 및 친인척, 중급 이상의 간부, 항일 혁명투사 유가족, 한국전쟁 군인의 유가족이고 평양 등의 대도시에 살면서 당, 정부, 군 간부 등용에 있어 우선적인 혜택을 받고, 진학, 승진, 배급, 거주, 의료 등에서 특혜를 누리고 있다.

동요계층은 회색분자를 말하며 믿을 수 없는 계층을 칭한다. 그들은 전 주민의 45%를 차지하며, 일반 노동자, 농장 노무자, 사무원, 하급 전문직 등 지정된 직장과 제한된 수입을 가지고 있다. 상인, 농민, 월남 출신 가족, 북송 재일교포 가족들로 구성되어 있다. 이들은 충성심이나 헌신도(獻身度)에 따라 핵심계층으로 신분 상승이 가능하다. 이를 위해 당에 헌신적으로 충성하고 있다.

마지막으로 적대계층은 전 주민의 27%를 차지하며 사회로부터 소외되고 북한 주민의 인권문제에 표적이 되는 사람들로, 과거 지주, 자본가 가족, 친일, 반당, 반혁명분자와 가족, 출당자 등 주체사상에 동조하지 않는 사람들이 주요 구성원이다. 대학 진학, 입당, 군 장교 등 출세의 자격이 원칙적으로 박탈되고, 직장 배치, 주거 등에서 노골적인 차별대우를 받고 있다. 심지어는 국경 근처로 추방하거나 가장 어려운 환경 즉 정치범 수용소나 탄광 같은 곳에서 일하며 거주의 자유, 참정권, 자유권 등을 박탈당하며 인권의 사각지대에서 생활하는 실정이다.

2) 전 세계를 울린 우리 동포들의 한이 서린 이산가족문제

40대 이상 기성세대들은 1983년 이산가족 찾기라는 프로그램을 시청한 사람들이 많을 것이다. 이 프로그램은 5,000만 동포와 전 세계의 심금을 울린 유례없는 방송이었다.

1950년 한국전쟁 당시 자유를 찾아 월남하였거나 국군 포로로서 혹은 남한으로 전 가족이 피신하지 못하여 정전협정 이후 현재까지도 상봉하지 못한 가족을 이산가족이라고 한다. 또한 넓은 의미로는 전쟁 후 납북되었거나 납치당한 사람들도 포함된다고 볼 수 있다. 그 당시에는 이산가족이 많았지만 2020년 현재 생존한 사람은 그리 많지 않은 실정이다. 그만큼 분단된 지 오래되어 만나지 못하거나 돌아가신 분들이 상당하기 때문이다.

북한에서 월남한 가족이나 대부분 피랍된 가족들은 최하위 계급인 동요계층에 속해 있으며, 입당, 군 입대, 대학 진학, 결혼 등에서 차별받고 있으며 당국의 지속적인 감시의 대상이 되기도 한다. 북한은 1950년대 중반부터 이산가족에 대해 입당이나 취업은 물론 주거를 제한하거나 산간지역에 분산 이주시키는 등의 방법으로 차별화 정책을 실시해 오다 노동력 부족 등의 문제로 1960년대 후반 들어서는 다소 유화적인 태도를 취하기도 했다.

그러나 북한은 아직 월남자 가족의 자녀들에 대해 직장 선택이나 진학 그리고 군 복무 등과 관련하여 실질적인 차별 대우를 하고 있어 북한 당국의 이산가족문제 접근에 대한 부담 요인으로 작용하고 있다. 북한은 1970년대 남북대화가 시작된 이후부터는 남북 이산가족문제를 통일전략 수행의 한 방편으로 활용하면서 사회주의 체제의 우월성 부각에 주력했다.

이산가족의 아픔을 치유하기 위해서는 남북 간 대화를 통해 이것을 정치, 사상 등의 문제가 아니라 인간의 가장 기본적 욕구인 혈육의 정이라는 문제로 접근해야 할 것이다. 따라서 정치 혹은 다른 문제를 떠나서 가장 먼저 해결해야 할 문제라고 할 수 있다. 또한 국제사회나 대한민국은 그들의 인권실태나 상황을 잘 살펴 이산가족이라는 이유만으로 자유권이나 사회권 그리고 평등권 등의 기본권을 침해받지 않도록 적극 배려해야 할 것이다.

3) 돌아오고 싶어도 오지 못하는 억울한 사람, 납북자, 국군포로는 어떻게 지내고 있을까?

납북자는 전시 중에 북한으로 간 피해자인 전시피해자와 전쟁 전후 북한에 강제로 끌려가거나 본의 아니게 북한에 억류된 피해자인 비전시피해자로 나눌 수 있다. 전자의 경우 2010년 제정된 「6 · 25전쟁 납북피해 진상규명 및 납북피해자 명예회복에 관한 법률 및 시행령」에 따라 '전시 납북자'로 규정되고 있다. 구체적으로 전시 납북자란 "남한에 거주하고 있던 대한민국 국민(군인을 제외한다)으로서 6 · 25전쟁 중(1950년 6월 25일부터 1953년 7월 27일 정전협정 체결 전까지를 말한다) 본인의 의사에 반하여 북한에 의해 강제로 납북되어 북한에 억류 또는 거주하게 된 자"를 의미한다.

이들은 북한에서 적대계층에 속해 있으므로, 가족결합, 서신교환, 상봉 등에 있어 절대 만나거나 허용되지 않는다. 따라서 그들은 인간의 기본권을 누릴 수 있는 자격조차 갖지 못한 계급에 속하여 인권을 침해당하면서 대부분은 강제노동을 강요받고 있다.

한국으로 송환하지 않고 억류하는 대상자는 주로 다음과 같다. 첫째, 북한 측의 회유와 협박에 의해 귀환을 스스로 포기하는 경우로 대부분 청소년이나 청년계층에게 대학진학 기회 등을 부여하여 권유한 것으로 알려져 있다. 둘째, 북한 지역이 고향인 실향민 출신이거나 가족 연고자가 있는 월남자 가족인 경우이다. 전쟁 이후 납북자는 1950년대 중반부터 1970년대에 집중적으로 발생하였으며, 납북자 대부분은 어부들이나, 고교생도 5명이나 되었으며, 해외에서도 9명이 납북되었다.

납북자들은 대부분 가장이거나 가족의 생계를 책임지던 사람들이었으며, 이들의 납북으로 인하여 그 가족들은 생계를 위협당하였고 가정이 해체되는 아픔을 겪기도 하였다. 납북자 문제는 납북자 본인뿐만 아니라 그 가족에게도 엄청난 정신적, 물질적 피해와 고통을 안겨주었다. 북한은 납치한 우리 국민을 그들의 체제선전에 이용하거나 대남공작 요원으로 활용하였다.

국군포로는 6·25전쟁의 휴전 협상과정에서 남한으로 돌아오지 못하고 북한에 남아 있는 국군을 말한다. 국방부에 따르면 북한에서 생존하는 국군포로는 500여 명으로 추정된다. 그러나 북한은 지난 1998년 6월 조국평화통일위원회 대변인 성명을 통해 "6·25전쟁 포로들을 정전협정의 요구대로 전원 송환했다"고 주장하며 현재 국군포로는 '전향해 온 자'만 남아 있다고 한다.

정부는 1994년 국군포로 조창호 소위의 귀환을 계기로 이들에 대한 송환요구가 거세지자 1999년 「국군포로 대우 등에 관한 법률」을 제정하였는데, 이에 따르면 귀환 당시 계급별 보수 기준을 마련해 국군포로를 3단계로 구분하고 정착금과 주거시설을 차등 지원하고 있다. 사병의 경우 연금지급 대상에 포함되지 않는 점을 감안해 국군 입대일로부터 기산해 3년이 지난날로부터 하사로 특례 임용해 하사 4호봉의 보수와 군인연금을 받을 수 있도록 규정하고 있다.

4) 주위 사람들도 믿지 못하는 사상의 자유, 표현의 자유, 언론의 자유

북한 주민들은 일생 동안 직간접적으로 북한 정권의 강력한 사상 통제나 감시 하에서 지낸다. 북한 정권은 언론, 서적, 인터넷, 과학, 문학, 음악, 영화 등의 외부 정보는 자본주의적 가치로 취급해 철저히 차단하고 있으며 주민들에게 김씨 일가 를 우상화하는 '주체사상 10대 원칙'을 엄수하는 사상만을 주입하고 있다. 따라서 모든 종교, 언론, 표현의 자유적 행위는 할 수가 없으며 발각될 시 심각한 탄압의 대상이 된다.

예를 들면 노동신문, 민주조선, 청년전위 등의 내용은 모두 북한체제의 우월성 을 주지시키며 주체사상의 확립에 목적을 두고 있다. 주민의 알권리를 위한 내용 은 없으며, 모든 기사 내용이 북한 정부에 의해 통제된다. 그리고 그들은 "헌법상 출판, 결사, 집회의 자유를 지닌다."(북한 헌법, 제67조)라고 명시하였으나 이와 같 은 법은 보여주기식밖에 안 된다. 왜냐하면 법에 의해서도 표현의 자유를 침해하 는 측면이 있기 때문이다.

그 이유는 북한 헌법(제10조)에서 명시하듯이 "국가는 사상혁명을 강화하여 사 회의 모든 성원들을 혁명화, 노동계급화하며 온 사회를 동지적으로 결합된 하나의 집단으로 만든다."라고 하였으며 북한 헌법(제81조)의 "인민의 정치사상적 통일과 단결을 간결히 수호하여야 한다."라는 조항을 보면 결코 표현의 자유를 침해하지 않는다고 말할 수 없다.

이러한 강력한 통제를 함에도 북한이 서서히 무너지는 추세들이 탈북자들을 통하여 나타나고 있다. 이는 현대사회에서 발달한 통신인 TV, 인터넷, 국경을 통 해 유입되는 서구의 사상과 USB를 통한 유입으로 이러한 통제는 아무리 강화해도 북한 주민들에게 점차 영향을 미친다는 것이다.

5) "종교는 마약"이라고 주장하는 사회주의국가에서 종교의 자유는 어떠 한가?

사회주의국가에서 종교는 원칙적으로 허용되지 않고 있다. 북한에서의 종교시 설은 단지 외부 선전용으로서 각국의 행사가 있을 때만 공개하고 있다. 그들에게 종교는 먼 나라의 이야기이다. 왜냐하면 오로지 김일성 주체사상만이 허용되기 때문이다. 탈북민들의 종교에 대한 활동실태조사에서도 대부분 경험이 없다고 진술한 내용을 보아도 알 수 있다.

종교의 자유도 마찬가지이다. 북한은 1998년 헌법(김일성 헌법) 제68조에서 "공민은 신앙의 자유를 가진다. 이 권리는 종교 건물을 짓거나 종교의식 같은 것을 허용하는 것으로 보장된다."라고 규정하고 있지만 북한의 헌법 제3조에서는 "조선민주주의인민공화국은 사람 중심의 세계관이며 인민 대중의 자주성을 실현하기 위한 혁명인 주체사상을 자기 활동의 지도적 지침으로 삼는다."라고 명시하고 있어 자세히 들여다보면 주체사상만이 허용되며 진정한 종교는 허용되지는 않는다는 것과 맥락을 같이하는 것이다. 결국은 종교 및 신앙의 자유가 침해될 수 있는 여지가 헌법에서도 발견된다.

북한의 종교는 8·15광복 전 개신교, 가톨릭 등 서방 종교가 남한보다 먼저 전래되었고, 불교, 천도교 등 전통종교도 교세가 성하여 주민들의 의식과 생활 속에 깊숙이 영향을 미치고 있었다. 그러나 8·15광복 이후 마르크스가 주장하였듯이 "종교는 아편"이라고 하면서 적대적 입장을 나타낸 공산주의적 종교관의 영향을 받은 김일성의 종교관에 따라 반종교정책을 강력히 추진한 결과, 1955년경에는 북한에서의 모든 종교단체와 종교의식은 사라졌거나 지하화되었고, 1960년대에는 종교 자체가 모습을 감추었다.

현재 구헌법에 명시되어 있던 '반종교 선전의 자유' 부분은 삭제했으나, 북한 헌법(제68조) "누구든지 종교를 외세를 끌어들이거나 국가 사회질서를 해치는 데 이용할 수 없다."라는 내용을 추가하면서 여전히 종교 활동의 자유를 제한하고 있다. 그렇기 때문에 북한식으로 위대한 수령님들과 비견되는 하느님, 예수 그리스도를 믿는 자들은 반당, 반혁명 분자로 집에서 성경이 발견될 시, 간첩으로 분류되어 공개 사형에 처하는 게 북한 인권의 현실이다.

오늘날 종교는 형식적으로 존재하거나 외국인을 위한 시설로 사용하고 있으며 북한 주민을 위한 종교 활동은 전혀 허용되지 않고 있다. 왜냐하면 북한은 김일성 사상인 주체사상이 최고의 사상이라고 주장하기 때문에 타 종교를 허용하면 김일성 사상의 실체가 보이기 때문일 것이다.

6) 세계적으로 가장 악랄하게 인권을 침해하는 정치범 수용소, 교화소는 어떤 곳인가?

오늘날 미국이나 서방세계에서는 북한의 인권이 매우 심각한 상황이라며 모두 걱정을 하고 있다. 특히나 북한에는 인간의 가장 기본권인 자유, 평등, 참정, 청구, 사회권 등이 전혀 보장되지 않는 곳이 여러 곳 있기 때문이다. 그곳이 바로 뉴스에서 접하는 정치범 수용소라고 할 수 있다.

정치범 수용소라는 곳은 북한에서 반국가 범죄 및 반민족 범죄를 저지른 당사자와 그 가족들을 수용 및 처벌하기 위해 만든 격리 수용소로서 현재 정치범들을 수용하는 시설이 5~6개 있는 것으로 전해지고 있다. 인원은 약 12만 명으로 많게는 20만 명 넘게 추정되며 남성 70%에 여성 30% 비율의 수감자가 존재한다. 수감자 중 남성의 경우는 주로 김 부자의 믿음 배반, 김 부자의 우상물(偶像物) 훼손, 한국제 생활용품 사용, 그리고 충성심 결여 등으로 북한체제 비판과 간첩행위로 수감되고, 여성의 경우는 탈북 시도, 실행, 정치범으로 숙청된 가족과 함께 '연좌제'를 적용받아서 수감되는 경우가 많았다.

예를 들면 18호 관리소라고 알려진 북창관리소(평안남도 북창군에 위치)에는 5만 명이 가족과 함께 살지만 14호 관리소라고 알려진 개천수용소(북창군에서 20km 떨어진 곳에 위치)에는 주로 혼자 수감되는 것으로 알려져 있다. 북창관리소에서는 적법한 재판이나 절차 없이, 소리 소문 없이 끌려가 처참한 공개처형, 고문, 그리고 하루에 배급량 350g 미만, 염장배추 3줄기, 약간의 소금이 배급되며, 90년대 중 고난의 행군시기에는 배급이 중단되었으며 굶주림과 질병으로 인하여 2010년의 통계에 의하면 대략 33만 명의 아사자(餓死者)가 발생했다는 것이다.

수용소 탈출자의 증언에 따르면 며칠 동안 죽만 먹으면 몸이 퉁퉁 부어오르면서 누른 자리가 쑥쑥 들어가 점점 맥이 없어 걸어 다닐 수가 없다고 할 정도로 심각한 영양실조, 하루 12시간 이상의 강제노동이 자행되는 곳이 있다고 탈북한 김혜숙(18호 정치범 수용소, 1975~2002년 수감) 씨가 인터뷰(토론토중앙일보, 2011년 1월 25일)를 통해 증언한 바 있다. 그는 27년 동안 생활하면서 공개처형을 당하거나 탄광에서 강제 노역으로 살아가는 사람들을 보았다고 했다. 수감자들은 대부분 '비둘기 고문' '펌프훈련 고문(앉고 서기 반복)' '마구잡이 전신 구타 고문'

등을 당하면서 비참한 생활을 하고 있다고 한다. 철저하게 통제되어 수감자들은 탈출을 시도할 수도 없으며, 전기 철조망이 4m 이상의 높이로 쳐져서 도주할 생각을 할 수도 없으며 도주하다 발각되면 무조건 강제처형이 행해진다는 것이다.

따라서 정치범 수용소에 수감된 사람들의 기본권은 철저히 무시되고 있으며 그들은 고문받지 않을 권리, 비인도적 처우를 받지 않을 권리를 침해당하고 있다. 정치범 수용소는 북한 법률에 규정된 구금시설이 아니다. 북한 법률로는 교화소라고 하며 "국가와 인민 앞에 죄를 짓고 징역형을 받은 자들을 구금하고 교양하는 기관 또는 그 시설"로 규정하고 있다.

수감자들은 강제노동, 열악한 시설, 고문, 폭행 등의 비인간적 대우에 시달리며 굶어 죽는 사람도, 맞아 죽는 사람도 부지기수(不知其數)이다. 가족을 총살할 경우 그들의 자녀에게 시체를 보게 하는 등의 잔인한 행위를 저질렀다.

그리고 수용소를 관리하는 보위원이 여성 수감자를 강간하여 적발되었을 경우, 보위원이 받는 죄목은 성범죄가 아닌, '사람이 아닌 존재와 성관계를 한 풍기문란죄'란 죄목이다. 법에서부터 수감자들을 사람이 아닌, 모양만 사람인 '짐승' '무생물'이라 간주하는 것으로 정치범 수용소의 인권 유린 실태는 그야말로 처참하다.

북한 정권은 정치범 수용소, 교화소(형무 행정 경찰기구인 사회안전성에서 관할하는 북한만의 특수 형무소), 노동단련대 등 국가안전보위부나 인민보안부 산하 여러 종류의 구금시설을 운영하고 있으며 구금시설에 수감된 자들의 사망률은 매우 높으며, 현재까지 구금시설에서 희생된 수감자의 수는 백만여 명에 이르는 것으로 알려져 있다.

이에 대하여 북한 정부는 고문을 강력하게 부정하고 있으며, 1999년 12월 25일에 제출한 시민적, 정치적 권리에 관한 국제규약의 이행에 관한 2차 정기 보고서, 제7조에도 고문과 비인간적 처우가 금지되어 있음을 강력하게 주장하고 있다. 그러나 북한에서 피수용인들, 특히 정치적 범죄 혐의자들은 일반적으로 예심과정에서 엄청난 고문을 받게 된다. 대부분의 탈북자들은, 중국에서 체포, 송환된 뒤 그들이 중국에서 남한 사람이나 종교인들과 접촉했는지의 여부를 조사받으면서, 다시는 탈북을 시도하지 못하도록 북한의 국가안전보위부나 인민보안부, 노동단련대, 구류장 등에서 엄청난 구타와 온갖 비인격적인 처우를 받았다고 진술한다.

7) 세계에서 악랄하게 자행하는 공개사형집행을 아이들 앞에서도 실행한다

지구상 민주주의 국가에서 전혀 찾아볼 수 없는 공개처형제도는 북한의 식량난이 가장 심했던 1997~1998년에 가장 빈번하게 집행되었다는 것이 탈북민들의 일치된 증언이다. 유엔인권이사회에서 공고문을 증거로 한 공개처형 금지 요구를 계기로 사전 예고 없는 공개처형과 비밀처형이 계속된다고 한다.

탈북민들의 증언에 따르면 정당한 법 절차를 거치지 않고 피의자를 구금하거나 고문을 자행하는 등 실제에 있어서 비인간적인 처우가 만연되어 있다. 특히 김일성, 김정일의 교시나 당 정책을 어겼을 때는 처벌의 가혹함을 주민들에게 주입시키기 위해 범죄 용의자의 기본적 인권까지 유린하고 있다. 불법구금이나 고문에 대해 새터민들은 다음과 같이 증언하고 있다.

북한으로 송환되어 감옥에 수감되었을 때 주리를 틀고 두 팔을 평형으로 들게 하고 조금만 움직여도 몰매가 안겨지고, 말하면 '거짓말 한다' 하고, 입 다물면 '주둥이 붙었는가?' 하고 생트집이니 이래도 맞고 저래도 맞을 바엔 입을 완전히 다무는 것이 상책이라는 것이다.

공개사형집행은 인간의 존엄성, 생명권 및 안전의 권리를 침해하는 것이다. 또한 인간의 기본권을 무시한 잔악한 행위라 볼 수 있다. 공개사형집행을 하는 원인은 다양한데, 당을 부정하거나 반혁명, 종파행위 혐의, 음란물 제작, 정부 정책실패의 책임, 그리고 또 가볍게는 남한 드라마 시청, 비디오 유통, 성경책 소지, 종교활동, 불순한 내용의 휴대전화 사용 등이다. 특히 김정은 정권이 들어서자마자 장성택 처형과 이설주의 음란물을 유포한 죄로 예술단원을 처형한 것은 우리에게 많은 충격을 주고 있다.

북한이 형법상으로는 사형집행이 가능한 범죄의 수를 줄였지만 시행령을 추가하거나, 사형집행 가능 죄목이 애매모호하여 주관적이고 자의적인 사형집행이 가능하다. 일반 주민들은 공개사형집행이 있으면, 집행이 약속된 공터나 운동장으로 모이게 되는데, 그 과정에서 가족이나 친지, 주민들이 보는 앞에서, 특히 어린이나 청소년 등도 사형집행과정을 강제로 보아 공포심을 유발한다는 점에서 어린이나 청소년 인권에 문제의 소지가 많다.

7 북한의 인권에 대한 해결책은 무엇인가?

북한은 스스로 내세운 국명인 '조선민주주의인민공화국'이라는 이름대로 적어도 형식적으로는 사회적, 법적인 계급이 존재하지 않고 모든 인민이 평등하게 주권을 가진 존재라 명시하고 있다. 그러한 사회를 만드는 것이 국가이념이며 사회주의국가를 이루는 것이라 했다.

그러나 그들은 그러한 국가를 만든다는 명목 아래 주민들을 희생시키고 있다. 그것도 모자라 국민들의 기본권조차도 돌보지 않고 그들의 체제 유지만을 강조하고 있는 것이 안타까울 따름이다.

북한의 인권문제에는 여러 측면이 있고, 고려해야 할 변수도 많다. 그러나 정치범 수용소 폐쇄, 여성 인신매매 금지, 영아살해 중단, 탈북자 은신처 제공 등은 시급한 현안들이다. 다시 말하면 북한 인권은 지구상의 어느 다른 독재체제의 국가와 비교할 수 없을 정도로 매우 심각한 문제를 갖고 있다. 이들의 삶은 자유를 찾아 떠나지 않는 이상, 억압에 의해 김씨(金氏) 왕조를 숭배하고 조선노동당을 찬양하는 것이 전부다.

행복한 삶을 찾아 자유를 선택하기도 쉽지는 않다. 북한을 이탈하는 과정에서 붙잡히거나, 강을 건너다 익사하거나, 중국으로 탈출을 했다고는 하나 중국의 무관심과 무책임성으로 인한 강제송환, 또한 인신매매 등이 도사리고 있다는 것이다. 이 중 여성 인신매매나 인종적 이유에 의한 영아살해는 북한체제의 위협과는 무관한 문제로 북한과 중국 정부가 사태의 심각성을 인지하고 조금만 노력하면 현저히 개선하고 해결할 수 있는 사안들이다.

전 세계에서 북한의 붕괴를 바라는 국가는 많지만 언제까지 기다리고 있을 수만은 없다. 북한의 붕괴가 자연적 해체든지 혹은 전쟁을 통한 해결이든지는 관심이 없다. 당장 북한 주민들의 인권 유린은 매우 심각하므로 현실적 대안을 마련해야 한다는 것이다.

그러나 전쟁의 위험성과 불확실한 결과 때문에 '체제 붕괴론'(북한의 체제를 붕괴하려는 논리)이 대안이 될 수 없다면, 국제인권보호체계에 북한을 연계시켜 대화를 통해 계속해서 시정요구를 하고, 인권개선이 궁극적으로는 북한의 정치, 사회적 안정을 보장하는 길이라는 것을 북한 지도부에 설득해야 한다. 그런데 이 모든 사안을 소수의 민간인이나 비정부단체들이 감당하기에는 너무 버거운 일이며, 한국 정부의 힘만으로는 한계가 있다. 북한이나 중국, 러시아 정부에 영향력을 행사할 수 있는 국제적 연대와 강대국들의 적극적인 협력이 요구된다.

북한의 인권문제는 당연히 해결되어야 하지만, 통일의 동반자인 우리에게는 해결되어야 할 또 다른 이유가 있다.

첫째, 김정은 정권의 전쟁 도발을 막기 위해 북한 주민들의 인권 신장은 최우선 과제이다. 북한의 정치체계상 결정권은 지도자에게 있기 때문에 김정은이 오판한다면 일반 주민들의 의사와는 상관없이 바로 전쟁의 포화 속으로 갈 수밖에 없을 것이다. 다시 말하면 독재자들의 잘못된 망상을 없애기 위해서도 일반 주민들이 자유에 대한 권리를 찾을 수 있도록 해야 더 큰 희생을 막을 수 있다는 것이다.

둘째, 언젠가는 꼭 통일을 이룰 남북한은 통일 후를 생각해야 한다는 것이다. 남북한의 사회체제가 다른 이상 사회 통합이 매우 어렵기 때문이다. 따라서 그들을 민주주의적 사고방식으로 이끌 필요가 있다는 것이다. 민주주의의 세 가지 핵심적 요소에는 '의사의 자율성' '행위의 자기결정성' 그리고 '행위 결과의 자기책임성'이 있다. 주제적, 비판적 사고력과 결정력을 충분히 갖추지 못한 북한 주민들과 함께 통일된 민주사회를 건설하기는 대단히 어려울 것이다.

북한의 인권에 대한 개선 방향으로 우리는 다음과 같은 자세를 가져야 한다.

첫째, 보편적 가치로서의 인권 실현을 위한 통일교육이 필요하다. 누구나 법 앞에 평등하며 인권, 생명의 존엄성, 자유는 가장 고유하고 본질적인 가치이다. 북한 주민들 또한 인권의 보편적인 가치를 누릴 권리와 의무를 가지고 있다. 왜냐하면 인간은 자연법과 기본법을 누릴 가치를 지닌 존재이기 때문이다. 체제를 위해 감내하도록 유도하거나 희생을 요구할 권리는 그 누구에게도 없다는 것이다.

둘째, 북한 인권개선을 위한 지속적인 관여가 필요하다. 통일교육은 자유와 인권 그리고 자유민주주의에 대한 일념으로 지혜를 모으고 관심을 확장시키는 사회적 공감대 형성이 중요하다. 북한 인권개선을 위한 사회적 공감대가 형성될 수 있도록 통일교육을 통해 점진적이고 단계적인 준비와 협의를 이루어나가야 한다. 그러나 통일교육은 우리 지도자들의 인식 전환이 필요하다. 왜냐하면 통일을 자기들의 것인 양 포장하여 정권을 연장하는 세력들이 존재하기 때문이다. 통일은 일부 계층만이 아니라 국민이 이루어야 할 오늘날의 대업이라는 것이다. 북한 인권에 대한 정부와 민간단체, 사회의 소통 창구를 확립하며 협력과 대화를 위한 국민들의 일치된 단일화 창구가 시급하게 이루어져야 한다는 것이다.

셋째, 북한의 개혁과 개방과 경제성장이 인권 신장으로 연결되도록 유도해야한다. 북한이 개혁정책을 취하여 현재의 경제위기가 극복되더라도 다른 사회주의 국가인 중국과 베트남의 경험으로 봐서 인권상황이 나아질 것으로 낙관할 수만은 없다. 왜냐하면 정권 지도자의 정치적 인식이 바뀌지 않는 이상 체제 유지만을 고집하기 때문이다.

우리의 의지와는 상관없이 이제 북한의 인권문제는 국제사회의 주요 현안이 되어 그 자체로 동력을 얻어 전개되고 있다. 따라서 한국은 북한의 인권문제에 대해 계속 침묵을 지키면 국제적인 고립만 자초할 뿐이다. 지난번 총회에서 문재인 정부는 북한의 인권에 대하여 침묵으로 일관해서는 안 된다고 했다. 우리의 민족이고 반드시 통일을 이루어 함께 살아갈 동포로서 인간답게 살 수 있도록 국제적인 협력을 통해 하루빨리 그들을 국제사회로 이끌어내야 할 것이다.

제 **4** 장

가깝고도 먼 이웃
일본은 어떤 나라인가?

국 제 사 회 와 인 권

일본은 어디에 위치하는가?

간단하게 언급하면 일본의 수도는 도쿄로서 홋카이도[北海道], 혼슈[本州], 시코쿠[四國], 규슈[九州] 등 4개의 큰 섬과 수많은 작은 섬으로 구성되어 있다. 한국과는 시차가 없으며 언어로는 일본어를 사용하며 면적은 한반도의 약 1.7배(면적 377,835㎢)로 약 1억 2,800만 명의 인구에 국민 총생산은 세계 3위로서 경제적으로나 인구 면에서는 세계 최고의 강국이라 할 수 있다.

일본은 천황을 중심으로 입헌군주제이며 양원제를 가진 의회정치를 중심으로 하고 있다. 천황은 정치에 참여하지 않는 상징적인 존재로 총리를 수반으로 하는 정치형태를 가지고 있다.

일본(Japan, 日本)의 공식 명칭은 니혼(Japan)이라 하고 BC 660년에 독립했으며 화폐단위는 엔(yen/￥), 국가(國歌)는 Kimigayo("His Majesty's Reign")를 사용하고 있다. 기후는 남북으로 길게 뻗어 있어 냉대부터 열대기후로 형성되어 있으며 대한민국의 동해와 맞닿은 지리적 특성을 가지고 있다.

대한민국과 일본은 역사적, 지리적으로 매우 밀접한 관계를 맺어온 멀고도 가까운 나라로서 삼국시대 특히 백제시대부터 오늘날까지 많은 문화적, 정치적, 경제적 교류를 하여 왔으나 일본의 제국주의와 대한민국을 식민지화하는 과정에서 오늘날까지 여러 문제로 인해 갈등을 겪고 있다.

일본의 인권은 어떻게 진행되어 왔는가?

우리는 제1장에서 인권이라는 개념은 천부 인권을 근거로 한 기본권 즉 평등권, 생존권, 사회권, 생명권과 같은 주요 권리들을 향유할 수 있는 권리라고 정의하였다.

대한민국 「헌법」 제10조에는 "모든 국민은 인간으로서의 존엄과 가치를 가지며, 행복을 추구할 권리를 가진다. 국가는 개인이 가지는 불가침의 기본적 인권을 확인하고 이를 보장할 의무를 진다."라고 명시되어 있다. 이와 같이 인권은 대한민국「헌법」에 보장되어 있듯이 어떠한 경우에도 거래의 대상이 되거나, 양도되거나, 박탈될 수 없는 절대적인 권리이다. 국가는 개인의 인권을 존중하거나「헌법」과 법률로 규정한 특정한 상황에 한해 제한할 수 있을 뿐 인권을 부여하거나 뺏는 주체가 될 수는 없다.

　우리나라와 마찬가지로 일본도 헌법 제11조에서 우리와 같은 의미인 인권에 대하여 "국민은 모든 기본적 인권을 향유할 수 있다. 이 헌법이 국민에게 보장하는 기본적 인권은 침해될 수 없는 영구한 권리로서 현재 및 장래의 국민에게 부여된다."고 명시하고 있다. 또한 "헌법이 일본 국민에게 보장하는 기본적 인권은 인류의 수년에 걸친 자유 획득의 성과이며, 이 권리는 과거 수많은 시련을 겪어내어 현재와 장래 국민에 대해서 침해될 수 없는 영구한 권리로서 신탁된 것이다."라고 규정하고 있다. 이외에도 일본 헌법 제3장(제10~40조)은 생명, 자유 그리고 행복 추구의 권리, 법 앞의 평등, 선거권, 사상과 양심의 자유, 신앙의 자유, 표현의 자유, 고문당하지 않을 권리, 재판받을 권리 등 국민의 기본적인 권리를 자세히 명기하고 있다. 위의 일본 헌법을 살펴보면 '세계인권선언'과 같이 자연법으로서의 인권과 기본권으로서의 인권의 보편성이 잘 나타나 있다고 볼 수 있다.

　또한 일본 인권조례의 전문을 보면 일본은 각 현마다 인권을 정의하는 것이 조금씩 다른 것을 알 수 있다. 대표적인 내용을 보면 시가현(滋賀県)에서는 "모든 인간은 태어나면서부터 자유롭고, 존엄 및 권리에 대해서 평등하다. 즉 우리들 각자는 다양한 개성을 가진 더없이 소중한 존재이고, 사회적 신분, 가문, 인종, 민족, 신앙, 성별, 연령, 질병 등에 의해 인권의 향유를 방해받지 않고, 개인으로서 존중받지 않으면 안 된다. 그리고 각자의 다양성이 인정되고, 각자가 갖는 모든 가능성이 발휘되는 기회가 부여되지 않으면 안 된다. 동시에 우리들은 이러한 자유와 권리를 행사하는 데 즈음해서는 다른 사람의 자유와 권리를 서로 인정하고, 상호 존중해야 할 의무를 부담하고 있다. 이러한 인식하에 현재 및 장래 세대에 걸쳐, 풍족한 자연에 둘러싸여 환경을 소중하게 생각하는 시가현에서 인간으로서의 존엄이 보장되고, 모든 인간의 인권이 존중되는 사회를 만들어가는 것은 우리들 모두의 염원이자 책무이다. 우리 시가 현민은 21세기 초두(初頭)에 인권이 존중되는 사회 만들기를 진행하기 위하여 부단한 노력을 계속해 나갈 것을 결의하여 이 조례를 제정한다."고 명시되어 있다. 이러한 내용을 보면 헌법에서 정의한 인권의 개념과 각 도와 현의 조례는 헌법과 큰 차이가 없이 인권은 개인이 누려야 할 권리이며 타인에게 양도될 수 없고 되어서는 안 되며 서로 간의 권리를 존중하며 자유롭게 살아갈 수 있는 기본적인 권리라는 데는 별 차이가 없다고 볼 수 있다.

일본은 아시아 국가 중 가장 먼저 근대 문물을 접하면서 세계열강들과 각축하며 제국주의의 길로 들어선 나라이다. 기본적으로 천황을 정점으로 하는 신분사회와 가부장적 요소를 바탕으로 하는 헌법과 사회구조에서 인권의 발전은 제한적이었지만 메이지유신 시기에 서구로부터 영향을 받으면서도, 일본의 독특한 문화 속에서 형성되고 발전되어 왔다.

그러나 제국주의와 제1, 2차 세계대전 속에서 전쟁의 합리화와 국가주의적 사회통합 차원에서 인권은 더 이상 진전을 보지 못하였으며 뿌리 깊은 신분문제인 원주민과 일본 내 소수민족집단을 형성한 식민지 조선인 문제는 일본 특유의 가장 심각한 인권문제로 나타나게 되었다. 그러나 서구적 인권 개념의 인식은 전쟁 후 여전히 제한적이면서도 기본적인 사회제도의 틀을 잡는 데 크게 기여했다.

이러한 인권 인식의 변화는 1946년 일본의 제2차 세계대전 후 일본 천황의 '신년사'에서 기존의 천황은 그 이름에서 나타나듯이 신격화된 인물로 묘사하였는데 그는 자신을 인간으로 선언한 것이 매우 획기적인 사건이었다. 다시 말하면 그는 인간으로서 존재하며 신의 위치가 아니라는 것이다. 이러한 관점이 일본 민주주의를 촉진하는 데 획기적인 진전을 보게 된 것이다.

이는 전쟁이 끝난 뒤 패전처리를 하던 일본 천황과 당시 연합군 사령관인 맥아더 장군 사이의 정치적인 일면도 있었지만 연합군의 목적은 간접통치를 통해 일본의 군국주의를 포기시키고 평화 헌법을 통해 천황 중심에서 벗어나 민주주의의 길로 가도록 한 것이 오늘날 일본을 있게 한 원동력이 되었다. 다시 말하면 신격화된 천황이 아니라 '인간 천황'으로 탈바꿈을 하면서 새로운 인간관이 정립된 것이다. 즉 신민(臣民)에서 국민(國民)으로 전환되었던 것이다.

당시 민주주의라는 개념도 제대로 정립되지 않은 일본에서 민주주의적인 체제를 만들어내는 것은 일종의 '혁명'이라고 할 수 있을 정도로 급진적 작업이었다. 전후 일본의 사회는 급속도로 변화하는 조짐을 보였다. 물론 전후 협상과정에서 패전국으로서는 어쩔 수 없었지만 상당한 진전을 보이는 증거는 곳곳에서 나타났다.

패전 직후 연합국 최고사령부(GHQ SCAP: General Headquarters of the Supreme Commander for the Allied Powers, 이하 GHQ라 칭함) 사령관으로 일본에 파견된 맥아더(Douglas MacArthur)는 정치범의 즉시 석방, 탄압 법규의 폐지 등을 주된 내용으로 하는 인권 지령을 발표하며 일본 측에 헌법을 개정하여 자유주의적 요소를 도입할 것을 요구하였다.

1945년 10월 여성에 대한 참정권과 선거권 연령을 낮추어 남녀 보통선거를 함으로써 여성의 인권을 신장하고, 노동자에 대하여는 단결권이나 교섭권 그리고 파업권을 보장하는 노동조합을 결성할 수 있는 노동조합법이 입법화되었다. 따라서 노동 3권을 가진 노동조합원이 1948년에는 40만 명에서 660만 명으로 급속도로 증가하였다.

교육부분에서도 변화가 있었는데 기존의 교과서인 제국주의적이고 군국주의적인 교과서와 교원들을 추방하였으며 일부 교육과정도 개편을 단행하였고 의무교육도 6년에서 9년으로 연장되며 학제도 오늘날과 같은 6·3·3·4의 신학제가 발족하였다. 이로 말미암아 새로운 교육을 향한 교육의 민주화와 자유화가 이루어지기 시작했다. 또 한편으로는 군국주의적 법 제도의 철폐, 즉 언제든지 전쟁에 참여할 수 있는 법 조항을 평화헌법으로 개정하였으며, 전쟁 대신 전쟁 복구와 경제적 빈곤으로부터 벗어나기 위한 경제 민주화, 즉 독점금지법이 제정되고 재벌을 해체하는 등 5대 강령이 발령되었다. 재벌의 해체는 민주화의 폭풍이라 부를 만큼 근원적 개혁이었고, 이러한 재벌해체가 이루어졌기에 소니, 혼다 등과 같은 전후 혁신기업이 비집고 들어와 성장할 수 있었다.

일본은 1952년까지 미 군정기를 거쳤으나 이 시기에도 미 군정은 일본 정부의 자율성을 크게 억압하지 않았다. 일본 정부는 냉전체제의 영향을 받으면서 대체로 미국과 같은 방향의 정책을 취했는데, 인권정책도 예외가 아니었다. 전후 일본 정부는 미국 정부와 같이 UN을 비롯한 국제 인권레짐[국제레짐(international regime) 정확히 번역하기는 어려우나 여기서는 정책, 제도로 번역]에 적극적으로 참여하지 않으면서도, 국내적으로는 헌법에 기본적 인권보장을 명기하고 정부에 인권관련 공식

기구를 설치했으며 여러 민주적인 개혁을 시도했다. 인권레짐이라는 것은 인권문제에 관하여 국제사회의 각 행위자(국가, 국제기구, NGO, 개인)들의 기대가 수렴된 일련의 국제적 규범체계 및 실행절차를 의미하는 말로서, 국가 간 합의에 의해 성립된 국제 인권규약 및 실행 절차는 물론 비록 국가 간 이견이 있거나 명시적 합의는 없더라도 묵시적으로 인정되는 인권에 대한 국제적 기준 및 관행을 말한다.

그러나 이러한 개혁에 이어 곧바로 보수적 정책으로 회귀하여 진보적 그룹에 대한 억압을 행함에 따라 법 제도적인 정비가 인권상황의 개선으로 이어지지는 못했다. 따라서 이 시기의 특징은 인권을 위한 법 제도의 정비와 완만한 인권상황의 개선으로 요약할 수 있다.

예를 들면 외국인 등록령 제도가 1947년에 시행되었는데 그 주된 골자는 재일 조선인을 관리하기 위한 제도적 기반을 마련한 대표적인 악법이며 보수 회귀적인 법이라 할 수 있다. 1952년 외국인 등록법이 제정되어 식민지민에게 일방적으로 국적이 부여되면서 국적에 의한 차별문제는 계속해서 제기되어 왔다. 그리고 외국인을 배제하고자 한 일본의 전략은 헌법개정 과정에서도 그대로 반영되었다.

일본의 헌법에서 나타난 인권은 침해할 수 없는 영구의 권리, 모든 기본적 인권의 향유를 규정하고 있지만 인권보장의 범위를 어디까지로 규정하는가에 있었다. 따라서 일본의 패전 이후 일본은 모국으로 돌아가지 못한 수많은 조선인과 중국인, 대만인들에 대한 처우에 대해 매우 소극적이었다. 패전 이후 연합국가의 안과 일본의 헌법에 대한 안은 상당한 차이를 보였으나 결국은 연합국의 안을 받아들여 개정 헌법안에서는 메이지 헌법과 달리 국적이나 인종에 얽매이지 않는 인권을 규정한 것이 특징적이었다.

따라서 일본의 인권보장 범위를 일본 신민 및 일본의 통치권이 미치는 범위 안에 있는 모든 사람으로 규정하고 있다. 일본 통치체제의 개혁에 의하면, 국적 보유자만이 인권을 보호받을 수 있다는 국민 국가적 사고에서 벗어나 '자연인'(All natural persons)에 대하여 법 앞의 평등을 강조하였다. 하지만 일본은 GHQ안(案)의 'Japanese people'이라는 부분을 가역(可逆)하여 일본인 민(民)으로 바꾸고, 다시 이 부분을 일본 국민으로 수정하여 평등의 범위를 일본 국민에 한정하고자 하였다. 출신국에 따른 차별 금지 내용도 문벌(門閥)에 따른 차별 금지라는 모호한 표현으로 바꾸었다. 그러면서 일본과 GHQ안(案) 모두에는 외국인에 대한 규정을 따로 두어 법에 의해 보호받도록 하였다.

이후 1970~1980년대의 인권상황은 개인통합 권리, 시민적, 정치적 권리가 완만하게 증진되었으나 경제적 · 사회적 · 문화적 권리는 지속적으로 하락하였다. 그러나 일본은 모든 권리 지표에서 세계적 수준으로 나타났으며 이로 인해 일본 사회 전체적으로 자신감이 높아졌고 세계적인 평가도 크게 높아졌다. 이 시기에 부락 개선정책이 진전되고, 재일한국인의 제도적 개선이 이루어지는 등 여러 인권문제에서 착실한 향상을 보였으며, 일본 정부는 국제조약에 가입하고 국제 NGO가 크게 늘어났다. 평화 헌법의 제정과 전후 민주개혁으로 일본 사회의 봉건적 · 가부장적 제도가 남아 있음에도 불구에도 인권의 발전은 향상되었다. 따라서 내용 면에서 일본적 특성을 지닌 채로 고도성장기를 거쳐 경제적 안정기에 들어선 일본의 인권상황은 1970~80년대에 착실히 성장했다.

하지만 1990년대에 들어와 일본의 인권상황은 전반적으로 침체기를 맞이하는데, 개인적 통합권리는 세계적 수준에서는 등락을 반복하지만 시민적, 정치적 권리는 1980년대까지 서구보다 높은 수준에 있다가 1990년대에 들어 후퇴한 후, 1990년대 후반에 다소 회복되지만 1980년대에 비해 다소 낮은 1970년대의 수준을 유지하고 있다.

경제적, 사회적, 문화적 권리는 1990년대 초 현격하게 후퇴했다가 이후 침체상태를 면치 못하고 있다. 이 시기 일본에서는 경기 침체라는 명확히 부정적인 요소를 제외하고는 국제적 요인, 국내 정치상황과 시민운동은 인권에 긍정적인 영향과 부정적 영향을 모두 미치는 다각적인 모습을 띠며 전개되어서, 인권상황이 발전도 후퇴도 아닌 침체의 모습을 나타냈다고 한다. 아시아 국가들의 전쟁 책임 추궁은 일시적으로 일본 사회의 보수화를 가져왔으나 이후 비판적 시민운동의 성장으로 인권의식을 증진시켰으며, 경제침체로 공적개발원조(ODA)를 삭감했지만 UN에서 일본 정부는 매우 공격적으로 인권활동을 펼쳤다. 시민운동은 우파운동과 비판적 운동이 함께 형성되는 가운데 시민활동조직(NPO)이 크게 성장했다. 즉 이렇게 서로 다른 복합적 성격의 요인들은 인권 성장을 촉진하기도 하고 가로막기도 하면서 전반적으로 1990년대 일본에서 인권이 침체되는 현상을 낳았다고 볼 수 있다.

③   경제대국에 걸맞지 않은 일본의 인권상황은 현재 어떻게 진행되고 있는가?

오늘날 일본은 경제라는 측면에서 보면 세계 최고의 경제대국이지만 그에 비하여 사회적 구조는 '국경 없는 기자' 회의에서 발표하였듯이, 후진국 수준으로, 2017년에는 72위를 기록할 정도로 매우 저조했다. 이는 사회구조가 매우 폐쇄적이라는 것을 말해준다는 것이다. 이것은 언론이나 민주주의 지수에서는 후진국의 수준을 면치 못한다는 말로 규정될 수 있으며 자유주의적인 민주주의를 실현하는 데 실패하였다. 이는 곧 과거의 보수주의로 회귀하고 있다고 볼 수 있다. 이에 대하여 2019년 New York Times에서 "일본은 언론의 자유가 헌법에서 소중히 다뤄지고 있는 현대 민주주의 국가이지만, 정부는 가끔 독재체제를 연상시키는 행동을 한다."고 비판했으며, "어떤 언론인들의 기자회견 접근을 거부하거나 기자들을 통제하기 위해 정치와 언론사 경영진 사이의 사교관계를 활용한다."라고 지적했다. 언론의 자유로부터 침해받는 것은 국민의 알권리를 침해하는 행위이며 인권을 존중받지 못하는 것 중 하나이다. 이러한 행위는 오늘날 심각한 한일 갈등을 겪고 있는 이때 일본 언론의 행태를 보면 이해할 수 있을 것이다.

2006년에 의원내각제로 총리(그 이듬해에 사임한 뒤 2012년 재취임)에 취임한 아베 신조 정권은 당시에는 국민들의 인기에 병합하고자 진보적인 방향을 취하였다. 당시 황실 전범에 규정되어 있는 일본의 황위 계승은 남자 황족만 할 수 있고 여자 황족은 천황 역할을 담당할 수 없다는 법을 개정하여 여성도 천황에 오를 수 있도록 해야 한다는 주장이 힘을 얻게 된 상황에서 아베는 당연히 황실 전범도 필요하다면 개정한다고 답한 바가 있다. 이는 성차별적인 황위 계승문제를 바로잡고 많은 비판 속에서도 개정한 황실 전범 중 하나이다. 아베는 정치인이 되면서 일본을 아름다운 나라로 만들겠다며 보수적인 사회의 틀을 깨고 그 틀을 과감히 개혁하였다.

그는 유엔총회 연설에서 전 세계 여성의 인권과 평화를 위해 노력하겠다고 밝히며, 특히 지금도 전쟁 지역에서 성폭력 등으로 피해를 입은 여성들이 있다며 이들에 대한 전폭적인 지원을 약속했다.

하지만 유독 그들 자신과 관련된 문제와 국가들에는 매우 인색한 인물로 유명하다. 예를 들면 패전 이후 다른 연합국에는 수차례 사과를 표명하면서도 대한민국과 중국 그리고 동남아시아의 위안부(정신대) 문제와 과거 식민지 및 잔혹성에 대해서는 사과나 언급조차 하지 않을뿐더러 공식 석상에서는 오히려 일본이 국가적으로 '성 노예'를 삼았다는 사실은 근거가 없으며 일본에 대한 악의적인 중상모략이라며 일축하였다.

그러나 일부 일본의 지식인들이나 역사학자들은 그것은 분명 '성 노예'라고 주장하고 있으며 유엔 고문방지위원회는 일본군 위안부 제도를 '성 노예제'로 규정하고 일본에 법적 책임 인정과 배상을 권고하는 내용을 담은 보고서가 나온 이후 일본군 위안부는 '성 노예'였다는 인식이 국제사회에서 일반화되었다.

일본군 위안부를 제2차 세계대전 중 '성 노예제도의 희생자'로 명시하자 일본은 당시 위안부들은 강제성이 아니라 자발적으로 취업하러 온 것이라며 한발 물러서는 모습을 보이면서, 궁색한 변명으로 일관하였다. 아베 신조는 위안부들의 인권의 참상을 은폐하려 하는 등 사죄의 뜻은 밝히지 않고 오히려 한일 갈등의 불씨를 지피는 뻔뻔함으로 일관하고 있다.

아름다운 사회, 아름다운 국가를 만들겠다던 그의 약속은 오히려 죄를 은폐하고 오히려 추악한 모습을 보이는 나라, 반성이 없는 나라, 그리고 약자에게는 강한 모습을, 강한 나라에는 약한 모습을 보이는 '비겁한 나라'라고 낙인 찍히는 결과를 가져왔다. 이는 전후 과거를 반성하고 사죄와 함께 철저하게 배상과 책임을 지는 독일과는 대조적인 모습이다.

앞에서 우리는 일본의 사회구조가 매우 폐쇄적이라고 언급한 바 있다. 이러한 연유는 이방인에 대한 혐오현상을 말하는데, 낯선 것에 대한 거부감이 있다는 것이다. 그만큼 사회가 폐쇄적이라는 것을 말해준다. 이러한 심리적 현상을 제노포비아(Xenophobia)라고 한다.

제노포비아(Xenophobia)라는 용어는 낯선 것 혹은 이방인이라는 의미의 'Xeno'와 싫어한다는 뜻의 'Phobia'가 합성된 말로서 '이방인에 대한 혐오나 거부현상'을 나타낸다. 이러한 심리상태는 악의가 없는 상대방을 자기와 다르다는 이유만으로 무조건 경계하는 심리상태의 하나로, 이는 자기 과보호(過保護) 의식 때문에 일어나기도 하고 지나친 열등의식에서 기인하기도 한다는 것이다.

일본은 외국인과 외래문화에 거부감이 많은 나라 중 하나다. 일본의 전반적인 사회 분위기는 개발도상국에 관해 냉소적이고 보수적인 관계를 유지하는 경향이 있다. 즉 타국의 문화나 노동자들을 이유 없이 배척하거나 혐오하는 습성이 있으며 그들이나 그들의 문화에 대해서는 매우 냉혹하다는 것이다. 아니면 고의적으로 천대한다고 볼 수 있다. 이것이 바로 섬나라 근성이라고 할 수 있다. 따라서 경제적으로는 선진국이라 하지만 국민의식이나 문화적 수준, 그리고 복지나 처우 부분은 매우 부족하다고 볼 수 있다.

일본은 성별에 대한 문제도 심각하다고 한다. 다시 말하면 성별에 대한 평등권이 이루어지지 않고 있다. 일본의 영화를 보면 여성은 남성에게 매우 저자세인 것을 볼 수 있다. 유교 국가나 동양 문화권에서 나타나던 전통적인 남녀 간의 관계와 더불어 여성은 남성의 소유물이라는 인식이 매우 팽배해 있다. 따라서 여성에 대한 차별이 매우 심각한 상태라는 것이다.

이와 같은 예는 우리나라의 80년대와 같은 현상이 아직 일어남을 통해 알 수 있다. 교육의 경우 남성보다는 여성의 진학률이 현저히 낮으며 '여자가 무슨 공부냐'는 식의 고정관념이 아직 남아 있어 여자는 결혼과 동시에 현모양처로 살아가야 한다는 인식이 매우 팽배하다. 여기서 현모양처의 삶이란 가사에만 전담하는 방식을 말한다. 따라서 여성의 사회진출은 다른 선진국에 비해 현저히 낮은 수준이며, 이러한 환경이 여성의 사회진출을 낮추는 이유가 될 수 있다.

또한 청소년에 대한 인권의 침해현상으로 일본인의 성 경험을 예로 들 수 있다. 성 경험의 평균 연령은 20.3세(세계 17.3세)로 여기에서는 성 경험이 중요한 것이 아니라 일본의 음행조례라는 법에서 '청소년들의 건전한 성장을 위하여, 자신의 욕망을 채울 목적으로 만 18세 미만의 미성년자에게 음란한 행위를 한 자를 처벌한다.'라는 조항이 있는데 이는 우리나라와도 일맥상통한다.

이는 만 18세 미만의 청소년에게 음행을 금하는 것은 매우 엄격하고 성인들이 음행할 경우 처벌할 수 있고 처벌을 받게 되는 법이다. 그러나 청소년의 음행 행위에 대한 판단은 법이 아니라 경찰의 판단이라는 게 문제가 된다는 것이다. 예를 들어 청소년들이 진심으로 사귀면서 연애를 하고 성 경험을 하였다는 것은 문제가 되지 않지만 진심이었다고 판단하는 기준은 경찰의 판단에 맡긴다. 또한 성인 남녀가 함께 다니는 것은 문제가 되지 않지만 성인 남녀가 청소년과 함께 돌아다니는 것 또한 청소년복지법에 근거하여 불심검문에 걸릴 수 있다는 것이다. 이러한 음양조례은 청소년의 기본권을 침해하는 것이다.

일본영화를 보거나 여행을 할 때면 느끼곤 하지만 일본은 성문화가 매우 개방적이라는 것이다. 우리나라에서는 불법인 성매매 알선업소가 대낮에 버젓이 영업하는 데서 굉장히 충격을 받았을 것이다. 이러한 개방적인 성문화로 인해 자연스레 결혼연령도 낮을 것이라 생각하지만 일본인들의 평균 결혼연령은 남자 30대 초반, 여자 30세 정도로 여성의 결혼연령대는 한국과 비슷하고 남성은 조금 낮은 편이다. 최근에는 경제난으로 남녀 할 것 없이 일자리 부족으로 젊은 세대들은 알아서 연애를 기피하게 되고 일본은 집을 사 놓고 몇 십 년 동안 갚아 나가는 방식이라 더욱 결혼을 꺼리는 문화가 생겼다. 게다가 일본에서는 성문화가 개방적이라 오히려 다른 방식으로 풀어도 문제가 없다고 생각하는 사람들이 급격히 늘면서 결과적으로 평생 순결을 지키는 일본인이 늘어나게 된 것이다. 일본 경제가 단기간 내에 좋아지거나 남녀의 본능에 따른 상대에 대한 요구조건이 완화될 가능성이 거의 없기 때문에 앞으로 이런 경향은 더 심해질 것으로 평가되고 있다.

 일본에서의 인권현황을 구조적으로 살펴보면 어떤 모습일까?

1) 정치적 측면

일본은 입헌군주제(constitutional monarchy, 立憲君主制) 국가이며 의원내각제(議員內閣制)를 채택하고 있는 민주주의 국가이다. 입헌군주제는 군주가 헌법에서 정한 제한된 권력을 가지고 다스리는 정치체제로, 군주가 마음대로 통치하는 제도가 아니라, 법에 따라 왕이 통치하는 제도로 행정권이 군주에게 있거나, 민의를 대변하는 의회에서 선출한 총리에게 행정권이 있다. 현재 입헌군주제를 채택한 대부분의 국가는 총리에게 행정권이 있고, 군주의 자격은 혈통에 의해 세습되며, 상징적인 국가 원수 역할에 머물고 있다. 대표적인 국가로는 영국을 위시한 북유럽 국가나 태국 등이 있다.

대부분은 총리에 의해 행정권이 강화된 입헌군주제이지만 서남아시아나 북유럽의 국가들은 아직도 군주의 권한이 강화된 군주국의 면모를 가진 입헌군주제를 시행하고 있다. 일본은 아시아에서 드물게 남은 군주국 중 하나로 천황이 군주가 된다. 사실 일본국 헌법에서는 천황의 지위를 일본국의 상징으로 규정할 뿐이지만 그가 실권 없는 국가원수의 역할을 하고 천황은 임기 없이 죽을 때까지 평생 할 수 있고 아들에게만 왕위가 세습된다. 일본국헌법(日本國憲法, 일본어: 日本国憲法)은 언론이나 서적에서 평화헌법(平和憲法) 또는 전후헌법(戰後憲法) 혹은 맥아더 헌법(Douglas MacArthur 憲法)이라고 한다. 일본국헌법 제4조에는 천황이 "헌법이 정한 국사에 관한 행위만을 행하며, 국정에 관한 권능은 갖지 않는다."라고 규정되어 있고, 국사 행위로 규정된 내용도 비준서 및 법률이 정하는 기타의 외교문서를 인증하고, 외국의 대사 및 공사를 접수하는 등의 의례적인 행위에 해당해, 천황이 일반적인 '국가원수'인지에 대해서는 견해가 갈린다. 얼마 전 일본은 새로운 군주의 세습식이 이루어졌다.

현재는 2019년 5월에 취임한 나루히토 천황이다. 나루히토 천황의 아버지인 아키히토 전 일왕은 2015년 추도식 때부터 '깊은 반성'이란 표현을 사용해 왔는데 이는 당시 아베 총리의 입장에 동의하지 않는다는 뜻을 분명히 드러낸 것이어서 일본 사회에 파문을 일으킨 적이 있었다. 지난 2001년, 생일 기자회견에서는 "역사책, 『속 일본기』에 간무일왕(桓武, 737~806)의 어머니가 백제 무령왕의 후손이라 쓰여 있어 한국과의 연을 느낀다."라며 한국과의 인연을 강조해, 일본 우익의 반발을 사는 경우도 있었다고 한다. 아키히토 일왕은 그의 재위기간 중 한국 방문을 추진할 정도로 한국에 호의적인 것으로 알려졌으며 또한 고구려 왕족을 모시는 고마(高麗) 신사를 참배하였다.

황위 세습뿐만 아니라 지배계층들의 세습은 일본에서 만연하고 있는 현실이다. 일본은 유력 정치인이 은퇴하면 자신의 지역구에 자녀를 출마시키는 지역구 세습이 꽤 일어난다. 세습제 문화가 아직 남아 있는 이유는 정치에 대해 무관심하고, 장인정신이 존중받는 일본의 사회문화가 정치분야에도 적용되기 때문이다. 그리고 돈과 조직을 움켜쥔 후원회 문화 때문이다. 아울러 정치에 대한 관심도가 떨어져서 기존의 잘 알려진 정치인의 가족에게 투표하게 된다 해도 국민의 정치적 무관심으로 인해 크게 이슈화되지 않는 것이 세습을 뿌리 뽑지 못하는 이유 중 하나이다. 또 하나는 그들의 지역구를 세습받지 않아도 정치를 세습하는 경향이 있다는 것이다. 그 대표적인 인물이 2020년 현 총리인 아베 신조 집안이다.

이러한 문화는 우리에게 매우 낯설다는 것이다. 모 정당의 국회의원이 자신의 지역구에 아들을 물려주려다가 언론에 호되게 질타를 받았다. 정치까지도 아들에게 물려준다는 것은 우리나라 국민 정서에는 맞지 않는다는 것이다. 왜냐하면 국회의원들은 국민에게 신뢰를 잃었기 때문이며 권력을 대대로 이어준다는 나쁜 감정이 내재되어 있다는 것이다. 또한 국민의 참정권이 동등한 방식으로 주어지는 것이 아니라는 인식이 팽배하다고 볼 수 있다.

2) 사회 · 문화적 측면

위에서 말했듯이 일본은 우리나라와 가까우면서 자세히 들여다보면 다른 점이 많은 가깝고도 먼 나라같이 느껴지는 나라라고 언급한 바 있다. 왜냐하면 경제 강국으로서 선진국에 해당하지만 사회문화적인 면에서는 우리와 다른 점이 많기 때문이다.

예를 들면 군주를 가지고 있다거나, 신분제가 아직도 존재한다거나 하는 이런 악습은 여전히 남아 있다. 물론 그들은 그것을 악습이라 생각하지 않지만 그들 내부적으로는 보수적이며 우파적인 과거로 돌아가고자 하는 일본인들이 여전히 존재하기 때문이라 할 수 있다. 물론 법과 제도적인 면에서는 벗어나려고 노력하지만 결혼할 때 신분을 여전히 중요시하는 것도 일종의 심한 차별이라는 것이다.

이런 환경 속에서 좋은 신분을 타고난 사람들에 대한 열등감이나 패배주의, 허무주의 정서가 한국보다 더 심한 편이며, 능력이 뛰어나도 타고난 신분이 좋은 사람에게 자리를 양보하는 것에 대해 개의치 않아야 한다고 한다. 21세기에 이러한 문화가 뿌리내리고 있다는 사실이 의아하기도 하다.

여기에서 주목할 점은 아직도 전근대적인 신분제도가 존재한다는 데서 심히 충격적이다. '부라쿠민(部落民)' 집단이 아직도 있는데 집단이 존재하는 것이 중요한 것이 아니라 천민집단으로 여전히 차별받고 있다는 점이다. 일본의 신분제도는 사실상 폐지되었지만 현재도 차별받고 있으며 그들 주민들은 약 100~300만 명이 아직도 존재한다는 것이다.

부라쿠민 집단을 경멸적인 용어로 에타穢多라고도 하는데 이 계층은 메이지 시대[明治時代]의 해방법에 의해 공식적으로는 폐지되었지만, 아직도 많은 수의 부라쿠민들이 저임금 비숙련업종에 종사하면서 일본 전역에 게토와 같은 공동체를 형성해 살고 있다. 그들은 아직도 결혼이나 거래, 비(非)부라쿠민 직종의 고용 등에서 배제되곤 한다.

이 집단에 대해서는 한때 이들이 '외지'에서 유입된 사람이라는 의견이 일반적이었지만, 현재는 이들이 모두 일본인으로서 거지나 하층직업 종사자, 특히 신도나 불교에서 금기되어 온 살생과 관련된 직업(예를 들면 가죽을 만드는 직업)에 종사했던 사람들이라는 것이 정설로 되어 있다. 우리나라로 치면 백정과 같은 직업에 종사했던 사람이라 할 수 있다. 도쿠가와 시대[德川時代 : 1603~1867]에는 봉건적인 법률들을 통해 공식적으로 부라쿠민을 별도의 마을에서 별도의 직업에 종사하며 살도록 했다.

현재까지도 암암리에 부락민 출신이라는 이유만으로 취직, 결혼 등에서 감당할 수 없는 불이익이 있는 상황이다. 일본 경제의 급성장과 정부 주도의 노력 등으로 부라쿠민 거주지의 주거환경은 상당부분 개선되었으나 지금도 일본에서는 피차별 부라쿠민 출신이라는 이유로 취직과 결혼 등 사회에서의 불이익, 즉 차별을 당하거나 사람들이 이들에 대해 일반화된 편견과 선입견을 가지고 바라보는 등 민감한 사회문제로 받아들여지고 있다. 일본에서도 '부락'은 차별 용어로서 금기어로 사용되고 있으며, 정부와 단체에서도 부락민 차별에 관한 문제를 해결하기 위한 집회와 발언 등 많은 활동을 하면서 선입견에서 벗어난 사고를 하도록 사람들의 인식을 바꿔야 할 것이다.

일본은 성에 대한 고정관념이 매우 강하다고들 한다. 사람들은 대부분 남성과 여성의 역할이 고정되어 있다고 생각한다. 다시 말하면 남성과 여성의 역할이 다르다는 것이다. 남자는 남자다움을 여성은 여성다움을 요구한다는 것이다. 따라서 가부장적 제도하에서 살아가는 여성은 직장이나 사회에서 성차별을 강하게 경험한다는 것이다. 우리와 마찬가지로 성희롱 문제라든가 여자가 큰 소리 내는 것을 금하거나 직장의 장기근속도 하지 못한다는 선입관이 팽배하다.

그 사례로 일본 여성은 아이가 없음에도 특정 나이가 되면 '적령기'라 하여 취직이 불리해진다. 또한 2018년에 도쿄 의과대학을 비롯한 다수 대학의 의학과에서 점수 조작 비리가 있었는데, 여성 수험생들의 점수를 일부러 낮게 조정한 사실이 밝혀졌다. 그리고 이에 대해 담당자는 '여자가 남자보다 정신적인 성숙이 빠르고, 수험 시에는 커뮤니케이션 능력도 높기 때문에 보정할 필요가 있었다.'라고 반박하였고 그 사건은 흐지부지됐다. 그리고 회사에 입사했는데 회장이 공식적인 자리에서 '여자들은 결혼하면 여기 그만둘 테니까 그때까지는 잘해줄게. 남성 사원들은 오래도록 잘 부탁해.'라는 축사를 남겼다고 한다. 이처럼 남녀 차별이 심한데도 불구하고 수십 년 동안 일본에서는 일반적으로 '일본은 남녀평등을 실천하고 있는 국가'라느니, '일본은 선진국이다'와 같은 공감대를 형성시켰다.

생명권에 관해서도 마찬가지이다. 미국을 포함하여 아직껏 사형제도를 시행하는 선진국에서 몇 안 되는 나라이다. 물론 미국은 각 주마다 사형제도의 존속이 다르다.

한국은 1997년 이후 사형집행이 중단되어 20년 이상 사형집행이 없는 국가인 실질적 사형 폐지국으로 분류되었다. 앰네스티 인터내셔널에 따르면 법률적, 실질적으로 사형제도를 폐지했거나 집행을 중단한 '사형제 폐지국'은 대한민국을 포함해 전 세계적으로 142개국이다. 하지만 아직 일본은 이와는 정반대의 길을 가고 있다. 사형제로 많은 우려가 증폭되고 있음에도 일본 정부가 비밀리에 사형을 집행하는 관행을 고수하기로 한 것은 사법제도에 흠집을 내는 일이라고 국제앰네스티가 밝혔다고 한다.

일본 정부는 옴진리교 교주 아사하라 쇼코(본명 마쓰모토 지지오) 등 교단 간부 7명의 사형이 집행된 뒤 한 달도 되지 않아 2018년 7월 26일 아침 1995년 도쿄지하철 사린가스 테러를 저지른 옴진리교 교도 6명에 대해서 일제히 사형을 집행하였다. 사형제 유지 중인 일본에서도 이례적인 대규모 사형집행에 대해 국제사회에서 비판 여론이 일고 있다. 13명이나 사형을 집행한 것은 최근 들어 세계적으로도 드문 사례이다. "강력한 범죄를 예방하는 것은 사형제도라고 생각하는데 그것은 오판이다. 행형이 무거울수록 강력한 범죄, 즉 살인과 같은 범죄는 더욱 기승을 부릴 것이다. (사형집행으로) 일본 사회가 더 안전해지는 게 아니다."라고 비판했다.

2018년 12월 27일 일본 오사카에서 사형수 2명에 대해 형을 집행했다. 1998년부터 2018년까지 20년간 일본에서 형이 집행된 사형수는 102명에 달하는 것으로 나타났다. 2018년에만 15명, 아베 신조 내각 출범 이후 36명째이다. 이에 대해 인권단체 앰네스티 인터내셔널 일본지부는 "일본 정부가 세계 흐름에 완전히 역행하는 것 같다"라고 비판했다. 심지어 사형수들은 보통 사형집행 몇 시간 전에 통보를 받으며, 아무런 사전경고도 받지 못하는 경우도 있다. 가족들과 변호사, 대중들은 사형이 집행된 후에야 통보받는 경우가 많다.

사형제 폐지를 주장하는 국제앰네스티는 모든 경우에 대해 예외 없이, 범죄의 성질과 당시의 상황, 가해자의 유죄 여부 및 그 외의 성격, 사형집행 수단에 관계없이 사형제도에 반대한다. 사형제도는 생존권을 침해하고, 가장 잔혹하고 비인도적이며 굴욕적인 처벌이고 생명권을 침해하며 궁극적이고 잔인하고 비인도적인 형벌이기 때문이라고 하였다.

이 사형제도에 일본 자국민들의 생각도 비슷했다. 일본인의 60%는 '사형은 있어야 한다.'라고 하며, 폐지 의견은 9%에 그치고 있다. 존속되어야만 한다고 답변한 사람들만을 대상으로 그 이유를 묻자 '흉악한 범죄는 목숨으로 갚아야 한다'(70.5%), '흉악범을 살려두면 재범의 위험이 있다'(58.3%), '사형을 폐지하면 흉악범죄가 늘어난다'(46.8%) 등이 공통적으로 거론되었다. 또한 무기징역을 통해 흉악범의 출소와 재범 가능성을 원천적으로 차단하더라도 사형제도는 필요하다는 답변은 72.9%를 기록하였는데 설문에 응한 한 50대 남성은 그 이유를 다음과 같이 설명했다. "타인의 생명을 뺏은 사람은 자신의 생명으로 갚아야 하며 또한 그럴 각오를 하고 범행을 저질러야 한다. 무기징역은 흉악범에게 국민의 세금으로 식사와 의료 등의 서비스를 제공해야 하는데 이래서는 가난한 자보다 잘 지내는 꼴이 되어버려 말이 안 된다' '재판 오류의 위험성' '사형은 국가적 범죄' 등의 반대 의견도 있었다. 사형제도를 폐지해야만 한다고 답한 사람은 전체의 9%인 45명에 지나지 않았지만 공통된 이유는 다음과 같다.

'재판에 오류가 있을 경우 사형집행 후에는 되돌릴 수 없다'(64.4%), '국가라고 하더라도 사람을 죽일 권리는 없다'(55.6%), '형벌이라도 사람을 죽이는 것은 반(反)인도적이며 야만적이다'(51.1%), '사형을 폐지해도 흉악한 범죄가 늘어나지 않을 것이다'(51.1%) 등, 그중 30대 후반 여성은 다음과 같은 의견을 내놓기도 했다. "사형보다는 살아서 죄를 갚을 필요가 있다. 사회공헌이나 봉사활동 같은 것인데 요즘이라면 일손이 부족한 재해지역의 복구활동이 좋을 것이다. 도주방지로 GPS를 이식하고 관리하면 될 테니 이런 것이야말로 형벌이다."

장애인 인권문제도 대두되고 있다. 장애인으로 태어나고자 하는 사람은 없다. 그럼에도 불구하고 장애인이라는 이유로 차별하는 일본은 우생학적 이유를 들어 일반인과 다르게 대우하는 사실이 밝혀져 충격을 주고 있다.

그들은 과거 나치 정권이 강행한 것처럼 장애인이라는 이유로 강제로 불임시킨 사례가 있어 우리에게 충격을 주고 있다. 물론 히틀러 역시 자기 여동생이 장애인이어서 죽을 때까지 억류한 사실이 밝혀졌다. 일본은 1948~1996년까지 우생보호법을 시행하였고 이 법에 따라 약 16,000여 건이 부모의 동의 없이 시행되었다고 한다. 물론 일본은 강제로 불임수술한 것을 은폐하였지만 우생보호법 관련 자료에는 "환자와 보호자가 수술을 거부하면 몸을 구속하거나 거짓말로 속여서 수술해도 된다."라고 기록되어 있을 정도로 강제성이 높았다.

이는 제2차 세계대전 무렵 독일 나치 정권이 "유전적으로 열등한 인간을 낳오시키며 우월한 유전자만 취사선택해서 민족성을 강화한다."라며 단종법을 강행했던 것과 같다. 쉽게 말하면 선천성 유전질환 환자를 장애인으로 인식하여 생식능력을 파괴하고, 낙태를 합법화하겠다는 뜻이었다. 반인륜적이고 파괴적인 나치의 단종법을 찬양하던 일본은 나치의 단종법을 본받아 유전자를 개량하고 국가의 위상을 드높인다는 미명하에 우생보호법을 제정했다. 이 기간 동안 일본 정부는 유전성 질환자, 지적 장애인 등에게 환자 본인의 동의 없이 강제로 불임수술을 실시했다. 일본 마이니치신문에 따르면 우생보호법에 따라 진행된 불임수술은 총 2만 5,000건이 넘는다. 그중에서 환자나 보호자의 동의 없이 진행된 수술이 1만 6,475건에 달한다고 했다.

대부분 사회적 약자인 강제 불임수술 피해자들은 누구의 도움도 받지 못한 채

제대로 된 사과, 보상을 기대할 수 없었다. 피해자 및 시민단체들은 "인간의 기본권을 침해한 악법"이라며 "피해자에 대한 일본 정부의 진정한 사과를 촉구한다."라고 목소리를 높이고 있다.

이러한 상황은 우리나라에도 존재하여 정부는 인권침해를 인정하고 이에 대해 사과하였다. 과거 전염병으로 오해하여 소록도로 강제 이주시킨 나환자들이 그 침해 사례이다. 우리는 일명 '문둥병'으로 오해하여 그들을 멸시한 적이 있었다는 사실이 매우 충격적이라는 것이다. 우리도 일본과 똑같이 그들에게 주지 못할 상처를 안겨주었다는 것이 안타까울 따름이다.

일본은 굉장히 보수적인 나라이기에 성 소수자들은 여전히 그들의 성 정체성을 숨기면서 살아간다. 일본 젊은 층을 중심으로 성적 다양성과 동성 결혼 인정에 관심이 높아지고 있지만, 정치인들은 아직 받아들이기를 꺼리는 편이다. 일본은 법적으로 동성 결혼을 인정하지 않으며, 일부 지자체에서 파트너 관계를 증빙하는 서류를 발급하는 것이 끝이다. 일본은 2015년부터 도시 단위로 동성애 결혼 자격 증명이 가능해졌지만, 이는 법적인 효력이 없어 실질적인 대안으로 보기는 어렵다. 그 예로 한 여성이 독일에서 동성과 함께 결혼식을 올린 후 같이 일본으로 넘어와 관공서에 혼인을 인정해 달라고 요청했지만 일본 관공서 측은 이를 거부했다. 그녀의 동반자는 외국인으로 일본에 거주할 수 있는 비자를 받으려 했지만 혼인증명서를 발급받지 못하면 비자가 나오지 않기 때문에 평범한 부부처럼 같이 살기가 어려운 실정이다.

일본은 성 역할을 보수적으로 바라보고 여성이 결혼 후 아이 갖기를 기대하기 때문에 자기 삶을 살기 어렵다고 한다. 이러한 인식 때문에 자신의 성 정체성을 밝히면 집을 임대하는 데 동성 커플이라는 이유로 거절당할 수도 있으며 융자를 받는 데 문제가 생길 수도 있는 등 기본적인 삶에 많은 제약과 차별을 받을 수 있다는 것이다.

또한 일본에서는 성 전환자에 대한 차별적 인식이 매우 강하다. 그들을 장애인으로 보는 시각이 있어 우생보호법으로 처벌하였다는 것이다. 이와 같은 사례가 블루보이 사건이다. 이 사건은 1965년 일본에서 트랜스젠더에 대한 성전환 수술을 처벌한 사건으로 매춘부로 일하던 사람을 조사해 보니 그중 몇 명이 법적 성별이 남성이지만 성전환 수술을 받은 사람이라는 것을 알게 된 일본 수사당국은 매춘부를 성매매로 기소함과 더불어 의사를 불임수술을 금지한 우생보호법 위반으로 기소했다. 우생보호법이란 앞에서 말했듯이 인간을 대상으로 한 우생학적 단종법으로, 인간의 자연권적 기본권을 크게 침해한 악법이다. 이 법은 일본 인권문제에서 항상 대두되던 법 중 하나이다. 일본 법원은 성전환 수술이 필요한지를 검증하지 않고 수술했다며 위법성이 조각되지 않는다며 유죄를 선고하는 반인륜적인 법으로 그들을 기소했다. 위법성 조각 사유(違法性阻却事由)라는 것은 구성요건 해당성이 성립하나 실질적으로 위법이 아니라고 인정할 만한 특별한 사유를 말한다. 즉, 형식상 범죄 또는 불법 행위의 조건을 갖추었지만 실질적으로는 범죄 또는 위법으로 인정하지 않는 사유이다. 위법성 조각 사유에 해당하는 경우에는 범죄의 성립요건 중 하나인 위법성이 조각된다.

그후 20년간 일본에서는 성전환 수술이 중단되었다. 과거의 일이지만 아직 뿌리 뽑지 못한 일본 사회는 성에 대해 보수적이며 편견적인 관점을 보여준다. 여전히 남자는 '남자다워야' 하고 여자는 '여자다워야' 한다는 등의 사상을 바탕으로 사회(학교, 회사) 등에서는 여성적 성향이 있는 남자나 동성애를 하는 성 소수자들에게 폭력, 왕따 등을 일삼으며 고통을 준다.

5 과거 일본은 외국에 어떤 인권침해를 하였을까?

1) 우리 민족을 말살시키려던 정책들

첫째로는 민족말살정책이다. 일본은 1910년 한일합방 이후 한국에 대해 강력한 식민지 탄압정책을 사용하였다. 다시 말하면 그들은 식민지화한 국가나 민족에게 황국식민으로 살아갈 것을 강요했다. 문화적인 면에서도 마찬가지였다. 식민지 국가들의 문화는 저질이라며 자기들의 문화를 흡수할 것을 강요했다. 예를 들면 한글 보급을 차단하고 일본어를 강요, 단발령 실시, 황국군대 입대, 창씨개명, 천황숭배, 설날 폐지 등을 강요했다. 그리하여 이른바 '헌병경찰정치'라 하여 헌병경찰을 전국에 배치하여 한국의 민족운동을 탄압하고 통제를 강화하였다.

그러나 이와 같은 정책이 식민지 국가들의 거센 반발과 더불어 독립의 기운을 보이자, 우리나라에서는 3·1 독립운동 후에는 유화정책으로 전환하였다. 즉, 그들은 식민지를 원활하게 통치하기 위해 식민지 국가들의 문화생활이나 교육 등을 제한적으로 허용하는 정책을 폈다.

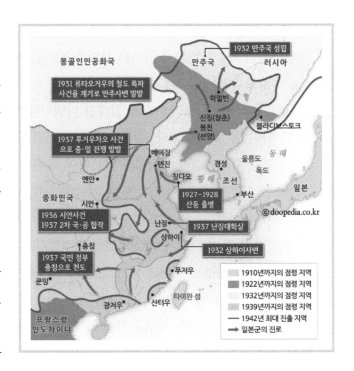

1930년대에 들어와 일본 군국주의는 대륙 침략을 본격화하면서 전쟁에 몰입하게 되었다. 1931년에 만주사변(滿洲事變)을 일으키고, 1937년 중일전쟁(中日戰爭)을 일으켰으며, 1941년에는 미국을 상대로 태평양전쟁(太平洋戰爭)을 일으켜 미국의 하와이와 동남아시아 등을 공격하였다. 전쟁으로 국력이 소진되자 그들은 식민지 통치에 새로운 마각을 드러냈다. 즉, 한국을 전쟁물자 보급창으로 사용하기 위해 이른바 '병참 기지화' 정책을 펴나가면서, 이를 위해 식민지를 아예 일본의 일부로 만들려는 무서운 '민족말살정책'을 수행해 나간 것이다. 그러기 위해서는 한국인이 한국인으로 있는 것보다는 한국인도 일본인과 똑같은 동일 국민 내지는 동일민족의 처지로 개조할 필요가 있었다. 이를 우리는 식민통치 1기라 한다.

식민통치 제2기에 해당하는 1919~1931년 사이에 일본과 한국, 만주를 융화하여 서로 가깝게 지내자는 의미로 내선융화(內鮮融和; 일본과 조선이 융화해야 함), 선만일여(鮮滿一如; 조선과 만주가 하나와 같음), 일시동인(一視同仁; 일본과 조선이 동질성을 가짐) 등의 조금은 부드러운 강령을 내세웠다. 그러나 제3기에 이르러서는 그러한 정책을 좀 더 강화하고 확대하는 방향으로 나아갔다. 1932년부터 『조선사(朝鮮史)』를 간행하였는데, 여기서 한국인과 일본인이 동일민족이라는 동조동근론(同祖同根論)을 주장하고 내선일체(內鮮一體; 일본과 조선은 하나임)설을 내세웠다.

그리하여 일본 민족과 한민족은 시조신인 '천조대신(天照大神)'의 적자와 서자로서 하나의 조상을 가진 같은 민족이라고 역사를 날조하였다. 그리하여 한국인을 '황국신민화(皇國臣民化)'하려 하여, 일본 왕에 대한 충성을 강요하였다. 전국에 신사(神社)를 세우고 한국인들에게 매일 정오에 신사참배를 하도록 하고, 거기서 황국신민서사(皇國臣民誓詞)를 선서하도록 하였다. 한편, 일본 왕이 있는 동쪽을 향하여 절을 하라고 강요하여 이른바 동방요배(東方遙拜)를 실시토록 하였다. 나아가 모든 가정집에는 가미타나(神棚)라고 하는 신이 들어 있다는 상자를 만들어 모시고, 거기에 수시로 경배하도록 강요하였다. 이러한 일체의 행위는 한국인의 혼을 말살하고 일본인의 정신을 대신 심으려는 한국 혼 말살정책의 일환이었다.

다음으로는 제도적으로도 한국인의 모습을 근본적으로 바꾸어 일본인으로 만들려는 정책을 실시하였다. 1939년부터 이른바 '창씨개명'이라 하여 성과 이름을 일본식으로 만들어 등록하도록 강요하였다. 그리하여 보통 3자로 되어 있는 전통적인 한국인의 이름을 보통 4자인 일본식으로 개명하도록 하였다. 만일 일본식 창씨개명을 하지 않으면 취학, 취업, 우편물 이용 등의 공공생활을 규제하거나 신체적 학대를 가하기도 하였다. 이것은 한국인 전통문화제도의 말살을 의미하였다.

다음은 언어 차원의 민족말살이다. 한일합방 이후 모든 학교에서 한국인에게 일본어를 가르치더니 점차 강화하여 일본어 교과서를 사용하고, 한국어 교육을 폐지하고 일본어만을 가르쳤다. 그리하여 국민학교(지금의 초등학교) 어린이들에게 평상시에도 일본어 사용을 강제하여, 어린이들에게 매달 일정량의 표를 나누어주고 한국어를 사용할 때마다 그 표를 서로 따먹도록 하여 경쟁시키고 상벌을 가하는 등 온갖 수단을 동원하였다. 일반인에게도 한글을 가르치는 야학, 하계활동 등을 통제하고 반대로 일본어 강습소를 전국에 설치하여 일본어를 가르쳤다. 민간인의 민원서류 등에도 모두 일본어를 사용하도록 강제하였다. 또한 한글로 된 신문(동아일보, 조선일보), 잡지(신동아)를 폐간시키는 등 일본어 사용을 강요하였다. 이러한 정책에 한글학자 등은 문화적 저항운동을 하였다. 이에 일제는 1942년 한글학자들을 체포 투옥하여 이른바 '조선어학회사건'이 발생하였다. 민족혼이 깃든 민족언어 말살로 한국인의 정신을 말살하려 하였다.

일본은 한국 역사도 말살시키고자 하였다. 한국인은 역사적으로 분열적이고 의타적인 민족이며 나약하여 사대정신이 강한 민족이며, 외침을 많이 받은 열등민족이라 비하하였다. 또한 예부터 일본의 지배를 받아온 한국은 일본의 지배를 받는 것이 당연하며 그래야 안전하다는 식의 왜곡된 역사의식을 심어주었다. 종국에는 한국사 교육을 폐지하고 본국사(일본사) 교육을 강요하였다. 이에 대하여 민족사학자들의 학술단체인 진단학회(震檀學會)는 식민사관을 극복하는 역사 연구를 꾸준히 해나갔다. 조선총독부는 이를 불순하게 여기고 해산토록 강요하여 결국 1942년에 해산되고 말았다.

그 밖에 전쟁 수행을 위해 한국에서 인적, 물적 자원을 착취하는 등 병참기지로 사용하였다. 인적 자원 착취로는 징병, 징용, 동원 등을 들 수 있다. 태평양전쟁이 확대되자, 한국 청년들을 전쟁터로 몰아넣었다. 1943년에는 '학도지원병 제도'를 제정하여 한국인 학생 4,500여 명을 지원병 형식으로 전쟁터에 투입하였다. 1944년 전쟁이 어렵게 되자, 보다 강력한 징병제도를 실시하여 패전 때까지 20만여 명을 전쟁터로 내몰았다. 한편, 젊은이들을 전쟁을 지원하는 일터에 투입하였는데, 중일전쟁으로 전쟁이 확산되자 1939년에 '국민징용령'을 발하여 한국인 청, 장년들을 강제로 연행해 갔다. 이 시기 우리나라의 일부 지식인들은 강제로 동원되어 국민들에게 내선일체를 주장하면서 친일 운동에 앞장선 이들도 많았다. 물론 반강제적으로 한 인사들도 많았으나 오늘날에 와서는 당시의 행위에 대하여 많은 비판이 있었다.

태평양전쟁 이후에는 징용 영장에 의한 인력 모집이 제대로 되지 않자, 트럭을 몰고 다니며 거리나 일터에서 마구잡이로 사람을 잡아갔다. 그래서 아무도 모르게 잡혀가는 경우도 있고, 트럭에서 뛰어내려 도망쳐서 목숨을 건지는 경우 등 비애가 많았다. 인력은 성별, 나이와 무관하게 마구잡이로 동원하여 일터로 내몰았다. 중학생은 물론 국민학생들까지도 '근로보국' '근로 동원'이라는 이름으로 잡아가서 군사시설 공사장으로 투입하였다. 그리고 심지어는 '여자정신대 근무령(女子挺身隊勤務令)'을 공포하여 12~20세의 젊은 여성까지 잡아가 군수공장에서 노역시키고 일부는 동남아시아 전쟁터로 투입하여 '군대 위안부'라는 '성 노예'로 학대하여 세계 역사에 유례가 없는 잔악한 만행을 저질렀다. 당시 정신대를 피하기 위해 조혼을 서두르는 경향이 매우 유행하였다. 그리고 전쟁물자로 사용하기 위해 각종 지하자원, 기름, 놋쇠그릇, 곡식 등을 약탈해 갔다. 총알, 대포를 만들기 위해 가정용품인 놋쇠수저까지 약탈하고, 비행기용으로 온갖 기름 대체 유류를 마구잡이로 수탈해 갔다.

이처럼 일본은 한국을 식민 통치하여 이름과 언어, 종교, 나아가 언론의 자유를 모두 통제하였고, 역사를 왜곡하여 지배를 당연하게 여겼다. 그뿐만 아니라 남성은 징병제도로 강제 연행을 했으며 여성은 '위안부'라는 '성 노예'로 학대하는 등의 무차별적이고 참혹한 인권 유린을 행하였다.

2) 731부대(마루타)는 어떤 부대인가?

매년 광복절이면 단골로 방영되는 영화가 있다. 그중 하나는 베일에 가려진 731부대 혹은 이시이(石井 四郞, 1892~1959) 부대라고 알려진 마루타라는 영화이다. 제2차 세계대전 당시 일본 육군 관동군 소속의 세균전 연구, 개발기관으로 일제가 중국 헤이룽장성 하얼빈에 주둔시켰던 비밀부대이다. 처음에는 '관동군 방역급수부' '동향부대'로 불리다가 731부대로 변경하였다. 이 부대는 설립부터 1945년까지 생체 해부실험과 냉동실험 등 치명적인 생체실험을 자행하며 생물, 화학 무기 개발에 주력했다. '통나무'란 뜻으로 생체실험 대상자를 가리키는 말인 '마루타'는 한국인, 중국인, 만주인, 몽골인, 러시아인, 그리고 유럽인을 망라한 전쟁포로와 그 외 구속된 사람들이었고 3,000명 이상으로 추정된다. 이들에겐 '이름'도 없이 번호가 부여되고 '사람'이 아닌 '생체실험의 재료'로 취급됐다. 731부대의 존재에 대해 모르쇠로 일관하던 일본 정부는 최근 그 존재를 인정했지만 "구체적인 증거자료는 찾지 못하겠다." "확인 중"이라는 말만 되풀이하고 있다.

이 부대는 나중에 관동군으로 통합되어 '전염병 예방부'가 되었고, 같은 시기에 '이시이 부대'와 '와카마쓰 부대'로 나누어졌다. 1941년부터 이 부대들은 합쳐서 '관동군 방역급수부' 또는 '731부대'로 불린다. 이 부대는 제국 청년군(Imperial Young Corps), 대학의 연구소, 그리고 헌병대의 지원을 받았다. 731부대가 헤로인 생산을 위해 만주에서 양귀비를 경작하던 미쓰이 재벌과 연계되었다고 말하는 이도 있다.

731부대는 크게 보면, 독일 나치의 SS와 같은 정치 선동부서이다. 여기서는 일본인의 인종적 우월성, 인종주의 이론, 방첩활동, 정보활동, 정치적 사보타주, 적전선 침투 등에 관한 활동을 하였다. 이 부대는 만주 헌병대, 만주 정보기관, 만주 정규 경찰, 만주 거류민위원회, 지역 만주 민족주의 정당, 일본 비밀 정보기관과 긴밀히 연락했다. 이 부대의 만주에 있는 부문에서는 백러시아인, 중국인, 만주인, 몽골인과 기타 특수부서, 비밀부서 경력의 외국인을 활용했다.

민간인과 군인 모두 1만 명의 중국인과 조선인, 몽골인, 러시아인이 이 부대의 실험 대상이었으며 미국인과 유럽인 등 연합군 전쟁포로가 생물학 무기 프로그램에 의해 연구된 생물학 무기의 사용으로 731부대에 의해 희생되었다.

인체를 대상으로 생체실험을 하는 부대의 속성상, 부대 주변지역 전부를 소개하고, 지역주민을 전부 추방시킨 사례나, 부대 인근 지역주민을 대상으로 생물학 무기를 실험한 사례, 인근 민간인들을 대상으로 실험한 사례까지 알려져 있다. 하얼빈역에서 출발한 열차가 부대 인근 지역 통과 시 열차 커튼을 모두 내려야 하고 부대 인근 지역을 차창 밖으로 내다보는 승객은 그 자리에서 체포, 심문하는 규정이 있었을 정도로 보안에 매우 철저할 수밖에 없었던 것으로 알려져 있다.

731부대와 관련된 많은 과학자가 나중에 정치, 학계, 사업, 의학 부문에서 큰 성공을 거두었다. 일부는 소련군에 체포되어 하바롭스크 전범재판에 회부되었다. 또 다른 일부는 중국 공산당에 체포되어 무순 전범관리소에서 심리를 받고 심양 전범재판과 태원 전범재판에 회부되었다. 미국에 항복한 자들은 그들이 가지고 있던 자료를 제공하는 대가로 사면받았다. 그들의 잔인한 행위 때문에 731부대의 활동은 유엔에 의해 전쟁범죄로 선포되었다.

1932년 이시이 시로(石井四郎, 1892~1959)는 '육군 전염병 예방 연구소'라는 이름의 의무부대의 사령관으로 임명되었다. 그와 그의 부하들은 종마 수용소를 건설했다. 이곳은 그 지역에 종마 요새로 알려져 있다. 이 실험 수용소는 '베이인허'에 있는데, 하얼빈시에서 남쪽으로 100킬로미터 떨어진 마을이다. 이시이 시로는 암호명으로 '토고 부대'라는 것을 조직했는데 화학, 생물학 작전을 수행하기 위한 비밀 연구그룹이다. 1935년 탈옥과 폭발이 있었고, 이시이 시로는 종마 요새를 닫을 수밖에 없었다. 그는 나중에 핑팡(하얼빈시에서 남쪽으로 24킬로미터)으로 가서 훨씬 더 큰 새로운 시설을 만들었다.

암호명 '마루타'의 특별계획은 실험할 때 인간을 사용하는 것이었다. 실험 대상은 주위 인구집단에서 징용되었고 이들은 편하게 '통나무'(마루타)라 불리었다. 마루타란 용어는 구성원 중 일부의 농담에서 유래했다. 이 시설을 지역 당국에는 제재소라 하였기에 그런 농담이 생겼다. 실험에는 남녀노소를 불문하였고, 심지어 임산부까지 동원되었다. 수많은 실험과 해부가 살아 있는 상태에서 마취 없이 이뤄졌고, 이는 부패 등으로 실험 결과에 영향을 끼치는 것을 막기 위함이었다.

수천 명의 수용소 사람들이 생체 해부의 대상이 되었으며, 피해자들은 대부분 사망하였다. 수용자들을 다양한 질병에 감염시킨 후 외과수술로 해부하였고, 질병이 인체에 미치는 영향을 알아보기 위해 장기를 제거하였다. 감염이나 해부를 당한 대상은 성인 남녀뿐만 아니라 아동이나 영아 또한 포함하였다. 출혈의 연구를 위해 수용자의 팔다리를 절단하였고, 절단된 팔이나 다리를 수용자의 반대편에 다시 봉합하는 실험 또한 진행되었다. 몇몇 수용자의 팔이나 다리는 얼려서 절단되었는데 일부는 다시 녹여져 치료받지 않은 괴저 및 부패의 영향에 대한 연구에 사용되었다. 일부 수용자의 위는 외과적으로 절제되었고 식도와 장이 연결되기도 했다. 이외에 뇌, 폐, 간 등의 절제 수술 또한 행해졌다.

일본제국의 외과 의사였던 유아사 켄(湯浅謙)은 생체실험은 731부대 밖에서도 널리 행해졌으며 중국 대륙에서의 실험에 약 1,000명의 일본군이 관여되어 있을 것이라 증언하기도 했다.

한국, 중국, 몽골, 러시아의 군인과 시민, 여자와 어린이를 포함한 약 1만 명의 사람들이 생화학 병기의 실험재료로써 살해되었다. 그중에는 일부 흑인과 유럽인도 포함되었다. 731부대에서 개발된 생화학무기로 인해 수십만 명의 중국인이 학살되었다.

일본 정부는 731부대의 실체를 부인해 오다가 50년이 지난 후에야 부대 존재를 시인하였다. 하지만 1만 명의 중국인, 조선족, 연합군 포로를 실험용으로 학살한 만행에 관해서는 전혀 알지 못한다며 발뺌을 하였고, 옛 부대원들의 증언내용을 확인하는 것 역시 거부하고 있다.

일본은 역사 수정주의자들을 중심으로 "특별한 증거가 없다."라며 731부대의 인체실험 존재 자체를 부정하고 있다. 그러나 최근 뉴욕에 거주하는 논픽션 작가인 아오키 후키코에 의해 이시이 시로의 일기가 발견되어, 전후나 전시에 그의 행보를 파악할 수 있는 중요한 사료로 언급되고 있다.

2018년 4월에는 일제 강점기 만주에서 생체, 세균실험을 저지른 일본 관동군 731부대의 관계자들에게 교토(京都)대가 의학박사 학위를 수여했다는 것에 반발해 일본 교수들이 학위 취소를 요청하기도 하였다.

또한 2018년 3월에는 1945년에 발표된 "개벼룩을 통한 페스트 매개 가능성"이라는 교토대학교 논문이 731부대가 자행한 인체실험일 가능성이 있다는 문제가 제기되었다. 논문에는 원숭이에게 개벼룩을 옮기자 원숭이가 두통을 느꼈다는 내용이 나오는데, 가쓰오 의대 니시야마 명예교수는 "두통의 자세하고 사실적인 연구내용을 바탕으로 원숭이가 아니라 인간에게 행해진 실험일 것"이라고 주장하였다.

3) 인도네시아에서는 어떤 일이 자행되었을까: 스마랑(Semarang) 사건

1944년 2월, 일본군이 인도네시아 자바섬에서 네덜란드 여성을 강제로 연행한 뒤 감금하고 강간과 매춘을 한 사건이 일어나는데 이 사건을 스마랑 사건 혹은 백마 사건이라고 한다. 이 사건은 자바섬 스마랑에서 일어났으며 당시 백인여성을 빗대어 '백마'라고 하여 스마랑 사건 혹은 '백마사건(白馬事件)'이라 명명했다.

스마랑(Semarang)은 인도네시아 자와통아주의 주도로, 면적은 225.17km^2, 인구는 1,393,000명(2003년 기준)으로 섬나라인 인도네시아에서 다섯 번째로 큰 도시이다. 이곳에서 일본인들이 네덜란드 여성을 성폭행하고 감금한 사건이 일어났다.

구체적인 상황을 살펴보면 1944년 2월 일본군 남방군 관할의 제16군 간부후보생 부대가 민간인 억류소로 사용한 3곳에서 네덜란드인 여성 35명을 강제 연행한 뒤 스마랑에 있던 위안소에 감금하고 강제로 매춘을 시키고 강간한 사건이다. 일본군 위안부 문제 연구자인 요시미 요시아키 교수에 따르면 당시 스마랑에는 이미 위안소가 있었지만 성병이 만연하자 일본군은 새로운 위안소를 설치할 계획을 세웠고, 장교 여러 명과 위안소 업자가 여러 억류소에서 17~28세의 네덜란드인 여성 35명을 연행한 뒤 스마랑 시내의 건물에서 일본어로 적힌 취지서에 강제로 서명하게 하고 스마랑에 있는 위안소 4곳으로 연행했다.

여성들은 1944년 3월 1일부터 매일 강간당했다. 급료는 받지 못했고, 폭행을 당하거나 성병에 걸리거나 임신한 여성도 있었다. 일본군 사령부는 이 사실을 알고도 당사자를 처벌하지 않았다. 요시미 교수는 해당 책임자가 오히려 출세했다고 증언했다.

종전 후인 1948년 바타비아 군법회의에서 11명이 유죄 선고됐다. 책임자인 오카다 게이지 육군 소좌에게는 사형이 선고됐다. 재판에서는 35명 중 25명이 강제 연행됐다고 인정되었다.

아사히신문이 1992년 네덜란드 국립공문서관에서 사건 관련 판결문과 법정 심문서를 입수해 보도하며 세상에 알려졌다. 네덜란드 정부는 고노 담화가 발표된 이듬해인 1994년 1월 일본군이 인도네시아 곳곳에서 자행한 네덜란드 여성들을 위안부로 강제 연행한 약 8건의 사건들을 조사, 보고서를 발표한 것을 계기로 전모가 드러났다.

4) 일본 관동 지역에서는 어떠한 음모가 있었을까: 천재지변을 학살에 이용한 관동 대학살

1923년 9월 1일 아침, 제국의 수도 도쿄를 중심으로 하는 관동(간토) 지역에 오전 11시 58분 24초, 동경 139.3도, 북위 35.2도 사가미만 북부를 진앙으로 진도 7.9의 지진이 발생했다. 이 지진은 1995년에 고베 지진이 일어나기 전까지 사람이 서 있을 수 없을 만큼 일본 역사상 가장 강력한 지진이었다. 이 지진으로 도쿄에서 무너진 목조가옥만 4만여 채, 연와조 건물의 85%, 석조건물 84%, 철근 콘크리트 건물의 8%가 무너졌다. 관동인구의 1/3인 이재민만 310만 명에 이르렀고, 사망자 14만 2,000명, 실종자는 3만 7,000명이라는 숫자가 말해주듯이 엄청난 강진이었다. 진도 7.9의 지진은 1881년 이후 처음 겪는 대지진이었고, 진앙이 도시 근처여서 피해는 더욱 컸다. 워낙 강력해서 미리 알고 대비했어도 결과는 마찬가지였을 것이다. 불과 13초간의 지진으로 관동 지역은 그야말로 초토화되었다.

당시의 일본은 국내외적으로 많은 어려움에 직면하게 되는데 국외적으로는 공산주의 사상이 득세하여 민족해방운동이 활발해지기 시작했고, 한국과 중국의 일부 계층에서는 공산화 사상이 득세하여 민족해방운동과 지주계급을 멸시하는 혁명화 사상이 흘러들어 오는 동시에 내부적으로는 경제침체로 인하여 노동, 농민, 부락해방운동 등이 사회 전반에 혼란과 변화를 가져온 시기라 볼 수 있다.

이러한 혼란기에 일본은 사회적 혼란을 타파하기 위해 관동대지진을 이용하게 되었다. 일본의 군부와 국가주의, 국수주의, 민족 배외주의자들은 과격사회운동취체법 제정을 시도하고, 이들에 대하여 탄압의 기회를 엿보던 중에 일어난 대지진으로 민중이 공황상태에 빠져버리자, 일본 군부와 군국주의자들은 당면의 위기를 극복할 수 있는 기회라 여기고 민중의 보수적 감정을 한국인의 탓으로 돌리려 이용하였던 것이 관동 대학살이었다.

이에 따라 지진과 화재로 인한 대혼란 속에 "조선인이 폭동을 일으키고 방화를 했다."는 유언비어가 난무했고, 정부도 계엄령을 공포하여 군대와 경찰을 동원하는 한편, 주민에게 자경단을 조직하게 했다. 간토 지역에서 철저한 '조선인 사냥'이 자행되었고, 공포심에 사로잡힌 일본 민중과 일부 관헌에 의해 조선인 수천 명과 중국인 300여 명이 살해당했다.

이러한 상황은 일본의 철저한 계산과 불순한 의도에 의해 저질러진 참상이라 볼 수 있는데, 즉 이러한 내용이 흘러나오는 상황을 자세히 되짚어보면 상당한 진실성을 가지고 있다. 당시 대지진이 일어난 직후인 1923년 9월 1일 오후 경시청(警視廳)은 정부에 출병을 요청함과 동시에 계엄령 선포를 준비하였다. 다음날 동경과 가나가와현(神奈川縣)의 각 경찰서 및 경비대로 하여금 "조선인이 폭동을 일으켰다"라는 터무니없는 소문을 퍼뜨리도록 하는 한편 각 경찰서에 진상을 보고하도록 하였다.

또한 미리 '폭동'의 전문(電文)을 준비해 2일 오후부터 3일 사이에 내무성 경보국장 고토(後藤文夫)의 명의로 전국의 지방 장관뿐만 아니라 조선총독부, 타이완총독부에도 타전되었다. 전문 내용은 "동경 부근의 진재(震災)를 이용해 조선인이 각지에서 방화하는 등 불령(不逞 : 불평불만이 많아 멋대로 함)한 목적을 이루려 하여, 현재 동경 시내에는 폭탄을 소지하고 석유를 뿌리는 자가 있다. 동경에서는 이미 일부 계엄령을 실시하였으므로 각지에 있어서도 충분히 시찰을 가하고, 조선인의 행동에 대하여는 엄밀한 단속을 가해주기 바란다."라는 것이었다.

이와 같은 '조선인 폭동'의 터무니없는 소문이 일본 전역으로 퍼져 나가는 가운데 2일 오후 6시 긴급 칙령으로 계엄령이 선포되었다. 5일에는 계엄 사령부에 의해 '조선문제에 관한 협정'이라는 것이 극비리에 결정되었다. 협정 내용은 ① 조선인의 폭행 또는 폭행하려 한 사실을 적극 수사해 긍정적으로 처리할 것 ② 풍설을 철저히 조사해 이를 사실화하고, 될 수 있는 대로 긍정하는 방향으로 노력할 것 ③ 해외에는 특히 적화(赤化) 일본인 및 적화 조선인이 배후에서 폭행을 선동한 사실이 있다는 것을 선전하는 데 노력할 것 등을 지령해 조선인 폭동을 사실로 날조하는 데 광분하였다.

7일에는 두 번이나 유산된 과격사회운동취체법안을 부활시킨 치안유지령을 긴급 칙령으로 공포하고, 치안을 해치는 사항을 유포시키는 행위는 징역 10년의 중형에 처하게 하였다. 이것이 1925년의 치안유지법의 전신이다. 계엄령은 처음 동경부와 인접 군에 선포되었으나, 3일에는 가나가와현, 4일에는 사이타마현(埼玉縣)과 지바현(千葉縣)에도 확대되었다.

이 같은 계엄령 아래에서 군대, 경찰을 중심으로, 또한 조선인 폭동의 단속령에 의해 각지에 조직된 자경단(自警團)에 의해 6천여 명의 조선인 및 일본인 사회주의자가 학살되었고 그들 중 일부는 시체조차 찾지 못했다는 사실이 당시 우리나라 임시정부의 독립신문기자에 의해 드러났다.

학살이 가장 먼저 행해진 동경과 가나가와현에서는 군대와 경찰이 중심이 되어 행해졌고, 지바, 사이타마현 등지에서는 국수주의적 경향이 있는 일본인을 중심으로 한 자경단에 의해 행해졌다. 이들은 자기 나라의 국민적 특수성만을 가장 우수한 것으로 믿고 남의 나라의 것은 배척하는 이데올로기를 가진 민족 배외주의자들로 구성되어 있으며, 민족 배외주의자들이란 배외주의, 쇼비니즘(chauvinism)이라고도 하며 민족주의를 경멸하는 용어로 사용하고 있다. 국수주의는 혈통주의, 팽창주의적인 속성들을 내포하고 있다. 이들은 한국인을 보이는 대로 무차별 학살하였고 도망칠 경우 끝까지 쫓아가서 학살하였다. 그들의 무기는 다양하였다. 그것의 일부를 소개하자면 죽창, 일본도, 곤봉, 철봉 등을 사용하였으며 심지어 이러한 행위를 보고도 일본 정부나 경찰들은 수수방관(袖手傍觀)만 하였다고 하니 그들의 본성이 얼마나 악랄한가를 보여주는 사건이다.

또한 일본 정부는 그들의 치부를 숨기고자 군과 경찰들의 행위와 사실들을 모두 은폐하고 일부 국수주의자나 민족 배외주의자들에 의한 사건이라고 일축했다니 얼마나 치졸한지를 보여주는 일면이다. 물론 그들은 체포되어 재판에 넘겨졌으나 인권의 최후 보루지인 법원마저도 기각하여 모두 석방하였다. 결국 이 사건은 일본 정부와 국민, 법원 등 모두의 합작품이라 할 수 있다.

일본 교과서의 내용대로라면 대지진 이후의 참극은 유언비어 때문에 정부, 경찰 그리고 일본인에 의해 조작되고 조직화된 생명권 보장의 인권을 침해한 대표적인 사건이라 볼 수 있다. 이를테면 혼란기에 자기들의 위기감을 타 민족을 통해 타계하려는 술책과 이로 인한 흔히 볼 수 있는 인간의 폭력적 본성 탓에 당시 일본에 거주하던 조선인과 다수 중국인들이 희생당했다는 것이다.

일본은 관동대지진에 대해서는 사실을 인정했는데 이는 다소 이례적인 행동이라 볼 수 있다. 왜냐하면 위안부나 731부대, 한일 현안인 독도문제, 강제징용 등에 대해서는 아직도 발뺌과 사과를 하지 않고 있기 때문이다.

5) 중국에서는 또 무슨 일이 일어났을까: 이유 없이 주민을 학살한 난징(南京) 대학살

1937년 겨울 일본군은 중국의 수도인 난징(南京)을 점령했다. 이날은 거대 중국으로서는 치욕적인 날(12월 13일)이다. 중화사상으로 자긍심을 가지고 있었는데 섬나라에 의해 패배감을 맛보았기 때문이다.

문제는 이러한 과정에서 일본군에 의해 중국인들이 이유 없이 무차별 학살되었는데 이를 난징 대학살이라 한다. 이날 이후 일본군은 중국인들을 무차별 공격하여 약 30만 명의 생명을 빼앗아가는 아시아의 홀로코스트(Holocaust)를 경험했던 대학살 사건이다.

중국인 포로와 일반시민을 대상으로 강간, 학살, 약탈을 자행했고 기관총에 의한 무차별 사격, 생매장, 생체실험, 휘발유를 뿌린 뒤 불태워 죽이는 등의 다양한 방법으로 학살했다. 극동 국제재판 판결에 따르면, 살해된 인원은 군인과 관련된 인원만 약 6만 2,000명에 이르는데, 비전투원 1만 2,000명, 패잔병 2만 명, 포로 3만 명이 시내에서 살해되었다. 또한 근교에 피신한 일반인 5만 7,000명을 포함하여 총사망자 수는 12만 9,000명으로 조사되었으나, 실제로는 30만 명이 넘을 것으로 추정되었다.

난징 대학살의 원인은 일본군의 사회적 현상으로 오랜 전쟁으로 해이해진 군대 문화이다. 일본인의 오랜 복종 습성과 강압적 수단으로 맹종을 요구하는 일본군의 체제가 복합되어 복종만을 강조해서 형성된 군기가 전쟁 말기의 혼란상황에서 통제 및 감시 체제가 무너져 필연적으로 함께 허물어진 심리적 현상으로 보기도 한다. 이는 학살에 대한 책임 회피의 논리가 되기도 한다. 그러나 이는 당시 대부분의 일본인이 근대적인 의미에서 자아가 확립되지 않아 정신적이고 자발적인 복종을 창출할 수 없는 무사상과 무신념의 맹종집단이었다는 것을 자인한다는 것이며 그들의 국민성은 자율성의 결여로 인한 민주시민의 의식을 확립하지 못한 결과라 보고 있다.

또 하나는 당시 중일전쟁을 통하여 쉽게 이길 줄 알았던 일본군은 중국군의 저항이 예상외로 강해서 막대한 손실을 입었다. 이에 대한 보복성의 결과로 중국인들이 워낙 강하게 저항하는 바람에 그들의 기를 꺾기 위한 일종의 조치로 보면서 피난민을 대상으로 학살을 자행하였다. 희생자 수는 110만 명 중 피난을 가지 못한 60만 명의 시민들과 군인 13만 명 정도에 이를 것으로 추정하고 있다. 피난에 나선 사람은 그나마 악마의 만행을 피할 수 있었다. 그들의 보복심리는 중국군에 "항복하지 않으면 양쯔강을 피로 물들이겠다."라고 최후통첩을 한 것으로 보아 알 수 있다. 따라서 피난을 가지 못한 난민들이 일본군의 희생물이 되었다.

여러 사람에 의해 난징학살이 공개되었는데 일본 군인들은 백기를 들고 항복한 중국군 포로뿐만 아니라 젊은 남자들을 색출해 닥치는 대로 성 외곽과 양쯔강으로 끌고 가서 기관총으로 무차별 학살을 자행했다. 적게는 수십 명에서 많게는 만여 명을 한꺼번에 살해했다.

더욱 악랄한 방법으로는 일본군의 훈련용으로 사용되었다는 점이다. 예를 들면 총검술 훈련용이나 목 베기 시합 희생물이 되었다. 또한 총알을 아끼려는 일본군에 의해 산 채로 파묻혀서 생매장되거나 칼로 난도질을 당했다. 난징의 한 광장에서는 천여 명의 사람이 몇 개의 단위로 나뉘어 열로 구분되어 세워졌는데, 이들 중에는 여자들과 어린아이 등 수많은 민간인도 포함되어 있었다. 일본군은 이들에게 석유를 쏟자마자 곧바로 기관총을 난사했다. 시쳇더미는 산을 이루었다.

난징 대학살에 참가한 어느 일본군의 일기에는 "심심하던 중 중국인을 죽이는 것으로 무료함을 달랜다. 산 채로 묻어버리거나 장작불로 화형(火刑)을 시키거나 몽둥이로 때려죽이기도 했다"라고 적혀 있었다. 인간에 의한 인간 사냥이었다. 남성뿐만 아니라 여자들도 피해갈 수는 없었다. 보통 전쟁에서는 군인들도 많이 희생되지만 일반시민 중 특히 여성의 피해는 더욱 참혹하다. 그들은 일본 군인들의 성적 노리개로 이용된 뒤 참혹하게 살해되거나 살아 있어도 군인들의 아이들을 임신하는 경우가 많아서 2차 피해를 낳기도 했다. 베트남전쟁에서와 같이 전쟁 후 아이들을 낳아 많은 미혼모를 양산하여 사회문제를 일으키기도 한다.

일본의 만행은 위의 참혹상에서 말해주듯이 엄청난 인권을 짓밟아버렸다. 이는 그들의 군국주의적 성향과 민족 배외주의적 성향 그리고 그들의 인간성을 대변해주는 것 같다. 그들의 만행은 국제사회에서 여러 증언과 조사를 통해 나타나는데 아직 사과나 그들에 대한 보상이 이루어지지 않음으로써 국제사회의 일원으로 참여하는 데 한계성을 노출하고 있다.

 인권을 개선하기 위한 일본의 노력은 현재 어디까지 진행되고 있을까: 아직도 반성 없는 일본

우선 그들의 법과 제도에 관해 살펴볼 수 있는데 법은 사회를 구성하는 모든 사람이 인간다운 삶을 살 수 있도록 자유와 권리를 보장해 주는 안전장치이자 지켜야 할 최소한의 도리라고 보았을 때 일본의 법과 제도가 어떻게 진행되는지를 살펴보는 것도 매우 의미 있을 것이다. 하지만 이러한 법에는 인간다운 생활을 누릴 수 있도록 자유와 권리를 보장하는 것이 아닌, 오히려 인권을 침해하는 경우가 종종 발생하기도 한다. 법의 원칙은 인간의 기본권을 보장하므로 상호 간의 이익을 위한 약속이라 보았을 때, 인권 향상을 위한 법을 개선할 수 있다면, 법

개선을 위한 노력을 해야 한다.

먼저 일본의 사회문화적 인권상황으로 보았을 때 성 소수자의 인권에 대하여 살펴본 적이 있다. 그들은 우생학적 논리에 의해 자국 내 모든 면에서 차별을 받고 심지어는 생활하는 데 어려움이 있다고 했다.

오늘날 일본에서는 다소 유연한 정책으로 그들의 기본권 향상을 위한 노력이 일어나고 있는 것이 곳곳에서 징후를 보인다.

일본의 한 뉴스에서는 그들을 위한 설문조사를 시행하였는데 일본 기업의 40%가 긍정적으로 반응하여 성 소수자가 사내에서 일하기 쉽도록 대책을 마련하고 있다는 결과가 나왔다고 보도되었다. 이는 보수적이고 우익성향을 보이는 일본 국민으로서는 매우 놀랄 만한 것이다.

성 소수자들의 사내 복지대책의 실시 또는 검토 중이라는 기업에 대하여 구체적 내용을 질문한 결과, 성 소수자에 대한 이해를 높이는 사내 세미나 등을 개최한다는 응답이 91.8%로 가장 높았다. 이름 있는 큰 일본 기업들이 긍정적인 시각으로 그들을 인정하고 있다.

예를 들어, 일본화장품 회사 시세이도는 동성 커플에게도 결혼 축하금을 지급하고 경조휴가를 허용하고 있다고 한다. 전자 가전업체 파나소닉과 소니 등도 동성 배우자에 대해 인정하고 존중해 주고 있다고 했다. 여러 다른 기업들도 결혼휴가 또는 배우자 수당을 동성 파트너에게도 인정, 성별과 관계없이 사용 가능한 화장실 설치를 비롯한 직무환경 정비 등 제도 개선에 힘쓰고 있다고 한다. 이처럼 성 소수자들뿐만 아니라 다른 인권문제를 조금이라도 해결할 수 있는 제도를 마련할 수 있도록 노력해야 한다. 한 기업의 노력도 중요하지만 일본 정부와 사회적 인식을 전환할 수 있는 제도적 시스템을 구비하기 위한 노력이 필요할 것이다.

교육적인 측면에서도 마찬가지이다. "인권에 대해 배우는 것 자체가 권리이다. 무지를 강요하는 것, 내버려두는 것은 인권침해이다. 교육은 인권과 자유의 주춧돌이다."라고 유엔이 밝혔듯이, 교육은 자유와 인권의 주춧돌이어야 한다. 그러나 교육은 그렇지 못한 부분도 많기 때문에 인권문제가 생기고 있다. 교육이 좀 더 인권 친화적인 방향으로 초점을 맞추어 일본뿐만 아니라 인권을 향상시킬 필요가 있는 모든 국가는 인권 해결에 필요한 노력이 필요하다. 우선 국민들이 인권이 무엇인지를 정확하게 알고 있어야 한다. 따라서 가정과 학교 그리고 사회에서도 인권의 중요성에 대하여 착실히 교육할 필요가 있다.

이를 위해 일본 정부는 자라는 세대에게 올바른 역사인식을 심어줄 필요가 있다. 어느 조사에서 나타났듯이 일본의 민주주의적인 교육, 역사인식에 대한 교육, 군국주의적 발상의 교육이 여전히 시행되는 것을 각성할 필요가 있다. 그 단편적인 예를 들면 독도문제, 정신대문제, 난징대학살 등의 교육은 올바르고 정확한 인식하에 이루어져야 한다. 오늘날 일본국과 주위 나라들의 갈등도 이러한 원인에서 찾을 수 있다. 어린 세대들이 세계를 보는 시각은 정부의 노력에 달려 있다. 일부 보수주의적 행태의 교육이 어린 세대들에게 강요된다면 국제적 고립을 가져올 뿐이다.

또 하나는 일부 지식인과 양심 있는 시민들의 활동에 주목할 필요가 있다. 인간의 존엄성, 자유와 평등을 외치는 수많은 단체 활동가들은 실제로 인권을 향상시키는 데 도움이 되고 있다. 정치, 종교 또는 기타 다양한 부문에서 양심 때문에 억압받거나 인종과 성별, 언어와 문화 등으로 억압받는 양심수의 석방과 인권 보호를 위한 단체가 있다. 그런 단체가 인권을 외친다면 다른 국민들도 스스로 인권에 대한 운동을 시작할 수 있고 인권을 침해하려는 자들과 맞서 싸우게 되면서 인권을 위한 활동도 할 수 있다. 따라서 정부는 이러한 활동에 제약을 두어서는 안 되며 그들의 활동을 적극적으로 도와야 하고 예산을 다른 것보다 우선적으로 배정해야 한다. 군국주의를 부활하고자 국방예산이나 교육에 배정하기보다는 국제적 선진국으로서 인정받고 지도자적인 위치에 있으려면 이러한 법과 제도를 확립하는 것이 우선되어야 한다.

그러나 오늘날 일본 국민들은 이러한 활동을 개선할 의지가 없고 역행하는 기분이 든다. 아직도 일본 사회에 뿌리내리고 있는 폐쇄적인 문화를 바꿔가려는 의지가 없고, 그런 문화에 따른 사회적 부조리를 개혁하려는 생각도 없어 보인다고 할 수 있다. 사람들의 무관심 속에 기존의 관습들이 방치되면서 깊게 뿌리내리게 되고, 결국은 지배층 세대의 배만 불린다는 생각을 하게 되었다. 인권을 침해당하고 심지어 여성 인권은 아예 존중받지 못하는 것이 일본 사회의 현실이므로 그 현실 속의 사람들은 인식을 변화해야 한다. 그러나 현실을 직시하면 일본은 지구상에서 21세기를 살아가고 있는지 의문스러울 정도로 진척되지 않는 상황이다.

현재 일본 정부와 정치인들은 자기들의 인기 영합과 정권 유지를 위해 보수주의를 이용하고 있다. 이런 보수주의적인 행태는 오히려 일본을 퇴화시키고 있다. 일본은 선진국답게 대국적인 모습을 보여야 한다. 아베는 전 세계 여성 인권과 평화를 위해 노력하겠다고 밝혔지만 죄를 은폐하려 하는 등 사죄의 뜻을 밝히지 않는 모순부터 해결해야 할 것이다. 다시 말하면 피해 대상국들에게 진정한 사과와 피해 보상은 물론 진정성을 보이고 이에 따른 법과 제도를 마련하는 데 힘써야 할 것이다.

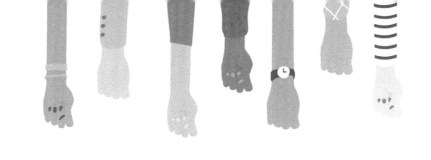

제 **5** 장

자본주의를 가장한 중국,
중국의 인권은
무엇을 추구하는가?

만리장성의 나라 중국은 어떤 나라인가?

중국은 중화인민공화국(中華人民共和國, People's Republic of China: PRC)이라는 국호를 사용하고 있으며 면적은 한반도의 44배에 달한다. 즉 면적은 9,596,900km^2(한반도 면적의 44배, 남한면적의 약 100배에 해당, 세계 3위)로서 인구는 약 13억명으로 추정되며 무신교로서 불교를 위시한 소수의 종교가 존재하며 민족은 한족 90%와 소수민족이 55개에 달하는 최대 인구를 가진 다민족국가이다.

행정구역은 22개 성과 4개 직할시 그리고 5개 자치구와 2개 특별행정구로 나누어져 있으며 대만은 23번째 성으로 나누고 있다. 왜냐하면 하나의 중국을 표방하기 때문이다.

다시 말하면 중국은 다양성을 가진 나라이고 다민족과 그에 따른 각각의 문화를 가지고 있으며 5000여 년의 역사를 지닌 나라이다. 따라서 중국을 알기 위해서는 매우 복잡한 과정을 거쳐야 한다.

중국은 세계적으로 유명한 만리장성이나 자금성, 병마용 등의 유서 깊은 역사가 남긴 빛나는 인류의 유산이 곳곳에 산적해 있고, 러시아와 캐나다에 이어 세계 3위의 광대한 국토를 보유해 풍부한 자원을 자랑하며 다양한 기후와 자연을 지니고 있다. 다시 말하면 그 넓은 국토에서 나오는 자원이 풍부하고 온대부터 한대까지의 다양한 기후가 존재하며 2025년에는 인구가 15억이 넘을 것으로 예상하는 알면 알수록 알 수 없는 나라이다.

중국의 국기는 오성기로서 왕별은 중국 공산당을 뜻하며 나머지 4개의 작은 별은 중화인민공화국을 건국할 당시의 노동자, 농민, 도시소자산계급, 민족자산계급을 상징하듯이 사회주의 국가이다.

그들의 정치체제는 노농연맹에 기초한 인민민주독재의 사회주의 국가(93년 신헌법 제1조 규정)로 공산당이 통치하고 있으며 전 국민대표회의가 민주주의에서 말하는 의회의 역할을 담당하고 있다. 경제는 자본주의의 체제를 갖고 있다.

정치는 사회주의를 따르지만 경제는 자본주의를 신봉하는 체제를 가진 이유는 오늘날의 중국이 1949년 10월 1일에 건국된 사회주의와 공산국가이지만 초기 공산주의 시절 그들의 경제개혁을 주도한 마오쩌둥의 경제정책 실패를 맛보았기 때문이다. 오늘날 중국 경제를 이끈 사람은 덩샤오핑으로서 "검은 고양이든 흰 고양이든 쥐만 잘 잡으면 된다."라는 유명한 말로 공산당을 위시한 일당 정치와 경제 개방정책을 통하여 세계 1위의 국민총생산량을 이끈 경제개발을 주도하였기 때문이다.

여기서 말하는 사회주의란 민주주의와 대립되는 정치용어로서 인간 개개인의 의사와 자율성 및 자유를 최대한 보장하기보다는 사회 전체의 공동체 이익을 중시 여기는 이데올로기 체제를 말한다. 인간은 고립되어 홀로 존재할 수 없고 사회 속에서 생활을 영위하면서 공동체를 구성하여 살아가게 되므로 사회 공동체의 이익을 우선시하기 때문에 개인의 자유는 제한될 수 있다는 방향을 제시한다. 이것은 다분히 사회주의를 옹호하기 위한 주장이다.

21세기 들어 중국은 공산국가로 대표되는 구시대적 이미지를 벗어버리고 도약기를 맞고 있다. 이제 그들은 세계 최대의 인적 자원과 광대한 국토, 그 땅에서 나오는 물질적 자원들을 바탕으로 세계 최강의 국가를 꿈꾸는 것이다. 세계의 중심을 뜻하는 '중화(中華)'를 실현시키려는 목표를 향해 전진하고 발전하고 있으며 경제적, 군사적으로 세계 1위의 패권을 노리며 미국과 신경전을 벌이는 대국이다.

중국의 경제체제인 자본주의는 공산주의 체제에 대응하는 경제체제로서 사회 전체의 재산이 공동체 구성원 모두에게 속하는 경제제도와 달리 개인의 소유를 일부 허용하는 원칙을 근간으로 한다. 이로 인해 중국이 공산주의인지 자본주의인지 구분하기가 모호하지만 오늘날 중국은 순수한 공산주의 국가라기보다는 '자본주의를 가장한 공산주의 일당제 개발독재국가'로 대부분 정의되고 있다.

중국의 정치체제는 다른 사회주의와 마찬가지로 공산당과 국가는 같은 의미를 갖는다. 즉 당과 국가는 같은 의미이며 사회에 대해서는 당이 우위를 지니는 사회주의 국가로 여러 개의 정당이 경쟁을 통해 정치적 권력을 차지하는 것이 아니라 공산당이 계속해서 국가를 이끌어 나간다는 점에서 우리나라와 같은 민주주의 국가들과 차이가 있다. 중국에도 공산당 외에 다른 당들이 있지만, 모두 위성정당이나 들러리 정당으로서 오로지 공산당이 모든 정치를 이끌어가는 역할을 한다. 따라서 당－국가 체제의 형태로 정치가 이루어지고 있다. 그러므로 중국에서는 공산당에 입당하는 것을 최고의 목표로 하는 개인들이 많다. 왜냐하면 공산당의 위상은 상상을 초월하기 때문이다. 곧 헌법 위에 군림한다고 볼 수 있다. 예를 들면 군대, 회사, 방송사, 법률, 정책 입안 등의 모든 것은 당을 중심으로 움직이는 초헌법적 기관이라 할 수 있다.

이와 같이 당을 중심으로 운영하는 중국의 공무원들은 일률적으로 움직이는 장점이 있지만 오히려 당원이 곧 공무원이기 때문에 그들의 무한한 권력은 실로 대단하다. 따라서 중국의 정치 지도자들은 이러한 것 때문에 매우 골머리를 앓고 있다. 가끔 중국의 공무원(공산당)들이 반부패협의로 사형되는 뉴스를 볼 수 있다. 그만큼 공무원들의 부패는 엄격한 법률에 의해 감독함에도 줄어들지 않는다.

오른쪽 표는 오늘날 그들의 사회를 반영하는 지표라고 할 수 있다. 청렴도 3.7에서 나타나듯이 10에 가까울수록 부패가 없는 나라, 즉 청렴한 나라이다. 세계 1위의 청렴한 나라는 대부분 서유럽 국가들이 차지하고 있으며 한국, 일본은 중위권에 해당되는데 특히 중국의 부패 정도는 심각하다는 것을 보여준다.

이러한 부패지수는 공무원과 정치인이 얼마나 부패했는지 국제적으로 판단하는 척도로 자주 활용된다. 근 10년간 중국의 부패인식지수는 거의 변화가 없는 3점대를 유지하고 있다. 따라서 공산당 체제에서는 근절되지 않는다는 증거로 볼 수 있다. 따라서 중국인들은 이와 같은 체제에 환멸을 느끼게 되었으며 경제성장하에서 삶의 질이 향상되었기 때문에 직접민주주의를 요구하는 바람이 불고 있지만 그들의 정치체제는 변화하지 않고 있다.

표 중국 부패인식지수	
연도	부패인식지수
2002년	3.5
2003년	3.4
2004년	3.4
2005년	3.2
2006년	3.3
2007년	3.5
2008년	3.6
2009년	3.6
2010년	3.5
2011년	3.6
2012년	3.9
2013년	4.0
2014년	3.6
2015년	3.7

출처: 국제투명기구(2017)

그들은 삼권분립과 서구식 민주주의 도입에 대해 "서구식 민주주의를 도입한다면 혼돈과 무질서가 난무할 것이고, 중국의 미덕들이 모두 사라질 것이다" "서구식

민주주의를 맹종할 것이 아니라 우리식의 민주주의를 발전시켜 나가야 한다."고 말하며 당장 정치체제를 변화할 생각이 없음을 밝히고 있다.

② 인권의 역사적 발달은 어떻게 진행되었는가?

중국은 무구한 역사와 다양한 민족으로 구성되어 있다. 그러나 그들의 삶을 변화시킨 것은 서구 열강의 제국주의에 항거하다 1949년 10월 1일에 건국된 사회주의와 공산국가를 건국한 이후라고 볼 수 있다. 공산주의 혁명 이후 중국은 새로운 시대를 맞이하였기 때문이다. 따라서 공산국가 이전을 살펴보자면 너무나 광범하기에 오늘날의 중국을 중심으로 살펴보고자 한다.

중국 건국의 아버지라 불리는 마오쩌둥(모택동, 毛澤東: 1893~1976)은 중화인민을 건국하여 초대국가 주석(대통령에 해당)이었다. 그는 당시 장개석(蔣介石, Jiǎng Jièshí, 1887~1975)정권과의 오랜 내전 끝에 그들의 정권을 대만으로 축출하고 현대의 중화인민을 건국하였다. 그의 평가에 대해서는 찬반 의견이 많다. 중국이라는 새로운 국가가 탄생하는 데 큰 역할을 하였지만 대약진운동, 문화대혁명, 천안문사태로 중국인들의 인권을 침해하였다는 데서는 낙제점을 받고 있다. 그는 공산주의를 중국에 전파한 인물로서 혁명의 주체인 노동자, 농민을 중심으로 해야 한다며 기존의 공산주의를 주창한 마르크스, 레닌주의를 배격하고 중국식 공산국가를 설립하고자 했다.

당시 공산주의 사상이 전 세계적으로 번져가는 시기에 청나라 왕조의 무능과 부패로 인하여 5·4운동이 일어나자 노동자, 농민, 학생 등을 규합하여 항일시위를 주도한 인물이었다.

그는 처음에는 장개석이 이끄는 국민당에 소속되어 있었으나 농민들의 계몽을 통해 농민운동가를 양성하는 데 온 힘을 기울였다. 1927년 국공합작이 깨지자 그는 곧바로 농민들을 위주로 군대를 조직하여 봉기를 일으켰다. 그러나 그는 이 혁명의 실패로 위기를 맞이하였으나 농민들의 지지로 장개석 정권에 맞서며 봉기를 주도하여 궤멸상태인 10만 명의 병력을 9,700km의 대장정 끝에 재기에 성공하여 게릴라전 끝에 공산당을 재건하는 데 성공하였다. 이 시기 동안 공산당은 힘든 여정이었지만 게릴라전을 펼친 끝에 공산당의 세력을 확장하였으며 공산당을 장악하여 조직을 정비한 끝에 1949년 중화인민공화국을 선포하고 초대 주석으로 등장하였다. 1958년 사회주의 국가 건설을 위한 대약진운동을 시행하여 농촌을 구성하는 수많은 집단농장이 통합되어 인민공사가 설립되었다. 이때 기술력을 중시하기보다 노동력을 이용한 집단주의를 통해 노동의 형태를 구성하려 하였다. 이러한 방식은 오늘날까지도 곳곳에 존재하고 있다. 즉 중국의 거대 인구를 바탕으로 인간의 노동력을 활용한 생산형태를 갖추는 것이 목표였다.

이로써 공산주의 체제가 제대로 갖추어졌으나 이 과정에서 농민들의 불만은 쌓여만 갔다. 그러나 그의 이러한 노동집약적 방식으로 생산량은 증대될 수 있었지만 생산물의 질이 낮아서 오히려 무용지물이 되었고 이에 대한 역효과로 농업 생산량이 감소하여 2,000~4,000만 명 이상이 아사(餓死)하였다.

마오쩌둥은 20세기 초 중국에 등장하여 공산주의 사상으로 인민들을 규합하고, 계급투쟁을 통해 시대적인 봉건제를 타파하였으며, 농민들을 위한 사회주의 국가를 건설하고자 했다. 이로 인해 중국은 혼란에서 벗어나 경제적으로 큰 발전을 거두었으며, 농민을 중요시한 그의 사상은 이후 세계 공산주의 혁명에 사상적 토대를 제공했다.

모택동의 시대가 다하자 등소평이 정권을 잡게 되는데 이 시기는 공산당의 지지 아래 자본주의적 시장경제를 이어가기 시작했다. 다시 말하면 사회주의식 경제형태는 미래가 없다고 생각한 그는 경제개발을 목표로 한 개방, 개혁을 통해 시장경제와 사유지를 갖게 하는 등 이전의 공산주의식 경제방식에서 벗어나게 하였다. 오늘날의 중국을 있게 한 토대를 마련하였다고 볼 수 있다. 이 시기 심각한 인권유린이 일어나게 되는데 그것이 바로 국제적으로 알려진 천안문사태이다.

1989년 북경에서 학생들을 위주로 대규모 시위가 발생하는데 등소평은 이 시위를 탱크와 군대를 동원하여 학생과 시민들을 체포하거나 구금하였고 군대의 발포로 많은 희생자를 양산하였다. 당시 학생과 시민들은 정치개혁을 주장하여 사회주의의 근간을 흔드는 민주주의를 외치며 거리로 나오자 군대를 동원하여 무차별 진압하였다. 당시 전 세계는 공산주의의 쇠락을 가져오던 때라 중국이 과연 민주화의 길로 들어설 수 있는지가 초미의 관심사였다.

당시의 희생자는 차이가 있지만 10만 명 이상으로 보고되고 있다. 2012년 이후 중국은 시진핑(習近平)이라는 인물이 집권하게 되는데 그는 반부패를 중심으로 중국을 이끌어가려 했다. 그는 이러한 명목 아래 자신들의 정적을 제거하고 있으며 또다시 1인 체제를 유지하는 데 성공했다.

 ## ③ 중국의 역대 인권상황은 어떠했을까?

중국은 여전히 민주화의 길을 가는 데 주저하고 있으며 인권문제에 대해서는 아직도 인색하다. 왜냐하면 민주화의 길이 사회주의를 포기하는 결과를 양산하기 때문이다. 따라서 인권운동가나 민주화를 요구하는 인물에 대해서는 '국가 전복혐의' 또는 '허위사실 유포'로 투옥하는 것이 흔한 일이다. 대표적인 예로써 민주주의자이면서 인권운동가로 유명한 류사오보(劉曉波, 1955~2017)는 민주적인 방법으로 운동을 전개했음에도 불구하고 중형을 받고 옥사했다. 또한 여러 인권운동가들이 체포되어 '국가전복선동' '허위사실유포'와 같은 혐의로 수년 이상의 중형을 받고 있다. 국가에 반하는 행동을 엄격히 금지하기 때문에 문화 검열을 하거나 종교 등을 탄압하고 있다.

중국은 전 세계에서도 검열로 악명이 높은 국가이다. 자국의 시장은 개방했지만 정치는 공산당의 독재이며, 공산당 일당 독재체제에 대한 반대를 금지하였다. 따라서 중국은 언론, 출판, 결사, 집회가 없기로 유명한 나라이다. 다시 말하면 검열의 국가라 볼 수 있다. 중국은 검열국이라는 총국이 존재하는 곳이 따로 있다.

중국의 콘텐츠 검열은 중화인민공화국 국가 뉴스 출판 라디오, 텔레비전 총국 (이하 광전총국)이라는 곳에서 담당한다. 이곳은 국내외 모든 출판물이 공산당의 이념에 부적합하거나 공산당의 이념에 맞지 않는 내용, 중국과 중국인이 부정적으로 묘사되는 내용에 대해 삭제 혹은 수정을 요청하거나 아예 작품 자체를 금지하기도 했다.

예를 들면 지도자들을 뉴스화하거나 조롱하거나 위신을 깎아내리는 행위는 보도하지 못하게 한다. 중국인들은 시진핑을 곰돌이 푸에 비유하는 문화가 있었는데 지도자를 희화화한다는 이유로 정부에서 검열하여 게임에 나오는 곰돌이 푸를 전부 하얗게 덮어버리기도 했었다. 이를 보면 아직도 민주주의의 수준은 전 세계에 비해 아직 멀었다는 느낌이다.

2018년 4월 공전총국이 국가광파전총국, 국가신문출판서, 국가판권국, 국가영화국의 4개 부서로 나누고 이들을 중국 공산당 중앙선전부가 관장하는 식으로 관련 조직의 개편이 이루어졌다. 이는 전문화되고 나누어졌다고 해서 검열 자체가 완화된 것이 아니라 많은 검열을 통과하기 위한 절차가 오히려 복잡해졌으며 뇌물의 액수가 더 올라갔다는 뒷이야기가 있다. 다시 말하면 검열수준이 더욱 엄격하여 방송이나 출판을 위해서는 많은 액수의 뇌물이 오고가고 있으며 공무원들의 부패가 더욱 심각해졌다는 것이다.

검열의 내용 면에서는, 독재국가인 만큼 독재정권에 대한 묘사를 금기시하는 것은 기본이며 중국인이나 중국과 관련 있는 내용은 절대 방송이나 출판을 할 수 없다. 예외가 있다면 사회주의와 반대되는 정치체계나 국가, 즉 적대시했던 청나라, 국민당 정부, 그리고 주변의 자국의 이익에 부합되는 국가가 주를 이룬다.

이는 중국과 적대적이거나 긴장, 경쟁 관계에 있는 국가의 정부(미국 등)를 부정적으로 묘사하는 것도 경우에 따라 허용되며, 그 외에 중국 공산당이 대중문화에서 금기시하는 체제 전복, 부패, 성매매, 마약, 동성애, 귀신, 외계인, 해골, 종교 등을 소재로 하는 것은 절대 허용되지 않는다.

구체적으로 말하면 귀신을 검열하는 이유는 첫째, 중국 공산당의 사상을 근간으로 하는 유물론(세계는 영혼 같은 정신이나 관념 등을 부정하고 오직 세계는 물질적인 것만이 세상을 이루고 결정한다.)을 추구하여 미신, 사후세계에 대해 믿어서는 안 된다는 입장이고, 둘째, 귀신에 대한 믿음이 미신을 부추겨 과거 빈번했던 종교 근간 민란인 황건적의 난, 종교집단인 태평도(황로도)가 사회주의 체제를 위협하거나 사회를 혼란시킬지도 모른다는 생각 때문이다.

때문에 중화권 공포영화는 거의 홍콩이나 대만 작품들이다. 실제로 우리가 알고 있는 미신이나 강시 영화인 다수의 작품과 한때 우리나라에서도 인기를 누렸던 왕조현을 주연으로 한 〈천녀유혼〉〈이도 공간〉 등은 중국에서 만든 것이 아니라 홍콩이 아직 영국령이었을 때 만든 영화이다.

또한 엄격한 심의 기준이 경우나 시기에 따라 달라지기도 한다. 〈별에서 온 그대〉라는 드라마는 검열되었지만, 외계인들이 수도 없이 나오는 〈스타워즈: 깨어난 포스〉는 개봉하는 등 검열의 잣대가 굉장히 모호하다.

그러나 이러한 검열은 중국 본토에만 적용되고 특별행정구인 홍콩, 마카오에는 적용되지 않는다. 왜냐하면 홍콩이나 마카오는 아직 중국 법률의 영향이 미미하며 그들 국가는 외국령이거나 행정체계가 자국과는 다르기 때문이다. 그러나 홍콩이나 마카오의 문화 콘텐츠가 중국 본토에 수출될 때는 다른 외국 콘텐츠들처럼 광전총국의 검열을 받는다. 이 때문에 홍콩, 대만, 마카오 모두 합쳐 3천만 명밖에 안 되는 중국 본토 외 중화권 시장보다 압도적으로 큰 중국 본토 상영을 바라던 홍콩영화 제작자들이 중국과 합작하는 경우가 늘었고 이 과정에서 중국 검열에 걸릴 만한 소재들을 알아서 배제하기 시작하며 홍콩 반환 이전에 큰 인기를 끌던 홍콩영화가 과거보다는 후퇴를 거듭하고 있다. 왜냐하면 소재의 한계를 드러내기 때문이라 한다.

개혁개방 이후, 중국 공산당은 국제사회에서 바르고 개방적인 모습을 부각시키려 노력하고 있다. 그러나 최근 파룬궁에 대한 피비린내 나는 비이성적 박해는 그 광범위성, 심각성, 잔인한 수단 때문에 국제사회에 다시금 중국 공산당의 민낯을 보여주었으며 중국의 최대 인권문제로 떠올랐다. 중국인들은 이 모든 책임이 중국 경찰의 낮은 자질 때문이라며 습관적으로 책임을 미루고 있고 중국 공산당은 좋게 변하고 있으며 진보하고 있다고 잘못 인식하고 있다. 하지만 국가 최상위 기관에서부터 최하위 기관까지 전면적이며 체계적인 잔혹한 파룬궁 탄압은 사람들의 환상을 철저히 깨뜨려버렸다.

파룬궁은 리훙즈가 진, 선, 인(진실, 선량, 인내) 이치에 따라 창시한 심신수련 법인데 중국 당국에서는 금지되어 탄압을 받고 있다.

파룬궁의 발전방식은 사람이 사람에게 전하고, 마음에서 마음으로 전하였으며 오고가는 것이 자유롭고 느슨한 관리방식을 취하였다. 이는 중공의 엄밀한 조직과는 너무나도 달랐다. 중공에서 이루어지는 매주 한 차례나 여러 차례에 걸친 정치학습과 조직생활은 유명무실하였다. 공산당의 의식형태에 대한 당원들의 일체감은 거의 영(零)에 가까웠지만 파룬궁 수련자들은 자각적으로 '진선인'을 실천하였다. 동시에 파룬궁의 심신 건강, 개선효과는 수련인 숫자를 기하급수적으로 증가하게 했고, 수련자들에게 자발적으로 리훙즈(李洪志) 선생의 저작을 학습하게 했으며, 자비(自費)를 들여 파룬궁을 널리 전하게 하였다. 불과 7년이라는 짧은 시간 동안, 파룬궁은 무(無)에서 시작하여 1억 명으로 발전하였다.

당시 중국의 거의 모든 공원에서는 아침마다 파룬궁 연공 음악을 들을 수 있었다. 공산당원의 수를 초과할 정도로 영향력이 커진 파룬궁은 급기야 군인, 공무원, 외교관, 교사, 의사 등 사회적 엘리트와 정권의 핵심인사들까지도 수련에 참가하게 되었다. 여기에 장쩌민과 주룽지 일가들도 리훙즈를 대사님으로 부르면서 추종하기 시작하자 중국 정부는 위협을 느끼고 어용언론 3천 개를 총동원해 파룬궁을 체제를 위협하는 사교집단으로 몰아갔다.

공개적인 수련활동, 출판물 유포 등 모든 활동이 번번이 당국에 의해 가로막히고, 미신단체라는 비판이 언론을 통해 보도되면서 파룬궁 수련자 1만여 명이 1999년 4월 25일 공산당 고위간부들의 주거지인 중난하이에 집결해 항의 시위를 벌이자 중국 당국은 놀라 사교 금지법을 발표하고 파룬궁 활동을 공식적으로 금지하게 된다. 법적 장치가 마련되자 중국 정부는 파룬궁 수련자들을 기소하고 잡아들였다. 이렇게 잡혀 들어간 파룬궁 수련자들은 온갖 잔인한 고문을 당했다.

파룬궁과 관련해 꾸준히 제기되고 있는 것은 바로 생체장기 적출이다. 중국은 형이 집행된 사형수의 장기를 국가가 임의로 적출해 수요자에게 공급할 수 있다. 파룬궁은 '수련자라는 이유로 사형수가 된 이들의 장기가 산 채로 적출당하고 있다'라고 주장했다. 처음엔 파룬궁 수련자들의 일방적 주장으로 인식됐다. 하지만 2006년 7월 전 캐나다 국무장관 데이비드 킬고어와 인권 변호사 데이비드 메이어스가 현지 조사를 통해 생체장기 적출 행위가 실제로 일어나고 있다는 보고서를 제출했으며 이후 여러 경로로 생체장기 적출이 광범위하게 이뤄지고 있다는 증언들이 쏟아졌다.

④ 중국의 역사관과 인권침해는 무엇일까: 서남공정과 서북공정 그리고 동북공정

중국은 약 14억(추정) 인구 중 약 9%의 타 민족의 역사를 자신의 역사로 만드는 프로젝트를 실시하고 있다. 다시 말하면 그들의 역사를 인정하지 않고 자기네 역사로 편입시키려는 작업을 하고 있다는 것이다. 이것을 우리는 공정(工程)이라고 한다. 즉 국경 안에서 전개된 모든 역사를 중국의 역사로 만들기 위해 2002년부터 중국이 추진하는 국가적 연구사업을 일컫는 말이다.

중국 내 타 민족을 자신의 동포로 인정하기 위함이다. 즉 자기네 나라는 원래부터 다민족국가라고 선전하면서 공정사업을 추진하고 있다. 과거 중국 땅에 있었던, 혹은 현재 중화인민공화국에 있는 모든 민족은 중국인에 속하며, 그들의 역사 또한 중국의 역사와 직결된다. 다시 말하면 그들의 역사는 중국 역사의 일부라고 한다는 것이다.

중국은 13세기 접어들어 몽골제국이 멸망하자 원나라를 통해 티베트를 자신의 세력권에 흡수하기 시작했다. 청나라 말기 결국 티베트에 자국의 군대를 투입하여 자신의 영향권에 두었다.

그러자 최근에는 중국의 강제합병으로 많은 정치인과 지식인들이 서방이나 주위 국가인 인도 등으로 망명하여 망명정부를 세웠으며 국내적으로는 중국과 공산당의 강압적인 통치에 대항하여 독립운동을 꾀하였다. 그러한 일종의 행동들이 각지에 걸쳐 일어나자 경찰과 군대 그리고 중국 정부의 개입으로 인해 8만 6,000여 명이 사망한 사건이다. 또한 2008년 승려들이 중국 정부에 항의하여 봉기를 일으키자 80여 명이 사망하게 되는데 정부는 티베트도 중국이라는 방침에는 변함이 없고 그들의 독립을 허락하지는 않았다. 군대를 동원하여 그들을 강제 진압하였다. 이러한 역사 인식을 서남공정이라 한다.

대부분의 중국인들은 티베트가 중국 고유의 영토라는 중국 정부의 공식적인 해명을 굳게 믿고 있다. 이것은 그들의 교육 때문으로, 자기네 역사로 편입하기 위한 가장 근본적인 이유가 영토이기 때문이다. 따라서 그들은 티베트의 문제를 접할 때마다 매우 예민한 반응을 보인다. 그들은 아직도 중화사상에서 벗어나지 못했기 때문이다. 따라서 외국에서 티베트 문제를 언급하면 부정적으로 반응한다. 미국과 유럽 같은 서방 국가들이 중국을 분열시키려는 음흉한 술책을 쓴다고 생각하는 사람들도 있는데, 어느 나라나 영토나 소수민족 문제에는 민감하고 중국은 중국 공산당 독재체제이기 때문에 가능한 현상이다. 심지어 일부 극단적 한족 우월주의자들은 티베트인 자체를 중국 한족보다 열등한 민족으로 보려는 시각도 있다.

중국은 티베트를 복속시키면서 매우 악랄한 짓을 하였다. 중국 정부가 이러한 과정에서 실시한 정책이 반종교정책이었다. 물론 중국은 사회주의 국가여서 종교를 허용하지는 않았지만 특히 절대다수가 믿고 있는 불교에 대한 탄압이 매우 심하였다. 주로 종교지도자와 승려에 대한 인권침해가 매우 심해서 다수는 외국으로 망명하거나 처형을 당하기도 하였다는 것이 국제적으로 널리 알려졌다. 또한 그들은 승려직을 박탈하는 동시에 강제노역의 현장으로 투입하거나 일반인으로 전락시켜 버렸다는 것이다. 이를 불교로 말하면 환속(還俗)시켰다는 것이다.

이러한 과정에서 그들에 대한 인권의 침해가 발생하는데 예를 들면 남녀 승려들을 강제로 강간이나 성행위를 시켰다는 것이다. 그것도 일반시민들이 보는 앞에서 행위를 하도록 강요하였으며 승려들끼리 혹은 일반인과 승려들을 강제로 성행위를 시켜 인격적으로 모멸감을 주었다는 것이다. 이러한 과정에서 출산하는 비구니(比丘尼, 여성 수도자)가 많아서 사회적 문제를 일으켰다.

중국 정부는 이것도 모자라 아예 불교를 티베트에서 몰아내었고 거부하거나 하는 승려들은 반역자로 처형시켰다는 것이다. 이에 견디지 못한 티베트 종교지도자들은 외국으로 망명하여 오늘날까지 그들의 조국이 독립되도록 망명정부를 수립하여 국제적으로 그들의 처지를 호소하고 있다는 것이다.

또한 중국은 종교뿐만 아니라 자연환경까지도 파괴하였다는 것이다. 영화나 TV를 보면 고산지대에 있는 아름다운 티베트의 모습을 볼 수 있다. 그러나 그들은 그러한 환경까지도 말살하려 하였다. 티베트의 불교는 우리의 불교와는 차이가 있다. 따라서 우리가 알지 못하는 것들이 많은데 특히 그들은 자연의 보호에 많은 관심을 가졌거나 자연을 이용하여 사는 삶을 선택하는 민족이기에 티베트 불교에서 금기하는 일들은 전혀 하지 않고 살아온 민족이었다. 그들은 수렵이나 채광 그리고 벌목 같은 것은 금지하여 아름다운 자연을 가지고 있었는데 중국은 티베트를 강제로 복속하여 자연을 훼손시키는 데 주력하였고 자연과 함께 살아가는 동물들을 무차별적으로 포획하여 곰이나 표범 등은 거의 멸종되었다고 한다.

1966년부터 10년간 중국을 큰 소용돌이로 몰아넣었던 문화혁명 시기에는 모든 사찰을 파괴하였으며 이를 통하여 티베트의 문화유산이 사라지게 되었다. 여기서 말하는 문화혁명은 모택동이 10년간 자국의 문화를 스스로 소각하거나 파괴한 사업을 뜻하며 이를 문화혁명이라 한다. 원래는 이상사회(理想社會)를 만들자는 사회주의 건설을 목적으로 하였으며 이를 이룩하기 위해서는 과거에 가지고 있던 것을 없애고 새로운 것을 창조하자는 것이다. 따라서 기존의 사상, 문화, 풍속, 관습 등을 모두 없애고 새로운 사회주의 사상이 깃든 문화를 창조하자는 것이다. 이를 다른 말로 하면 파사구(波四舊)라 한다.

이러한 기간 중에 사찰 3만 7,000여 개가 불태워졌거나 다른 용도로 사용되었으며 사찰이 가지고 있던 불교적 문화유산들이 해외로 팔려갔거나 소각을 당했다고 한다. 문화혁명은 중국 내에서도 피해 갈 수 없을 만큼 자국의 구태사상을 없애는 데 혈안이 되어 있었음에도 불구하고 티베트도 피해갈 수 없는 참담한 혁명이 자행되었다. 결과적으로 구시대에 대한 문화검열이라 하지만 대규모의 반달리즘(Vandalism)이었다. 반달리즘은 타인의 재산을 파괴하거나 훼손하는 것을 뜻하는데 특히 문화재나 종교시설을 파괴하는 행위를 말한다.

그들은 이것도 모자라 최근에는 방사능 폐기물을 티베트 지역에 버리는 경우도 있었다고 한다. 물론 사실이 아니기를 바라지만 70년대부터 그 지역에서 핵실험을 벌였던 것으로 보아 어느 정도 근거가 없는 말은 아닌 것 같다고 한다. 물론 사실이 되어서는 안 되지만…

동북공정과 비슷하게 서북공정(西北工程)을 실시했는데 위구르족(중앙아시아의 튀르크계 민족)을 중국의 역사에 편입하는 역사적 프로젝트이다. 위구르를 중화인민공화국의 역사에 포함한 공정 연구는 청나라, 중화민족을 거치면서 중국과 분열하여 독립하는 과정에서 동투르키스탄공화국이 건국되는데 그 당시 국가주석이 공산당과의 병합을 선언하자 다수의 위구르인들이 주변국인 터키로 망명하였다.

이러한 과정에서 국내외에 있는 소수민족을 탄압하자 2009년 7월 우루무치 소요사태가 일어났고 이에 중국 군대가 투입되어 강제로 진압한 사건이다. 위구르족은 오랜 시간 소수민족으로 탄압을 받으면서 독립을 요구하였고 중국 정부에서 자치구로 지정하려 하자 이에 격분한 위구르인들이 분리 독립을 계속 주장하자 중국이 무력으로 진압하여 많은 사상자(840명 추산)를 냈다.

시위 후 우루무치는 일부 지정된 장소에서만 인터넷과 국제전화가 가능했고, 또한 위구르인들이 많이 사는 지역에서는 인터넷 접속도 차단됐었으며, 트위터와 유튜브는 중국 전역에서 접속이 차단되어 있었다.

또 한 가지는 우리나라와 관계되는 동북공정(東北工程)이다. 이는 우리 역사의 한 뿌리인 고구려, 발해를 중국의 역사로 편입하려는 프로젝트이다. 이는 우리 역사를 고려에서부터 시작한다는 것이며 고구려와는 상관이 없다는 것이다. 다만 백제는 포함되지 않고 있다. 백제, 신라, 고려로 이어지는 정통성을 주장하는 것이다. 따라서 중국은 유네스코에 고구려 역사와 관련된 문화유산을 중국의 이름으로 등록하기 위해 준비 중이다. 예를 들면 광개토대왕릉비를 비롯하여 각종 고구려 문화제를 자기의 역사와 관련지어 설명하는 작업을 진행 중이다.

⑤ 최근에 일어난 인권침해인 홍콩 범죄인 인도법 반대 시위는 무엇이 원인인가?

오늘날 국제적인 관심은 아시아의 작은 자치구인 홍콩에 각종 언론들이 초집중하고 있다. 2019년 3월 31일부터 홍콩 시민들이 범죄인 인도법에 반대하며 전개한 시위로, 6월부터 100만 명이 넘는 시민들이 참여한 대규모 시위로 현재(2020)까지 진행 중인 우산혁명을 말한다. 캐리 람 홍콩 행정장관은 인도법을 잠정 중단한다고 밝혔으나 이 시위는 반중국을 향하여 가는 실정이다.

시위의 계기는 홍콩인 살인사건으로 시작되었는데 홍콩법은 타국에서 발생한 살인죄를 처벌할 수 없어 2019년 초 범죄인 인도법을 개정하려 한 데서 시작되었다.

이에 홍콩 시민들은 중국 정부가 부당한 정치적 판단을 바탕으로 홍콩의 반중 인사나 인권운동가를 중국 본토로 송환하는 데 해당 법안을 악용할 수 있다는 점을 우려하며 거세게 반발했다. 실제로 해당 법안이 있기 전인 2015년 10~12월, 중국 공산당 내 권력 암투나 지도층 비리를 다룬 금서들을 출판, 판매해 오던 홍콩 코즈웨이 베이 서점의 주주와 직원 5명이 잇따라 실종된 사건이 있었기 때문이다. 이 사건은 당시 실종됐던 5명 중 1명이 2017년 '중국 선전에 갔다가 납치돼 감금, 조사를 받으며 허위자백을 강요받았다'고 폭로하면서 그 전모가 드러난 바 있다.

홍콩 시민들의 반대시위가 확산하면서 홍콩 정부와 중국 정부는 이 시위를 폭동으로 규정하여 중국은 군대를 파견하여 위협하고 있으며 홍콩 정부는 최루탄과 고무탄, 물대포 등을 동원하여 강제 진압하면서 다수의 사망자와 다수의 부상자가 발생한 사건이다.

이 시위가 걷잡을 수 없이 확산되자 중국은 하나의 국가라는 원칙 아래 개입을 선언하고자 했으며 이것이 주변 국가들의 우려를 자아내고 있다. 미국을 위시한 서방국가들이 이는 평화적인 시위이며 그들의 인권에 대한 탄압을 멈추라고 국제사회에서 요구하자 내정간섭이라며 일축하고 있다. 결국 이 시위는 반중국화로 이어져 서방 대 중국의 대결양상으로 번지고 있으며 중국은 엄정한 법 집행을 주문하고 색깔혁명이라며 서방세계를 비난하고 있다.

홍콩 시민들의 대규모 시위는 갈수록 노골화되는 중국의 내정간섭으로 홍콩의 자유와 민주체제가 위협받는 것에 대한 불만이 해당 법안을 계기로 폭발한 것이라는 분석이 지배적이다. 실제로 1997년 홍콩이 영국에서 중국으로 반환될 때, 중국 정부는 서구식 민주주의 체제가 익숙해진 홍콩의 자치권을 50년 동안 보장하기로 약속한 바 있다.

그러나 2013년 시진핑 국가주석 취임 이후 6년간 오히려 홍콩에 대한 통제는 더욱 강화됐고, 이에 홍콩 시민들의 불만도 높아져 갔다. 예컨대 시진핑 정권은 후진타오 주석 시절 중국이 홍콩에 약속한 '2017년 홍콩 행정장관 직선제' 약속을 뒤집기도 했다. 당시 이에 반발한 홍콩 시민들은 그해 9월부터 79일간 도심을 점거한 채 완전한 직선제를 요구하는 시위를 벌였으나, 끝내 이 요구는 받아들여지지 않았다. 여기에 1997년 홍콩 주권 반환 이후 중국 본토의 막대한 자금이 홍콩에 유입되면서 부동산 가격을 폭등시켰고, 홍콩으로 몰려든 중국인들이 저임금은 물론 고임금 일자리까지 잠식하면서 홍콩인들의 불만을 가중시켰다.

 6 ## 고문이 발달한 나라, 중국 인권침해의 구체적인 사례에는 어떤 것이 있는가?

중국은 고문으로 유명하다. 각종 고문에 대한 기술은 여러 곳에서 알려져 왔는데 그들의 고문수법은 주변국으로 많이 전파되었다. 전근대 시기부터 중국은 세계에서 손꼽힐 정도로 잔혹한 고문과 형벌을 시행하는 것으로 악명이 높았으며, 조선과 일본에서도 중국의 고문과 형벌을 배울 정도였다.

과거 역사로 살펴보면 중국에서는 수많은 형태의 고문이 가해지는데, 고문의 수준은 거의 북한, 우즈베키스탄 등과 함께 가장 잔인하기로 손꼽는다. 특히 공식적으로 고문을 금지하고 있지만 실제론 잘 지켜지지 않는 것이 현실이다. 중국의 야만적인 고문이 폭로된 대표적인 사건이 바로 파룬궁에 대한 탄압이다.

1999년 7월 20일, 장쩌민을 위주로 한 공산당 지도부는 진, 선, 인을 수련하는 파룬궁을 완전히 제거하려는 목표로 전국적 탄압을 실시하고 다각도의 언론 캠페인을 펼쳤다. 중국 정부는 파룬궁을 언급한 웹사이트들을 차단하면서 1999년에 파룬궁을 사회 안전을 해치는 '이단'으로 낙인찍었다. 보도에 따르면, 중국 내에서 파룬궁 수련자들은 광범위한 인권유린을 겪었다.

이들에 대한 장쩌민의 탄압과 학살 정책은 다음과 같다.
- 명예를 실추시키고, 경제적으로 파탄시키며, 육체적으로 소멸한다.
- 때려죽여도 자살로 친다.
- 신원을 조사하지 말고 즉시 화장한다.

이로 인하여 수만에서 수십만 명이 불법 투옥된 것으로 추산되며, 중국 당국은 사상 개조라는 미명 아래 구금한 파룬궁 수련자들을 대상으로 노동력 착취, 약물 투여, 고문 및 기타 강제 수단을 취했다. 이들에게는 100가지 이상의 고문이 실시되었는데 전기쇼크, 불고문, 음식물 강제주입, 성고문, 압박침대, 물감옥, 혹독한 구타, 동상과 폭염 노출, 호랑이 의자, 약물 주입, 대나무 꼬챙이, 강제 낙태, 차에 매달고 달리기 등이 있다. 이러한 고문은 감금된 수련생들에게 남녀노소를 가리지 않고 예외 없이 가해졌다. 가혹한 고문 대상으로는 노인, 꽃다운 나이의 소녀, 젖 먹이는 젊은 엄마, 임산부도 벗어나지 못했다.

　중국은 대단히 미스터리한 국가라 할 수 있다. 인권의 개념에 나타나 있듯이 개인을 위한 인권으로는 신체의 자유나 생명권을 들 수 있는데 중국은 이에 해당 되지 않는다. 개인이 우선이 되는 국가가 아니기 때문이다. 우리는 누구라도 개인 의 시신을 훼손할 수 없다. 그러나 널리 알려져 있듯이 중국은 정부 자체가 장기매 매에 관여하고 있다. 왜냐하면 장기수들의 사형을 통하여 장기를 적출하여 타인에 게 제공하는 것이 합법적이기 때문이다.

　문제는 생명을 너무 가볍게 여긴다는 것이다. 우리나라를 비롯한 여러 국가들 은 사형제도를 폐지하거나 사형을 유보하고 있는 반면, 중국은 사형제도를 합법으 로 하며 문제는 일정대로 처형된 사형수의 시신에서 마침 적합한 장기가 있으면 그걸 이식하는 것이 아니라 반대로 장기이식 수술 요청이 들어오면 이식자에 맞는 사형수를 골라 사형시킨다. 다시 말해 장기를 꺼내려고 죄수를 죽였다는 것이 인 간으로서 해야 할 짓은 아니라는 것이다. 혹자는 인구가 너무 많아서 인명을 경시 하는지도 모른다고 한다.

　더 큰 문제는 중국에서 실제로 이루어지는 장기이식 건수와 사람들이 추측한 실제 사형집행 건수를 비교하면 장기이식 건수가 훨씬 더 많다는 것이다. 다시 말하면 공급과 수요가 일치되어야 하지만 공급보다는 수요가 많다는 것이다. 이는 불법적으로 다른 곳에서도 혹은 다른 이유에서도 장기매매가 이루어진다는 것을 반증하는 것이다. 현재 많은 전문가들은 사형수뿐만 아니라 다른 죄수들에게도 이 를 적용시킨다고 한다. 예를 들면 파룬궁 수련생들을 노동교양소에 수감하고 그들 역시 비공식적으로 장기 적출을 위해 처형할 가능성이 높다고 예상하고 있다. 즉 노동교양소와 감옥이 일종의 장기를 신선하게 저장하는 저장소 역할을 하고 있다 는 것이다.

　이렇게 중국에서 공급되는 장기는 그야말로 장기매매 시장의 단가를 매우 낮춰

버릴 정도로 많다. 무엇보다도 중국에서는 중국 공안이 모르게 일을 진행하는 것이 불가능하므로 중국 정부 자체가 관여하고 있을 가능성이 높다. 다시 말하면 중국 정부는 장기매매의 공급책일 가능성이 매우 높다는 것을 의미하고 개인의 인권에는 전혀 관심을 두지 않는 실정이라 볼 수 있다.

중국인들의 또 하나의 인권사례의 예는 소수민족에 대한 정책이다. 위에서 말했듯이 중국은 92%가 한족(漢族)이며 55개(8%) 정도의 소수민족으로 구성된 다민족국가라고 언급했다. 따라서 중국 정부는 그들의 독립을 허용하지 않기 위해 강, 온건책을 사용하여 통치하고 있다. 특히 위구르족, 티베트, 그리고 한족(韓族)에게는 자치주로써 온건책을 사용하고 있으며 혹시나 이들 민족이 독립을 주장하는 것이 두려워 경계를 하면서 독립을 저지하는 데 총력을 기울이면서 탄압정책을 사용하고 있다.

영국에 본부를 두고 있는 인권단체 '프리 티베트 캠페인'은 2011년 중국 군인과 무장경찰들이 반중국 활동을 하다 체포된 티베트인과 티베트 승려들을 어디론가 압송해 가는 사진을 공개했는데, 여러 장의 사진에서 양손을 뒤로 묶인 티베트 승려들은 모두 목에 이름과 함께 '국가 분열' '국가기관 공격 선동' 등의 죄명을 밝힌 표지판을 걸고 있다. 이들 사진을 보면 대한민국 박정희 정권시대의 군사혁명시대를 떠오르게 한다. 당시 박정희 정권은 이정재 등을 그러한 방식으로 결국 사형시킨 예가 있기 때문이다. 무장경찰들은 승려들의 뒷목을 힘껏 눌러 머리를 쳐들지 못하도록 압박했는데, 이는 중국군이 과거 군중 투쟁이나 범죄자 공개처형에 앞서 열리는 길거리 행진 등에서 흔히 볼 수 있는 장면이라고 한다.

그것뿐만 아니라 그들에게 동조한 중국인들을 탄압하기 위해 협박도 서슴지 않았다. 예를 들면 그 가족의 신상명세를 인터넷에 정보를 공개하여 자택에 테러와 오물을 투척하기도 했고, 자국뿐만 아니라 외국에서도 그들의 독립을 반대하기 위해 몰지각한 행동을 하곤 하였다. 예를 들면 88년도 올림픽을 개최할 당시 한국 내의 중국인 유학생들은 티베트 독립을 반대하는 시위를 하면서 티베트 독립을 외치는 시위대뿐만 아니라 경찰과 기자들한테까지 스패너와 보도블록을 던지다 체포됨으로써 타국에서 시민 안전을 심각하게 위협하는 꼴사나운 짓까지 하였고 최근에는 홍콩시위를 반대하는 관제데모 수준의 시위를 보여주며 외국 유학생 및 한국 학생들과 격렬한 논쟁을 벌이기도 하였다.

그들은 소수민족에 대한 탄압뿐만 아니라 사상, 출판, 집회, 결사의 자유가 없는 나라로서 언론 탄압과 강력한 인터넷 검열제도를 시행하고 있다. 중국 정부에 항의하거나 불리한 내용, 반정부적인 언론이나 기사에 대해 철저히 검열하고 있다는 것이다. 과거 천안문사태나 오늘날 홍콩시위는 자국민이 외국에 못 나가게 하거나 들어오지 못하도록 철저히 방해하거나 보도를 묵살하였다.

단편적으로 중국의 언론수준을 보면 그들이 사상이나 출판의 자유를 얼마나 침해하고 있는지 알 수 있다. '국경 없는 기자회'에서 보여주듯이 그들의 언론자유지수는 북한과 차이가 없다. 중국의 언론자유지수는 북한, 우즈베키스탄, 시리아, 이란 등과 함께 가장 낮은 지수를 기록한 상황이다. 국경 없는 기자회가 밝힌 세계 언론 자유 순위에 따르면 중국은 176위이고 북한은 179위이다. 조사대상이 180개국임을 고려하면 정말 심각한 수준이며 전 세계적으로 가장 관제언론이며 불가사의한 나라와 같은 수준임을 감안하면 경제적으로는 성장하고 있을지 모르나 정치적으로는 후진국을 면치 못함을 알 수 있다.

중국은 세계 어느 국가보다도 강력한 인터넷 검열제도를 운영하고 있다. 이러한 인터넷 검열제도의 중국 공식명칭은 금순공정(金盾工程) 혹은 황금방패(黃金防牌)로 이는 1998년부터 시작된 중화인민공화국의 디지털 공안체제로 중국 공안부에서 운영한다. 또 다른 별칭들로는 만리장성에 빗대어 방화장성(防火長城) 또는 만리방벽(萬里防壁, Great Firewall)이라고도 불리며 외부 세계에서는 주로 만리장화벽으로 불리고 있을 감시설비와 암호화 금지, 인터넷 보안, 영상 감시, 얼굴 인식 등을 철저히 하기 위해 300여 명이 참석하였고 8억 달러의 예산을 들이면서까지 철저하게 언론을 탄압하고 장비와 기술력을 보완하였다.

천안문사태나 티베트 독립운동 사태, 류샤오보 등 중국 인권의 어두운 역사와 관련된 단어가 포함된 웹페이지나 블로그 게시물 등은 자동으로 검색하여 차단하는 것으로 알려져 있다. 인터넷 언론의 기사는 물론이고 중국 검색 사이트에서 이에 대한 내용의 검색도 불가능하다. 인권지도자의 이름도 금기시되는 키워드이며 심지어 지도자 성씨조차 필터링되고 있다. 중국인들은 이에 따라 변형된 검색어를 창조하여 끊임없이 의견 개진과 검색을 시도하고 있다.

중국 매체가 절대로 보도하지 않는 것은 중국 공산당 정부에 대한 비판이다. 이는 사상과 언론, 출판의 자유가 없는 나라이기 때문이다. 설령 있더라도 중국 정부를 알리는 것에는 인색하지 않다는 것이다. 중국은 정당이 지정한 방침과 정부가 내놓은 정책을 비판하는 일 자체가 금지된 나라다. 당과 정부를 질책하는 글이 보도되면, 신문과 방송사의 책임자가 경질되거나 장악한 인사권으로 신문과 방송에 재갈을 물렸다. 대표적인 예로 비리 폭로 기사를 써서 보복 조치당한 걸로 보이는 중국 기자들이 있다.

현재 중국에서 PC방에 가려면 신분증이 필요한데 이는 중국의 통제를 보여주는 상징적인 제도이다. 실제로 지금도 사회적으로 예민한 문제가 발생하면 관련 단어가 즉시 사용 중지되기도 하며 실시간 검열도 이루어진다. 또 기본적으로 외국의 SNS를 전면차단하고 있기 때문에 중국에서는 트위터, 페이스북, 인스타그램, 유튜브도 사용할 수 없다. 그 단편적인 예로는 반정부 인사들이나 민주화, 자유 이러한 용어에는 예민한 반응을 보이며 검색 자체가 안 될 정도로 통제하였다.

중국의 인구는 추측되지 않을 정도로 불분명하여 정확한 통계를 내는 데 어려움이 있다. 각 나라에서 집계한 수치는 12~14억 명이라는 관측이 나올 정도로 인구의 분포가 애매하다. 이러한 이유 중 하나는 헤이하이쯔(黑孩子, 흑해자)가 일조하기 때문이다. 헤이하이쯔는 출생등록이 되지 않은 무적자(無籍者), 출생신고를 하지 않은 자를 말한다.

중국은 1980년대부터 인구를 억제할 목적으로 55개 소수민족과 농촌을 제외한 중국인들에게 1자녀 운동을 실시했다. 즉 자녀 출산억제 정책을 실시하였는데 그 이유는 인구를 통제하기 위한 비인륜적 정책이었다. 대한민국도 1970년대부터 이러한 정책을 실시한 바 있다. 2자녀 이상을 갖지 말기 운동, 1자녀 갖기 운동이라는 인구정책이 존재하였듯이 중국도 마찬가지이다.

더 심각한 문제는 벌금제도의 도입이다. 1자녀를 기본 원칙으로 하되 이를 어기면 중국 국민에게 과도한 벌금을 부여하였다는 것이다. 우리 돈으로 환산하면 약 450만 원이라는 막대한 금액이었다. 중국인들은 이러한 벌금의 부과로 2자녀 이상이 출생하면 벌금을 부과받지 않기 위해 출생신고를 하지 않는 현상이 생겼으며 임신하면 몰래 아이를 낳거나 호적에 올리지 않는 인구가 2천만 명 이상이 되었다. 또한 임신 중절이나 낙태까지 행하거나 원정 출산을 하여 호적에 올리지 않는 자녀가 급속도로 증가하게 되어 사회적으로 심각한 문제를 일으키게 되었다. 이러한 무적자(無籍者)를 헤이하이쯔(黑孩子, 흑해자)라 한다.

사회적 심각성은 신분을 보호받지 못해 사회적으로 불이익을 받거나 인권의 사각지대에 몰려 교육 혜택이나 의료지원, 그리고 취업에 불이익을 당하고 취업해도 제대로 임금을 받지 못하지만 이를 해결하기 위해 당국에 신고조차 할 수 없는 실정이다. 따라서 그들은 범죄의 target이 되어 살아가는 데 어려움을 겪고 있다. 이와 유사한 현상으로 탈북민도 무국적자로 취급되어 북한으로 송환되거나 인신매매 등을 통해 인권유린을 당하는 상황이다. 이는 무국적자의 설움이라 할 수 있다.

중국 속담에 불효유삼, 무후위대(不孝有三 無後爲大)라는 말이 있다. 사람에게는 세 가지 불효가 있는데 자식이 없어 대를 잇지 못하는 것이 가장 큰 불효가 되듯이 인륜까지도 침해한다는 것이 매우 씁쓸하다. 이것이 오늘날의 중국의 현실이라 할 수 있다. 2016년 이 제도는 법적으로 완화되어 2자녀까지는 허용되고 있다지만 아무래도 자녀의 수까지 제한하는 것은 여전히 그들의 현실을 대변해 준다고 하겠다.

1989년 6월 4일 전 세계를 놀라게 한 사건이 외신을 타고 흘러나왔다. 전 세계 국민들 특히 민주주의를 신봉하는 서방세계는 어떻게 진행되는지가 관심사였다. 중국 현대사에서 피의 일요일이라 불리는 톈안먼사건은 1989년 중국의 가장 유명한 관광지인 베이징 천안문[天安門, 톈안먼(天安門)] 광장에서 일어났다. 학생, 노동자, 시민들이 정부의 정치개혁과 민주화를 요구하며 대규모 시위를 벌이자, 정부가 군사력을 동원해 시위대를 무력으로 과잉 진압하여 수많은 사상자를 냈다. 천안문사태, 북경 대학살 사건, 6·4사건 등으로도 불린다.

당시의 권력자 덩샤오핑은 마오쩌둥의 정책이 실패로 돌아가자 중국을 개혁하기로 정책노선을 바꾸었다. 그는 4대 현대화, 즉 농업, 공업, 과학, 기술의 현대화를 목표로 삼고 이를 완성시키고자 '중국적 특색을 지닌 사회주의'를 표방하며 개혁정책을 추진했다. 그것은 '검은 고양이든 흰 고양이든 쥐를 잡을 수 있다면 좋은 고양이'라는 경제정책이다. 이러한 경제정책은 중국식 사회주의를 통하여 개방과 개혁을 통해 타파하려 했고 결국에는 시장경제를 도입하기로 하였다. 즉 중국의 경제발전에 도움이 된다면 이념과 상관없이 자본주의적 경제요소, 즉 시장경제와 상품경제를 적극적으로 수용할 수 있다는 것이다. 이러한 조치로 우선적으로 집단 농업 형태인 인민공사 폐지와 개별생산 도급제(자유시장 원리)를 실시해 농업 생산력의 증대를 이룩했다.

그러나 개혁으로 인한 부작용은 만만치가 않았다. 대표적인 것이 도시와 농촌의 소득 불균형으로 농민들의 생활에 큰 도움이 되지 않자 결국에는 빈부격차 해소, 언론 자유 그리고 정치제도의 민주화를 외치며 학생들을 중심으로 10만 명이 천안문에 모여 시위를 한 것이 천안문 민주화 운동이었다.

천안문 사건은 천안문 광장 앞에서 있었던 일련의 민주화 운동들을 말한다. 사건의 발생배경으로는 계획경제 내의 시장요소 도입으로 인한 인플레이션과 관료 부패, 정치개혁의 한계가 있다. 이에 학생, 시민들은 베이징의 천안문 광장에서 민주화를 요구하는 시위를 하였고 중국은 시민들을 계엄군을 동원하여 탱크와 장갑차로 해산시키면서 발포, 많은 사상자를 낸 사건이다.

당시에 학생시위를 온건한 방법으로 처리하고자 했던 유력 정치인들은 실각하고 정치적 힘겨루기에서 패한 자오쯔양은 민주화 운동에 동조했다는 이유로 17년 동안 가택연금을 당했다. 당시 강경 보수파인 정권을 장악한 리펑과 덩샤오핑의 후계자로 알려진 양상쿤(楊尙昆) 등은 군대를 동원하여 무력진압을 하였으며 결국에는 유혈사태로 번져 시위군 1,000여 명, 부상자 약 1만 5,000여 명, 군인 7만 6,000(사망 56명, 부상자 7,525명)명을 낸 유혈사태였다. 이것은 덩샤오핑이 4대 현대화 과정에서 정치 현대화를 등한시하여 생긴 비극적인 결과였다. 당시 서방국에서는 중국 정부의 무차별적이고 계획적인 인권탄압을 비판하는 여론이 빗발쳤고, 당시의 주변국인 일본, 미국과 서방세계는 중국 정부의 비인도적 행위에 강력하게 항의하는 등 당 지도부를 거세게 비난했으며, 중국에 경제제재조치를 단행했다. 외교관계 또한 악화되었다. 중국은 경제개발을 위한 개혁은 괄목할 만하지만 정치개혁을 요구하는 중국인들의 희망을 묵살하는 정치적 인권을 학살하는 결과를 초래하였다.

2014년 9월 중국의 행정자치구인 홍콩에서 민주화의 시위가 일어났는데 홍콩경찰의 최루탄과 가스를 우산으로 막아낸 데서 유래된 우산혁명(Umbrella Revolution)이 일어났다.

우산혁명은 행정장관의 선출방식 때문에 일어났다. 당시 홍콩주민들은 행정장관 선출에 대한 직선제 요구를 묵살하여 중국 정부에서 선출된 행태에 대해 반기를 든 사건이라 할 수 있다. 대학생들의 반발과 학생단체인 '학민사조'의 동참으로 촉발된 시위는 시민단체와 일반인이 가세하면서 전 지역으로 확산되어 79일 만에 끝났다.

당시 홍콩은 100여 년의 영국 통치에서 벗어나 중국으로 이양된 지 20여 년이 지난 상태였다. 그러나 홍콩인들은 영국령하에서 민주적인 통치와 경제방식, 생활태도를 몸소 익혀온지라 중국식 간접선출방법에는 익숙하지 않았다. 홍콩 행정장관의 선출방식은 영국에서 중국으로 반환된 1997년 당시부터 현재까지, 홍콩의 헌법 기능을 하는 홍콩 기본법에 따라, 800명으로 구성된 선거인단의 추천과 투표를 통해 선출되어 왔다.

당시의 사회적 상황은 홍콩이 사회주의식 경제관에 익숙하지 않은 터라 영국 지배하에서의 민주주의 및 자본주의하에서 생활하던 홍콩 시민들은 중국 반환에 따른 제도 변화와 재산권 침해를 우려하여 대거 홍콩을 이탈하기도 했는데, 이들 중 상당수가 캐나다와 미국으로 이민하였지만, 실제로는 영국과 중국의 조약에 따라, 소위 '일국양제(一國兩制)'라는 묘안(?)을 통해 홍콩 시민들의 경제권과 자치권이 보장되었다고 할 수 있다. 이러한 조약은 향후 50년까지 보장할 수 있도록 하였다. 왜냐하면 홍콩인들의 불안감을 잠재울 수 있다고 보며 아시아에서 차지하는 경제의 역할을 보장하는 방법으로서 최상이라고 생각했기 때문이다.

그러나 과거 영국이 임명하고 파견해 온 총독과 달리 홍콩 출신의 행정수반을 '선출'하는 방식에 대해서는, 선거인단에 의한 간선제 선출에 대해 홍콩 시민들은 지속적으로 불만을 제기해 왔는데, 이는 지난 행정장관들이 모두 친중 성격을 가졌기 때문이라고 할 수 있다.

그러던 중 과거의 행정장관이 간선제를 통하여 친중 인사로 채워지자 학생들은 종국에는 사회주의로 가는 것을 막기 위해 직선제를 옹호하기 위한 시위를 하였던 것이다. 결국 홍콩은 중국 공산당의 발아래 놓이게 될 것이라며, 학생들을 중심으로 반대 데모를 하게 된 것이다. 당시의 서방세계 중 특히 영국의 반발이 거셌는데 이는 조약 당시의 일국양제(一國兩制)를 위반하는 사항이라는 것이다.

영국 역시, 전인대의 행정장관 선출안은 영(英), 중(中) 간에 맺은 일국양제 조약을 어기는 것이라며 반발하였고, 미국 또한 홍콩 시민의 목소리를 들어야 한다며 충고하고 나섰다. 또한 이러한 시위에 대하여 중국 정부는 철저한 언론 통제를 통하여 정확한 사실을 전하지 않고 폭도로 규정하여 중국군을 파견하려는 움직임을 보였기 때문이다. 이와 같은 충돌은 언젠가는 더욱 격화될 조짐을 보이며 후에 2019년 홍콩범죄인 인도법 반대시위로 번지는 데 영향을 미쳤다.

2019년 봄 홍콩은 다시 한번 시위로 전 세계의 이목을 집중시키고 있다. 우산혁명과 비슷한 시위가 격화되고 있는데 바로 홍콩 범죄인 인도법 반대시위로 민주화의 요구가 다시 번질 기세이다. 매주 100만 명 이상이 참가하는 시위로 시위의 양상은 어떻게 전개될지 예측하지 못하는 것이다.

이와 같은 시위로 인하여 캐리 람 홍콩 행정장관이 9월 4일 홍콩 TV 연설을 통해 대규모 시위를 촉발한 범죄인 인도법 개정안(송환법)을 공식 철회한다고 하였지만 시위는 더욱 격렬해지는 양상이다.

그러면 오늘날 홍콩을 민주화의 열기로 불을 붙인 범죄인 인도법이 무엇인지를 알아보아야 한다. 범죄인 인도법은 중국 본토와 대만, 마카오 등 홍콩과 범죄인 인도 조약을 체결하지 않은 국가나 지역에도 범죄인을 인도할 수 있도록 하는 내용을 담고 있다. 홍콩은 영국, 미국 등 20개국과 인도 조약을 맺었지만 중국과는 이 조약을 체결하지 않았다.

해당 법안은 2018년 2월 대만에서 벌어진 홍콩인 살인사건을 계기로 본격적으로 추진됐다. 당시 20대의 홍콩인 남성이 대만에 같이 갔던 홍콩인 여자친구를 살해하고 홍콩으로 돌아왔는데, 홍콩법은 영국식 속지주의 원칙에 따라 타국에서 발생한 살인죄를 처벌할 수 없도록 하고 있어 처벌에 한계가 있었다. 이에 홍콩 정부는 이 사건을 처리하기 위해 2019년 초 범죄인 인도법 개정안을 마련하면서 대만뿐 아니라 중국, 마카오 등에서도 용의자를 소환하도록 했다.

그러나 이러한 법은 중국 정부의 이용에 따라 악용될 소지가 있다는 것이다. 이에 반발하여 학생들을 위주로 철회할 것을 요구하였다. 다시 말하면 이 법이 통과되면 타국에 있는 반중 인사나 인권운동가에게 적용되어 중국 본토로 소환할 수 있는 소지가 다분히 있다는 것이다.

따라서 범죄인 인도 법안에 반대하는 홍콩 시민들의 시위는 2019년 3월 31일 처음 시작돼 2020년 현재까지 계속 이어지고 있으며 중국 정부와 홍콩 정부는 이 시위를 폭동으로 규정하며 최루탄, 고무탄, 물대포 등을 동원해 시위를 강경 진압하면서 80여 명의 사상자가 발생하기도 했다. 또한 중국 정부는 이러한 민주화시위를 저지하기 위해 홍콩 주변에 인민군대를 배치하여 놓은 상태로 양측은 일촉즉발의 대치가 진행되고 있어 군대가 개입된다면 많은 사상자를 낼 수 있어 전 세계는 이를 우려하고 중국에 자제를 요청하고 있으며 이에 대해 중국 정부는 서방국가들에게 내정간섭을 하지 말라고 엄포를 놓고 있다.

또한 이 시위는 중국을 옹호하는 중국인들에 의해 홍콩인들이 무차별 테러를 당하는 사건이 벌어지고 있어 매우 심각하다. 다시 말하면 백색테러가 일어나고 있다는 것이다. 이 사건을 계기로 중국의 묵인 아래 백여 명의 남성들이 무차별적으로 홍콩인들을 각목, 쇠봉둥이, 쇠구슬로 공격하여 다수의 사상자를 내고 있다는 소식을 외신들이 전하고 있다.

이와 같은 양상으로 인해 서방세계와 중국과의 이념전쟁으로 확전하고 있는데 중국은 기자회견을 통해 색깔논쟁으로 확산시키면서 폭력을 엄격한 법 집행을 통하여 해결하겠다는 의지를 밝히고 있다. 또한 군을 투입시키려는 전조가 곳곳에서 나타나고 있다.

2020년 새해부터 중국의 언론 통제라는 기본권을 제약하는 사건이 발생하여 국민들이 고통받고 전 세계를 공포로 몰아넣는 사건이 발생하였다. 이것이 바로 우한(武漢) 신종코로나바이러스(new China virus)의 확산이다. 이 바이러스는 일찍 해결될 수 있었음에도 불구하고 중국 당국의 늑장 대응으로 전 세계가 공포에 떨고 있으며 오죽하면 바이러스의 명칭도 갑자기 발생하였다고 해서 지역이름을 그대로 사용하고 있다.

이 사건은 리원량(~2020, 34세)이라는 의사가 환자를 살피던 중 2019년 급성호흡기증후군인 사스와 유사한 증상을 보이자 이것이 확산 우려가 있다며 동료들과 함께 위험성을 알렸다. 이 증상은 2003년에 발생하였던 사스와 유사한 증상으로 많은 피해와 더불어 전 세계로 확산되어 세계 각국을 공포로 몰아넣은 위험한 바이러스였다.

이러함에도 불구하고 중국 당국은 오히려 "허위정보를 퍼트려 민심을 불안하게 만들었다."라고 하면서 그를 체포하겠다며 협박하였다. 이것도 모자라 그는 동료들과 함께 중국 당국에 잡혀가 잘못된 사실이라는 자술서를 쓴 뒤에야 풀려나게 되었다는 것이다. 또한 중국 당국은 세계적인 이목이 두려워 이를 쉬쉬한 나머지 사건을 더욱 악화시켰다는 것이다. 다시 말하면 그들의 언론 통제가 얼마나 위험한 사태를 유발하여 자국의 국민은 물론 전 세계를 공포의 도가니로 몰아넣었다는 데서 심한 충격을 주는 사건이라는 것이다.

애석하게도 리원량은 자신의 환자를 치료하다 2020년 1월 8일 발열증상으로 2월 1일 확진 판결을 받은 후 병세가 악화되어 2월 7일 사망하였다. 이에 세계보건기구(WHO)는 다음과 같이 밝혔다. "리원량이 신종코로나바이러스의 확산과 싸우다 불행히도 감염됐다"며 "우리는 매우 유감스럽게 생각하며 애도한다."라고 트위터를 통해 애도하였고 전 세계의 국민들은 그의 희생정신을 추모하는 분위기였다는 것이다.

이러한 신종바이러스는 현재 원인은 밝혀지고 있지 않으나 홍콩의 미생물학과 감염증 전공 위안궈융(袁国勇) 교수의 보고에 따르면, 중국 저장성에서 발견된 박쥐의 SARS바이러스와 가장 가깝고, 박쥐SARS바이러스, 인간SARS바이러스, 사향고양이 SARS바이러스와도 매우 가깝다고 주장하고 있다. 야생동물인 대나무쥐나 오소리 그리고 멸종동물인 천산갑 등에서 옮겨왔을 것으로 추측하고 있다.

문제는 이러한 중국의 언론자유 통제가 한 개인과 많은 희생자를 속출한 것에 있다는 것이다. 2020년 5월 현재 4,000여 명의 사망자와 8만여 명의 환자가 속출하였으며 중국의 우한시는 아비규환이라는 초유의 사태에 직면하였고 중국의 최대 명절인 춘절이 끝날 시기에는 전 지역으로 확산될 것이며 중국을 여행한 사람들을 통해 전 세계로 확산될 전망이다. 이에 대한 증거로 현재 대한민국 부산에 입항하고 있는 크루즈(Cruise) 유람선에서는 많은 여행객들이 감염되었다고 전해진다. 이는 경제적으로 엄청난 손실을 유발하고 있다는 것이다.

이와 같은 문제는 한국에서 매우 심각한 사회문제를 유발하고 있다. 2020년 5월 현재 한국에서는 사망자가 260여 명, 감염자는 만 천 명을 넘어서 계속 번지고 있으며 이는 사회, 정치, 경제, 문화 등 모든 분야에 영향을 미치고 있다. 특히 교육분야에서는 5월 현재 학교가 개학하지 못하는 초유의 사태가 벌어졌으며 대한민국이 건국한 이래로 원격수업이라는 새로운 실험이 벌어지고 있다. 이외에도 국민들의 무력감은 더없이 위험할 정도로 침체되어 있다는 것이다.

이러한 사태는 아시아를 넘어 전 세계로 확산되는 것이 문제이다. 3월 현재 미국은 국가비상상태를 선언할 정도로 경제, 사회가 마비될 정도이며 유럽의 장수국가인 이탈리아는 감염자가 15,000여 명에 비하여 사상자는 2,000여 명이 생겼으며 치사율은 우리나라의 3배가 넘는 약 8%로 국가 간, 지역 간 봉쇄를 할 정도로 생명에 위협을 주고 있다는 것이다. 또한 우한바이러스의 전염속도는 상상 외로 빠르게 진행되어 UN국가의 2/3가 감염되고 있다.

오늘날의 중국의 인권상황을 살펴보았듯이 경제적으로는 대단한 진보를 보였지만 이에 걸맞은 인권관은 오히려 후퇴하고 있다. 과거 대약진 운동, 티베트 침공, 문화대혁명 등의 정책으로 인권을 탄압하며 수많은 사람을 희생시켰고 인권향상의 노력(천안문사태)에도 불구하고 여전히 인권상황은 열악하다고 할 수 있다. 개선의 의지를 보이는 데는 아직 멀었음을 보여준다. 하루빨리 인권분야에서 국제적인 시각을 보여야 대국으로서 체면을 지킬 수 있다는 것이다.

그러나 중국은 코로나19로 인하여 전 세계적으로 고통을 받고 있는데도 바이러스가 중국에서 발원하지 않고 미국에서 전파했다고 공식적으로 발뺌을 하고 있다. 이에 대하여 미국과 첨예한 대립양상을 보인다. 어디서 발병되었는가는 지금 중요하지 않다는 것이며 그것을 조기에 공개하였더라면 전 세계는 죽음의 공포로부터 어느 정도 해방되었을지도 모른다는 것이다.

이러한 바이러스의 위협을 초기에 중국에서 공개하였다면 전 세계 국가들이 이러한 고통을 겪지 않았을 것이다. 한 국가의 언론 통제가 엄청난 결과를 도출하였다는 것이다.

제 **6** 장

세계의 경찰국가인
미국은 어떤 나라인가?

국 제 사 회 와 인 권

미국이라는 나라는?

우리는 세계의 경찰이라는 나라에 대해 알고는 있지만 자세히 들여다보면 왜 거대하고 세계를 움직일 수 있는지를 알 수 있다. 미국은 1776년까지 영국의 식민지하에 있다가 1776년 독립을 선언하고 1783년에 파리조약에서 독립이 승인된 나라이다.

광활한 면적을 가지고 있으며(한반도의 44.495배)와 인구는 약 32,676만 명으로 세계 3위이고 미국 GDP는 약 21조 4,394억 달러로 세계 1위이며 한국과는 수도를 기준으로 −14시간차(워싱턴DC)가 나며 언어는 영어 그리고 통화는 세계 공통 통화인 1USD를 사용하고 있다. 국가명의 공식 표기는 The United States of America(USA)를 사용하는 세계 최강의 나라이다. 즉 경제력뿐만 아니라 군사력도 세계 최강이다. 미국의 군사력은 나머지 국가들의 전력을 합한 것과 같은 수준이라 할 수 있다.

미국의 주변국은 북아메리카 대륙의 캐나다와 멕시코 사이 그리고 쿠바 등과 같은 접경에 있는 나라이다. 소수인종을 제외하고는 이민국가인 미국은 전 세계의 다양한 인종(백인 66.8%, 흑인 12.8%, 그 외 소수인종 아시아계와 원주민 등)이 모여 살고 있다. 오늘날까지도 아메리칸 드림을 꿈꾸며 세계 각지에서 모여드는 다민족(多民族), 다인종(多人種) 국가(國家)이다.

노예의 아픔이 있는 나라, 미국 인권(人權)의 역사는 어떻게 진행되었는가?

앞에서 정의하였듯이 인권(人權, Human Rights)이란 인간의 권리를 줄인 말로서 '인간이 인간답게 살아가기 위해 누구나 마땅히 누리고 향유할 인간의 권리'이다. 또한 인간은 누구나 존엄하다는 것에 기초하고 있으며 '존엄성을 지니고 태어난 모든 인간은 누구나 자유롭고 평등하며 이러한 자유와 평등은 어느 누구에게도 침해받을 수 없고 양도될 수 없는 권리'라고 정의할 수 있다고 하였다.

　이러한 인권에 대한 시각에 있어서 미국은 슬픈 역사를 가지고 있으며 그것을 획득하기 위해 많은 역사적 사건들을 겪은 나라 중 하나이다.

　그것을 이해하기 위해서는 노예제도를 살펴볼 수 있는데, 1619년 독립하기 전 흑인들이 처음으로 미국에 첫발을 디뎠다. 그들은 서구 열강들이 값싼 노동력을 목적으로 아프리카 지역에서 돈으로 구입하거나 강제로 납치해 온 노예 흑인들이었다. 따라서 그들은 인종차별의 대상이 되었는데 다른 소수민족보다 더 잔인한 방법으로 착취를 당하며 인간 이하의 삶을 살아가도록 강요되었다.

　이들에게 변화를 준 사건이 남북전쟁이었는데 당시 미국은 남부와 북부로 나뉘어 있었고 노예제도에 관해 시각차를 보였다. 당시 링컨이 지도자로 있던 북부는 노예제도 폐지를, 남부는 따뜻한 지역에서 생산된 면화사업을 보호하기 위해 노예제도를 필요로 하였기 때문이다. 이로써 북부군과 남부군이 충돌하는데 이 전쟁이 남북전쟁이다. 1863년 1월 남북전쟁은 북부군의 승리로 이어져 노예제도를 폐지하고 그들에게 인간다운 삶을 살 수 있도록 자유를 주었다. 이 사건이 미국 인권의 시작이었다. 링컨은 남북전쟁에서 승리한 후 "이 나라를 자유의 땅으로 새롭게 만들고, 국민의, 국민에 의한, 국민을 위한 정부가 이 땅에서 사라지지 않도록 합시다."라는 '게티즈버그 연설'로 새로운 미국을 건설하고자 하였다.

　그러나 링컨의 이러한 노력에도 불구하고 노예제도는 각 주마다 법률이 달라서 미국 모든 지역에서 모든 노예제도를 폐지시킨다는 미국헌법 제13조 법률은 1865년에야 성립되었다. 미국에 흑인이 발을 디딘 지 100여 년 만의 일이다.

　이에 따라 흑인들은 그들의 잔혹한 삶에서 드디어 탈출하게 되었다. 처음 흑인들이 미국에 발을 디딘 것은 노예 무역상들에 의해서였다. 그들은 삼각무역을 통해 미국에 들어왔는데 삼각무역이란 유럽, 아프리카, 아메리카를 잇는 루트를 말한다. 이는 각각의 필요에 의해 행해진 무역이었다. 유럽인들은 화약, 총기를 무역물품으로 하여 노예와 물물교환을 통해 다시 아메리카로 보내졌고 다시 그들의 몸값으로 면화와 같은 노동집약적이고 값싼 농산물을 생산하여 다시 유럽에 팔았던 것이다. 이러한 무역형태를 삼각무역이라고 하는데 여기에서 희생되어 팔려온 노예의 수가 수천만 명이나 된다는 것이다.

노예무역의 잔혹성을 소개하자면 세 가지 단계를 거치는데 첫 단계는 잡는 과정이 비참하다. 그들은 노예들을 포획하기 위해 짐승을 사냥하는 방법으로 그들을 잡았다. 따라서 포획한 노예들을 쇠사슬에 묶어 먼 거리에 있는 항구까지 보낸 뒤 아메리카로 이동하였는데 이러한 이동과정에서 상당수가 사살되거나 병들어 사망하였다.

두 번째 단계는 아프리카에서 아메리카로 향하는 대서양 횡단 과정이었다. 머나먼 항해과정이다. 유럽의 노예 상인들은 잡아온 노예들을 기항지 부근의 창고에 한동안 감금했고 이곳은 사나운 개들이 밤낮으로 지키고 있었다. 노예선이 도착하면 화물처럼 수백 명씩 배에 채워졌으며 비좁은 공간에도 노예들을 성냥갑처럼 가득 채워 넣었다. 쇠고랑을 채워서 감옥 같은 방에 이중삼중으로 첩첩이 밀착시켜 밀어 넣었으며 공간이 좁아 눕지도 앉지도 못한 상태로 갇혀 있어야 했고 일부는 산소 부족으로 목숨을 잃거나 좋지 않은 위생상태 때문에 전염병이 돌아 약 두 달 정도 걸리는 대서양 항해 도중 노예들의 1/3이 죽었다. 그들은 사망한 채로 바다에 던져졌으며 어느 악독한 선장은 보험금을 타기 위해 일부러 바다에 산 채로 던지기도 했다고 한다.

세 번째 단계는 대서양을 건너 아메리카에 도착하면 상품성을 높이기 위한 과정과 교육이 진행된다. 이러한 과정은 관련된 언어를 익히거나 현지에 적응하는 것은 물론 현시에 안주하며 고향을 잊으면서 혹은 탈출할 수 없도록 길들이기 과정을 거쳐 상품이 되어 팔려 나갔다.

이렇게 하여 노예생활이 시작된다. 처음에는 농장에서 목화나 담배 재배와 같은 단순한 노동에 종사하였으나 노동에 비해 대우는 현저히 낮았다. 또한 흑인 여성들은 노동뿐만 아니라 가정부라든가 보모 같은 가사노동을 하였으며 일부 흑인 노예들은 백인들의 성적 만족을 위한 대상으로 삼았다. 여기에서 태어나는 아이들은 또다시 노예생활을 하였다.

이렇듯이 노예들은 이익 추구의 희생물이 되어 인간으로서의 삶은 생각조차 할 수 없는 잔혹한 타국 생활을 하였으며 1662년 노예법이 버지니아에서 최초로 입법화되자 개인의 소유물로 전락되었으며 주인의 허락 없이는 거의 이주의 자유가 제한되었으며 법의 보호에서 영원히 제외되었다.

그러나 이러한 노예제도는 1863년 링컨이 노예해방론을 발표하였지만 여전히 법과 제도는 미비하여 해방된 노예들은 어디에서나 발붙일 곳이 없어서 결국은 옛 소유주에게 돌아가는 어처구니없는 상황이 지속되었다. 즉 노예에게 자유를 주었지만 자유를 어떻게 누릴지에 대한 무지와 미국 사회에서의 노예에 대한 실질적 자유보장에 대한 구체적인 법과 제도가 미비하였기 때문이다. 다시 말하면 형식적 자유만을 주었던 것으로 볼 수 있다.

또한 미국 사회에서는 노예들의 해방을 인정하지 않는 집단에 의해 탄압과 폭력행위가 더욱 거세졌다. 당시의 백인들은 말을 듣지 않는 노예들, 노예해방을 주창하는 집단에 테러와 방화 그리고 살인도 마다하지 않았다. 이는 KKK(ku klux klan)단이라는 백인 비밀결사단체였다.

이 단체는 백인의 보수단체로 흑인 노예를 여전히 사적 소유물로 생각하며 노예해방과 권리행사를 방해하기 위한 백인 우월주의 집단이었다. 이들은 원래 참전용사의 친목단체로 시작되었다가 남부 백인들의 지하조직으로 결사되었고 옛 남부의 향수를 그리워하여 흑인 및 유대인 그리고 외국인들에게 무차별적 살인이나 테러 등을 가하는 잘못된 애국심으로 가득 찬 집단이었다. 이들은 현재까지 조직원들을 두고 있으며 1960년대까지만 해도 흑인운동가들에게 총격, 폭탄 등으로 테러를 자행한 집단으로 매우 악명이 높았다. 그들은 어두운 밤에 길고 하얀 수의로 몸을 감싸고 흰 천으로 덮은 말을 타고 유령처럼 분장해서 흑인들이 사는 집에 나타나 백인에게 복종하고 투표장에 나오지 말라고 하였다. 이와 같은 일은 1870년 이후 매년 평균 100건 이상 발생하였고 이 중 80프로 이상이 북부보다는 남부에 집중되었으나 현재는 소강상태이며 회원 수도 급격히 감소하였다.

KKK단의 만행사례로 1964년 미시시피 버닝 사건을 들 수 있다. 흑인운동가 3명이 백인우월주의 단체인 KKK단에 의해 무참히 살해되었으나, 정부의 소극적인 수사로 죄의 대가를 충분히 받지 않고 출소한 사건이다. 이후 재수사를 통해 종신형을 선고받았다. 이 사건은 사람을 살해하고도 죗값을 받지 않았다는 이유로 미국 전역에서 관심이 대두되자 2005년 재수사를 통해 징역 60년을 선고한 사건이다. 미국 역사상 최초의 흑인 대통령인 버락 오바마는 2014년 미시시피 버닝 사건 유가족에게 '자유의 메달'을 수여하고 희생자들을 기렸다.

그러나 흑인운동이 더욱 관심을 보이게 된 것은 제2차 세계대전의 발발 후였다. 그들은 국방에 참여할 수 있도록 공민권을 요구하게 되었고 마침내 이 기간 동안 완전한 공민권을 요구한 끝에 군대의 모든 부서에서 복무하게 되었다. 1940년 공군 장교후보생 학교는 예외지만 장교후보생 학교들을 통합하기로 결정되었으며 이들은 각 전투에서 혁혁한 공로를 쌓았다. 군대는 거의 개방되었지만 그럼에도 불구하고 방산업체(防産業體)들은 이를 거부하였다. 1942년 인종차별을 철폐하기 위한 행진을 계획하자 워싱턴 행정부와의 협상 끝에 차별을 금지하는 행정명령을 취소하겠다는 약속을 받아냈다. 그들은 전시상황에서 인종 분리정책과 이에 대한 모든 차별 철폐를 주장하게 되었다.

이런 과정을 거치는 동안 1944년 '스미스 대 올라이트 사건'에서 미국 역사상 중요한 흑인에 관한 선고 판결이 내려졌는데 연방 대법원은 텍사스주에서 일어난 예비선거는 백인들의 전유물이 아니라며 위헌 판결을 내렸다. 위헌의 근거로는 예비선거도 선거과정이므로 수정헌법 15조의 적용 대상이라는 것이다. 이 위헌사건을 계기로 정치에 대한 흑인들의 관심과 참여가 시작되었다. 이와 같은 위헌사건으로 흑인의 정치적 요구가 확대되는 결과에 불만을 가진 백인들이 결국에는 1943년 디트로이트의 어느 더운 여름날 오후 인종 간의 긴장이 고조된 끝에 이틀에 걸친 패싸움이 발생하였고 이틀째 저녁에는 연방군이 투입되었다. 25명의 흑인과 9명의 백인이 죽었다.

이 사건 전에 흑인에 대한 차별을 철폐하는 사건이 일어났는데 그것이 유명한 '플래시 대 퍼거슨 사건 판례'(1896)이다. 그 내용을 살펴보면 흑인 여성이 백인열차를 타고 가던 중 유색인간의 칸으로 옮겨가야 한다는 명령은 위헌이 아니라는 판결이 나오는데 이는 같은 조건이라면 분리해야 한다는 이유에서였다. 당시 백인과 유색 인간 간에 분리의 원칙이 정해졌었고 교육에서도 마찬가지였다.

이러한 분리운동에 마침표를 찍는 판결이 1954년에 있었다. 브라운 대 토피카 교육위원회의 판결은 이러한 분리원칙을 뒤집는 것이었다. 인종이 다르다는 이유로 가까운 학교에 다니지 못하자 백인학교에 전학을 신청하였다가 이를 거부당하자 그의 부모 브라운이 토피카 교육위원회에 소송을 걸어 승소한 사건이다. 승소의 근거는 '공립학교의 인종차별은 위헌'이라는 이유였다. 이 사건으로 대법원장

워른은 인종분리 교육을 하루빨리 통합하라고 명했지만 백인학교인 약 3,000개 중 600여 개의 학교만 통합하는 등, 반대가 심했으며, 이 판결은 공립학교에만 한정된 경우였기 때문에 위의 예시에 나오는 열차처럼 공공시설 및 공공장소에서의 분리까지는 철폐할 수 없었다고 하였다. 하지만 이 사건은 인종차별 철폐에 있어 정말 큰 역할을 했고, 이후로 인종차별을 철폐하기 위한 다양한 노력들이 등장했다고 볼 수 있다. 미국의 노동운동, 공민권운동 지도자들은 흑인 차별에 항의하고 정부에 압력을 가했다. 1941년 군수산업체와 연방정부에서의 인종차별 철폐 행정명령, 1948년 군대 내에서의 인종차별을 금지하는 대통령령을 공포하도록 하는 데 큰 역할을 했다. 아무리 교육의 질과 시설 등이 평등하게 제공되더라도 인종을 분리시키는 것 자체가 차별이라는 이유에서였다.

 ### "나에게는 꿈이 있습니다(I Have a Dream.)"라며 인종차별의 금지를 연설한 마르틴 루터 킹은 어떤 사람인가?

흑인 인권운동은 링컨 대통령에 의해 노예제를 해방한 후 이러한 철폐운동을 꾸준히 이어오던 중 마르틴 루터 킹(Martin Luther King, Jr., 1929~1968) 목사는 미국 인종차별 철폐를 사회적 관심으로 점화시킨 인물이다.

그는 침례교 목사의 아들로 넉넉한 환경에서 태어난 덕에 그의 아버지와 같이 신학교를 졸업하고 목사로 재직한 인물이었다. 그 역시 흑인이라는 이유로 차별과 멸시를 받고 있었다.

마르틴 루터 킹 목사는 당시의 흑인 빈민가 학생들에게 글을 가르치거나 이를 통해 사회운동에 참여하도록 격려한 인물로서 흑인들의 힘과 정신을 하나로 묶은 열정적인 연설가이면서 재능 있는 민권운동가이다. 그는 사회에의 요구를 독려하기 위해서는 인도의 유명한 민권운동가인 마하트마 간디(Mahatma Gandhi, 1869~1948)와 같이 비폭력 저항운동이 가장 효과적이라고 흑인들에게 주장했다.

온건하며 합리적인 킹 목사의 지도력은 흑인들의 단결을 강화시켰을 뿐만 아니라 많은 백인들의 지지를 얻어내어 결국 70여 년간 지속된 짐 크로법 체제를 무너뜨릴 수 있었다. 성공적인 버스 보이콧 운동에 고무된 킹 목사는 음식점, 상점, 관청 등 모든 공공기관에서 흑백 차별에 저항하는 평화적 시위를 벌였으며 이에 대한 투쟁이 봇물처럼 터졌다.

가장 대표적인 비폭력 저항운동의 예는 1950년대로 당시 미국 남부 전역에서는 인종차별성 흑백 분리정책인 인종분리법이 시행되고 있었다. 기차, 학교, 병원, 음식점, 호텔, 미용실, 극장 심지어 교회와 묘지에도 흑인 전용과 백인 전용으로 나뉘어 있었으며 백인이 흑인을 공공장소에서 분리하는 사건 중 대표적인 사건은 버스 승차 거부운동이다.

이 사건은 1955년 12월 흑인 로자 파크스라는 사람이 직장에서 일을 마치고 버스를 타고 집으로 가던 중——물론 흑백 분리원칙에 의해 흑인 전용버스를 타고 가던 중——좌석을 비워 달라는 백인의 요구를 거절한 사건이다. 이는 백인이 그들의 자리가 만석이 되었는데 파크스에게 자리를 비켜달라고 하자 그녀는 거부하였다는 이유로 경찰에 연행된 사건이다.

그녀의 죄목은 몽고메리시 조례 위반혐의였다. 다시 말하면 흑백 분리에 관한 조례 위반이었다. 그 사건을 계기로 파크스는 전미 유색인종지위향상협회(NAACP)의 도움을 받아 버스 보이콧(boycott)을 한 것이 비폭력운동의 시초였다.

당시 이 운동은 흑인들의 결집을 가져오는 계기가 되었다. 흑인들은 걸어 다니는 것이 다소 불편은 하였지만 로자 파크스는 버스에서 흑인이 평등하게 존중받을 것, 흑인 운전사를 고용할 것, 흑인과 백인 상관없이 버스에 탄 순으로 좌석에 앉을 수 있게 할 것을 요구하였다. 이때 교회와 인권단체를 중심으로 몽고메리 발전협회를 중심으로 인권운동이 전개되었다. 초대 회장인 마르틴 루터 킹 목사를 중심으로 비폭력 운동이 전개되었던 것이다.

이러한 운동에 더욱 불을 지핀 것은 그녀의 판결내용이 흑인들의 분노를 샀기 때문이다. 그녀에게 벌금 10달러와 법정비용 4달러를 내야 한다는 판결은 당시 흑인의 월급으로는 너무나 가혹했다는 것이다. 이를 계기로 버스 보이콧(boycott)은 확산되었으며 결국 1956년 연방 대법원은 '버스에서 흑백 분리는 위헌'이라는 판결을 내렸고 앨라배마주는 버스 보이콧운동에 백기를 들었다.

이 당시 백인들은 이러한 분리운동을 저지하기 위해 마르틴 루터 킹 목사를 체포하였을 뿐만 아니라 시위를 주동하거나 동조하는 자들을 탄압하였다. 심지어 그녀 남편의 직장에까지 압력을 넣어 해고시키는 등 악랄한 방법으로 그들을 괴롭혔다. 그럼에도 불구하고 흑인들은 백인들의 압력에 굴복하지 않고 보이콧 (boycott)은 멈추지 않았으며, 385일 만에 버스회사는 많은 손실을 입고 백기를 들었다. 이로 인해 흑백 좌석 분리제는 폐지되었다.

이 사건의 의미는 본격적으로 미국 인권에 대한 경각심을 드러낸 것이었고 마르틴 루터 킹 목사는 테러를 당하기 전까지 인권운동에 관한 한 흑인들의 우상이었으며 전 미국에 대한 인권의 수호자로서 자리매김하였다.

루터 킹 목사는 인종차별정책의 철폐를 주장하면서 여러 번 투옥되었는데 이러한 과정에서 유명한 연설을 남겼다. 1963년에 행한 이 연설은 미국 대통령 케네디의 취임연설과 함께 가장 심금을 울리는 명연설이었다.

그의 연설제목 "나에게는 꿈이 있습니다."는 미국에서의 인종 간 차별철폐와 각 인종의 공존이라는 고매한 사상을 간결한 어휘력과 호소력 있는 내용으로 많은 사람에게 전달하여 전 미국인에게 감동을 준 연설이었다. 그 내용은 다음과 같다.

나에게는 꿈이 있습니다.
나에게는 꿈이 있습니다. 조지아주의 붉은 언덕에서 노예의 후손들과 노예 주인의 후손들이 형제처럼 손을 맞잡고 나란히 앉게 되는 꿈입니다.
나에게는 꿈이 있습니다. 이글거리는 불의와 억압이 존재하는 미시시피주가 자유와 정의의 오아시스가 되는 꿈입니다.
나에게는 꿈이 있습니다. 내 아이들이 피부색을 기준으로 사람을 평가하지 않고 인격을 기준으로 사람을 평가하는 나라에서 살게 되는 꿈입니다. 지금 나에게는 그 꿈이 있습니다!
나에게는 꿈이 있습니다. 지금은 지독한 인종 차별주의자들과 주지사가 간섭이니 무효니 하는 말을 떠벌리고 있는 앨라배마주에서, 흑인 어린이들이 백인 어린이들과 형제자매처럼 손을 마주 잡을 수 있는 날이 올 것이라는 꿈입니다.

— 연설문 I Have a Dream 중에서 —

이 연설을 들은 미국의 흑인과 백인 모두는 인권차별운동에 동참하였고 심지어는 백인 지식인들마저도 공감하여 참여하는 계기가 된 명연설이었다. 이러한 연설은 후에 대통령이 된 존 F. 케네디의 인권법안과 차별금지법안 통과의 실마리를 마련하였다. 그는 1964년 세계 노벨평화상을 수상하게 되었다.

그는 흑인차별 운동뿐만 아니라 반전운동에도 적극 참여하게 되었는데 이유는 전쟁은 무의미하다는 것이다. 이러한 무의미한 전쟁에 미국인들의 희생은 무의미하며 베트남인들에게 그들의 운명을 맡겨야 한다며 미국의 개입은 부당하다는 것이다.

 ### 4 오늘날 미국 인권의 실태는 어떠할까?

지구상에서 민주주의가 가장 확립된 나라이며 모두가 꿈을 찾아가는 미국에서는 여전히 차별적인 요소들이 많이 있다. 이 장에서는 가장 최근에 일어난 사안들을 중심으로 인권에 대한 경각심을 살펴보기로 하겠다.

2017년 한 세제 회사에서 이상한 광고가 전파를 타면서 인종차별에 관한 논란을 불러일으켰다. 그 광고의 내용은 흑인 여성이 백인 여성으로 탈바꿈하는 장면이다. 이러한 연출은 세제를 사용하기 전과 사용 후의 모습을 연출한 내용으로 더러운 것을 흑인으로 묘사하고 있고 깨끗한 것을 백인으로 묘사했으므로 인종차별적인 내용이다.

출처: prosalivre.com, 도브 유니베어

이러한 광고는 미국인들이 여전한 인종차별에 대해 무감각하다는 것을 일면적으로 보여준다고 할 수 있다. 이를 통해 인권운동가들은 인종까지 마케팅에 사용한다며 도브 측의 광고를 비판하였으며 과거에도 이와 같은 유사한 내용이 있었는데 흑인 소년이 욕조에서 씻고 난 뒤 얼굴을 뺀 나머지가 백인처럼 하얗게 바뀐 것이다. 근대 서구사회에서 흑인을 '더러운 것'으로, 백인을 '깨끗한 것'으로 묘사한 광고는 많았다. 비누를 사용하면 흑인이 백인이 되는 모습이나 빨래를 하던 흑인 여성의 손이 하얗게 변하는 광고들이 있었다.

2016년 미국 모 항공기에서 어처구니없는 인종차별에 대한 사건이 발생하였다. 누가 들어도 미국에서 일어났다고 생각하지 못할 내용이었다. 항공편으로 가던 중 한 남성이 기내에서 쓰러져 승무원들이 급박하게 의사를 찾았다. 마침 그 항공기에서는 흑인 여의사가 환자를 살피려고 손을 들었다가 무시를 당했다. 그러자 백인 남성이 자신이 의사임을 밝히자 그에게 치료를 맡긴 사건이다.

2016년도 어떤 흑인 남성이 교통 검문에서 경찰관이 쏜 총에 맞아 숨지는 사건이 일어났다. 이 사건은 차량에 동승했던 여자친구가 동영상을 찍어 언론매체에 알리면서 사건의 전모가 밝혀졌다. 이 사건으로 흑인들과 경찰의 갈등이 점화되기 시작했으며 책임자 처벌을 외치며 시위를 했다.

사건의 전모는 어이가 없었다. 차량 밖의 경찰관은 차량 안에 있는 남성에게 "손을 허공에 들고 있어라!" "신분증과 차량등록증을 제시하라"라는 '앞뒤가 맞지 않는' 지시를 함께 했다고 그의 여자친구인 레이놀즈가 말했다. 그녀는 자신의 남자친구가 억울하게 죽었다며 분노를 표출하였다. 이러한 억울함을 그녀는 경찰이 부인하지 못하도록 영상을 촬영하여 언론에 알렸다.

또한 그녀는 방송에 출연하여 이 사건은 과잉검문 때문에 일어났으며 만약 죽은 청년이 백인이었다면 이런 일이 일어나지 않았을 것이라며 분명한 인종차별이라 하면서 정부 지도자들은 이 사건에 대하여 확실하게 책임자를 처벌하기 바란다고 말했다.

매년 흑인이라는 이유로 사냥의 재물이 되고 있으며 123번째 흑인으로서 희생되었다는 것이다. 증인들과 동영상 등이 명백하게 증명하는 데도 경관들은 처벌을 받지 않았다는 것이다. 처벌하지 않은 이유는 경찰의 총기 사용이 적절했는지를 판단하기 어렵다는 것이다. 이러한 결과는 미국 사회에서 흑인의 인권이 어떻게 인식되고 있는지를 밝혀주고 있으며 아직도 인권의 사각지대에 내몰리는 현실이 안타깝기 그지없다.

2018년에는 또 스타벅스(Starbucks)에서 흑인 차별사건이 일어났다. 그 이유는 흑인 손님이 매장에서 주문하지 않고 있었다는 이유로 경찰에 연행되어 조사를 받고 풀려난 사건이다. 당시 두 명의 흑인은 친구를 기다리는 중이었고 다른 고객들은 경찰에 죄 없는 사람을 왜 체포하느냐, 체포될 만한 일도 없었다고 항의했지만 그 주장은 받아들여지지 않았다. 이 사건이 영상으로 유포되자 시민들은 명백한 인종차별이라 했으며 매장과 스타벅스 측에 사과를 받아냈다.

비슷한 시기에 스타벅스는 유사한 인종차별로 다시 구설수에 올랐는데 그 이유는 흑인 남성 브랜든 워드가 스타벅스의 매장에서 당한 일이라며 영상 하나를 공개했는데 놀랍게도 화장실 사용을 거부당하는 영상이었다. 구체적으로 서술하면 물건을 사기 위하여 매장에 들렀다가 갑자기 화장실을 사용하고자 직원에게 비밀번호를 묻자 먼저 구매하지 않으면 비밀번호를 알려주지 않겠다는 답변이었다. 원칙적으로 화장실 번호는 물건을 산 뒤에 받는 영수증에 적혀 있었는데 그때 마침 아무것도 사지 않은 백인 남성이 비밀번호를 묻자 즉시 알려주는 모습을 보고 항의하였지만 흑인 남성을 쫓아냈다는 것이다.

2018년 11월 플로리다의 한 쇼핑몰에 있는 요가학원에서 총기사건이 일어났다. 이 사건으로 여성 2명이 사망하고 범인은 그 자리에서 자살했다. 숨진 이 남성은 여성과 흑인 혐오주의자로 2014년부터 유튜브, 사운드클라우드에 여성, 흑인을 비하하는 가사를 적어 노래를 올리거나 흑인 여성들에게는 "역겹다"는 말을 그대로 담아 동영상을 게시하기도 하였다. 그는 요가교실 총기사건을 일으키기 전에도 두 번의 성추행으로 2012년과 2016년에 체포당한 전력도 있는 것이 드러났다.

이러한 사건들은 매년 반복하여 일어나고 있다는 것이다. 미국 사회는 민주주의의 전형이라며 스스로 외치고는 있지만 사회적으로 많은 문제점들을 내포하고 있다. 이러한 문제점들이 미국인들의 인권을 침해하는 이유라고 할 수 있다.

첫째로 폭력범죄에 무방비하다는 것이다. 미국은 범죄의 온상이라고 한다. 그들의 발표에 따르면 매년 2,400만 명 이상이 폭력범죄로 피해를 본다는 것이다.

이러한 사건을 유형별로 보면 138만 1,259건의 살인사건과 절도, 그리고 폭력사건이 발생하고 있는데 특히 심각한 것은 인구 10만 명당 6건의 살인사건이 일어난다는 것이며 워싱턴의 경우는 10만 명당 35건의 살인사건이 일어날 정도로 범죄에 취약하다는 것이다.

둘째로 총기 사용이 허용된다는 것이다. 전쟁 등에서 사용되는 무기인 총은 그 대상자가 무고한 미 국민을 대상으로 사용된다는 것이다. 미국인들은 몇몇 주를 제외하고는 총기 사용이 허가된 나라이다. 이러한 총기 허용은 생명권에 대한 위협으로 다가와 인명 경시로 이어진다는 데 문제가 있다는 것이다. 대학교나 고등학교에서 별다른 이유 없이 총기를 난사하여 타인의 생명을 앗아가는 사건이 종종 일어난다. 캘리포니아의 경우 매년 3만 7,000여 명이 사망하고 이것은 하루에 80명 정도가 총기에 맞아 사망하거나 강도, 자살의 도구로 사용한다는 것이다. 이에 따라 미 국민들은 총기 허가를 규제할 것을 강력하게 주장하고 있다.

셋째로 경찰과 법 집행기관이 과도한 공권력을 행사한다는 것이다. 미국은 사람을 일시에 마비시키는 전기 화살을 사용하는 총을 사용하고 있다. 일명 TASER(테이저, Tale-Active Shock Electronic Repulsion)라는 총이다.

이 총의 위력은 5만 볼트의 강한 전압으로 사람에게는 치명적일 수 있다는 것이다. 미국에서 이러한 총기사건으로 희생된 사람은 매년 크게 늘고 있으며 그중 대부분이 경찰의 오판이라는 것이 문제이다. 한 통계에 의하면 이는 약 90%를 웃돈다. 그런데도 그들 중 다수가 아직도 억울하게 감옥에 있다는 게 문제다. 심지어 무죄선고를 받은 사람들 가운데 50% 이상이 10년형 이상을 받았고, 73건은 사형을 선고받을 정도로 공권력을 함부로 사용하는 것이 문제이다.

또한 교도소 수감자들에 대한 인권도 심각한 수준이라는 것이다. 수감자들은 대부분 교도관들의 무자비한 학대와 과다한 인원 그리고 음식상태, 의료체계 및 시설 미비로 어려움을 겪고 있다고 호소하였으며 이에 대하여 시정명령을 받은 교도소가 40개 이상이라는 것이다. 그들의 잔인성에 대한 예를 들자면 모욕감을 주기 위해 남자 수감자들을 여자 수감자 앞에서 나체로 서 있게 하기도 하며 조사과정에서도 옷을 벗기는 일이 발생하기도 한다는 것이다. 특히 여성 수감자들에 대한 인권침해도 심각하게 나타나는데 환자로 이송할 때도 수갑을 차거나 침대에 묶인 상태로 지내는 경우도 있다고 한다. 그리고 여성 수감자들은 교도관들에게 약 25%가 성폭행을 당하는 상태이며 성적 학대를 당하는 비율도 상당하다는 것이다(최소한 21% 정도).

그다음으로는 그들의 선거문제가 대두되는데 민주주의 대국에 맞지 않게 허점이 많다는 것이다. 미국이라는 나라는 기부의 나라라고들 한다. 모든 것은 기부를 통해 이루어진다. 선거 역시 기부금에 의해 치르는 데 당선되고 난 뒤는 그들에게 보상해 주어야 한다는 것이다. 다시 말하면 그들의 이익에 부합하는 법과 제도를 만들기 때문이다. 예를 들면 총기를 규제하지 못하는 경우도 상당한 기부금의 모집 때문이라 할 수 있다. 돈을 받는 즉시 이익단체의 압력을 피할 수는 없다는 것이다.

또 한 가지 허술한 점은 전과자나 노숙인들은 선거에 제약이 있다는 것이다. 따라서 이들 중에는 흑인이나 소수민족이 많다는 것이다. 다시 말하면 소수인종이나 흑인들은 협박당하거나 선거인 명부에서 누락시키는 경우가 많다는 것이다.

5 외국에서의 인권침해 사례는?

2001년 9월 11일 전 세계의 외신을 타고 흘러나온 뉴스는 세계를 경악하게 만들었다. 미국이 본토를 외부세력에 의해 공격받은 것은 처음이었으며 3,000명이 넘는 사상자를 발생시킨 9 · 11 자살테러였다. 이 자살테러로 인하여 미국 뉴욕의 세계무역센터(WTC) 쌍둥이 빌딩과 워싱턴의 국방부 건물인 펜타곤에서 많은 미국인이 희생되었다. 이 테러로 인해 미국과 이라크는 최악의 상태로 치닫고 결국은 전쟁이라는 끔찍한 사태로 번졌다.

이 전쟁을 수행하던 중에 미군은 이라크의 포로들을 수용하였는데 이 수용소의 이름이 아부 그라이브 수용소(Abu Ghraib prison)였다. 여기에서 일어난 일들이 찍힌 충격적인 사진들이 2004년에 언론사들을 통해 배포되면서 미국인의 잔혹성이 전 세계를 강타하였다. 이 사진에서 미군은 이라크 포로들에게 충격적인 학대를 저질렀는데, 감히 상상하지 못할 정도이며 이는 제네바 협정을 위반한 행위였다.

이것이 2004년에 폭로된 미 육군의 아부 그라이브 포로 학대 사건이며 이는 전 세계를 경악게 했다. 이 사건을 대략 살펴보면 포로들의 옷을 강제로 벗기고 가죽끈으로 목을 매고 개처럼 끌고 다녔으며 이것도 모자라 포로들에게 전자봉이나 채찍질을 하면서 웃고 즐겼다는 것이다. 또한 그들을 나체상태로 인간 피라미드를 쌓게 하였으며 혹은 남자들끼리 성교하도록 강요한 사진을 배포한 것은 매우 충격적인 인권 학대였다는 것이다.

또한 이라크 여성들은 미국인들에게 교도소에서 하루에 17차례나 강간을 당했으며 심지어 남편이 보는 앞에서도 강간을 당했다는 진술이 나와 매우 충격을 주고 있다는 것이다.

AP통신의 보도에 따르면 2003년 11월에 미 중앙정보부(CIA)원들이 아부 그라이브 교도소에서 가혹한 방법으로 '유령'으로 불리던 한 수감자를 매달아 죽게 했는데 그의 손은 뒤로 묶여 있었다. 수갑을 풀어 그를 내려놓으니 그의 입에서 "마치 수도꼭지가 열린 것처럼" 피가 쏟아져 나왔다고 보도했다. 미 육군 감사부에서 확인하고 알려진 사건만 94건으로 39명이 사망했고 이 중 20건은 살인사건으로 확인되었다. 국제적십자위원회는 아부 그라이브 교도소에 갇힌 이라크 사람에 대한 학대사건이 단순히 개별적인 사건이 아니라 믿고 있다고 밝힌 바 있다. 이를 뒷받침이라도 하듯이 2004년 6월 22일에 공개된 백악관 문서에는 미 국방부가 쿠바 관타나모 교도소에서 포로들을 심문할 때 가혹한 방법을 사용할 수 있도록 허용한 사실이 드러나 있다. 심지어 국방부의 일부 문서에는 고문의 사용을 절대적으로 금지하는 미국 법과 제네바 협약을 포함한 국제 협약은 미군의 총사령관인 미 대통령에게 적용되지 않는다고 주장했다.

또한 법무부의 문서에도 미국은 포로의 처리에 관해서 다른 나라들을 판단하기 위해 국제법을 사용할 수 있지만 미국이 이 법을 지킬 필요는 없다는 입장을 명확히 했다. 한편 미국 정부는 군인들이 불법적 행위를 저질렀을 때도 군인들에 대한 국제형사재판소의 소송이 면제될 수 있도록 하는 유엔안전보장이사회 결의안의 기간을 연장하기 위해 애쓰고 있다.

또한 최근에 밝혀진 CIA 비밀수용소에 관한 사건인데 미국은 국외에서 비밀리에 구금시설을 운영하고 있다고 워싱턴포스트지가 폭로하였다. 이 내용에 의하면 비밀리에 운영하는 수용소는 해외에 20여 개가 되며 대표적인 것이 코소보인데 이곳에는 미국에 심각한 위협이 되는 사람들이 수용되어 있었으며 인권의 보호는 커녕 학대를 받는 실정이다. 그들은 변호사나 법적인 보호 없이 용의자라는 명목으로 수감되어 있다는 것이 충격적이라고 미국의 인권단체인 '휴먼 라이츠 워치'에서 밝히고 있다.

또한 그들은 미국의 정보요원들에 의해서 고문도 받고 있다는 것이다. 그와 같은 고문들을 살펴보면 냉방에 집어넣기, 물고문, 멱살잡이, 손바닥으로 때리기, 복부 가격, 오래 세워놓기 등으로 비밀수용소에서 이라크의 테러집단인 알카에다 간부들을 상대로 하고 있다는 증언도 나왔다. 이러한 증언에도 불구하고 미국정부는 고문에 대해서는 부인하고 있지만 비밀수용소를 운영하는 것으로 보아 그들의 행위는 정당성이 없어 보이며 오히려 그 의혹은 더욱 커지는 상황이다. 따라서 미국은 이러한 비밀수용소에 대해 공개하고 한 치의 의혹도 없어야 한다. 그래야만 세계의 경찰국가로서의 합법성을 부여받을 것이다. 또한 외국인에 대한 인권도 자국민과 같이 대우하여 철저히 보호해야 하며 민주주의 국가답게 법과 원칙과 절차에 따라 행해야 할 것이다. 아무리 전쟁포로라 할지라도 국제법에 따라 그들의 인권을 보호해야 하고 그들은 반드시 보호받을 권리가 있다는 것이다.

이와 같은 유사한 인권침해 사례가 있는데 관타나모수용소의 인권유린 사건이다. 관타나모는 쿠바에 있으며 미군기지 내에 있는 수용소로 미국에 테러를 자행한 인물들, 즉 알카에다와 탈레반 정권과 관련된 인물들을 수용하는 비밀수용소이다. 이 수용소는 공개되지는 않았지만 여기에서도 미군에 의해 수많은 인권이 유린되고 있으며 특히 고문도 자행하고 있다는 것이다.

이 수용소는 2002년부터 건설되기 시작했는데 목적은 적대국가에서 검거한 테러 용의자들을 수용하기 위함이었다. 주요 대상국은 아프가니스탄, 이라크 등지에서 붙잡힌 포로들이었다. 여기에서도 아부 그라이브 수용소와 마찬가지로 포로들을 인간 이하로 취급하였으며 제네바 협정도 무시하는 인권침해가 일어났다는 것이다. 이러한 행위로 논란이 일자 당시 미국정부는 고문은 전혀 하지 않고 다른 방법으로 정보를 얻고 있다고는 하나 설득력이 없어 보인다. 이후 이 수용소는 최근에야 수용소를 폐쇄하고 포로들을 미국으로 이송하였다.

　또한 미국에는 '불량국가' 대책 법안이 있는데 이것은 미국이 세계의 경찰국가로서의 위치를 확고히 하기 위한 것으로 이 법안을 통해 다른 국가들의 인권을 문제삼는다는 것이다. 이러한 방법이 '저강도전략'이다. 매년 인권보고서를 작성하여 불량국가들을 침해할 구실을 찾는 방법이라는 것이다. 즉 그들은 인권침해를 위한 여론 조성과 반체제를 구축하여 그들에게 군사적 지식이나 자문, 무기제공, 훈련교관을 파견하여 그들을 교육시키면서 군사적 압박을 가하거나 심지어 전쟁도 불사하는 전략이다. 그러한 사례가 이라크 해방법과 이란 민주주의법이다. 또한 그들은 한반도와 관련 있는 북한에 인권법을 통과시켜 북한을 붕괴시키려 하거나 국제적인 압력과 제재를 가하여 북한을 고립시켜 민주주의 국가로 나가게 한다는 전략이 그것이라는 것이다. 이를 위해 미국정부는 한국과 주변국에게 압박에 동참하도록 요구하고 있다는 것이다.

　우리는 위에서 미국 인권의 역사와 그들의 침해사례를 살펴보았다. 지구상에서 완벽한 민주주의를 가지고 있다고 자부하는 미국도 인권의 역사는 하루아침에 이루어지지 않았고 고달픈 여정이었다. 그러나 그들은 아픈 역사를 교훈 삼아 인권에 대해 바른 역사관을 가지려는 태도를 견지할 수 있었다. 따라서 그들은 모든 인간은 그 자체로 보아야 하며 어릴 때부터 인권에 대한 교육을 게을리해서는 안 된다고 한다. 교육을 통해 사회적 약자를 이해하고 타인의 고통을 자기의 고통으로 삼는 인간적인 배려를 어린 시절에 몸소 익히는 교육도 병행해야 할 것이며 지도자들은 자국의 이해도에 따라 인간을 달리 보는 것이 아니라 그 자체로서 인간의 존엄성과 고귀함을 인정해야 할 것이다.

제 **7** 장

남아메리카 인권의 역사는?

남아메리카 또는 남미(南美)는 어디를 말하는가?

남아메리카(스페인어: América del Sur; 포르투갈어: América do Sul; 영어: South America)는 남부 아메리카를 말한다. 이들 지역은 주로 서쪽에는 안데스산맥과 중앙 및 동부지역의 평원 그리고 밀림과 고원지대를 형성하며 다양한 기후와 인종을 가진 라틴 아메리카를 칭하는 지역이다. 이들 나라의 대부분은 남반부에 위치하며 북쪽은 중앙아메리카를 거쳐 북아메리카로 연결되고 서쪽으로는 우리와 같은 태평양을 끼고 있으며 대서양은 북동쪽에 있고 남쪽 끝은 남극해와 맞닿은 지역이라 할 수 있다.

이 지역의 이름은 아메리고 베스푸치의 이름에서 나왔으며 대륙의 면적은 지표면의 3.5%밖에 되지 않으나 남북으로 길게 뻗어 있어 다양한 기후로 인한 많은 자원을 가진 나라들로 인구는 약 4억 5천만 명으로 추산되는 지역이다.

이 지역에는 총 12개국이 있으며 가이아나, 베네수엘라, 볼리비아, 브라질, 수리남, 아르헨티나, 에콰도르, 우루과이, 칠레, 콜롬비아, 파라과이, 페루, 포클랜드제도, 프랑스령 기아나가 해당된다. 대부분의 나라는 신대륙 발견 뒤 제국주의의 희생물로 전쟁의 도가니에 휩쓸렸다. 따라서 이들 나라는 스페인, 프랑스 그리고 포르투갈의 식민 지배를 받았으며 그들 고유의 문화와 스페인 문화, 즉 에스파냐 문화가 공존하는 지역이라 할 수 있다.

이들 대부분의 나라는 식민지로부터 벗어나자마자 공산주의와 민주주의 대결의 각축장으로 변했으며 정치적으로 혼란의 시기를 맞이했던 때도 있었다.

 ## 남아메리카 인권의 역사는 어떻게 변화해 왔는가?

위에서 말했듯이 남아메리카 국가들은 신대륙의 발견으로 존재가 드러나기 시작했으며 유럽의 제국주의들은 남미의 자원, 문화재, 노예들을 쟁탈하기 위해 남미 대부분의 국가를 유럽의 식민지국으로 삼았다. 즉 스페인, 포르투갈, 프랑스 등의 지배를 받으며 라틴문화를 형성하며 살아온 국가들을 말한다.

이들 국가들은 식민 지배를 벗어나 20세기 초반부터 독립을 하였으나 정치적으로는 불안하였다. 이 틈을 이용하여 1960~1970년대에 미국의 군사협조를 통해 군사정부로 들어선 국가들이 생겨나기 시작했는데 대표적인 국가는 아르헨티나, 브라질, 칠레, 우루과이였으며 냉전의 각축장이 되었다. 따라서 이들의 지원을 받은 독재국가들은 정권을 확립하기 위해 반체제 인사 및 정치범들을 가두는 과정에서 불가피하게 불법체포 및 심한 고문을 함과 동시에 많은 이들이 실종되거나 살해되었다. 여느 독재국가와 같은 과정을 거친 것이다. 이는 정치범 파일을 찾아냄으로써 이때 살해되거나 감옥에 투옥된 사람이 수만 명에 달했던 것이 세상에 알려졌다.

당시 볼리비아, 브라질, 우루과이, 칠레 그리고 아르헨티나에서는 콘도르 작전을 통해 수만 명의 사람들이 납치, 고문 그리고 살해당한 것으로 알려졌다. 에콰도르와 페루도 주변적인 역할을 했다. 이러한 사실은 1992년 호세 페르난데스라는 판사가 정치범 파일을 찾아냄으로써 세상에 알려지게 되었다.

콘도르 작전(스페인어: operacion condor)이란 1975년 남아메리카 코노 수르 정부의 공작원들이 자행한 암살과 첩보, 납치 등의 정치적 탄압활동을 일컫는다. 활동이 은밀하게 진행된 탓에 콘도르 작전으로 목숨을 잃은 사람의 정확한 수는 알 수 없지만, 6만여 명 혹은 그보다 더 많을 가능성이 있다.

이 작전은 동서냉전의 영향으로 일어났으며 미국의 암묵적인 묵인 아래 행한 작전으로 1968년 미국의 로버트 W. 포터 장군은 "라틴 아메리카 국가 간 혹은 내부에서 국내 안보문제로 협력하기 위해, 우리는 중앙통제 명령체계를 갖추어 합동으로 행동하고 함께 군대를 훈련하는 통합조직을 지원하여 각 기관과 지역 간의 협력을 육성하고자 노력하고 있다."라고 말했다. 콘도르 작전은 이런 노력의 성과였다. 작전의 공식적인 목표는 무장세력(MIR, ERP, 투파마로스 등)의 색출이었으나, 이것은 허울일 뿐 정치적인 것으로 그들을 납치, 탄압, 고문, 살해 등을 하기 위한 통합체계를 갖춘 정보기관이라 할 수 있다.

이러한 공포의 문서는 이후 과거의 군사정권에 가담했던 일부 정치 지도자들이나 장교들을 처벌하는 데 사용되었다. 이 공포의 문서에는 살해, 행방불명, 투옥된 사람만 해도 각각 5만, 3만, 40만이 되었다고 기록되어 있다.

　이는 당시 미, 소 냉전체제에서 미국이 사회주의 국가의 확장을 막기 위한 일련의 대책이었다. 남아메리카는 미, 소 열강의 각축장이었으며 당시는 정치의 불안정에 기인하였다. 이러한 정치상황을 겪은 후 1980년대에 접어들자 일부 국가들은 아직경제적, 정치적, 군사적으로는 혼란을 겪고 있지만 서서히 민주주의 국가로 변모하기 시작했다.

　이들 나라들의 인권침해의 일반적인 특징은 당시 소련이 쿠바를 원조하여 사회주의 혁명에 성공하자 미국은 사회주의의 확산을 막고자 군사독재정권을 옹호하는 과정에서 생겨났다는 것이다. 각 국가들은 방법은 다르지만 실제로 1960년대 중반 이후 20년 동안 콜롬비아, 멕시코 등의 민간정권들은 군사조직 및 준군사조직들을 활용해 불법적으로 인권침해를 자행했으며 아르헨티나, 칠레, 브라질 등의 군사정권들은 정부기관 주도로 합법적으로 법 제도를 확립하여 체계적, 조직적으로 인권탄압을 자행하였다. 이러한 측면에서 군사정권들의 경우 민주화 이후 법제도 개혁 및 입법, 사법, 행정조직의 재구성이 더욱 절실하게 나타났다. 라틴 아메리카 군사정권들의 인권탄압 정도에는 다소 차이가 있었지만 몇 가지 공통된 특징이 있다. 첫째, 민주주의 체제가 무능하고 비효율적인 것으로 평가되었다. 둘째, 정치적 반대세력을 제거하기 위해 불법구금, 체포, 살인, 실종, 고문 등 모든 종류의 국가테러가 광범위하게 사용되었다. 또한 군인, 경찰, 친군부세력으로 구성된 각종 정보기관들이 지속적이고 체계적인 인권탄압을 자행했다. 1974년 칠레 국가정보국(DINA: Dirección de Inteligencia Nacional)이 그 예 중 하나이다.

표　라틴 아메리카의 군사정권하에서 벌어진 인권침해 상황

국가	사망자	수감자		추방자
		장기	누적	
아르헨티나(1976~83)	10,000	7,000	30,000	500,000
칠레(1973~77)	4,000	6,500	60,000	40,000
브라질(1968~79)	100	2,000	25,000	10,000
우루과이(1973~84)	36	4,000	60,000	500,000

③ 남아메리카 원주민은 어떤 인권침해를 받았는가?

영화나 만화를 통해 인디언(Indian)이라는 말을 많이 들어보았을 것이다. 이 말은 원래 아메리카 원주민들을 뜻한다. 그러나 엄격히 구분하자면 북미에서는 인디언(Indian), 남미에서는 인디오(Indio)라고도 한다.

이 말의 유래는 신대륙 발견 당시 인도를 발견할 목적으로 항해하였기에 인도 주민들로 오해하여 인도인이라 했다는 설과 인디언의 아름답고 자연친화적인 삶의 방식을 보고 신의 품속[In+Dios(스페인어)]이란 이름으로 지었다는 설이 있다. 일반적으로는 '아메리카 원주민(Native American)'이라 한다. 그러나 아메리카 대륙은 너무 광범위한 지역이어서 다양한 언어와 문화가 존재하기 때문에 하나의 종족이라는 것에는 무리가 있다는 것이다. 예를 들어 브라질 열대우림 지역의 부족과 미국 대평원 지역의 부족, 남미 끝의 티에라델푸에고섬의 토착종족 간에는 언어, 문화, 신체적 특징 등에 엄청난 차이가 있다.

그들은 자신의 문화와 생활 풍습을 1492년 스페인에 의해 정복된 후에도 잊지 않고 살아가고 있다. 그러나 그들은 원주민으로서 엄청난 침해를 받아왔다. 즉 유럽에서 이주한 정복자들에 의해 착취를 받아왔다는 것이다. 이로 인하여 그들의 삶은 빈곤할 수밖에 없었다. 왜냐하면 지배계급에 의해 제도적, 사회적으로 약자이자 핍박의 대상이었기 때문이다. 원주민들은 식민 지배를 받은 시기로부터 수백 년이 흘렀지만 아직도 열악한 환경 속에서 살아가고 있다. 지배국들은 통합정책을 썼음에도 불구하고 몇몇 나라들은 인구의 다수가 그들 종족임에도 빈곤으로부터 탈피하지 못하는 실정이다. 또 하나의 피해사례는 유럽인들이 정복할 당시 원주민들에게 많은 질병을 옮기기도 하여 그들 종족들이 몰살되거나 멸망하는 결과를 가져오기도 했다. 당시 유럽인들은 경제적으로는 윤택했지만 오히려 이것이 많은 질병을 갖게 된 원인이라 볼 수 있다. 유럽 도시들은 하수시설이나 난잡한 사회풍조 때문에 상상외로 불결하였기 때문이다.

따라서 당시의 도시국가인 아즈텍, 잉카 일대에서만 수백 년에 걸쳐 몇천만 명이 죽어 사망률이 100% 정도가 되었으며 인구가 급속도로 줄어드는 계기가 되었다. 이는 군사적 열세로 제국들이 붕괴한 것이 아니라 전염병 때문에 멸망하였다고 보고 있다.

지배국들은 식민지하의 원주민들에게 한때 인종차별에 의한 분리정책을 실시하였다. 다시 말하면 그들이 사용하는 각 공간은 다르게 존재하였다는 것이다. 마치 미국에서 흑인과 백인이 다른 공간을 차지하는 것처럼 말이다. 그 이유는 매우 단순한데 당시는 농업사회였기 때문에 노동력을 쉽게 확보하고 종교를 전파하기 쉽게 하기 위해서였다. 또한 그들에게는 특별한 자치적인 제도를 마련한다는 명목 아래 노동력을 착취하고 군역을 면제, 토지 등을 제공함으로써 그들을 사회적 약자로 바꾸어버렸다는 것이다.

19세기는 자유주의, 계몽주의, 평등, 정의의 물결이 도래한 시기였다. 따라서 많은 국가들은 이러한 원칙에 입각하여 인간존중 사상이 생겨난 시기였다. 그럼에도 불구하고 형식상 시민권과 자유권을 제공하였지만 완전하게 보장해 주지는 않았다. 왜냐하면 그들이 다수를 차지하여 사회질서가 파괴될 수 있다는 판단 때문이었다.

또한 19세기 말부터 자유주의와 민주주의 시대가 도래되자 국가적인 제도와 인종정책에 대한 통합은 시도되었지만 투표권 획득에 있어 재산과 교육 수준에 따라 원주민의 참여는 통제하거나 박탈하였으며 경제적으로는 평등주의 사상이 원주민의 공동소유 형태를 붕괴시키고 백인에 대한 원주민의 종속을 심화시켰다.

결국 원주민들은 시민으로서의 이익과 권한에서는 봉쇄를 당하면서도 시민으로서의 책무는 다해야 했고 새로운 민주시민으로서 국가에 헌신하게 되는 결과를 가져왔다는 것이다. 이러한 정책들은 표면적으로는 인종적 차별을 철폐하여 통합정책을 추구하였지만 원래의 의도는 그들을 말살하려는 것이며 종국에는 원주민의 문화와 사회적 정책성을 무시하는 정책이라 볼 수 있다.

이러한 차별뿐만 아니라 사회적 측면이나 복지 수준에서도 여전히 차별을 받고 있다는 것이다. 대표적인 예로는 평균수명이나 경제적 수준 그리고 문맹률은 여전히 일반 국민들의 수준에 미치지 못하는 것으로 보아 인종차별은 여전히 변하지 않았음을 알 수 있다. 다시 말하면 국가의 일반 수준으로 보았을 때 훨씬 미치지 못한다는 것이다. 이와 같은 현상은 1980년대 이전까지 지속되었는데 그 이유는 냉전체제로 인한 사회적·정치적 불안 요인 때문이며 이는 곧 그들 정책의 실패를 의미한다.

그러나 1980년대에 들어서면서부터 동서 냉전과 계급투쟁의 시대가 사라짐으로 인하여 원주민들의 의식 또한 새로운 양상을 띠게 되었다. 다시 말하면 민주주의의 확산과 세계화(global)는 저항운동이 시작되는 계기를 마련하였다. 당시 사회주의 국가들의 몰락으로 제국주의나 공산국가들은 더 이상 설 자리가 없었으며 민주화 분위기에 편승하는 시대가 왔으므로 이들의 저항운동은 이데올로기적 계급투쟁이 아니라 의식의 향상을 추구하는 사회, 문화, 복지적인 향상으로 발전된 저항운동이었다.

이로써 유엔 기구에서는 비정부기구와의 협력을 통한 원주민들의 문제가 주요 논제로 다뤄지기 시작했으며 이는 원주민들의 인권문제가 될 수밖에 없었다. 이것은 국제적인 환경 변화가 그 주된 원인이었고 이는 시대의 조류였다.

민주화 과정에서 불어닥친 인권에 대한 관심은 원주민 문제에서도 주요 이슈로 부각되었다. 원주민들은 스스로를 새로운 사회적, 정치적 행위자로 생각하게 되었고 자신들의 저항을 조직화하기 시작했다. 근대화가 복잡한 현실을 모두 포괄하는 데는 한계를 드러냄에 따라 토착적 문화에 기반을 둔 대안적 발전 모델에 대한 관심이 커졌고, 그로 인해 전통이 다시 의미 있게 되었다.

 ## 칠레의 인권은 어떻게 발달되었을까?

남미에서 남북으로 길게 늘어진 국가인 칠레는 다른 남미의 국가들처럼 제국주의에 희생되어 식민지 국가에서 출발하여 스페인으로부터 독립한 대표적인 나라이다. 당시 상황으로 살펴보건대 다른 남미 국가들이 정치적 혼란을 겪고 있을 당시 가장 먼저 선거를 통하여 사회주의 국가로서 정착하게 되었다. 물론 이러한 시기가 온 것은 1930년대 이후 각 계급들, 즉 기업가, 온건 중도계급, 노동자의 각 집단들은 서로 간의 견제와 경쟁을 통하여 민주화의 길로 가고 있었다. 이러한 결과로 인하여 1970년 사회주의 국가사상 처음으로 선거를 통해 사회주의 국가를 이루면서 정통성을 가진 특이한 국가였다. 당시 사회주의 국가들은 혁명을 통하거나 소비에트 공화국의 위성국가로서 사회주의 국가들이 왕성하게 세워졌기 때문이다.

그 당시 아옌데(살바도르 기예르모 아옌데 고센스: Salvador Guillermo Allende Gossens, 1908~1973)는 미국을 경계하면서 국민들의 사회복지와 빈곤을 타파하기 위하여 주력 산업을 국유화하였는데 그 대상에는 구리, 석탄, 철강, 은행, 지역 농장 등이 포함되어 있었다. 그는 이러한 개혁적인 혁명으로 당시의 군부세력으로부터 지지를 받지 못하자 쿠데타에 저항하다 자살하였다. 이는 미국의 개입 때문이었다는 것이 후에 밝혀졌다. 당시 미국은 칠레 등지에 많은 기업들이 투자한 상태였고 자국의 이익을 보호하기 위해 피노체트 장군으로 하여금 쿠데타를 일으키도록 사주하였다는 것이다.

아우구스토 피노체트(1915~2006) 장군은 1973년 쿠데타로 국가를 전복하고 약 17년간 독재주의자로 정권을 잡음으로써 칠레의 민주주의를 후퇴시킨 인물로도 유명하고 군부독재의 막을 올린 인물로도 세계적으로 유명한 인물이다. 그는 민주주의에 대하여 "때론 피로 목욕해야 하는 것, 이 나라에서는 나뭇잎 하나도 내 명령 없이는 움직이지 못한다."라는 말로 칠레를 통치한 인물이다.

그는 이와 같은 통치관으로 수천, 수만 명을 납치, 감금, 그리고 학살과 고문을 자행했던 인물이다. 예를 들면 쿠데타 이후 얼마 되지 않아 월드컵 경기장에서 그를 반대하는 좌익세력들을 모아 집단으로 학살하기도 하였다. 그가 통치한 17년간 고문당한 시민이 4만 18명, 정치 고문으로 죽거나 행방불명된 시민은 3,065명에 달한다(2011년 공식집계 기준). 이러한 희생자들은 1990년대 민주화 이후 발굴된 유골과 DNA 대조를 통해 확인된 숫자이다. 아직도 1,200명의 시민이 행방불명자 목록에 올라 있다. 이 당시 연행된 사람의 숫자만도 10만 명이 될 정도이다.

그는 국가보안국을 창설하여 3년 동안 자신에 반대하는 반정부조직을 철저히 소탕했으며, 외국까지 추적하여 암살, 납치를 자행했다. 붙잡힌 정치범에게 강간, 손발톱 뽑기, 불로 지지기, 썩은 음식과 사살한 동료의 인육을 먹이는 등 천인공노할 인권유린을 자행했다.

피노체트는 국가 기간산업의 국유화 등 아옌데가 추진했던 경제정책이 극심한 인플레이션을 유발하면서 경제를 파탄상태로 몰아넣었다고 판단하여 시장경제원리를 도입하여 국유화의 대상이 되었던 기업이나 은행 등을 예전으로 돌려놓았고 칠레의 경제를 회복시키는 데 공헌하였다. 이러한 제도를 구축하는 데 공을 들인 사람들은 피노체트와 자유시장경제주의자들(일명 '시카고 보이즈Chicago Boys')이었다. 그러나 이러한 정책은 민주주의와 자본주의에 의한 원리가 아니라 국가가 강력하게 통제하고 간섭한 결과였다는 것이다. 후에 이러한 정책들의 부작용은 중산층의 몰락과 실업자 양성 등으로 이어져 빈부의 격차를 초래하는 결과를 낳았다.

따라서 이러한 결과의 반발로 인하여 인권단체들이 결성되었는데 기독민주당을 중심으로 한 민주연합(AD)이 1983년에 결성되었다. 피노체트는 1984년 6월, 점점 거세지는 반정부 투쟁에 대처하기 위해 위수령을 발동했다. 그러나 칠레는 무엇보다도 유구한 민주주의 전통을 가지고 있던 나라였다. 피노체트의 강압정치에도 반정부세력의 민주화 요구는 더욱 커져만 갔다. 1985년에 11개 이상의 보수 야당들이 완전한 민주화를 요구하는 국민 합의서를 발표했고, 1986년 4월에는 200여 개의 사회단체가 '시민회의'를 결성했다. 이에 대한 대응으로 위수령이 불발로 끝나자 국민투표를 실시하여 위기를 타파하고자 하였으나 이에 중도와 좌파 성향 정당들이 '아니오를 위한 정당연합'(Concertación de Partidos por el 'No')을 결성하여 국민을 상대로 피노체트의 집권 연장에 반대하는 운동을 펴자, 54%의 국민이 이에 지지를 보냈다. 국민투표가 압도적으로 부결되면서 1989년 12월, 19년 만에 대통령 선거가 실시됐다.

이 결과 파트리시오 아일윈 후보가 당선되면서 피노체트의 정권은 막을 내렸다. 이후 1990년 미주 인권협약에 가입하였고 고문반대 협약의 UN 유보조항도 철폐하였다. 또한 칠레정부는 미주 인권위원회의 권한을 인정하면서도 시민의 정치적 권리를 국제조약을 통해 칠레의 사법권으로 이 사건을 다룰 수 있게 되었다.

그러나 피노체트는 1998년 3월까지 군 통수권자로서 역할을 인정받았고, 그 이후에는 종신제 상원의원으로서 면책권도 부여받았다. 또한 피노체트는 1973년부터 1978년 동안 군부가 저지른 인권침해에 면죄부를 주는 것을 골자로 하는 사면법을 제정하여, 자신과 추종자들에게 형사소추를 할 수 없게 했고, 자신들의 정치적 입장을 보호해 줄 인물들을 대법관에 임명했다. 이처럼 칠레의 민주주의는 피노체트의 군부정권이 막을 내린 후에도 피노체트에 의해 감시받고 보호받는 민주주의에 불과했다.

이와 같은 칠레가 민주주의를 이루게 된 배경은 그 나라의 유순한 민족성과 군부를 저지하게 된 시대적 사명 아래 있다. 오늘날 칠레의 인권이 다소 나아지고 있는 것은 고무적일 수밖에 없으며 그들의 개선 의지가 정치적으로 점점 성숙되는 과정을 보면 희망적이다.

따라서 오늘날의 칠레는 정치적인 타협을 통해 과거와 현재를 풀어나가려는 해법을 가지고 타결하려는 움직임이 있었다. 즉 가해자와 피해자 간의 문제는 현 정부의 고민거리이기도 하다. 왜냐하면 가해자는 형사적 처벌만은 면해야 하고 피해자의 진실 규명은 평행선과 같기 때문이다.

따라서 피노체트 군사독재 이후에 성립된 민주 정부는 민주주의와 정치 안정을 해치지 않는 범위 내에서 군부를 자극하지 않고 이 문제를 풀어야 했기 때문이다. 특히 관련자 처벌이라는 정의의 부문에 있어서 민주 정부는 별 성과를 얻지 못했다.

1989년 대통령 선거에 임한 콘세르타시온의 아일윈 후보는 인권문제에 있어서 진실과 정의와 보상(Truth, Justice and Reparation)의 원칙에 따라 강력한 해결을 천명하였다. 사회 전체를 위해 진실을 규명하고, 군부의 관련자를 처벌하며, 피해자에 대한 적절한 보상이 이루어질 수 있도록 하겠다는 것이었다. 그러나 이 공약의 애매함은 곧 드러난다. 첫째, 정의의 원칙과 모순되는 화합의 개념이 곧 공론화되기 시작했다. 둘째, 정부는 그때까지도 투옥되었던 좌파 정치범들의 사면에 대해 군부를 자극하길 원치 않았다. 군부와 과거의 기득권 세력은 일반사면이라는 수단을 통해 이 문제가 인권문제로 번지기 이전에 조용히 해결되기를 원했기 때문이다. 셋째, 사회적 합의와는 무관하게 진실 규명과 보상의 문제가 관련자들 간의 협상으로 해결될 조짐이 보이기 시작했다. 그러나 새 정부의 강력한 의지 천명이 무색할 정도로 칠레의 인권문제는 시작부터 과거청산을 위한 강력한 도구로 쓰이지 못했다.

인권문제에 관한 아일윈 정부의 의지와 원칙이 상당히 급진적이었던 것에 반하여 현실적으로 실천에 옮겨진 실적은 매우 저조하다. 오히려 인권의 문제에 있어선 NGO나 민간단체의 활동이 더 활발했다고 평가를 받는다.

그런데도 인권문제의 해결을 위해 정부가 주도한 어느 정도의 노력을 간과할 수는 없다. 아일원 집권 초기부터 구속자와 실종자 명단이 발표되었고 희생자 추모를 위한 위령탑이 건립되었으며 국영 텔레비전을 통해 군사정권의 인권탄압을 고발하는 프로그램이 방영되었다.

무엇보다도 주목해야 할 활동은 1990~91년 동안 칠레를 흥분시켰던 레틱위원회(Rettig Commission)의 보고서이다. 조사활동 후에 보고서를 어떻게 활용할 것인지에 대해 구체적인 방향성이 결여되었다는 비난이 있었지만, 레틱위원회의 보고서는 인권탄압의 원인들을 분석하였고, 개별 사례들을 기술하면서 정보기관, 군, 사법부의 행태를 낱낱이 파헤쳤다. 피해자에 대한 보상과 권리회복의 차원에서 사망, 실종자의 가족에게 각종 사회보장 혜택을 부여할 것도 명시하였다. 또한 이와 같은 범죄가 다시 발생하지 않도록 실종자에 관한 업무를 전담하는 공공기관의 설치를 주장하기도 했다.

그러나 정부가 이 보고서에 따라 인권침해 사범들을 기소하거나 특단의 조치를 취한 것은 아니다. 아일원 대통령이 이 보고서를 손에 들고 텔레비전에 출연하여 가장 강조한 부분은 관련자에 대한 처벌이 아닌 용서와 화합이었다. 다만 위원회의 보고서 덕분에 인권침해에 대한 결정적 증거를 확보하게 된 희생자의 유가족들은 가해자를 고소하여 법의 심판을 받게 할 수 있게 되었다.

그러나 문제는 진실의 규명을 완수했다는 사실이 아일원 정부에게 인권문제에 대한 하나의 해결점을 찾은 것으로 받아들여진 것이었다. 관련자의 처벌로 정의를 확립하기 위한 정부 차원의 대처는 지극히 미비했다. 한 근거로 민주화 시기의 처음 5년 동안 단 한 명의 군 고위 장교도 기소되지 않았다는 사실을 들 수 있다. 인권문제에 관한 재판이 군사 법원을 거치지 않고 민간 법원에서 신속하게 이루어지도록 하는 개혁이 시도되었지만 이 민감한 사안은 별다른 성과를 얻지 못했다. 무엇보다도 인권재판을 담당한 판사들이 군부의 눈치를 보느라 관련 군인들의 소환을 꺼렸기 때문이다.

그러므로 정의의 확립문제에 있어서 1995년은 확실한 하나의 전환점으로 인식될 수도 있다. 프레이 대통령이 집권한 이듬해인 1995년 5월 30일, 칠레의 대법원은 피노체트의 오른팔이며 악명 높았던 정보기관인 DINA의 책임자였던 마누엘

콘트레라스(Manuel Contreras) 전 장군과 DINA의 2인자였던 페드로 에스피노자(Pedro Espinoza) 장군을 레텔리에르(Orlando Letelier)사건의 주모자로 판결하고 실형을 선고하였다. 칠레 사법부의 이런 조치는 인권문제의 해결에 있어 중요한 행보로 기록되어 있다. 그러나 그 이면에는 군부와 정부 간에 일종의 계약이 존재했다. 에스피노자가 즉시 군부의 보호에서 풀려나 감옥에 투옥되었던 반면 더 비중 있는 인물이었던 콘트레라스는 10월 말에야 투옥되었는데 군인 임금인상과 계류 중인 600여 건의 다른 소송들을 취하한다는 약속을 받고 군은 그를 사법부에 양도한 것이다. 결국 인권문제에 있어 정의를 확립하기 위한 최초의 조치는 군(軍)과의 계약에 의해 그 순수성이 퇴색되어 버렸다.

인권문제의 해결에 관한 민간정부의 가장 큰 공적은 레틱위원회의 보고서를 통해 인권탄압에 대한 진실을 종합적으로 규명했다는 것이다. 그러나 관련자 처벌을 통한 정의는 아직도 확립되지 않았다. 무엇보다도 민간정부의 발목을 잡는 것은 전술한 바와 같은 1978년의 사면법이며 나아가서는 군부가 마련했던 안전장치가 피노체트의 집권이 끝난 뒤에도 수년간 건재했다는 것이다.

 ### 축구의 나라 아르헨티나의 인권운동은 어떻게 진행되었을까?

아르헨티나의 공식 국가명칭은 아르헨티나공화국(스페인어 República Argentina, 레푸블리카 아르헨티나)이다.

이곳은 남아메리카의 남부에 자리 잡고 있으며 수도가 부에노스아이레스이며 23개의 주와 1개의 자치 시로 구성된 나라이다. 면적 또한 브라질에 이어 남미에서 두 번째로 크고 세계에서 8번째로 큰 국가이다. 언어는 스페인어를 사용하며 오늘날에는 신흥국가로서 주목을 받지만 경제적인 위기로 인하여 경제 불안이 지속되는 국가이다. 또한 정치적, 군사적으로는 영토분쟁, 즉 포클랜드 제도와 사우스조지아 사우스샌드위치 제도의 영유권에 대하여 영국과 대치 중이며 1980년대에는 두 나라 간의 전쟁을 경험하여 패한 전력을 가지고 있다. 그리고 남극에서도 남극령의 영국과 칠레와의 영토분쟁으로 정치적인 불안을 겪는 상태이다.

아르헨티나도 다른 남미 국가들과 마찬가지로 서유럽의 열강들에 의해 식민지 과정을 거치면서 1800년대에 독립을 하였다. 1870년대에 해외투자와 농업, 목축 등이 발달하면서 이 시기에 오늘날의 국가로서의 면모를 갖추기 시작했다. 이 과정에서도 아르헨티나는 세계 10위의 경제력을 갖춘 부국이었고, 상당한 국가 발전을 이룬 시기는 1929년까지로 이때가 절정기였다. 그 바탕은 인구의 대폭적인 증가와 농업을 통한 수출의 결과로 경제가 15배나 확대되었다.

당시의 정치는 완전한 민주주의를 이루지는 못하였다. 그런데도 국민자치당의 로케 사엔스 페냐 대통령이 1912년 남성 보통선거와 비밀선거를 법제화했다. 그 후 1916년 자유선거에서 급진 시민연맹이 정권을 잡자 사회, 경제개혁과 소상인을 지원하기 시작했으나 당시 전 세계에 불어닥친 세계 대공황의 여파로 1943년 군부가 정권을 차지함과 동시에 보수주의적 경제정책을 실시하였다.

군부정권은 오래가지 않았다. 1946년 노동자의 지지를 받아 집권한 페론은 친노동정책을 펼쳐 인기를 누렸으며 당시의 경제를 자신만의 독특한 방법으로 풀어나갔다. 이런 그의 정치 성향을 정치학자들은 페론주의라고 한다. 페론주의는 강하게 중앙집중화된 정부와 독재적 성향을 가지며 외세의 영향으로부터 자유로움을 추구하면서 시장경제, 계획경제가 아닌 다른 방식의 경제발전을 추구하는 방법이다. 페론은 그의 종잡을 수 없는 정책방향을 뜻하며 현대적인 용어로 포퓰리즘(大衆主義, Populism)이라고도 한다. 혹자는 이러한 그의 정책을 빌려 "왼쪽 깜빡이를 켜고 우회전한다."라고 풍자하기도 한다.

예를 들면 페론 정부는 개혁이라는 미명 아래 각종 선심성 공약을 통하여 저소득계층의 임금과 복지를 늘리는 것과는 반대로 언론, 출판의 자유를 억압하고 외국산업의 배제와 산업의 국유화를 단행했다. 부패 청산을 위한 개혁조치들이 취해지고 노동단체에는 전례가 없는 각종 혜택이 주어졌다. 페론 집권 후 연간 20% 이상의 임금인상, 복지 확대를 위한 지나친 재정지출 확대가 이어지자 노동자들은 페론 지지층으로 확고하게 자리매김한다.

그러나 그의 정책들은 노동자들의 인기에 힘입어 대통령 중심의 중앙집권체제를 강화시키기 시작했으며 포퓰리즘 정책의 일환으로 경제적인 고려도 없이 여성 노동자의 임금인상, 여성의 시민적 지위 개선, 친권과 혼인에서의 남녀평등을 헌법에 보장했으며 이혼의 권리를 명시한 가족법 추진, 여성의 공무 담임권 획득을 보장했으며, 연금제도, 무상의료, 평생교육을 포함한 다양한 사회복지제도를 확립시켰다.

당시 사회에 만연한 인종차별 및 양성평등 등을 해결하는 데도 크게 기여하였다. 해당기간 동안 전체 국민의 60%를 차지했던 극빈층은 전체 국가소득의 1/3을 재분배받았으며, 극소수의 대지주층이 독점했던 부를 재분배하여 아르헨티나가 오늘날까지도 세계에서 가장 두터운 중산층을 형성했다. 산업화 정책, 혜택 및 제2차 세계대전 종전으로 인한 수요 상승, 임금 상승, 중산층 확충, 복지 확충으로 내수가 증진되어 아르헨티나의 경제는 호황을 누렸고 그에 따라 노동자와 여성들의 인권이 상승되었다. 하지만 이는 당시 단기적으로는 성공적인 정책이었지만 장기적으로는 아르헨티나의 정치, 경제 등을 오히려 후퇴시키는 결과를 가져왔다는 것이다.

그러나 인권적 측면에서 바라본 페론주의는 한계점이 있다. 첫째, 언론 보도의 자유를 통제한 것이다. 둘째, 페론은 자신의 정치이념을 '정의주의'로 포장하여 헌법을 개정해서 대통령 직선제를 도입하고 임기를 6년으로 연장하였으며 반대세력에게는 유무형의 압력을 가했다. 이처럼 현실을 고려하지 않은 정권 유지를 위한 선심성 정책으로 인해 아르헨티나 경제는 높은 물가, 실업사태, 노동자의 이탈 등으로 경제는 실패하였고 결국 그의 과도한 정책으로 인하여 군부에 의해 축출되는 비극을 맞이하였다.

이를 이어 군부에 의해 정권을 잡은 인물이 호르헤 라파엘 비델라(Jorge Rafael Videla Redondo, 1923~2013) 대통령이다. 그는 페론 대통령의 실정을 비판하면서 쿠데타를 일으켜 집권하였다. 그는 집권을 목적으로 국민들을 납치, 고문, 살해하였으며, 이로 인하여 피해를 입은 사람이 약 1만 5천에서 50만여 명에 이른다. 아직 행불자조차 집계되지 않았으며 피해자들의 유골은 계속 곳곳에서 발견된다고 한다.

비델라 집권 당시 급격한 인플레이션과 외채 증가로 인해 아르헨티나의 경제도 몰락했다. 아르헨티나는 1929년 미국발 대공황 이전까지 세계에서 손가락 안에 들 정도로 부국이었지만 몇 번의 경제위기를 겪은 뒤 그 위상이 추락했는데, 그중에서 비델라 정권이 위기와 추락에 가장 크게 기여했다. 그나마 다른 경제위기에서는 어떻게든 빈민 비율만은 지켜냈으나 비델라 정권은 그나마 남은 마지막 자존심인 빈민 비율마저 지키지 못하는 결과를 낳았다. 실제로 아르헨티나 역사상 빈민 증가율이 가장 높았던 시기가 비델라 집권기간(7배)이었다. 그뿐만 아니라 그에게 붙어 다니는 말이 있는데 1976~1981년까지 그가 저질렀던 테러, 고문, 정보 조작, 납치 등을 행한 시기를 '더러운 전쟁'이라고 한다. 즉 이것이 아르헨티나의 대표적인 인권침해 사건이 되었다.

그는 축구를 이용하여 국민의 관심을 돌리기로 한 뒤 아르헨티나 월드컵을 유치하기 위하여 엄청난 로비와 자본을 투입한 끝에 1978년 월드컵을 유치하는 데 성공하였다. 비델라의 반협박으로 인하여 어떻게든 우승하는 것이 목표였으며 이기기 위해서는 수단과 방법을 가리지 않았다. 예를 들면 거액을 들여 승부 조작을 하는가 하면 페루 정부에는 거액의 부채를 탕감해 줌으로써 결국은 월드컵을 손에 쥐었던 것이 후에 밝혀졌다.

더러운 전쟁은 제1차 중동전쟁으로 인하여 석유파동으로 수출이 감소하고 외환위기가 닥쳐오자 사회불안과 경제 불안이 겹치면서 페론 정부를 축출하는 군부 쿠데타가 일어난 1975년부터 시작되었다.

아르헨티나의 국민들은 처음에는 군부 쿠데타를 지지하는 듯하였다. 왜냐하면 페론 정부의 실정을 20여 년 동안 지켜본 국민들은 아르헨티나를 안정시키고 경제를 활성화시킬 수 있다고 확신했기 때문이다. 다시 말하면 정치적, 경제적 불안을 없앨 수 있고 경제침체에서 벗어날 수 있다고 믿었기 때문이다.

1976년 당시 육군 총사령관이었던 호르헤 라파엘 비델라는 이사벨 페론 정부의 일부 실정을 빌미로 1976년 3월 쿠데타를 단행했다. 국가비상사태를 선포하여 의회를 해산시키고 페론 정권을 붕괴시키고 아르헨티나의 43대 대통령이 되었다. 아르헨티나 국민은 이 군부 쿠데타가 지난 20년간 혼란에 빠져 있던 아르헨티나를 안정시킬 수 있다고 생각했다. 아르헨티나 국민과 대다수 정당 지도자들의 지지를 받은 군사정권은 국민의 생존권을 위협했던 페론 시대의 경제적 혼란과 정치적 폭력을 종식시키고 만성적인 정치적 위기와 '아르헨티나 병'이라고까지 불린 만성적인 경제침체를 종식시킬 것이라고 공언했다.

그러나 군부정권은 이와 같은 경제침체에서 벗어나고자 경공업에서 중화학 공업으로 전환하였고 외국의 자본 및 수입자유화를 실시하였으나 오히려 외채가 1975년 78억 달러에서 1983년에는 450억 달러로 늘어났다. 또한 이를 해결하기 위하여 노동법 개정, 노조 탄압, 최저임금 폐지를 통해 해고를 자유롭게 하도록 허용하고 임금을 대폭 하락시켰다. 국가 경제가 어려워지고 언론의 자유가 계속 억압되자 학생, 기자, 페론주의·사회주의를 추종하는 게릴라 및 동조자가 반기를 들고 일어났다. 페론주의의 영향을 받아 결성된 아르헨티나의 좌익단체인 몬토네로스를 포함해 약 8,960명이 실종됐다. 불순분자로 지목된 인사들은 체포된 뒤 약 340여 개의 비밀수용소에 갇히게 되었다. 실종자 진상조사 국가위원회가 제출한 보고서 '눈카마스'에 따르면 실종자가 최소 8,960명에 이르고 그중에 86%가 35세 이하의 젊은 청년, 그중 30%가 여성, 또 그중 10%는 임신 중인 여성이었으며 임산부는 출산 후 총살되고 아기들은 경찰이나 군 간부들의 집에 강제로 입양되거나 팔렸다.

아르헨티나 군부는 독재에 반대하는 사람들을 살해하기 위해 치밀한 계획 아래 전국적으로 300여 곳에 죽음의 수용소를 설치·운영했다. 수용소는 주로 변두리 지역의 학교나 체육관 등 대규모 건물을 개조해 비밀스럽게 사용했는데, 수도인 부에노스아이레스 주변에만 이런 수용소가 한때 수십 개에 이르렀다.

1970년 기준, 최종적으로 실질 임금을 100이라고 하면 1975년에는 124로 상승했지만, 1976년에는 1년 만에 30년 이래 최저수준인 79까지 떨어졌다. 이로 인해 국민의 생활수준이 하락하여 군사정권 말기에 빈곤율이 40%, 실질실업률은 18%까지 치솟는 상황이었다. 호르헤 라파엘 비델라 대통령은 고문이나 살인과 같은 행위들을 '공산주의, 체게바라(본명은 에르네스토 체 게바라, Ernesto Che Guevara, 1928~1967)주의, 비(非)기독교적 생활양식으로부터 아르헨티나를 보호하기 위한 필수조치'로 정당화하였다.

아르헨티나의 인권침해 사례로 죽음의 비행이라는 사건이 있다. 이는 칠레의 군부 독재정권인 피노체트 정권이 정적을 헬리콥터에 태워 사망하게 했던 이른바 '죽음의 비행'이다. 1973년 군부 쿠데타 이후 1990년까지 이어진 피노체트 독재정권 시절 칠레에서는 좌파 인사나 학생, 시민운동가 등 3천 명 이상이 사망하거나 실종된 것으로 추정된다. 피노체트 정권에 붙잡혀 고문을 당한 이들도 수만 명에 달한다. 지난 2001년 리카르도 라고스 당시 칠레 대통령은 피노체트 정권이 120명을 헬리콥터에 태운 뒤 강과 호수, 바다에 떨어뜨렸다고 발표한 바 있다. 역시 군부독재를 겪은 이웃 아르헨티나에서도 비슷한 일이 자행된 것으로 알려졌는데 1995년 한 전직 해군대위는 해군 기술학교 수용소에 근무하면서 살해되거나 의식을 잃은 수감자를 한번에 15~20명씩 비행기에 태워 바다에 던지는 끔찍한 임무를 맡았다고 고백했다. 이 사건을 죽음의 비행이라 부른다. 이런 식으로 그가 처리한 사람은 1,750명에 이른다고 알려졌다.

이러한 사건들이 자행되자 1977년 4월 30일, 부에노스아이레스의 오월광장에는 14명의 어머니가 비델라 대통령에게 아이들의 행방을 묻는 서신을 전달하고자 모였다. 이를 '오월광장 어머니회'라고 한다. 이들은 실종자 가족들로 구성되어 있으며 자식들의 실종에 대한 답변을 듣기 위해, 그리고 직접 그들이 항의하기 위해 모였던 것이다. 실종자 어머니들은 여러 기관들을 방문하여 실종에 대한 답변을 듣고자 하였으나 경찰서, 내무부, 사법부 등 관계 기관에서는 답변을 주지 않았기에 오월광장에 모여 대통령에게 직접 답변을 요구하는 서신을 전달하고자 하였으나 오히려 경찰들은 해산을 요구하면서 그들을 '오월광장의 미치광이들'이라 멸시하면서 강제로 해산시킨 사건이다. 이러한 조롱에도 불구하고 이들은 머리에 흰 손수건을 두르고 목에는 실종자 아이들의 사진을 담은 패를 걸어, 침묵하는 권력에 저항하려 했다.

이러한 시위는 당시에는 알아주지 않고 반애국적이라 멸시하였지만 이 시위가 준 의미는 군사정권 퇴진 뒤 1983년 12월에 알폰신(Raúl Ricardo Alfonsín, 1927~2009) 정부가 들어서자, '오월광장 어머니회'는 민주화의 상징으로 우뚝 솟았다. 이들은 1986년 군사정권의 인권탄압에 책임 있는 상당수의 지휘관에게 책임을 면해주는 기소종결법과 강제명령에 따른 복종법 폐지를 위한 투쟁을 시작하며 알폰신 정권과 메넴 정권의 정치적 타협을 수용하지 않고, 실종자 문제에 대한 철저한 진상 규명을 끈질기게 요구하여 본인과 자식들의 인권을 위해 계속해서 시위했다.

또한 정부가 보상금을 제안하였는데도 희생자 가족들은 이를 거부하였다. 그 외에도 정부가 제안하는 추모제 안(案)도 거부하였는데 그 이유는 생명은 그 자체만으로 가치가 있기에 금전으로 바꿀 수 없다는 입장이었고 자식들의 정신을 화석화시켜 돌 속에 가두지 않겠다며 당시 사건에 대한 정부의 적극적인 진실규명을 요구했다.

오늘날 아르헨티나는 1980년대 이후 민주화의 거센 물결을 피해 갈 수 없었다. 당시의 세계적인 민주화의 물결은 동서냉전의 벽이 허물어지는 과정에서 사회주의 국가나 남미의 제3세계도 피해 가지 못하였다. 이러한 과정에서 가장 우선시하는 과제는 과거청산의 문제인데 반인륜적 행위에 대한 책임을 묻는 것이다. 다시 말하면 행위의 책임을 묻는다는 것은 진실을 규명함과 동시에 반성과 사과 그리고 보상이라는 과제를 이행하는 것이다.

그러나 이러한 과제는 쉽게 해결되는 문제가 아니다. 과거를 청산한다는 것, 즉 인권침해자들을 처벌하는 것은 기존의 권위주의 정부 세력을 약화시키고 새로운 정부의, 즉 신생 민주주의의 정당성과 안정성을 높일 수 있다는 점에서 긍정적이지만 신생 민주 정부는 취약하거나 과도적이기 때문에 인권침해 가해자를 처벌해야 한다는 도덕적 요구가 강하더라도 이러한 과거청산의 요구를 현실 정치의 제약 아래서 실제로 추진하는 데에는 제약이 있다는 것이다.

우리나라도 1960년대 이후에 자행되었던 독재정권의 인권침해 현상을 해결하는 과정에서 많은 시련을 겪었듯이 아르헨티나도 신생 민주 정부로써 이전 군부독재 정권이 자행한 인권침해와 국가폭력에 대한 진상조사, 보상, 책임자 처벌에 대한 시대적, 역사적 요구를 받음에 따라 과거청산 작업을 추진하였다. 하지만 이는 어려운 과제로서 해결하는 데 많은 시련이 예상되었다. 따라서 이러한 과제는 민주주의를 이행하는 과정과 민주주의를 확립하는 과정 속에서 슬기롭게 처리해야 하는 난제를 갖고 있다. 즉 민주세력이 요구하는 해결점과 과거 정권 사이에 미묘한 갈등이 존재하기 때문이다. 이를 위해서는 사과나 진실규명 혹은 보상적인 차원이 아니라 인간의 보편성의 기준에서 합리적으로 처리해야 할 것이다.

6 베네수엘라의 인권은 어떤 수준인가?

베네수엘라는 베네수엘라 볼리바르 공화국(República Bolivariana de Venezuela)이 정식 명칭이며 언어는 스페인어를 사용하고 수도는 카라카스이다. 이 나라의 명칭은 아메리고 베스푸치(Amerigo Vespucci, 메디치 가문으로 스페인에 파견된 사무관)라는 해군탐사대가 지은 말로 1499년 선원들이 바다 위에 지은 집을 보고 이탈리아의 물의 도시를 떠올려 작은 베네치아란 뜻을 가진 Venezuela라고 이름 붙였던 것이다. 이것이 에스파냐어로 바뀌어 같은 뜻의 Venezuela가 되었다. 베네수엘라 역시 유럽의 식민지로 있다가 남미에서 가장 먼저 독립을 쟁취한 나라로 1819년에 콜롬비아, 에콰도르, 베네수엘라로 구성된 그란 콜롬비아에서 분리 독립하여 1845년에 승인을 받았다.

베네수엘라는 다른 남미 국가들처럼 사회, 정치적으로 매우 불안정한 나라로 오늘날까지 불안 요인들이 존재한다. 또한 이러한 요인들이 경제에도 영향을 미쳐 남미에서 가장 불안한 국가 중 하나이다. 한때는 석유 수출로 부국으로 꼽혔으나 석유가격의 하락과 인플레이션으로 오일 머니(Oil Money)에 의존하던 나라로서 치명타를 입게 되었다. 이 나라는 세계 최대의 원유 보유국으로 수출의 96% 이상을 석유가 차지한다. 따라서 석유가격의 폭등과 폭락에 따라 경제가 움직이기 때문이다.

과거 차베스[우고 라파엘 차베스 프리아스(Hugo Rafael Chávez Frías), 문화어: 우고 챠베스 프리아스, 1954~2013] 정권은 1998년 양당체제를 무너뜨리고 정권을 잡은 후 사회민주주의를 정권기반으로 해서 성립됐다. 그는 석유수출로 벌어들인 돈을 사회보장제도에 지나치게 투입하였다. 그러던 중 2013년 사망한 후 그의 후계자인 니콜라스 마두로(Nicolás Maduro Moros, 문화어: 니꼴라스 마두로 모로스, 1962~, 베네수엘라의 노조활동가 출신 정치인으로, 현직 대통령)에게 권력을 승계하게 되는데 그 역시 무리하게 복지 혜택을 주는 바람에 국고 부족으로 2014년 유가 폭락과 시추 기술의 한계로 인한 석유 생산량의 감소가 겹치면서 베네수엘라는 경제적으로 매우 어려운 지경으로 침체되고 추락하였다. 다시 말하면 과도한 선심성 정책으로 국가를 부도상태로 이끈 장본인이었다.

그는 베네수엘라의 경제난을 타개하고자 베네수엘라의 공식 통화화폐인 볼리바르를 과도하게 찍어낸 여파로 집권 1년 만에 물가 10배 상승, 2018년엔 170만%라는 초인플레이션으로 국가의 부도사태를 맞을 지경으로 심각한 경제의 불안상태를 유지하고 있다. 따라서 세계 최대의 원유매장량에서 식량이 모자라는 가장 가난한 나라로 추락했으며 거리에는 생필품을 사기 위하여 시장가방 대신 큰 돈가방을 들고 있는 신세가 되었다. 원유매장량 세계 1위의 국가에서 식량이 모자라는 기현상을 보여주는 사례가 된 베네수엘라는 가계평균 수입의 72%가 식량 구입에 사용되며, 최저임금의 열여섯 배를 벌어야 제대로 먹고 살 수 있다는 암울한 조사결과가 나오고 있다.

니콜라스 마두로는 전임자이자 중남미 정치의 '아이콘'이었던 우고 차베스를 따라 '경제와의 전쟁'을 선포했다. 외환을 통제하고 소매체인에는 강제로 가격 인하를 명령했다. 급기야 마두로는 국회의 동의 없이 법을 입안할 수 있는, 대리인의 동의를 필요로 하지 않는 본인의 단독행위인 수권법(授權法)을 통과시켰다. 이러함에도 경제가 어려워지자 베네수엘라 국민들은 연일 시위로 몸살이 날 정도로 요동치고 있었다.

이러한 사회, 경제 상태가 지속되자 마두로는 시위 원인을 미국이 사주하고 있다며 미 대사관 직원들을 추방하였다. 즉 시위대는 미국에 의한 관제 데모이고 자신을 몰아내기 위한 것이라며 2014년 2월 17일 미 대사관에서 근무하던 직원 3명을 추방했다. 마두로는 CNN 등 미국 방송들이 사태를 악의적으로 보도한다고 비난했고, 버락 오바마 미국 대통령에게는 "직접 와서 진실을 보라"며 대화를 제안하기도 했다. 외신의 보도 행태를 왜곡이라 비난했지만 정작 베네수엘라도 보도통제를 일삼고 있다. 시위를 보도하는 텔레비전 방송 송출을 막는가 하면, 외신기자들이 정보를 전달하는 트위터, 페이스북 등 사회관계망 서비스(SNS) 접속까지도 일시적으로 막았다. 지금까지 내국인과 외국인을 통틀어 언론 종사자 최소 19명을 임의 구금하거나 강제 추방하는 등, 표현의 자유가 침해된 사례 역시 다수 보고되었고 2019년 1월에는 단 7일 사이에 최소 11명의 기자가 구금되었다. '차베스가 직접 지명한 후계자'라는 점을 등에 업고 대통령에 당선된 마두로는 그 후광 외에는 지금까지 국내 문제에 뾰족한 해결방안을 보여주지 못했다.

이는 정치적인 미국에 의한 음모가 아니라 정책실패로 인한 것이다. 과도한 선심성 지출이 경제의 촉진에는 별 도움이 되지 않는 곳에 집중된 결과이며 통화정책과 인플레이션의 결과였던 것이다.

경제용어 중 하나인 인플레이션(inflation)은 쉽게 말하면 지속적인 물가상승을 뜻한다. 인플레이션은 대부분 시장 내에서 유통되는 화폐가 많아질 때 생기는데, 이는 돈의 가치를 하락시키며, 구매력을 약화시킨다. 인플레이션보다 심한 경제적 상황이 있는데, 바로 하이퍼인플레이션(hyperinflation)이다. 인플레이션이 너무 심해 물가상승이 통제를 벗어난 상태를 말한다. 하이퍼인플레이션 상황에서 물가상승률은 몇십 %에 그치는 게 아닌 몇백, 몇천, 몇만%에 이른다고 한다. 2000년대 이후 국제뉴스에서 언급되지 않던 하이퍼인플레이션 위기는 최근 베네수엘라의 경제위기가 터지면서 다시 이슈가 된다. IMF는 2018년 베네수엘라의 물가상승률을 백만%로 예상했다. 사태가 심각해지자 정부는 화폐개혁을 단행해 경제위기를 완화시키려 했지만, 치솟는 물가상승률은 지금까지도 베네수엘라를 제어 불가능 상태로 만들고 있다. 다시 말하면 빵 하나를 사기 위해서는 돈 가방을 들고 가야 하는 실정이라는 것이다.

베네수엘라는 2000년대에 사회복지 지출은 급격히 늘어났는데, 정부가 거둬들인 수익은 하락했다. 왜냐하면 석유 값을 안정시키기 위해서는 역부족이었고 이로 인한 수출단가가 하락하였기 때문이다. 니콜라스 마두로 정권은 위기를 탈출하기 위한 해결책으로 더 많은 화폐를 발행하는 방법을 선택하게 되는데 이들은 화폐 발행만이 지출에 필요한 돈을 메울 수 있는 유일한 해결책이라 판단했다. 정부의 화폐 발행은 베네수엘라 하이퍼인플레이션의 시작이었고 경제가 회복되지 않자, 이를 메우기 위해 계속해서 화폐 발행을 단행했는데 이는 악순환의 반복이었다. 베네수엘라 중앙은행은 2016년과 2017년의 물가상승률을 각각 274.4%, 862.6%로 집계했고 2018년 물가상승률이 13만 60%라고 밝혔다. 국제통화기금(IMF)은 2019년 베네수엘라의 물가상승률이 '현대사에서 유례를 찾기 힘든 수치'인 1,000만%까지 치솟을 것으로 내다봤다.

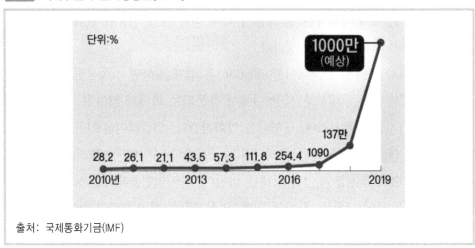

그림 베네수엘라 물가상승률(2019)

출처: 국제통화기금(IMF)

　정부 정책의 실패인 하이퍼인플레이션의 악영향은 고스란히 베네수엘라 국민들에게 돌아갔으며 사람들이 저축해 왔던 재산의 가치를 파괴했고, 외국인들의 투자 또한 감소하자 외국기업들이 빠져나가기 시작했다.

　또한 국내 자영업자들의 고충도 이만저만이 아니었다. 자고 일어나면 원자재의 상승으로 인하여 가격 변동을 가져와서 장사가 불가능할 정도였기 때문이다. 그러다 보니 수익은 별로 기대할 수가 없었다. 이러한 것은 곧 기업들의 생산성 하락을 가져오는데 생필품의 희소성으로 인해 구매가 어렵게 되었다.

　따라서 평소 슈퍼마켓에서 쉽게 살 수 있었던 화장지, 샴푸, 음식 재료들은 희소가치가 급상승했고, 국민들은 아무리 돈이 많아도 이 물건들을 살 수 없는 지경에 이르렀다. 특히 식료품의 부족은 베네수엘라 국민들의 영양실조로 이어졌다. 돈이 아무리 많아도 물건을 살 수 없게 되자 사람들은 굶을 수밖에 없었다. 현재 베네수엘라에선 수많은 사람들이 하루에 한 끼를 먹거나, 먹을 것이 없어 음식물 쓰레기를 뒤진다.

　베네수엘라 사람들은 이 상황을 두고 '마두로 다이어트'라고 한다. 다시 말하면 자발적인 다이어트가 아니라 먹을 것이 없어서 어쩔 수 없이 다이어트를 한다고 빗대서 하는 말이 생겨날 정도이다. 유니셰프 보고서에 따르면 90%의 베네수엘라 국민들이 빈곤층으로 구분되었고, 2017년 한 해 동안 평균 11kg의 몸무게를 잃은 것으로 집계되었다. 이는 2017년 8kg로 집계되었던 것보다 악화된 결과이다. 영양실조에 걸린 아이들은 계속해서 늘어나고 피임약과 콘돔을 구할 수 없는 여성들은 자발적으로 불임시술을 선택하고 있으며 경제 파탄의 여파로 아이들을 버리는 부모가 늘어나고 배고픔이 일상화되면서 최악의 식량난에 직면하자 약탈과 폭동이 빈발하고 있으며 3명이 숨지고 1명이 다치는 사건도 발생하였다. 또 다른 식품을 사기 위해 폭동이 유발되었는데 이때 4명이 사망하고, 로물로 가예고스 전 대통령의 무덤이 파헤쳐지기도 했다. 게다가 병원에서는 신생아용 침대가 부족해지자 종이상자에 담긴 아기의 모습이 공개돼 논란이 일고 있다.

생필품을 사기 위해서는 현금이 한 상자나 필요한 지경에 이르렀으며 상황이 심각해지자 베네수엘라 정부는 100볼리바르의 사용 중단을 2017년 1월 2일로 연기했다. 베네수엘라에서 100볼리바르를 폐지하겠다고 발표한 후 주말에 상점들이 약탈당하는 사태가 발생했다. 그리고 베네수엘라 정부는 2017년 1월 8일에 최저임금을 50% 올렸지만, 여전히 기초생활 유지에 부족한 상황이다. 국민들은 식량과 생필품을 찾아 주변국으로 가고 있으며 돈이 없는 국민들은 쓰레기장을 뒤져서 나온 음식물 쓰레기들을 먹고 있다.

이들이 특히 콜롬비아로 많이 가자, 2015년 8월부터 밀수를 방지한다며 콜롬비아와 맞닿은 2,250km에 이르는 국경지대를 차단하였지만 배고픔 앞에서는 결국 국경도 통제하지 못하는 상황이 되었다. 환율 때문에 10배 이상 비싸지만 베네수엘라에서는 아예 생필품을 구할 수 없는 상황이므로 이들에게는 선택의 여지가 없다 보니 울며 겨자 먹기 식으로 사게 되는 것이다. 결국 국경 개방에 대해 12시간 개방을 승인했으며 덕분에 25,000명 이상이 생필품을 구매했다.

유엔 통계에 따르면 2015년 이후 지금까지 300만 명 이상이 베네수엘라를 떠난 것으로 추정된다. 이는 베네수엘라 총인구의 10%에 해당하는 숫자이다. 이들 중 대부분은 브라질, 칠레, 콜롬비아, 에콰도르, 페루로 피신했다. 난민들은 건강권과 식량권을 보장받지 못하는 것을 주된 피난 이유로 꼽았다. 즉 이들은 살기 위해 자국을 떠나는 것이다.

2018년 8월, 마두로 정부는 화폐개혁을 통해 하이퍼인플레이션을 막으려 했다. 새로운 화폐단위인 볼리바르 소베라노(Bolivar Soberano)는 이전 화폐단위 볼리바르 푸에르테(Bolivar Fuerte)를 대신하게 된다. 볼리바르 소베라노가 자그마치 10만 볼리바르를 대신하면서 완전히 새로운 화폐를 사용하기 시작한 것이다. 그런데도 베네수엘라의 인플레이션은 멈추지 않고 올라가는 추세다. 2018년 8월 당시 1달러당 71.2볼리바르 소베라노를 기록했던 환율은 11월 첫째 주에 1달러당 250.7볼리바르 소베라노에 도달하며 거의 4배에 가까운 물가상승률을 보였다. 전문가들은 이와 같은 베네수엘라의 인플레이션 현상이 앞으로도 계속 심화될 것이라 예상하고 있다.

이와 같이 경제적 생활고에 시달리자 마침내 2014년 2월 4일에 대학생들을 중심으로 시위가 일어나기 시작하였고 때마침 시위 도중 여학생의 성폭행으로 시위가 걷잡을 수 없는 상태가 되었다. 이는 정권에 대한 시위로 번졌고 대책을 마련하지 못하자 국민들은 치안상태를 믿지 못하게 되었다. 정부로서는 속수무책이었다.

그러나 정부는 오히려 시위 참가자들을 연행하는 등 강경대응으로 맞섰다. 연행된 시위자들을 풀어달라고 시위하면, 그 시위자들을 다시 연행하는 일이 계속됐다. 거듭된 시위는 급기야 수도 카라카스를 비롯한 전국에서 대규모 시위로 번졌다. 시위는 친정부 측 대 반정부 측의 충돌로 이어졌고, 대규모 폭력사태로 번져 이날에만 3명이 숨졌다. 한 여대생이 시위에 참여하다 머리에 총을 맞아 숨지는 등 사상자도 점차 늘어났고 정부는 반정부 시위로 인해 2월 24일까지 최소 13명이 숨졌으며, 약 150명이 다쳤다고 밝혔다. 이날까지 구금된 인원이 45명, 연행된 인원수가 529명이라고 정부는 덧붙였다.

베네수엘라에 사회 불안정을 가져온 원인 중 대부분은 2017년 3월 29일로 거슬러 올라간다. 대법원이 니콜라스 마두로 대통령의 지지를 등에 업고, 야당이 다수를 차지하고 있던 국회를 장악한 것이다. 이에 항의하며 시위가 벌어졌지만, 마두로 정부는 과도한 무력을 불법으로 동원해 이를 진압했다. 2017년 4월부터 7월 사이에 벌어진 대규모 시위에서 120명 이상이 목숨을 잃고 약 1,958명이 부상을 입었으며, 5,000명 이상이 구금당했다.

비영리단체인 베네수엘라 사회갈등 관측소(Venezuelan Observatory of Social Conflict)에 따르면 2018년 한 해 동안 전국에서 1만 2,715건에 이르는 대규모 시위가 벌어졌다. 후안 과이도도 국회의장이 마두로 대통령에 맞서 대규모 시위에 참여할 것을 촉구하면서 이러한 시위는 2019년까지 계속되었다.

2019년 1월 24일 베네수엘라 정부가 니콜라스 마두로 대통령의 퇴진을 요구하는 대규모 반정부 시위대를 향해 충격을 가해 최소 26명의 시민이 숨졌으며 민간 인권단체인 사회갈등 관측소(OVCS)는 이날 트위터를 통해 "수도 카라카스에서 18세 남성이 총격으로 숨지는 등 현재까지 26명이 사망했다"며 "저소득층 거주지역에서 군경의 진압이 계속되고 있다"라고 밝혔다. "대부분의 사망자는 19세에서 47세 남성"이라면서 "희생자들은 여느 때처럼 평화롭게 시위에 참여했지만 군과 친정부 민병대의 공격을 받았다"고 주장했다. 이는 마두로 대통령 첫 임기 시절인 2017년 4~7월 사이 반정부 시위과정에서 125명이 숨진 이래 시위대와 경찰 간 충돌로 발생한 첫 유혈사태이다.

정부는 의견이 다른 집단을 불법으로 괴롭히기 위해 사법제도를 이용하고 있는데 베네수엘라 인권단체 포로 페날(Foro Penal)에 따르면, 2019년 1월 21일부터 31일 사이 988명이 구금되었다. 이들 중 137명은 어린이 및 청소년이었으며, 그중 10명은 지금까지 석방되지 않고 있다. 또한 구금자를 대상으로 고문 및 부당대우가 이루어졌다는 의혹도 있다. 포로 페날은 지금까지 정치적인 이유로 구금된 사람이 942명에 달하는 것으로 추정한다.

체포된 시위대는 국제법에 위배되는 군사 법원에서 재판을 받는 경우가 빈번했다. 기소된 사람들은 "반란을 선동하려는 의도로 단체 조직" 혹은 "보초병 공격"과 같이 군인을 대상으로 마련된 특수한 혐의가 적용되었다.

베네수엘라 정부는 인권 위기 발생 이후 조직적인 억압정책을 유지해 왔으나, 최근 그 강도가 더욱 강해지는 양상이며 국제앰네스티는 보고서 "이렇게는 살 수 없다(This is no way to live)"를 통해, 국가의 지원을 받는 보안군이 '범죄와 싸운다.'라는 명목으로 가장 취약하고 사회적으로 소외된 사람들에게 살해 목적으로 치명적인 무력을 사용하고 있다고 밝혔다.

니콜라스 마두로 대통령은 베네수엘라가 인권 위기를 겪고 있다는 사실을 거듭 부인하고 있다. 또한 식량과 약품이 부족하다는 사실조차 인정하기를 거부하며, 피해를 더욱 증폭시키고 있다. 국민 복지에 관한 공식 통계 중에는 독립적 기구에서 보고한 내용과 상반되는 것도 일부 존재한다. 정부가 이러한 생필품 부족 현상을 부인하고 있기 때문에, 여러 차례 제안된 국제사회의 인도적 지원도 받아들이지 않고 있다. 이로 인해 특히 가장 취약한 상태에 놓인 사람들은 재앙에 가까운 피해를 입고 있다.

　우리는 위에서 칠레, 아르헨티나, 베네수엘라의 인권상태를 각각 살펴보았다. 이 세 나라의 인권상태는 서로 다르지만 인간에게서 가장 우선시되는 기본권이 보장되지 않는다면 자국의 경제, 정치 등 모든 면에 영향을 미친다는 것을 보여주고 있다. 따라서 인권의 가치 및 규범을 제도화하고 법제화하기 위해서는 정부, 지도자, 시민단체의 노력이 필요하며 강력한 의지가 수반되어야 한다는 것이다. 이는 인류의 절대가치인 자유, 평등, 정의 등의 기본권을 확립하기 위해서는 민주주의가 더욱 공고해져야 하며 실질적인 법과 제도를 다른 어느 것보다 우선시해야 한다는 것이다.

　또한 일반 국민들은 인권개선을 위한 지속적인 관심과 노력을 통해 언제든 정치적 압력을 가할 수 있는 자세를 갖추어야 하며 인권이 퇴보되지 않도록 전문성과 노력을 아끼지 말아야 할 것이다.

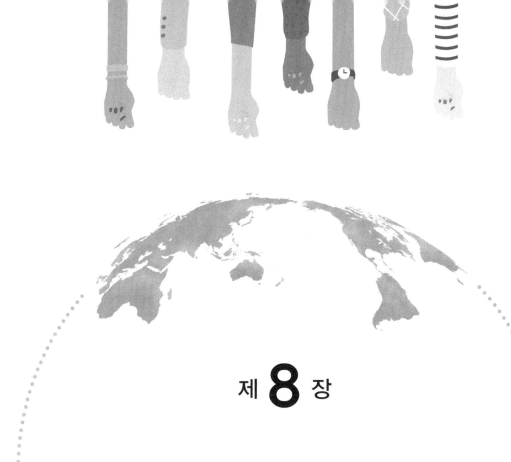

제 **8** 장

미래의 보고(寶庫)인
동남아시아 역사는 어떠한가?

자원의 보고(寶庫)인 동남아시아는 어디를 말하는가?

동남아시아는 아시아의 남동쪽에 있으며 인도차이나반도와 그 남동쪽에 분포하는 말레이제도로 구성된다. 베트남, 라오스, 캄보디아, 태국, 미얀마, 말레이시아, 싱가포르, 인도네시아, 필리핀, 브루나이 등이 포함된다. 이 지역은 향신료와 고무, 주석과 석유, 삼림 같은 자원이 풍부해서 서구 열강들의 각축장이 되어 식민 지배를 받으며 살다가 1900년대 중반 이후에 독립한 나라가 대부분이다. 유일하게 식민 지배를 경험하지 않은 나라는 태국뿐이다. 자연적으로는 '몬순아시아' 지역을 이루어 고대부터 많은 민족국가와 전통문화가 번영한 지역이었으나, 유럽 제국의 식민지가 되면서, 각국이 자국의 영토만을 의식하여 왔기 때문에 '동남아시아'라는 지역 전체의 호칭은 제2차 세계대전 무렵부터 일반화되었다. 동남아시아의 범위에는 종래 인도반도와, 때로는 한국, 중국, 일본까지 포함하였으나, 오늘날에는 남부아시아와 동부아시아로 분리하는 것이 일반적인 경향이다.

오늘날 이 지역은 대한민국과도 거리나 심리적으로 매우 밀접한 관계를 가지고 있다. 왜냐하면 대부분의 나라들이 경제적으로 어려운 상태이기 때문에 오늘날 취업과 결혼 그리고 기업활동 등으로 매우 밀접한 관계에 있기 때문이다. 그 예를 한 가지 들자면 한국인과 동남아시아 국가 간의 국제결혼은 다른 지역보다 월등히 높다.

동남아시아의 국가들은 우리와 같이 아픈 과거를 공유하고 있다. 유럽 열강들이 무역을 중심으로 아시아국으로 눈을 돌리기 시작한 이래로 대부분의 국가는 정치적, 경제적, 문화적으로 식민지 과정을 거쳐 1900년대 중반까지 식민지 지배를 당하는 끔찍한 경험을 통하여 그들의 문화나 종교 그리고 경제적으로 많은 희생을 치렀기 때문이다.

유럽 열강들은 유럽의 제국주의적 무역을 통하여 부를 축적하기 위해 값싸고 자원이 많은 아시아로 눈을 돌리는 과정에서 신무기를 동원하여 종교를 전파하고 값싼 노동력을 이용하려 했다. 이 과정에서 기독교나 천주교 그리고 이슬람교가 전파되었고 당시 금보다 더 비싼 향신료 등을 얻으려 했다.

각 나라는 이 과정에서 식민지 기간은 다르지만 필리핀의 경우 16세기 중엽부터 20세기 중엽까지 400년간 식민 지배를 받은 것에 비하여 라오스는 19세기 말부터 20세기 중엽까지 약 60년간 식민 지배를 받았다. 이에 반하여 태국은 지리상의 조건으로 인하여 식민 지배는 모면할 수 있었다. 동남아시아 역사에 있어 16세기부터 18세기까지의 시기는 서구 열강들에 의한 식민화가 본격적으로 진행되는 19세기에 비해 서양인들과의 접촉이 불연속적이며 국지적으로 일어난 기간이었다. 16세기부터 유럽인들은 동남아시아 사회에 총과 화포를 도입하고 기독교를 전파하였으며 유럽 자본을 침투시키고 식민지를 건설하기 시작했지만, 그것은 필리핀과 인도네시아 등 일부 지역에서만 일어났다. 또 유럽인들의 그러한 활동이 동남아시아 사회에 미친 영향은——대부분의 지역에서는——아직 표면적인 것에 불과했다. 18세기까지 동남아시아의 정치적 운명은 대부분 이 지역 원주민들의 손에 놓여 있었으며, 고대에 형성된 동남아시아의 전통은 일부 지역을 제외하고는 대부분 그 사회적, 문화적 효력을 유지하고 있었다.

　서구 열강들은 아시아 국가들보다 우수한 군사력과 뛰어난 항해술 그리고 우수한 해양기술을 가지고 식민지 개척의 영토적 목적을 위해, 또한 향료 무역 등의 상업적 목적을 위해, 혹은 기독교 전파의 종교적 목적을 위하여 이 지역을 침탈하기 시작했다. 특히 16세기 초 당시 남중국해와 인도양의 향료 무역을 지배하던 무슬림 상인들보다 나은 항해술과 전투력, 특히 더욱 우수한 함포를 갖춘 포르투갈인들은 아시아에 진출하여 성공적으로 무역기지들을 세우기 시작했다. 자신들의 군사적 우월성을 인식한 유럽인들은 토착민들과의 첫 만남에서 군사력을 동반한 자신들의 위용을 과시하는 것에 주저하지 않았으며, 만약 일이 자신들의 뜻대로 진행되지 않으면 군사력을 통한 의지의 관철도 서슴지 않았다.

　처음에 서구 열강들은 무력충돌을 피하지 않았다. 왜냐하면 토착민들이 새로운 사회구조나 정치구조 그리고 문화적 차이에 순순히 적응할 것이라고는 생각하지 않았기 때문이다.

　예를 들면 네덜란드의 동인도회사는 토착민을 협상 및 설득해서 우수하고 값싼 향신료를 얻으려 하였다가 실패로 돌아가자 많은 함대를 동원하여 주민들을 학살하고 노예로 부리거나 외지에 버리는 경우도 있었다. 이때가 1621년이며 희생자는 1만 5천여 명이 되었다고 한다. 이러한 과정을 거쳐 동남아시아에서의 향신료 무역을 독점하기 시작했다.

향신료는 당시 방부제와 주술용으로 그리고 맛을 내는 데 탁월한 효능이 있었기 때문에 금보다 더욱 비쌌으며 특히 후추는 원산지가 동남아시아 지역이어서 이를 차지하기 위하여 서구 열강들이 침입하는 원인이 되었다. 따라서 가장 많은 피를 부른 재료라 할 수 있다. 향신료로는 고추, 정낭, 후추 등으로 다양하지만, 특히 후추는 세계사의 한 페이지를 장식할 정도로 그것을 차지하기 위해 많은 국가에서 피를 불러온 향신료 중 하나이다. "후추를 먹지 못해 죽은 사람은 없지만 후추를 탐내다 죽은 사람은 셀 수 없이 많다."라고 할 정도로 희귀하고 값이 매우 비싼 향신료로서 매우 인기가 좋았다는 것이다.

서구 유럽 열강들은 19세기 동남아시아에서 식민지를 확대하는 경우 무력을 사용할 것을 호소했다. 영국은 태국과 미얀마 정부에 자유무역 이론에 입각한 문호 개방을 요구했을 때 왕실독점의 전통적인 무역체제를 갖고 있던 이들 동남아시아 국가들이 그에 응하지 않자 군사적 위협을 가하거나 실제 공격을 감행했다. 그 결과 미얀마 정부는 1850년대에 모든 해안지방을 포함한 남부와 중부를 영국에 빼앗겼고, 태국은 불평등조약을 맺고 문호 개방을 강요당했다.

1) 자본주의로 진행되고 있는 베트남 인권의 역사와 현황은?

베트남은 과거 오랜 전통을 가진 민주주의를 신봉한 국가였으나 1976년 공산화 과정을 겪은 후 프랑스의 지배를 받았으며 미국 등을 비롯하여 세계 열강들의 각축장으로 변화하였다. 그 결과 더딘 정치구조로 한때는 곤궁에 빠졌으나 현재 정치구조는 사회주의 체제이지만 중국식과 같은 자본주의로 변화한 후 급속도로 경제성장을 이루고 있는 나라 중 하나이다.

과거 베트남은 서구 열강들이 아시아를 무대로 자원과 영토를 확장하기 위하여 진출을 요구하기 시작했을 때 폐쇄적인 정책을 써서 다른 국가들과 마찬가지로 열강들에 의해 파괴되고 식민지화되었다. 그 중심에는 미국과 프랑스의 진출이 있었다. 이들 나라들은 19세기 초 이후 프랑스에 의한 통상 요구의 압박에 응하지 않았다는 것을 구실 삼은 1862년의 전쟁을 통해 인도차이나를 식민지화하였는데 그들 중 한 국가였다. 캄보디아, 라오스 그리고 베트남은 프랑스령 인도차이나에

속한 국가이다.

프랑스는 단순히 경제적 침탈을 목적으로 합병을 하였기에 그들에 대한 정치적 자유와 인권에는 애초에 관심이 없었다. 이러한 과정에서 베트남은 제1차 세계대전이 끝난 후 호찌민을 중심으로 독립하려는 욕망이 강했으나 강대국들로부터 거절당하자 사회주의 국가인 소련에 기댈 수밖에 없었다. 이를 통하여 제2차 세계대전이 끝난 후 공산당을 중심으로 독립운동을 전개하여 1945년 우리와 같은 해에 국가 주석직(主席職)에 오르게 된다. 바로 이전에 프랑스령이었던 베트남은 프랑스가 독일에 패하자 일시적으로 일본군의 점령하에 놓이게 되는데 일본이 패망하자 이때를 노려 독립을 추구하게 된다.

일본군이 주둔하던 시절 일본은 베트남을 식민지화하는 과정에서 쌀을 약탈하였다. 홍수로 인한 아사자가 늘어 베트남에 대한 통제가 불가능하게 되자 1945년 9월 2일 독립을 선언하게 된다. 베트남 건국의 아버지이자 공산주의 혁명가인 호찌민(Ho Chi Minh, 1890~1969)이 선언한 독립선언문은 미국 독립선언문과 매우 유사하였는데 "모든 인간은 평등하게 창조되었다. 그들은 창조주로부터 양도할 수 없는 권리를 부여받았다. 생존, 자유, 행복의 추구 등이 그러한 권리이다." 이 말은 넓은 의미로는 지상의 모든 민족은 날 때부터 평등하며, 모든 민족은 생존의 권리, 행복과 자유의 권리를 가지고 있다는 것이다.

그러나 불행하게도 독립은 선언하였지만 완전한 독립은 아니었다. 베트남의 중부와 남부에는 프랑스의 세력이 강했고, 이들은 독자적으로 코친차이나 공화국을 수립한다. 1945년 9월 2일 호찌민은 바오다이(베트남의 마지막 황제, 1913~1997) 황제의 폐위와 베트남의 독립을 선언하고 베트남 민주공화국을 선포한다. 이로 인해 북부는 베트남 민주공화국, 남부는 코친차이나 공화국으로 나뉘어 대립하게 된다. 이러한 분리 독립이 오늘날의 베트남이 완성되기까지 많은 아픔을 남기게 된다는 것이다.

그 이유는 완전한 독립 국가를 선포하기 위하여 두 차례의 전쟁을 겪게 되는데 1, 2차 인도차이나 전쟁이다. 1차 인도차이나 전쟁은 당시 프랑스가 아시아의 식민지를 포기하지 않으려 해서 일어났다. 따라서 1945년 12월 19일부터 1954년까지 약 10년간 독립전쟁을 치르는데 이것이 베트남과 프랑스 전쟁이었다. 이 결과 프랑스가 패하자 독립되는 것 같은 기쁨을 누렸으나 남부 베트남은 미국이, 북부 베트남은 호찌민이 지배하게 되는데 이러한 결과로 인하여 1964년 미국의 공격으로 제2차 인도차이나 전쟁이 일어났고 미국의 패배로 베트남은 독립을 맞게 되었다. 이 전쟁을 베트남전쟁이라 하는데 이 전쟁으로 인하여 베트남은 독립을 얻었으나 양측 국가는 물론 미국의 경제 원조를 받는 조건으로 대한민국의 군인들도 참전하여 수많은 희생자를 낸 전쟁이다. 이러한 경제 원조는 오늘날 우리나라의 산업기반과 경부선이라는 대역사를 이루는 데 밑거름이 되었다.

그러나 참전한 한국군들은 그들에게 아픈 상처를 주었던 것도 사실이다. 우리도 미국, 일본인들 못지않게 그들 국민에게 상처를 주었기에 김대중, 노무현 정부 이래로 베트남 국민들에게 진정 어린 사과를 하였다. 한국과 베트남은 1992년 노태우 정부를 계기로 수교를 하였는데 이후 역대 대통령들은 진정 어린 사과를 하였고 문재인 정부는 "우리는 그들에게 마음의 빚을 지고 있다."라고 했을 정도로 그들에 대한 아픈 과거가 있었다.

그러한 아픈 과거는 우리의 자의든 타의든 우리가 원하지 않은 전쟁에 참여하여 무고한 시민들에게 많은 악행을 저질렀다는 것이다. 이의 구체적인 사례들은 많으나 그중에서 몇 가지를 들자면, 첫째, 무고한 양민들을 학살하였다는 것이다. 전쟁은 어쩔 수 없는 희생을 치러야 하지만 그것은 전쟁을 일으킨 지도자들 간의 문제이지 일반 국민은 전쟁과는 상관이 없다는 것을 감안하면 너무나 억울하고 비참한 희생을 강요했다는 것이다.

당시 한국군은 무적 따이한이라 불리며 공식적으로 한국군 전사자의 8배에 가까운 4만여 명을 희생시켰는데 그중에서 1/4이 민간이었다고 한다. 당시 미국의 입장에서 한국군에 대한 시각은——MBC에서 방영된 "이제는 말할 수 있다"에서 증언하였듯이——한국군은 동료 한 명이 사망하면 그 이상으로 보복을 하였다는 것이다. 그러다 보니 한국군은 공포 그 자체였다는 것이다. 오죽하면 미군에 호의적인 남베트콩들도 한국군에게는 발포 명령을 하달하였다. 그 이유는 자국의 국민들을 보호하기 위해서였다고 한다.

한국군은 베트콩 군인에게만 적용한 것이 아니라 여자들도 무참하게 학살하거나 강간한 후에 죽였다는 것이다. 처음에는 베트콩이라 하면 무조건 어린아이라도 사살 명령을 내렸으나 여성들에게는 가까이 올 때까지 기다려서 강간도 모자라 집단윤간까지 자행했다고 증언하고 있다.

주민들에 대해 무참히 자행된 학살은 매우 처참하였다. 처음에는 주민들에게 우호적이다가 작전에서 전우가 희생되어 돌아오면 악마로 변한다는 것이다. 오죽하면 베트남인들은 한국군에 대한 증오비(憎惡碑)를 세웠다는 것이다. 이는 결코 잊지 않겠다는 것이다.

한국군은 여자들을 강간했을 뿐만 아니라 도둑질까지도 일삼았다는 것이다. 그들은 양민들이 피신한 때를 이용하여 집을 수색하여 돈과 값이 나가는 물건이 있으면 무조건 훔쳤다는 것이다. 그리고 피신하지 못한 아녀자는 반드시 강간한 뒤 죽였다는 것이다. 또한 한국군은 자신들의 과오를 숨기기 위하여 어린아이라도 무참히 살해했다고 한다. 그들은 베트콩의 자식들이었으니까 그리고 후에 보복당하기 싫어서라도 어린아이에게 말할 수 없을 정도로 무참히 학살을 자행했던 것이다.

우리 군은 오늘날에도 과오를 저지른다는 것이 충격적이라는 것이다. 이러한 충격적인 사실을 우리는 기억하지 못하거나 아니면 기억하기 싫은, 해결되지 못한 문제들이 존재한다는 것이다. 바로 라이따이한(Lai Dai Han)들의 문제이다. 라이따이한이란 용어는 한국계 베트남인이라는 말로 우리나라에서 파견된 군인에 의해 태어난 2세들을 말한다. 다시 말하면 한국인 2세라는 것이다. 그들의 운명은 기구했다. 자의든, 타의든 전쟁 중에 한국인으로 태어났다는 것이며 전쟁 후에는 '적군의 아이'로 베트남에서 보이지 않게 차별을 받으면서 살아왔다는 것이다.

라이따이한(Lai Dai Han)에서 말하듯이 라이(Lai)라는 말은 '경멸한다.' '잡종이다.' '증오한다.'라는 의미가 있으며 한(Han)이라는 의미는 대한민국을 뜻한다는 것이다. 다시 말하면 경멸하는 한국 사람이라는 뜻과 일치하며 그때 태어난 수는 정확하지 않으나 약 1만 명이 된다고 한다.

우리는 용병으로 참전하여 베트남에 씻을 수 없는 과오를 저질렀다. 물론 정부 관계자들이 진정한 사과를 하였지만 라이따이한에 관한 문제들을 잊어서는 안 될 것이다. 그들도 희생자이다. 아무리 전쟁 속에서 희생되었지만 그들을 잊어서는 안 되고 한국 정부에서 적극적인 노력을 기울여야 할 것이다. 이것이 진정한 사과라고 볼 수 있다.

독립된 후에는 많은 인권문제가 발생하게 되는데 우선 남베트남 국민들을 대량 살상하였다는 것이다. 정파가 다르다는 이유로 남베트남인들이 많이 희생되어 북베트남을 성토하기도 했다. 이러한 숙청과정을 거친 후 다른 정당들이 해체되고 공산당이 집권을 하는데 이 과정에서 농민들과 소작인들의 경제개혁 요구가 거세지자 1986년 새로운 개혁경제를 실시하였는데 이것이 바로 우리가 알고 있는 도이 머이(Doi Moi)였다. 도이 머이 경제개혁이라는 것은 우리말로 표현하자면 개방, 개혁을 뜻하는 것으로 1986년에 베트남 공산당 제6차 전당대회에서 건의된 슬로건이며, 공산주의 기반의 혼합경제 목표를 달성하기 위해 주창한 개혁 개방 개념이다. 원래 도이 머이(Doi Moi)는 쇄신하자라는 베트남 용어로 도이 머이 정책이라고 하면, 이러한 개혁 개방을 일컫는 말이다. 주로 경제(가격 안정, 국제 분업형 산업구조, 생산성의 향상), 금융 면에서 새로운 방향 전환을 목표로 하는 것이다. 이로 인하여 오늘날의 베트남은 동남아시아 국가들 중에서 가장 빠른 성장세를 보이며 새로운 붉은 자본가(red capitalists)가 탄생하여 주목을 끌고 있다. 이들 신흥 자본가들이 앞으로 미래를 이끌어갈 세대들인 것이다.

또한 정치구조 면에서도 변화를 보이는데 1992년에 개정된 베트남 헌법은 베트남 공산당이 '국가와 사회를 주도하는 세력'이지만 그 운영은 '헌법과 법률의 테두리 내'로 제한된다고 규정했다. 나아가 부분적으로는 헌법과 제도의 변화로 대통령, 수상, 국회의 권력이 강화되고 지방과 자치단체의 인민회의와 위원회에 많은 책임이 이양된 탓도 있겠지만 공산당은 이전에 비해 약화되었다.

이에 따라 예산의 분배는 지방으로 더 많이 할당되었고 민주화의 길로 향하고는 있지만 아직도 갈 길은 멀다. 왜냐하면 언론, 출판의 통제와 공산당의 세력은 여전히 남아 있어서 다당제는 아직도 제한받고 있기 때문이다.

2) 태국 인권의 역사와 현황은 어떻게 진행되고 있는가?

앞에서도 말하였듯이 태국은 동남아시아 아니 아시아 국가 중에서 유일하게 식민 지배를 받지 않은 나라이다. 따라서 그들의 역사나 문화 정치구조는 과거의 것들이 많이 있고 전쟁을 치르지 않은 관계로 아직 많은 역사 문화제를 갖고 있는 동시에 산업화의 영향을 덜 받은 관계로 천연자원이 많은 나라이다. 따라서 오늘날에는 전 세계 국민들의 여행지로도 유명하다.

과거의 태국은 오랜 왕조국가의 틀을 갖추면서 아시아의 다른 국가들보다 이른 시기에 민주화 과정을 거쳤다. 이런 과정에서 1958년 군부독재가 쿠데타를 통하여 정권을 장악하자 1973년 10월 14일 군부독재를 무너뜨리는 사건이 발생하는데 이것이 10·14사태이다. 이 사태의 주동자들은 학생들이었으며 국민의 손으로 정권을 바꾼 것은 최초의 일이다. 이는 '자유의 시대'를 열었다고 할 정도로 민주주의를 회복시킨 혁명적 사건이라 불린다. 다시 말하면 국민의 시대가 도래되었다고 볼 수 있다.

태국은 쿠데타의 나라이다. 1932년 이후 지금까지 역사상 유례없는 19번에 걸쳐 일어났다는 것이다. 이것은 쿠데타가 정례화되었다고 할 수 있다. 그런데 이상하게도 유혈사태나 인명피해는 전혀 없다는 것이 너무나 이상하다. 그런 데는 이유가 있다는 것이다. 그것은 국왕과 총리와의 권력에 있어서 묘한 상관관계가 있는 것이다. 다시 말하면 실용적인 쿠데타로서 입헌군주제인 국왕의 입김이 매우 강한 것으로 보인다는 것이다. 군부 쿠데타가 발생하면 쿠데타의 승리자는 국왕에게 반드시 보고하고 승인을 받는다는 것이다. 그러하니 4년마다 1번꼴로 쿠데타가 일어나는 것이 당연한지도 모른다.

태국의 쿠데타는 매년 이런 식으로 일어나서 군부의 힘이 강해지거나 오히려 실정을 하자 1973년 10월 14일에 국민의 손으로 쿠데타를 일으켰다고 보아도 무방할 것이다. 이 사태는 1958년 사리트 사령관의 쿠데타 이후 쇠퇴되고 중지되었던 민주주의를 다시 부활시키는 계기를 마련하였으며 새로운 헌법하에 1976년 4월 새 선거로 민주당 세니의 새 연립정부가 들어서 10·6사태까지 정권을 잡았다. 이러한 상황에서 모든 계층의 대중들은 완전한 정치적 권리와 자유를 획득하였으며 정치를 새로운 시각으로 바라보게 되었다. '독립, 민주주의, 사회정의'를 위한 투쟁이 중요한 모토가 됐다. 정치의식이 교실에서부터 확산되어 태국 역사상 가장 큰 대중운동을 탄생시켰다.

당시는 태국 정부가 외국인 투자를 유치하기 위하여 태국의 임금은 줄이는 정책을 써서 생활이 어려웠던 시기였으므로, 독재정권의 붕괴로 노동자들의 투쟁이

다시 폭발하였고 임금, 복지, 생활의 개선 등을 요구하였다. 1976년 5월 1일 노동절에 수많은 노동자가 방콕 중심부에서 대회를 열어 정부에 저임금의 개선을 요구하였다. 정부는 이에 동의하여 다음해, 노동자를 보호하고 노사 대립을 해결하기 위한 새 노동법이 공포되었다.

10월 14일 이후 농촌의 소작농민들 또한 임대료, 부채, 토지 소유권 등으로 고통을 당하고 있었는데 1974년 5월에 처음으로 각지의 소작농민들이 방콕으로 몰려와 사남라웅에서 집회를 가지고 토지개혁, 세제개선, 토지 임대료 인하, 영농자금지원 개선 등을 요구하였다. 이와 같이 10월 14일은 하류계층의 대중들이 최초로 정치에 참여하는 결과를 낳았고 모든 대중 활동 중 가장 중요했던 것은 태국학생센터가 주도하는 학생운동이었다.

이 학생운동은 태국에 민주주의를 가져온 1973년 10월 14일 투쟁에서 대중을 주도하였으며, 이 운동 지도자들의 생각으로는 자국 자주독립의 문제를 인식하여 태국에서의 외세 세력인 미국의 영향력을 없애는 데 주력하기 시작했다. 당시 태국에는 미군기지가 12개 있었으며 주둔을 허용하고 치외법권(治外法權)을 갖고 있었다.

이 사태를 가져온 또 하나의 배경에는 중국의 영향으로 새로운 사상이 영입되기 시작한 것이 있다. 당시에는 세계적으로 사회주의 운동이 격렬하게 전파되어 민주주의를 타파하고 노동자, 농민을 위한 국가인 공산주의 사상이 널리 전파되는 시기였기 때문이다. 1974년 1월 탐마 사르트 대학생들은 이때 중화인민공화국에 대한 전시회를 열었는데 모택동 철학과 같은 사회주의를 다룬 책들이 널리 읽혔다. 결과적으로 사회주의 방식이 태국 사회의 해결책이라 생각하여 사회주의 이데올로기가 학생운동과 노동운동에 침투되었다. 시간이 지남에 따라 학생운동은 더욱더 좌파로 바뀌게 되었다.

이러한 사회적 현실이 보수주의자들 눈에는 거슬렸다. 즉 그들은 구체제의 회귀를 노리고는 있었으나 사회는 급속도로 변화하고 있어서 좀처럼 반격할 기회를 잡지 못하는 형국이었다. 이들 세력이 구체제를 옹호하는 자본가 세력과 정치권력을 가진 보수주의자들이었다.

이들은 10·14사태에서 패퇴한 후 반격을 노리던 중 플라브플라차이 사건이 발생하는데, 즉 이 사건은 1974년 7월 3일 플라브플라차이 경찰서에서 반미 학생운동가에게 발포하여 사상자를 낸 사건이다. 태국 정부는 이들을 폭도로 규정하고 계엄령을 내려 반미 시위를 제압하기 위해 직업 학생들을 선동했다. '크라팅당'이라는 경찰 폭력조직을 결성하여 학생들의 운동을 고의적, 폭력적으로 방해하였다. 과거 우리나라에서의 정치깡패와 같이 대학생들과 정치인들에게 무차별적인 테러를 가했던 것과 같은 조직을 만들었던 것이다.

예를 들면 태국국민들에게 학생운동의 부당성을 알리기 위해 그들을 공산주의자, 국가 질서의 파괴자로 선동하기 시작하였고 이것도 모자라 '국가, 종교, 위대한 왕'을 멸시하고 부정하고 있다고 알림으로써 국민들에게 혐오감을 주게 만들었다. 다시 말하면 관변단체인 것이다.

이와 같은 치졸한 방법으로 학생운동을 탄압하여 호시탐탐 기회를 노리던 중 경찰에 의해 반동세력에 반대하는 사람이 두 명 체포된 뒤 시체로 돌아오자 범인을 색출하라는 시위가 학생들 사이에 번져나갔다.

그러나 반동세력인 보수주의자들은 관변언론을 통하여 학생들이 왕세자를 모욕했다며 학생들을 비난하였고 이윽고 10월 6일 경찰들이 학생들에게 총격을 가해 사상자를 낸 사건이 발생하였는데 이것이 10·6사태인 것이다.

이 사태로 인하여 40명 이상의 사망자, 수백 명의 부상자 등 약 3천 명 정도의 시위자들이 체포되었다. 이 사건은 태국에서 발생한 최대의 유혈사태였다. 이러한 유혈사태가 일어나 많은 희생자들이 발생한 것은 총격을 피해 건물에 들어간 시위대들이 사격 중지를 요구함에도 경찰들이 무차별적으로 응징하였기 때문이라 보고되었다. 이러한 사상자를 발생시켰음에도 불구하고 경찰이나 책임자들은 아무도 체포되거나 재판에 회부되지 않았으며 오히려 시위자들 중 3천 명이 체포되어 구금되는 어이없는 일이 발생하였고 후에 구속자들은 거의 풀려났지만 19명은 1978년 새로운 정부하에서 사면되었다.

따라서 이 사건이 더 이상 언급되지는 않았으나 1978년 수상을 역임한 크리앙삭 차마난 장군은 10월 6일 사건의 피의자 19명을 석방하면서 "지나간 일은 모두 묻어두고 잊어버리자"라고 말했다. 그러나 이 사건에 개입한 인사들은 구속하지 않고 오히려 국가나 종교 그리고 국왕의 수호자로서 추앙받았다. 이러한 연유는 국가나 종교 그리고 국왕의 수호자는 태국에서 가장 신성시되는 덕목이기 때문에 이와 같은 타협을 한 것이다. 따라서 피해자들은 보상을 받아 아이러니하게도 피해자이면서 희생자가 된 사태였다.

〈태국 여성의 인권은 어떻게 변화되었는가?〉

인권을 생각할 때 일반적으로 사회적 약자가 우선시된다. 인권이라는 개념이 '인간은 누구나 평등하며 인간적인 삶을 누릴 권리가 있다'고 하였을 때 가장 먼저 떠오르는 사람이 여성들이다. 과거의 모계사회를 제외하고는 여성의 인권은 보장되지 않았음을 알 수 있다. 이를 다른 말로 하면 여성은 인권의 사각지대에 있었으며 또한 남성의 지위에 비해 상상 외로 비천하다는 것이다.

태국에서도 마찬가지이다. 태국에서 여성의 지위가 어떻게 인식되어 왔는지를 살펴보면 아시아의 다른 나라들과도 유사함을 알 수 있다. 다시 말하면 여성에 대한 인식은 별 차이가 없다는 것이다. 태국에서의 여성에 대한 인식의 변화는 1945년 여성에게 인간이라는 법적 지위를 공포한 법이 발표되었는데 이는 다시 말하면 남자와 동등한 지위로 승격되었다는 것을 말한다. 즉 인간으로서 재산의 목록이 아니라 하나의 인격체로 보았다는 데서 의의를 찾을 수 있다. 따라서 완전하게 남자와 동등하다고 보기에는 미비하지만 여성으로서 투표권을 행사할 수 있는 권리를 가지게 되는 정치적 권리가 인정되었으며 1974년에 신헌법에서 "남성과 여성의 동등한 권리"를 규정했다. 이 규정은 태국 법에서 최초로 성별 간에 '동등한 권리'라는 용어를 사용하였다. 따라서 이후부터 여성에 대한 권리를 주장하는 단체들을 중심으로 여성의 인권문제를 다루면서 개선되기 시작했다.

따라서 1980년대에 들어오자 과거 태국은 "사창가의 나라" "섹스관광의 나라" 등의 오명을 가지기도 하였는데 이러한 것을 개선하고자 노력하기 시작했다. 이러한 운동은 비정부단체에서까지 관심을 가지고 일하기 시작하였으며 1990년대에 들어와서 여성에 대한 인식을 전환시키기 위한 일환으로 대학에서 여성학을 가르치는 과정이 생겨났다. 우리나라에서는 1970년대 말부터 시작하였으나 아시아 국가들은 우리보다는 늦었지만 여성에 대한 시각의 변화가 일어났다는 데서 괄목할만한 성장이었다.

이러한 여성에 대한 인권의 시각은 하루아침에 일어난 것이 아니라 아주 오래된 역사인식이 있었다. 물론 여성에 대한 인식이 오늘날 같지는 않았지만 여성에 대한 태국인들의 인식의 변화를 살펴보는 것도 유익할 것이다.

원래 타이족은 몽골의 침략을 피해 남하해서 지금의 위치에 정착한 나라였다. 그들의 초기 지역은 현재의 지역보다 위였을 것이라고 역사학자들은 말한다. 1238~1350년 오늘날 태국의 예전 국가라고 할 수 있는 수코타이 왕국이 수립된다. 이 시기는 대부분의 나라에서와 마찬가지로 여성의 지위는 재산의 가치와 권력의 정도를 가늠할 수 있는 일부다처제였다. 따라서 남성 지배의 사회이며 "남자는 벼, 여자는 쌀"이라는 미덕을 가르친다는 것이다. 과거 조선시대에 "남자는 하늘, 여자는 땅"이라는 말과 비슷한 의미를 가진다.

이러한 내용은 람캄행 대왕의 비문에 나타나는데 "자식은 부모를 공경하고, 아랫사람은 윗사람을 존경해야만 하며, 아내는 남편에게 순종해야만 한다."는 것이다. 이는 과거의 우리나라와 같이 여성의 사회생활은 금하며 남편과 자녀를 위해 희생하기를 원하며 교육의 기회가 전혀 없는 시기였다.

이러한 시기를 지나 1350~1767년에 집권한 아유타야 시대에는 최초의 가족법이 제정되었다. 이 법은 인도의 영향을 받았으며 남녀 간 신분의 차별, 남성 사회, 아내를 취급할 수 있는 권리 등이 나타나 있다. 그 내용을 살펴보면 남편은 아내가 잘못을 저질렀을 경우 아내를 때리고 학대할 권리가 있었다.(제60조) 남자는 여러 명의 아내를 가질 수 있으며(제139조), 양친의 승낙하에 맞아들인 본처(미야끄랑므엉), 남자가 정식으로 구혼한 첩(미야끄랑넉), 돈으로 사들인 첩(미야끄랑타씨), 그리고 심지어 아내를 선물로 제공할 수도 있다.(제141조) 반면에 여자에게 정부가 있으면 벌을 가한다.(제55조)라는 내용으로 보아서 여성을 남성의 부속물로 여기는 인도문화의 내용과 유사하며 이에 영향을 받았다고 볼 수 있다.

이러한 영향은 라따나꼬신 시대(1783~1932)에 와서는 이전의 절대군주의 시대에 가졌던 여성에 대한 인식이 서구의 영향으로 변화하기 시작했다. 당시 라마(왕을 지칭함)의 명에 따라 여성의 인권개선에 대한 법령을 재정비하여 기존에 남자의 재산과 같았던 여성의 인권에 변화를 가져왔는데 이를 좀 더 말하자면 남편은 여성의 허락을 받아야만 매매를 할 수 있다. 그리고 자유로운 결혼의 선택권을 부여했다. 그러나 이것은 당시의 사회적 분위기로 보아 실효성은 별로 없었으나 여성 인권을 개선하는 법을 만들었다는 데서 의미를 가질 수 있다. 아직 국민들의 의식을 변화시키는 데는 무리였다는 것이다.

이러함에도 불구하고 실질적인 여성의 법적 지위는 라마 5세(1868~1910) 통치 기간에 변화하기 시작했다. 1870년에 국왕은 구법을 폐지시키고, 가축처럼 시장에서 팔리는 여성을 보호하기 위하여 왕명을 공포하였다. 이는 여성이 재산의 일부가 아니라 한 인간으로서의 지위를 규정했음을 의미하였다.

그러나 절대군주의 시대를 지나 정치체제가 입헌군주제로 바뀌는 1932년부터는 여성의 권리가 실질적으로 변화할 수 있는 헌법이 공포되었다. 이 헌법에 의하면 "여성은 정치적인 권리를 가질 수 있다."라고 하였으며, 1932년 12월에 헌법을 공포하였기 때문이다. 또한 3년 뒤에는 일부일처제(一夫一妻制)를 제정하는 법률이 생기면서 여성의 지위에는 실질적으로 상당한 변화가 있었으나 사회적 지위에서는 여전히 동등하지 않았다. 예를 들면 결혼 후에는 여전히 법적으로는 남편이 대표이며 여성에게는 순종을 강요했고 주거지나 가정의 유지나 부양을 위해서는 여전히 남성이 권한을 가지고 있었다.

이러한 법률이 지속되다가 1949년에 여성 변호사협회가 설립된 후 여성권리를 위한 투쟁이 본격화되면서 1974년 헌법에 최초로 남녀평등권 조항이 제정되어 여성에 대한 권리를 변화시켰다. 자유권에 관한 1974년 헌법 제3장 27조에서 "모든 사람은 법 앞에서 평등하며 법의 보호를 평등하게 누린다."라고 규정하고, 제3장 28조에 모든 사람이 헌법상에서 동등한 권리와 자유가 있음을 명백히 밝혔다.

이러한 법 조항의 신설로 태국에서의 여성에 대한 지위는 선진국 수준으로 향상되었다. 따라서 노동 부분에서도 동등한 임금을 받게 되었으나 1976년 쿠데타로 인하여 개정법의 시행이 중지되었다.

1976년 가족법 개정에는 여성의 권리에 관한 법 조항 중 배우자에 대한 동등한 권리를 포함시켰다. 남편이 부부 혼인상의 대표이며, 주거지 선택권과 가사 운영에 대해 지시한다는 조항을 폐지하였다. 이로써 아내 직업에 대한 남편의 승낙 폐지, 부권에 대한 권리 폐지, 그리고 공동재산 소유권을 인정하였다. 그러나 결혼 유무를 확인하는 제도는 여전히 없었으므로 결혼 전 남편의 혼인 사실에 관한 확인과정이 법적으로 전혀 보장되지 않아 많은 남성들은 이것을 이용하여 결혼한

후 혼인신고를 하였다. 아내들은 남편의 사망 후에 남편의 다른 혼인사실을 알게
되고, 둘째 부인이 되는 경우 결혼 사실의 무효로 인하여 공동재산권이 없었다.
이는 둘째 부인의 재산상의 손해와 고통의 문제로 남게 되었다. 가족법에는 여전
히 성차별 조항이 많이 존재한다.

　1990년에 개정된 가족법에는 남자가 여성의 결혼에 동의하는 대가로 여성의
보호자 또는 양육자인 부모에게 재산을 줄 수 있도록 제정하였다. 그러나 만일
그 결혼이 성사되지 않으면 남자는 그 재산의 반환 주장도 가능하였다. 1991년
2월 쿠데타는 태국의 민주제도를 일시적으로 후퇴시켰으나, 1992년과 1996년 헌
법 개정안이 의회에서 통과되어 약혼, 결혼, 그리고 이혼의 경우, 부정(不貞)에 대
한 보상금 지불에 관한 법을 폐지함으로써 여성에게도 남성과 똑같이 평등권을
인정하였다. 다시 말하면 결혼 전에 배우자의 어느 한쪽이 과실이나 부정(不貞)이
있으면 그 결혼이나 약혼은 무효화할 수 있는 권리를 양쪽에 주고 있다는 것이다.
과거 남자는 보상을 청구할 수 있었고 여자일 경우는 자신의 배우자가 다른 여성
과 간음이나 부정행위를 할 경우 청구할 수 있는 권한이 없었던 것이다. 이혼에
있어서도 변화가 있었다. 다시 말하면 여성평등권을 두게 되는데 여성들은 남자가
다른 여성과 바람을 피웠다면 양쪽에 보상권을 청구할 수 있는 민사소송법이 만들
어졌다. 물론 이혼소송을 할 수도 있었다.

　1997년 9월에는 신헌법이 통과되어 태국에서 자유와 평등을 보장하는 민주주
의의 성숙을 기대하고 있으나, 여전히 법적으로 여성에 관한 차별조항이 존재한
다. 그 단적인 실례는 매치를 불교의 포교자로서 인정하지 않는다는 점이다. 하지
만 근래에 들어 최초로 매치를 인정하였으나 불교계에서 인정하지 않는 등 논란이
되고 있다.

 동남아시아 사례로 본 인권의 현황은 어떠한가?

　지금까지 동남아시아의 대표적인 나라인 베트남과 태국의 인권에 대하여 살펴
보았다. 그러나 많은 나라들을 살펴보는 것은 지면적인 한계가 있어 몇 가지 사안

별로 인권이 어떻게 보호되는지를 구체적으로 살펴보기로 한다.

첫째, 동성에 대한 사례이다. 과거 베트남에서는 동성에 대한 결혼은 엄격하게 금지되었다. 2014년 집계로 보면 인구의 약 3%가 동성애자라는 것이다. 인구로는 약 170만 명으로 추정되는데 만약 이들이 결혼하면 벌금을 부과해 왔다는 것이다. 벌금을 부과한다는 것은 불법행위라는 것을 반증한다. 그러나 2015년에는 동성 결혼을 금지하는 벌금형, 결혼의 정의에 관한 부분 등 모든 법률을 공식적으로 폐기하였다. 그러나 2015년 1월 1일부터는 발효되었지만 이상한 조항이 있어서 문제가 되고 있다. 이 조항은 "동성 간에는 결혼은 공식 인정하자는 않는다."라는 조항이 명시되어 있다는 것이다. 이러한 법률은 베트남에서 동성애자들에게 사랑에 대한 자유는 주지만 어떠한 분쟁이 생겼을 때 법적인 보호는 받을 수 없다는 것이다.

이는 그 나라 국민들의 정서를 반영한 것으로 볼 수 있다. 동성애자들이 인구의 3%가 된다 해도 여론에 따르면 여전히 전통적인 결혼관에 익숙하다는 것이다. 베트남인의 33.7%가 동성 결혼에 찬성하고, 52.9%가 반대하고 있어서 아직 국가가 인정하기에는 문화적으로 시기상조라고 생각하는 것이다.

그러나 소수자들의 인권은 어느 정도 반영하고 있다. 그 이유는 법적 혼인신고는 불법이지만 주민등록상 동거형태는 허락한다는 것이다. 따라서 법적 조치를 받을 수 있는 가능성을 남겨두었던 것이다. 만약 육아라든가 재산 문제가 발생하였을 때 법적인 효력을 가질 수 있는 여지가 있다.

여전히 이러한 법률이 지속되고 있다. 즉 베트남 국회는 공청회 등에서 전문가들의 의견을 수용, 동성 결혼을 금지하지도 인정하지도 않는다는 방침을 정하고 관계법 개정안을 통과시켰다. 이와 같은 법률 개정은 양자의 손을 모두 들어주었다는 데서 의미가 있다. 뒷맛이 씁쓸한 법 개정이다.

베트남 사례에서 보듯이 대다수 동남아 국가들은 아직은 동성애를 인정하지 않고 있다. 특히 미얀마에서 동성애 행위는 형법상 종신형에 처해질 수 있으나 엄격하게 집행되지는 않는다. 불교 인구는 동성애자로 태어나는 것은 전생의 업보로 인한 형벌이라 간주하며, 심지어 동성애자 스스로도 죄의식을 가진 사례가 많다.

말레이시아에서는 법적으로 금지되어 있고, 인도네시아에서는 여장남자와 트랜스젠더가 TV에 많이 출연하고 사회진출도 활발하지만 그와 동시에 동성애에 대해 비교적 보수적인 편이며 특히 아체와 수마트라 남부 무슬림에 한하여 불법이다.

그에 비해 필리핀은 동성애에 대해 매우 관대한 의식을 가지고 있다. 필리핀의 국교는 가톨릭이라고 보았을 때 다소 의아하다. 그러나 그들에 대한 동성애의 의식은 전혀 없다는 것이 여론조사에 나타나 있다. 70%에 가까운 사람들이 동성애를 사회적으로 인정해야 된다고 생각한다. 이는 대한민국에서 똑같이 실시한 결과 30%에 불과한 것을 보면 그들의 의식수준은 대단히 개방적임을 알 수 있다. 따라서 필리핀을 여행하다 보면 동성애 커플을 자주 볼 수 있다. 그들도 일반 국민도 누구도 아무 의식을 하지 않는다. 그러나 이러함에도 불구하고 동성 결혼이 법제화되지는 않고 있다. 다소 아이러니한 나라이다.

동성애를 엄격히 제한하는 나라들이 있다. 이들의 나라들은 주로 무슬림을 국교로 삼는 나라인 인도네시아, 말레이시아, 브루나이이다. 이 나라들은 동성애 혐의가 자행되었을 경우 공개로 태형을 집행한다. 공개 태형 집행이라는 것은 육체에 가하는 형벌의 일종으로 가는 막대로 죄인의 등이나 볼기를 후려치는 방식을 일반인에게 공개하는 것이다. 태형의 방식에는 다소 차이가 있는데 한국, 중국 쪽에서는 볼기를, 그 이외의 국가에서는 모두 다 등을 내리쳤다. 이러한 태형을 주는 목적은 모욕감을 주기 위해서라고 한다.

단일국가로서 최대의 이슬람 국가인 인도네시아에서 2015년, 2017년에 각각의 남녀를 동성애로 기소하여 공개적으로 태형을 가한 적이 있다. 또한 말레이시아도 2018년에 차 안에서 동성관계를 했다는 이유로 공개적으로 채찍 6대씩을 맞았으며 이들 국가에서는 태형하는 이유가 고문이나 부상을 입히려는 목적이 아니라 사회에 경각심을 주기 위한 방편이라고 설명했지만 일각에서는 수치심을 주고 동성애 혐오를 부추겼다며 정부에 대하여 강렬하게 항의했다. 이와 같이 공개 태형을 하는 나라들은 대부분 이슬람 국가이며 이는 종교적인 율법이 다른 종교보다 매우 엄격하기 때문이라 할 수 있다. 그러나 다른 종교도 마찬가지로 엄격하지만, 이슬람 국가에서만 왜 그리 엄격한지에 대하여 인권단체들의 반발이 거셀 수밖에 없다.

따라서 동남아시아 국가들이 동성애 처벌을 강화하면서 인권침해 논란이 일고 있다. 더욱 심각한 형벌은 투석 사형까지 등장했다는 것이다. 투석 사형은 말 그대로 돌을 던져서 맞아 죽게 하는 반인륜적 처벌이라는 것이다. 인권단체들의 거센 반발에도 불구하고 브루나이에서는 동성애자나 간통죄에 대하여서는 엄격하게 다스리는데, 예를 들면 죽을 때까지 돌을 던지는 투석 사형을 행할 수 있다는 법률을 개정하려 시도하였으나 인권단체들의 항의로 2013년에 시기를 연기한 적이 있었다.

이러한 반인륜적인 처벌은 성적인 것에 한정되는 것이 아니라는 것이다. 예를 들면 남의 물건을 훔친 자에게는 손과 발을 자르는 법률이 2014년에 시행되려 하였으나 마찬가지로 법률은 거센 반발로 인하여 연기되었고 자국이 아닌 외국인에게도 해당된다는 것이다. 물론 이슬람 신자가 아니라도 자국에서 절도죄를 저지르는 사람은 초범인 경우 오른손을, 재범인 자는 왼쪽 다리를 절단한다는 것이다. 물론 성인이나 미성년자 모두에게 형벌이 주어진다는 것이다. 또한 동성애자의 종교가 각각 다르거나 이슬람과 관련이 없더라도 처벌 대상이 되며 처벌을 가할 시 복수의 증인이 있어야 한다는 새 형법을 시행하려는 움직임에 대하여 전 세계 국가들의 반발을 사고 있으며 브루나이 여행에 대하여 거부 운동을 하자는 단체나 사람들이 있다. 영국의 유명한 가수인 엘튼 존은 트위터(Twitter)에 이러한 법률 시행을 반대하는 글도 올렸다.

이러한 운동은 각국의 저명한 인사들도 동참하고 있으며 또한 동참을 호소하고 있다. 브루나이의 이와 같은 법률은 "브루나이 정부의 결정은 야만적인 것"이며 "브루나이 정부의 투석 사형은 끔찍하고 비도덕적인 것"이고 "인권침해"라며 강하게 비판하면서 "그 누구도 그런 사형 집행 대상이 돼서는 안 된다"라고 주장했다. 동성애자들의 행위는 애초에 범죄로 취급해서는 안 되며 비현실적이며 인권보호에 심각한 침해를 주는 것으로 이에 대한 법률은 반드시 중지되어야 한다고 반발하였다. 그러나 이와 같은 법은 1957년 이후에는 집행되지 않았다.

동남아시아의 몇몇 나라들은 과거에 매춘의 나라라는 입소문으로 유명했다. 일부 경제적으로 부유한 나라의 국민들이 동남아시아로 관광을 가는 것은 매춘의 목적이라는 것이다. 과거 언론이나 방송에서 이러한 심각성에 대하여 종종 밝힌 적이 있다. 우리나라 국민들도 일부의 이와 같은 행위로 인하여 국제적인 망신을 당한 적이 한두 번이 아니다. 이와 같이 동남아국가 국민들의 여성의 매춘과 아동에 대한 인신매매는 심각한 인권침해를 낳고 있다. 이것은 심각성을 알고는 있지만 해결책을 찾기는 쉽지 않다는 것이 문제이다.

이러한 문제에 대해 국제사회에서도 문제를 해결하려는 노력에도 불구하고 근절되지는 않고 있다. 그 이유는 경제적 요인뿐만 아니라 다른 복합적인 요소들을 가지고 있어서 우리가 생각하듯이 단순한 문제가 아니기 때문이다. 다시 말하면 이들 나라의 정치나 경제적 불안 그리고 여성의 인권을 천대시하는 사회적 현상이나 문화적인 요소가 인간적이지 못하고 반인륜적인 상황으로 치닫게 되었기 때문이라고 볼 수 있다.

인간을 하나의 독립적인 인격체로 보지 않고 재물이나 재산의 가치로 보기 때문에 이와 같은 행위는 지탄의 대상이 되어야 한다는 것이다. 동남아시아 국가의 여성들은 대부분 인신매매의 형태가 매춘의 방식으로 이루어지고 있으며 성인뿐만 아니라 어린 미성년자들까지도 인신매매에 나선다는 것이다. 이와 같은 행위는 국제사회에서도 심각성을 알고 있으나 근절할 방법이 없다는 것이다. 인간의 고귀한 사랑의 행위를 자본의 수단으로 생각하는 것은 매우 안타까운 일이다.

인신매매가 성행하는 지역적 특성을 보면 대부분 태국을 중심으로 한 인도차이나 지역을 배경으로, 현재 이 지역의 여성과 아동 인신매매 및 매춘은 심각한 문제로 국제사회에 등장하였다.

오늘날 많은 미성년 소녀와 성인 여성들이 인신매매되고 있다. 그중에서도 가장 많은 곳이 동남아시아 지역이라 해도 과언이 아니다. 이러한 지역은 태국을 중심으로 국경이 접하고 있어 국내외로 이동하기 쉽기 때문이다. 예를 들면 북한 이탈민들의 경로를 보건대 거의 동남아시아를 택할 정도로 국경의 경비가 허술하고 자국의 법이 미치지 못하기 때문이라 할 수 있다.

캄보디아, 중국, 라오스, 미얀마, 태국, 베트남이 주요 국가들로서 각국의 고위 공무원 및 경찰들이 인신매매 조직과 깊이 연루되어 있어 불법 이민, 인신매매를 돕는 실정이기 때문에 쉽게 공개되거나 그 숫자가 파악되지 않는 것이 이 지역의 특징이다. 이 지역에서의 인신매매와 불법 이민은 대부분 성과 관련된 업종에 종사하기 위해 행해지고 있다. 특히 요즈음 중국에서는 북한에서 탈출한 북한 여성을 대상으로 매매가 이루어지고 있으며 그들로부터 성(性)적으로 그리고 노동력을 착취하는 실정이라고 탈북인들은 밝히고 있다.

ILO의 보고에 의하면 1990년부터 동남아시아에서 불법으로 인신매매된 인원이 8만 명이고, 태국을 중심으로 한 매매였으며 또한 대부분 성 산업에 투입되는 여성으로 발표되었다. 중국의 운남성, 라오스, 미얀마에서 들어오는 여성과 아동이 대다수이다. 아동의 인신매매는 1996년에 20,000명으로 대부분 미얀마, 라오스, 캄보디아에서 들어오는 소녀들이다. 태국 정부의 공식적인 발표에 의하면 매년 30만 명의 인신매매 희생자들이 태국을 거쳐 제3국으로 가고 있다고 한다.

캄보디아 내에서는 대부분 베트남과 중국인 불법 이민자들이며, 여성의 경우 매춘업에 종사하는 비율이 가장 높다. 1996~97년 캄보디아 인권위의 조사에 의하면 14,725명의 여성이 매춘업에 종사하고 이 중에 81%가 크메르인, 18%가 베트남인 그리고 1%가 다른 지역(중국계) 매춘 여성으로 파악되었다. 그러나 이 통계치는 실질적인 통계와는 대단한 오차가 있다.

라오스 산반낙핫 지방의 15,000명의 젊은 여성들이 태국에서 일하는 것으로 파악되었고, 미얀마의 경우 20,000~30,000명의 여성이 인신매매되어 태국에서 일하고 있으며, 매년 1만 명씩 새로운 불법 고용이 이루어지는 것으로 1994년 Asia Watch가 발표하였다. 1996년 태국 정부의 발표에 의하면 917,689명의 미얀마 불법 취업자들이 태국 내에서 일하고 있음이 공식화되었다. 중국의 운남성과 광서성에서 약 2,500명의 여성과 소녀들의 인신매매가 이루어지고 있다고 1995년 공식 발표되었다. 베트남에서는 1996년 5월 5,607명의 여성이 중국으로 팔려갔음이 공식 발표되었다.

2015년 한국 언론에 전해진 베트남의 인신매매는 2011년부터 2015년까지 3,800여 명에 달한다고 했다. 게다가 인신매매 이후 장기밀매의 대상이 되거나 강제 결혼, 노역, 매춘 등으로 팔려갔다. 주로 라오스, 캄보디아, 중국으로 팔려갔다. 관광이나 취업을 목적으로 접근하여 데려온 뒤, 팔아버리는 수법이 대부분이었다. 대부분 가난했으며 시골지역의 여성과 어린아이였다고 한다.

이것뿐만 아니라 해상에서도 끔찍한 인신매매가 이루어진 내용이 언론을 통해 발표되었는데 미얀마의 로힝야족(Rohingya people)이었다. 로힝야족은 약 200만의 인구를 가지고 있으며 대부분 이슬람을 믿는 미얀마의 한 종족이었다. 1978년부터 미얀마(버마)의 군사정권하에서 핍박을 받았으며 그들 중 대부분은 시민권을 거부당하고 있으며 토지, 재산을 박탈당하고 강제 노동에 동원되는 실정이라는 것이다. 이들이 박해받는 이유는 다음과 같다. 미얀마는 대부분이 불교를 믿으며 그들은 미얀마의 시민권을 거부당하면서 외국인으로 취급받는 상황이라는 것이다. 이 때문에 1978년, 미얀마(버마) 군대의 나가민(용왕) 작전 이후 20만 명이 넘는 로힝야인들이 방글라데시로 도망쳤다. 이 작전을 통하여 이들에 대한 종교적 박해와 살상 및 강간, 모스크의 파괴 등을 자행하였던 것이다.

2015년 5월, 태국 정부가 인신매매와의 전쟁을 선포하고 나서자 인신매매 업자들이 사람들을 해상 위에 버려둔 채 도망가 버리자 해상 위에 있던 인신매매 희생자들은 거의 아사 직전에 구조된 사건이 있었다. 당시 이들은 기본적인 식량과 물 등이 없는 상태였던 것으로 알려져 있다.

당시 정치적인 박해를 당하자 인신매매 업자들에게 몸값을 지불하지 못할 경우 살해, 폭행을 당함과 동시에 열악한 환경 속에서 신체의 자유를 구속당하는 행위들이 있었다고 밝혔다.

국제앰네스티 보고서에 따르면 "죽음의 여정: 동남아시아의 난민과 인신매매 위기"라는 제목으로 로힝야족과의 인터뷰를 통하여 세상에 알려지게 되었는데 이들은 대다수가 소년으로 인신매매의 희생자였던 것이다.

국제앰네스티는 동남아시아 지역 국가에 난민 위기대책을 시급히 마련할 것을 촉구한다. 이들은 매일 신체적 폭행을 당하고 있으며 어린이조차도 마찬가지였다. 정치적인 박해를 피하기 위해 자유를 찾아 찾아가는 여정은 실로 악몽 같았고 인간 이하의 생활을 하면서 고초를 겪었다. 다행히 발견된 사람이나 배 안에 있는 사람들은 운이 좋은 경우였으며 그 외의 사람들은 바다에서 희생되거나 인신매매를 통해 지옥 같은 생활을 해야 하는 실정이기 때문이라는 것이다. 따라서 우리는 비인도적인 행위가 발생하지 않도록 각별히 주의를 기울일 필요가 있다.

당시 로힝야족의 실태를 구체적으로 살펴보면 희생자는 정확하지 않지만 대략 400명 수준이며 수십 척의 배가 해상에 있었다는 것으로 보아 희생자는 상상 외가 될 것이다.

이들은 식량과 물 부족으로 고생을 하였으며 또한 좁은 공간에서 많은 사람으로 인하여 각종 질병에 시달리며 몸값을 지불하지 않으면 구타를 당했다는 것이다. 이러한 구타는 조직적이고 규칙적으로 이루어졌는데 아침과 오후에는 3번 그리고 밤늦게는 9번의 구타가 이루어졌다는 것이다. 또한 항해하는 동안에도 같은 대우를 받았다는 것이다. 인도네시아의 구조대에 따르면 그들은 영양실조와 탈수 그리고 각종 질병에 시달리고 있었으며 배에 올라가지 못할 정도로 악취가 매우 심했다고 증언하였다.

미얀마에서 로힝야족이 탈출하여 자유를 찾으려는 이유는 박해와 차별 때문이다. 미얀마에서는 법적으로 그들의 국적을 인정하지 않아 사회적으로 보호받지 못하고 있기 때문이다.

이러한 상태에서 항해를 통해 다행히 구조받았을 경우 주변의 국가들은 이에 대한 심각성을 깨닫지 못하고 상륙허가를 하지 않았으며 난민으로서 인정받지 못하자 국제사회에서 관련 당사국에게 심한 항의를 한 적이 있다. 이 항의의 결과로 인도네시아와 말레이시아는 한시적으로 난민으로 받아들이기로 합의했으나 장기적으로는 매우 불안한 상태에 놓여 있다.

이에 대하여 한 조사관은 "로힝야족이 처한 현 상황이 너무나 절박하기 때문에 난민 위기의 근본적인 원인이 해결되지 않는 한 이들은 계속해서 목숨을 걸고 바다를 건너려 할 것이다. 미얀마 정부는 즉시 로힝야족에 대한 박해를 중단해야 할 것"이라고 말했다. "인신매매를 타도하기 위한 동남아시아 지역 국가 간의 공조 협력 없이는 이 지역에서 가장 취약하고 절박한 상태에 놓인 사람들은 또다시 중대한 인권침해행위의 피해자가 될 것"이라며 "각국 정부는 인신매매업자들이 지난 2015년 5월과 같이 사람의 생명이나 인권을 위험에 빠뜨리지 못하도록 대책 마련에 나서야 하고, 또한 해상 수색구조작전 시행을 위해 신속히 행동해야 한다."라고 말했다. 국제앰네스티는 동남아시아 지역 국가들에게, 또 다른 해상의 인권 재앙이 벌어질 때까지 기다리지 말고 지금 바로 행동에 나설 것을 촉구한다. 지금도 아프리카나 중동국에서 죽음을 뚫고 바다나 육지를 통해 자유를 찾아오지만 현실은 그렇지 않다는 것이다. 이를 해결하기 위해서는 무엇보다도 국제적인 공조를 통한 문제 해결에 나서야 할 것이며 이러한 해결 원칙의 근간은 인간존중의 원리에 입각하여 해결할 수밖에 없다는 것이다.

　또 하나의 동남아시아 여성에 대한 인권침해는 매매를 통한 결혼여성에 대한 문제이다. 2019년 대한민국 어느 도시에서 남편으로부터 심한 구타를 당해 숨지는 사건이 발생하여 우리를 슬프게 하는 사건이 발생하였다. 그리고 곧이어 시아버지로부터 흉기로 살해당하는 사건이 일어났다. 이는 단순히 구박한다거나 음식을 못한다거나 부모를 공경하지 않는다거나 그리고 말을 이해하지 못한다거나 등의 이유였다. 문제는 이들을 살해한 남편과 시아버지는 맞을 짓을 했기 때문에 구타했다는 어이없는 말을 경찰 조사에서 했다. 이는 하루 이틀의 문제가 아니라는 것이다. 국내에 이주한 여성들의 60~70%가 가정폭력, 성적 학대, 언어 학대를 당한 경험이 있다고 답했다는 것을 보면 매우 심각하다는 것이다.

　이렇게 심하게 인권을 침해당하는 이유는 여성을 인간으로 보지 않고 물품으로 보기 때문이다. 이들은 주로 한국으로 이주할 경우 매매혼을 통하여 한국에서 가정을 꾸리기 때문이다. 즉 돈을 지불하고 왔기 때문에 마음대로 해도 된다는 식의 사고방식이 몸에 스며 있기 때문이다.

　대한민국의 국제결혼은 국민들의 인식 때문에 많지는 않았으나 1990년대 이후로 매년 농촌을 위주로 급격하게 늘어나는 추세이다. 다시 말하면 우리나라의 경우 인구분포도를 생각하면 농촌을 중심으로 다문화 가정이 매년 증가하는 실정이라는 것이다. 지역적인 분포도를 보면 상당수가 동남아시아인들, 그중에서도 베트남 여성이 많다. 이들이 한국에서 결혼하는 이유는 한국의 매력에 빠지는 경우도 있지만 대부분 가정사정 때문에 매매를 통해서 오는 것이다. 이러한 매매혼이 성행하는 원인에는 대한민국 정부도 일조한다는 것이다.

　우리나라에서는 농촌 총각들에게 결혼지원금 제도가 있어서 출산과 결혼을 장려하고 있다. 그러나 이러한 좋은 취지가 무색하게 이러한 자금을 통하여 사실상 동남아시아 여성들을 매매를 통해 사 오는 경우이다. 다시 말하면 인신매매라고 볼 수도 있다는 것이다. 이러한 인신매매를 정부가 돕는 실정이라는 것이다. 그러다 보니 사랑이라는 매개를 통해 국제결혼을 하는 것이 아니라 물품을 수입하는 것과 마찬가지이다.

　이를 통해 국제결혼하는 경우를 들어보면 여자가 누군지도 모르고 무작정 해당국에 가면 마음대로 여성을 골라서 데려온다는 것이다. 모든 조건을 생각할 여유도 없이 돈의 액수에 따라 여성을 고른다는 것이다. 따라서 서로 간에 어떠한 조건도 없이 사고파는, 실제로는 인신매매를 한다는 것이다. 이렇다 보니 사랑이라는 개념과 인간이라는 개념은 상상도 할 수 없다는 것이다. 이렇게 결혼을 하다 보니 사회적 문제가 많이 발생한다는 것이다. 예를 들면 결혼해서 자녀가 출생하면 마음이 달라진다는 것이다. 그러다 보니 맘대로 폭행과 폭력을 일삼고 심지어는 살인도 한다는 것이다. 이들에게는 내 물건을 내 맘대로 처리한다는 인식이 팽배하여 있기 때문이다. 이것이야말로 인권에 어긋나는 일이 아닌가 싶다. 여성은 결혼과 출산을 위한 도구가 아니며 이를 통해 우리나라에서 여성을 어떠한 관점으로 바라보는지 알 수 있다.

 ### 인류 최악의 살인사건이라 부르는 킬링필드란 무엇인가?

1975년부터 1979년까지 캄보디아에서는 인류 최악의 학살사건이 자행되는데 이것을 킬링필드라고 부른다. 이 사건은 공산주의 정권이 수립되자 당시의 크메르 루주가 양민 200만을 죽음으로 내몰아간 희대의 대사건이었다.

킬링필드(The Killing Fields)는 민주 캄푸치아 시기에 폴 포트가 이끄는 크메르 루주가 자행한 학살로 시체들을 한꺼번에 묻은 집단 매장지이다. 현재까지 20,000개 이상의 킬링필드가 발견 및 발굴되었다.

'죽음의 뜰'이란 의미의 킬링필드(The Killing Field)는 1975년 캄보디아의 공산주의 무장단체이던 크메르루주(붉은 크메르) 정권이 론 놀 정권을 무너뜨린 후 1979년 1월 베트남의 지원을 받는 캄보디아 공산 동맹군이 프놈펜을 함락할 때까지 4년간 노동자와 농민의 유토피아를 건설한다는 명분 아래 자국민을 대상으로 최대 200만 명에 이르는 지식인과 부유층을 학살하고 매장한 곳이다. 이것은 당시의 공산주의자들이 사회주의를 건설한다는 목적으로 자본가 계급, 민주세력, 반공주의자를 대상으로 무자비하게 학살한 사건을 말한다.

당시 캄보디아는 친미정권이 수립된 시기였다. 이러한 정권을 내몰기 위해 공산주의자인 폴 포트가 1975년 미군이 베트남에서 철수하자 친미정권을 몰아내고 사회주의 국가를 수립하였다. 그는 여느 국가와 마찬가지로 정권이 바뀌는 이유는 부정부패와 경제적 곤란이 주원인이라 하였다. 당시 캄보디아도 이러한 상황에 직면하자 공산주의를 수립하는 데 별 어려움 없이 국민들의 환영을 받으며 쉽게 정권을 장악할 수 있었다.

당시 크메르루주의 지도자 폴 포트는 유토피아적 사회주의 국가를 건설한다는 명목 아래 도시민을 농촌으로 강제 이주시키고 사유재산과 종교를 폐지시키고 화폐개혁을 단행하였다. 그리고 친미정권을 옹호했다는 이유로 지식인, 반공주의자, 지주 등은 사회개혁에 걸림돌이 된다는 명목과 국민개조(國民改造) 차원에서 노동자, 농민, 부녀자, 어린이 등 200만 명을 학살시켰다. 당시의 국민 총인구를 약 900만 명이라고 보았을 때 엄청난 숫자이다. 이뿐만 아니었다. 어린 청소년들을 공산당으로 개조시켜 무장시켰다.

폴 포트의 급진적인 공산주의 정권하에서 특히 지식인과 전문직들은 무차별 살해를 당했다. 이들은 사회주의 국가를 건설하는 데 방해가 될 뿐만 아니라 친미 성향을 가지고 있다는 것이다. 따라서 모든 대학을 강제로 폐쇄함과 동시에 교수의 80~90% 이상을 처형하고 대학생 50%를 죽음으로 몰아넣었다. 학살의 이유도 매우 다양했다. 단지 안경을 썼거나, 영어를 배웠거나, 손이 부드럽다는 이유만으로도 처형의 대상이 되었다는 것을 볼 때 당시의 만행은 매우 악랄했다고 볼 수 있다.

종교인들도 학살을 피해 갈 수는 없었다. 승려들과 국제경기에 참가한 선수들도 포함됐다. 특히, 종교를 금지하였기에 불교국가의 상징인 거의 모든 사원이 파괴되었고 약 8만여 명의 승려들이 처형되었으며 살아남은 승려는 500여 명에 불과했다. 투올슬렝(Tuol Sleng)은 1976년 고등학교를 폐쇄하고 만든 크메르루주의 수용소였다. 공식적으로는 'S-21'이라는 이름으로 정권이 무너질 때까지 어린이 2,000명을 포함하여 약 1만 명 이상을 수용하며 지식인들을 상대로 잔악한 고문과 처형을 자행했다. 죽이는 방법도 잔인하였다. 다시 말하면 인명에 대해 작은 양심도 없었다는 것이다. 예를 들면 학살도 게임식으로 하였다는 것이다. 재미로 많이 죽이는 사람이 승리하는 게임을 하였는데, 사람을 죽일 때마다 하나씩 칼집을 내어 죽인 사람 수를 비교하였다.

학살한 후에도 혀를 내두를 지경이었다. 공산주의자들은 학살한 장소에서 집단으로 매장하였다고 한다. 현재도 발굴하다 보면 수많은 시체가 나올 정도이다. 너무 많은 사람이 묻혀서 다 발굴하지 못하고 그냥 방치된 상태로 있기 때문에 옷이 바닥에 끼어 있다. 그 당시 죽인 자들은 중학생 정도라고 한다. 아기를 죽였던 곳, 나무에 못을 박아서 아기를 쳐 죽이거나 하늘 위로 던져서 총으로 쏴 죽였다. 학살의 상처는 서로의 죄를 묻는 것조차 힘들 정도로 깊다.

이들의 전모가 세상에 밝혀진 것은 1980년도로 당시 뉴욕 특파원이었던 타임지 기자에 의해서였는데, 그는 당시의 만행을 '디스프란의 생과 사(한 캄보디아인의 이야기)'라는 기사를 통해 세상에 널리 알렸으며 그는 그해에 기자들의 노벨상이라 불리는 퓰리처상을 수상하기도 하였다. 이 글을 각본으로 당시 학살의 만행을 다룬 영화가 〈킬링필드〉였는데 온 세계가 경악을 금치 못하였다.

이러한 학살이 자행된 후 캄보디아와 유엔은 과거청산의 차원에서 폴 포트가 사망한 5년 후에 특별재판소에 기소하여 재판할 것을 합의하고 당시의 책임자였던 누온 체야 등 4명을 기소하였다. 그들은 전쟁범죄, 학살, 고문 살해, 반인도적 범죄 등 많은 혐의로 기소되었다.

지금까지 동남아시아 지역 인권의 현황과 과거를 알아보았다. 최근 동남아시아 지역은 과거의 문제점들이 많이 개선되었음에도 불구하고, 여러 요인으로 인하여 아직 크게 개선되지는 않고 있다. 인권에 대해 정치, 사회, 경제적으로 아직 신경을 쓸 처지가 되지 못했기 때문이다. 그러나 최근의 정세를 살펴보면 동남아시아의 국가들은 실망할 수준은 아니라는 것이다. 모든 부분에서 민주화와 자유화의 바람이 불고 있고, 이러한 바람은 인권에 대하여 다시 생각할 분위기를 만들어주기 때문이다. 21세기 들어 세계는 많이 변화하고 있다. 이러한 변화에 편승하여 각국의 지도자들과 국민들은 개인의 인권을 최대한 보장할 수 있는 여건을 만드는데 총력을 기울일 것이다. 그렇지 못하면 결국은 생존할 수 없을 것이다. 인권을 무시하는 나라들은 세계 각국에서 좌시하지 않을 것이기 때문이다.

제 **9** 장

지구상에서 가장 선진화된
사회보장제도를 구비한 북유럽
인권의 역사와 발전현황은 어떻게
진행되고 있는가?

인권이란 무엇인가?

우리는 제1장에서 인권이 무엇인지에 대해 살펴보았다. 여기에서 다시 살펴보는 이유는 전 세계적으로 인권을 잘 보호하고 있고 최고의 복지국가 그리고 행복지수가 높은 세계 수준의 국가들이 북유럽에 속해 있기 때문이다.

인권은 인간이 인간답게 살아갈 수 있는 최우선의 기본권이라고 하였다. 인권의 종류에는 여러 가지가 있다. 예를 들면 자유권, 평등권, 참정권, 사회권, 청구권 등이 있으며 각각의 세부적인 권리들이 포함되어 있는 광범위한 개념이다. 따라서 인권이라는 말은 다의적이고 문화적, 정치적 그리고 역사적으로 다르게 해석은 되지만 인간이 개인 또는 국민으로서 인간다운 삶을 살아가기 위해 마땅히 누리고 행사하는 기본적인 권리라는 말에는 변함이 없다. 다시 말하면 '존엄성을 지니고 태어난 모든 인간은 누구나 자유롭고 평등하며 이러한 자유와 평등은 어느 누구에게도 침해될 수 없고 양도될 수 없는 권리'라고 할 수 있다.

우리나라의 경우에서 보면, 가장 상위법인 「헌법」에 잘 나타나 있는데 제10조에서는 "모든 국민은 인간으로서의 존엄과 가치를 가지며, 행복을 추구할 권리를 가진다."라고 하여 인권을 명시하였다. 또한 「국가인권위원회법」은 제2조에서 "헌법 및 법률에서 보장하거나 대한민국이 가입 비준한 「국제인권조약」 및 「국제관습법」에서 인정하는 인간으로서의 존엄과 가치 및 자유와 권리를 말한다."라고 정의하고 있다. 이처럼 인권의 정의를 규정하는 내용은 다르지만 근본적 틀인 인간의 존엄성, 자유, 평등 및 정의와 같은 보편적인 가치를 담고 있다고 볼 수 있다.

1789년 프랑스 혁명에서 채택된 〈인간과 시민의 권리선언〉 중 〈인권선언〉 제1조에서는 "인간의 자연적이고 양도 불가능하고 신성불가침한 제 권리를 엄숙히 선언"하면서, "인간은 권리로서 자유롭고 평등하게 태어나며 생존한다.", 제16조에서는 "인권보장과 권력분립이 되어 있지 아니한 나라는 「헌법」을 가졌다고 할 수 없다."라고 규정하고 있고, 〈세계인권선언〉 제1조에서는 인권 이해와 개념 정의를 "모든 인간은 태어날 때부터 자유롭고, 존엄성과 권리에 있어서 평등하다. 인간은 이성과 양심을 부여받았으므로 서로에게 형제(자매)의 정신으로 행해야 한다."라고 표현하고 있다.

그러나 이러한 인권은 역사적으로 변화하고 있는데 이는 제1세대 인권, 제2세대 인권, 제3세대 인권으로 구분할 수 있다.

제1세대 인권은 자유권 또는 시민권 그리고 정치권으로 말하는데 이는 개인주의와 계몽주의의 영향으로 근대국가로 진입하면서 절대왕권 속에서 개인의 자유를 억압하는 데서 벗어난 한 세대를 말한다. 다시 말하면 민주주의 사회에서 요구하는 기본적인 자유에 관심을 가지는 세대이며 이에는 신체, 투표, 언론 집회, 차별, 종교의 자유 등을 요구하는 세대이다. 개인과 국민으로서 살아가기 위한 필수적인 기본권을 말하는 것이다. 이는 개인주의를 기반으로 하는 것이다.

대표적으로 인권을 규정한 것은 영국의 '마그나카르타'이다. 이 문서는 1215년 국왕의 횡포에 제동을 걸기 위하여 만들어졌는데 제39조에 보면 "자유민은 같은 신분의 사람들에 의한 적법한 판결이나 법의 정당한 절차에 의하지 않고서는 체포되거나 구금되지 아니하며, 재산과 법익을 박탈당하지 아니하고, 추방되지 아니하며, 또한 기타 방법으로 침해당하지 아니한다. 왕은 이에 뜻을 두지 아니하며, 이를 명하지도 아니한다."라고 규정하고 있다. 이 문서는 권리에 대하여 주장한 최초의 문서라는 점에서 매우 의의가 있다.

또한 미국의 독립선언문을 예로 들 수 있는데 1776년 영국에서 독립을 선포한 선언문으로서 모든 인간은 태어나면서부터 평등한 권리를 가지고 있는 자연법사상에 기초를 둔 선언문이다. 따라서 자연상태에서의 자연권, 국가 창설로 인한 참정권 그리고 주권재민(主權在民) 입장에서의 저항권 등을 말하며 국민의 기본권, 생명, 자유, 행복 추구의 권리를 말한다.

또한 1789년 프랑스의 〈인권선언〉은 프랑스 시민혁명 당시 1789년 8월 26일, 국민의회가 국민으로서 누려야 할 권리에 대해 〈인간과 시민의 권리선언〉이라는 명칭으로 선포한 선언이다. 인간과 시민의 권리선언, 자유권, 재산권, 저항권을 규정하고 있다.

제2세대 인권은 자유권을 강조한 1세대와 달리 사회권 또는 문화적 권리를 강조하고 있는데 ~부터 벗어나고자 하는 소극적 권리가 아니라 인간으로서 살아가기 위해 사회적으로 보장받을 권리를 포함하고 있다.

이 세대의 인권은 사회주의 사상이 전 세계적으로 확산하기 시작함으로써 인간으로서 가져야 할 권리를 말한다. 예를 들면 취업할 권리, 임금을 받을 권리, 교육, 의료, 사회보장 등에 대한 권리 등을 포함한다. 이는 사회적 급여를 통해 권리의 실현을 실질적으로 보장하도록 기능할 것을 요구받는다.

여기에 해당하는 법으로는 1919년 독일의 바이마르 헌법을 들 수 있는데 이 헌법은 독일에서 최초로 실행된 민주주의 헌법이며 19세기의 자유주의, 민주주의를 기본으로 하면서 20세기 사회 국가의 이념을 가미한 헌법으로, 근대 헌법상 처음으로 사회성을 강조하고 생존권을 보장하는 것을 이상으로 하는 사회국가의 입장을 취하고 모든 국민이 인간다운 생활을 할 수 있도록 교육받을 권리 등을 규정하여 20세기 현대 헌법의 전형이 되었다.

1948년 세계인권선언은 제2차 세계대전에서 전 세계에 만연됐던 인권침해사태에 대한 인류의 반성을 촉구하고 모든 국가와 인간이 추구해야 할 인권 존중의 기준을 세웠으며, 기본적 권리를 존중해야 한다는 유엔헌장의 취지를 구체화한 것으로 1948년 12월 10일 유엔총회에서 채택되었다.

제3세대 인권이라는 것은 제1, 2세대의 권리가 국가와 개인 간의 관계를 규정하는 데 치중하였다면 제3세대 인권은 국가 대 국가 그리고 개인 간에 얽혀 있는 다자간(多者間)의 관계된 인권을 말한다. 즉 집단적 연대의 권리를 말한다는 것이다. 예를 들면 요즈음 미세먼지가 우리를 많이 괴롭히고 있다. 우리는 맑은 공기를 마시면서 살아가고 싶은 게 사실이다. 그러나 우리의 노력으로 해결된다면 쉬울 수 있지만 중국으로부터 혹은 우리나라와 국민들의 노력이 병행되어야 한다는 것이다. 즉 국제적인 노력과 공조도 필요하다는 것이다. 이를 위해 우리나라, 국민 그리고 중국, 국제적 노력 등이 연계되어야 한다는 것이다. 이러한 노력을 기울이는 것이 제3세대 인권이다.

이는 최근에 발전되고 있는 연대를 통한 평화권, 발전권, 환경권, 인류의 공동 유산권 등은 국내 사회만으로는 해결할 수 없는 국제적인 구조적 문제와 관련이 깊다. 예를 들면 경제개발과 성장에 대한 권리, 사회적 조화, 건강한 환경 등에 대한 권리가 있다. 이러한 권리의 실현에는 국제사회에 의한 협력이 필요하기 때문에 '연대의 권리'라고도 성격이 부여되며 인권으로서 이해해야 할 것인지의 여부가 논의를 불러일으킨다. 아프리카통일기구(OAU)가 1981년에 채택한 반줄헌장에는 이러한 제3세대의 인권이 '국민의 권리'라고 명기되었으며, 1986년에는 국제연합총회에서 '발전의 권리에 관한 선언'이 채택되었다.

　왜 인권이 중요한가? 인권은 인간이 인간답게 살 수 있도록 하는 권리인데 만약 우리에게 인권이 없다면 인간답게 살지 못할 것이고, 온전히 나 자신을 존중받을 수 없을 것이다.

　인권은 자유권, 평등권, 참정권 등 인간이 인간이기에 지니는 권리를 말한다. 그런데 이러한 인권이 보장되지 않는 국가는 시민들을 존중하지 않는다는 것을 의미하기에 결코 오래갈 수 없다. 따라서 정부는 국가권력을 이용해 국민들을 위해 인간으로서의 생존을 존중하고 보장되어야 할 의무를 가질 수 있도록 보장해야 한다.

　현재, 우리는 인권을 가지고 있기에 인간으로서의 존엄과 가치를 본받아 행복을 추구할 권리를 갖고 있는 것이다. 세상의 인권문제에 대해 이해하는 것은 세상과 공감하고 소통하기 위해 준비하는 것이다. 이런 준비가 된 사람들은 세계에서 일어나는 여러 일들에 대해 더 깊이 있게 이해하고 사람들이 살아가는 과정을 더 폭넓은 시각에서 읽을 수 있다.

　따라서 이러한 권리를 가장 잘 보호하는 국가들이 전 세계적으로 흔치는 않지만 북유럽의 국가들이라 할 수 있다. 이 장에서는 북유럽의 인권에 대해 살펴보고자 한다.

 ## '세계행복보고서' 1위, 북유럽 국가들의 인권현황은 어떠한가?

　유럽 국가를 나눌 때 흔히 동유럽, 서유럽으로 구분하지만 세부적으로 나누는 것은 별 의미는 없지만 굳이 나눈다면 북유럽은 노르웨이, 스웨덴, 핀란드, 덴마크, 아이슬란드 등의 5개국을 말한다. 이들 국가들의 정치체계는 모두 의회민주주의와 자본주의의 원리를 따르는 모범적인 국가들로 구성되어 있다. 다른 국가들도 많지만 복지체제로서 우수한 국가들이며 세계행복지수가 1위를 할 정도로 사람이 살고 싶어 하는 나라들이다. 이런 것들이 가능한 이유는 인권이 체계적으로 잘 보호되고 있기 때문이라 할 수 있다. 다시 말하면 정치적으로는 자유를 기치로 하며 경제적으로는 평등한 국가와 국민을 지향하기 때문이다.

이들 국가들은 세계 최고의 누진세율을 통한 소득재분배, 보편적 무상교육 등 경제적 평등은 출신이나 직업, 재산에 관계없이 사회적으로 평등한 문화로 연계된다. 이런 나라에서 '내가 누군지 알아?'는 통용될 수 없고 '갑질'이나 '금수저'란 단어는 찾아볼 수도 없을 것이다.

북유럽은 행복한 국가로 유명하다. 유엔의 2018 세계행복보고서를 보면 가장 행복한 나라는 핀란드, 2위 노르웨이, 3위 덴마크, 9위 스웨덴, 한국은 57위였다. 또한 북유럽은 청렴국가이다. 베를린에 본부가 있는 '국제투명성기구'에서 발표한 '2017 부패인식지수'에 의하면 세계 180개국 중에서 가장 청렴한 국가는 뉴질랜드, 덴마크가 2위, 핀란드와 노르웨이가 공동 3위, 스웨덴이 6위, 한국이 51위였다. 덴마크는 투명한 정치, 효율적인 정부 운영, 높은 사회적 신뢰를 바탕으로 하는 행복국가이다.

1) 안데르센의 인어공주의 나라 덴마크의 인권변화와 복지정책은 어떠한가?

북유럽의 국가들을 살펴보면 그들이 인권을 위해 어떠한 노력을 하고 있는지가 덴마크의 경우에 잘 나타나 있다. 덴마크의 역사는 서기 800년경으로 거슬러 올라간다. 1013년 덴마크는 잉글랜드, 노르웨이를 통일하였으나 200년 뒤 다시 분열하였으며 오늘날의 덴마크를 이룬 것은 1863년이었고 정치적으로 안정을 찾은 후 농업, 목축업, 해운업으로 성장하게 되었다. 그들의 자연은 또한 가장 아름다운 국가 중 하나로 알려질 만큼 잘 보존된 나라라고 할 수 있다. 그들의 국민성은 근면하고 독립성이 강하고 평등한 나라이며 사회복지시설이 잘 된 나라 중 하나이다.

덴마크는 유럽위원회의 복지 및 행복지수에서 줄곧 최상위권에 있었고, 개인의 자유를 무척 중요하게 여기는 진보적인 국가로 동성결혼 합법화 그리고 노예제도를 철폐한 최초의 유럽 국가이기도 하다. 아일랜드 중앙통계청에 따르면 덴마크는 EU 국가 중 물가가 가장 비싼 나라이며 높은 세금을 낸다. 높은 세금을 내는 이유는 사회보장시스템, 무료 건강보험, 대학교 학비를 포함한 전 국민 무상교육, 양육비 보조, 실직 후 2년 동안 기존에 받던 임금의 80%를 보장해 주는 실업보험 등을 지원하기 위한 조치라고 할 수 있다. 높은 세금을 낸 만큼 국민들에게 되돌려주기 위함이라 볼 수 있다.

덴마크의 정치제도는 입헌군주제로서 상징적인 국가 원수는 국왕이며 실질적으로 정부를 통치하는 것은 총리이다. 그들의 정치 청렴도는 우리와 비교되는데 권위주의가 아닌 국민과의 밀접한 정치를 하는 나라로도 유명하다. 예를 들면 국회의사당 정면 현관에는 이, 귀, 머리, 위가 아픔을 의미하는 사통 조형이 있는데 이는 곧 생명의 위협, 생활의 고통, 차별과 인권탄압, 자유 억압의 고통을 상징하며 국민의 고통을 생각하고 국민을 위한 정치를 하라는 건강한 정치의 메시지가 담겨 있다.

정치인들은 국민들을 무서워한다. 다시 말하면 국민이 낸 세금을 무서워한다는 것이다. 국회의원의 판공비는 낱낱이 공개하며 과다 지출하면 국민들의 지탄 대상이 된다. 이는 국왕에게도 마찬가지로 적용된다. 국왕이라고 해서 사치스러운 생활을 한다면 국민들은 용납하지 않는다. 이러한 청렴도는 북유럽의 국가들도 마찬가지이다. 노르웨이 국왕은 경호원 없이 개 한 마리만 데리고 스키를 탔고, 핀란드 대통령은 지금도 관저 근처의 마켓 광장에서 시민과 함께 커피를 자주 마신다. 이는 곧 고위공직자라고 해서 공권력을 남용하여 부를 축적하거나 그들만이 누리는 특별한 권리가 있다는 것이 아니라 그들도 일반시민과 마찬가지로 평등하다는 기본적인 인식하에 생활하는 청렴과 평등의 국민의식을 강조하고 싶은 것이다. 청렴이 곧 국가 경쟁력임을 잊지 않고 살아가는 덴마크 국회의원들, 이는 곧 덴마크 국민들의 높은 정치 참여가 만든 결과라고 할 수 있다.

이러한 정치적 청렴도를 기반으로 하여 정치인들은 국민의 고통을 감소시키고자 노력한 결과 지구상에서 사회보장제도가 가장 완벽하게 구축된 나라 중 한 국가라고 볼 수 있다. 이러한 예로는 덴마크 국민들의 질적 향상을 위하여 세계에서 가장 효율적으로 일하는 나라로 평균 34시간을 근로하는 것을 원칙으로 한다. 이는 세계에서 가장 근로를 짧게 하는 나라이다. 이를 본다면 세계인들의 부러움을 살 수밖에 없다. 노동자의 천국이라 할 수 있다. 이는 기본권이 잘 지켜진다는 의미이다. 우리나라와 비교한다면 엄청나게 단축된 근로시간을 가지고 있다. 참고로 우리나라의 근로시간은 평균 47.7시간으로 통계치가 나와 있지만 야간근무까지 감안한다면 훨씬 많은 시간을 일한다는 것이다.

이러한 관계는 삶의 질과 만족도로 나타나는데 이는 세계 최고의 수준을 자랑하고 있다. 여기에 나타나는 워라밸(Work and Life Balance)지수는 영어에 나타나듯이 일과 삶과의 균형지수를 말하며 균형지수가 높을수록 행복한 삶을 살고 있다는 증거이다. 다시 말하면 직장과 가족 모두가 만족스러운 삶을 살고 있다는 것이다. 이는 생산성과 업무 효율성을 높이는 계기가 되기 때문에 매우 중요하다고 볼 수 있다. 표에서 보듯이 한국은 32위로 평균에도 미치지 못하는 결과이니 아직 갈 길이 멀다는 생각이 든다. 이 지수는 2017년 경제협력개발기구(OECD)가 집계한 통계이다.

표 OECD 회원국 '워라밸지수' 순위

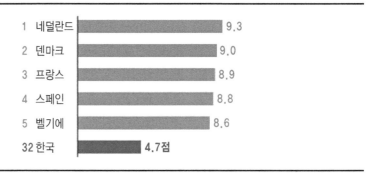

순위	국가	점수
1	네덜란드	9.3
2	덴마크	9.0
3	프랑스	8.9
4	스페인	8.8
5	벨기에	8.6
32	한국	4.7점

※ 업무시간과 여가시간 등을 바탕으로 10점 만점으로 산출
출처: OECD(2017)

이의 통계치를 보면 다음과 같다. 덴마크 근로자들의 노동시간은 연간 1,410시간으로 OECD국가 중 두 번째로 짧지만, 1인당 노동 생산성은 63.4달러(약 6만 8,300원)로 5위를 차지했다. 한국(2,069시간)보다 659시간 적게 일함에도 노동 생산성(31.8달러, 약 3만 4,200원)은 곱절이다.

그들의 근로정책은 모든 사람에게 근로의 권리가 개방되어 있고 이를 원활하게 할 수 있도록 육아정책들이 잘 보장된 것이 특징이다. 여성들의 근로조건을 개선하기 위해 회사나 다른 기관에 위탁할 경우 이를 정부에서 부담하는 것을 원칙으로 하며 근로자가 편안하게 근로할 수 있도록 노력한다. 이러하다 보니 일과 삶의 만족도가 매우 높을 수밖에 없다는 것이다. 물론 다른 요인들도 있지만 여성의 가장 큰 고민인 육아문제를 해결하였기에 누구나 근로를 개방할 수 있게 된 것이다. 이는 그들의 평등한 인간관과 관계가 있다. 성에 대한 편견이 없다는 것이다. 우리와 같이 남성과 여성의 일이 분리되지 않는다는 것이며 평등한 삶을 추구한다는 것이다. 이로 인하여 직장 복귀율이 최고 수준이다. 이를 통계치로 환산한 결과 78%를 육박하고 있다. OECD 국가 평균인 66%보다 훨씬 높은 수치이다.

이는 개인별 육아휴직을 잘 이용한다는 것이며 특히 부모가 사용할 수 있는 육아휴직은 32주이며 한 가족당 육아휴직 급여는 32주로 100%를 보장받는 것이다. 또한 반일(半日) 근무나 시간제로 사용할 수 있는 제도로 인하여 64주까지 연장하여 사용할 수 있다. 육아휴직은 남녀 모두, 근로자가 일정 연령 이하의 자녀를 양육하기 위하여 신청해서 사용하는 휴직을 말한다. 근로자가 고용된 상태를 유지하면서 일정기간 동안 휴직할 수 있기 때문에 근로자는 육아부담 해소와 함께 생활 안정을 도모할 수 있고, 기업은 숙련인력을 확보할 수 있다.

이는 다시 말하면 남녀평등과 기회균등 등이 잘 보장되어 있다는 것을 의미한다. 다시 말하면 누구에게나 같은 조건이 주어진다는 것이며 자율성이 보장되고 개방적이고 평등한 사회이면서 자신의 역할에 맞는 일은 누구나 자유롭게 선택할 수 있는 유동성이 보장된 나라라는 것이다.

사회 유동성이 보장되는 나라이며 모든 사람이 어디에서 출발하든 성공할 수 있다는 생각이며 이와 같은 사회 유동성은 자율성, 혹은 개인의 자유와 완벽하게 연결된다. 그들은 고정관념이나 금기에 얽매이지 않고 자신에게 가장 적합한 역할을 자유롭게 선택한다.

여성들의 정책에 관해서는 세계의 다른 나라들보다 일찍 시작하였다. 여성들의 참정권에 대한 보장은 1915년에 실시하였고 2011년에 치른 선거에서 처음으로 여성 총리를 뽑았다는 것은 이미 여성에게 기회균등의 기회가 일찍 주어진 결과이며 또한 교육에서는 이미 1875년에 대학 입학을 허용하였다.

그러나 여성의 정치 참여를 독려하기 위한 정책 중 하나인 성별 할당제는 결혼 후 육아문제로 퇴사하는 경우가 많다는 이유로 1970년대 덴마크와 스웨덴에서 실시하였으나 덴마크는 곧 철회하였다. 이러한 육아문제는 여성만의 문제가 아니라 남녀 공동의 문제라는 것이다. 따라서 성별의 비율을 달리하는 문제가 아니라 다른 방법으로 문제를 해결해야 한다는 것이다. 여성으로 분리해서 인위적으로 정치 참여를 권유할 것이 아니라 정부가 이러한 문제를 근본적으로 해결해야 하며 그에 대한 대책을 반드시 마련해야 한다는 것이다. 다시 말하면 여성들의 육아로 인한 경력단절 문제는 남성, 여성이 아니라 남녀평등의 문제라는 것이다. 다시 말하면 두 가지 모두를 만족시킬 수 있는 근본적인 문제로 해결해야 한다는 것이다.

여자들에게는 직장과 사생활 사이에서 마음껏 자아를 펼칠 수 있는 가능성을 주고, 남자들에게는 아무런 콤플렉스 없이 가정생활을 중요하게 여길 수 있는 자유를 주기 때문이다.

또한 우리나라에서도 문제로 제기되는 것 중 하나가 노인문제이다. 노인에 대한 근본적 문제들을 해결할 수 있는 모범답안을 덴마크에서 제시하고 있으므로 우리는 이를 본받아야 할 것이다.

덴마크 노인들은 노후에 걱정이 없는 생활을 하고 있다. 왜냐하면 국민연금제도가 우리보다 훨씬 빠른 1956년에 시작되어 모든 노인에게 국가연금혜택을 보장하고 이것이 정착되었기 때문이다. 다시 말하면 67세 이상의 노인은 최저정액급여라는 사회보장제도가 정착되었다. 이것은 1891년에 이미 노령지원법이 통과되어 노인들이 안정된 생활을 누릴 수 있도록 발판을 마련했다고 볼 수 있다.

그러나 덴마크 노인들은 연금을 받는다고 해서 그냥 세월을 보내는 것이 아니다. 이들은 꾸준히 일자리를 찾아 노인의 건강을 발휘하고 있다. 다시 말하면 그들이 갖고 있는 노하우를 자원봉사를 통해 다음 세대로 연결하고 있고 또한 자기개발을 위해 자발적으로 일자리를 찾는다는 것이다. 이것이 '제3커리어'라는 운동이다. 인생을 청년, 장년, 노년기로 나눌 때 노년기는 숫자에 불과하다는 것이다. 연금만으로도 충분히 기본적인 생활을 할 수 있지만 자기개발을 위해서도 직장에서 근무하고자 하는 욕구가 강하기 때문이다. 우리나라의 경우 먹고살기 위해 일하는 경우가 대부분이지만 그들의 근로의욕은 세계에서 최고 수준이다.

이것은 순수한 민간단체에서 이와 같은 일을 도맡아 하고 있다. 이들은 기업에 다니면서 노인 일자리를 위해 노력한 결과라는 것이다. 기업에 다니면서 그들의 경험과 노인에 대한 인식을 변화시킨 결과라는 것이다.

덴마크 정부는 74세까지 정년을 보장할 수 있도록 이미 법으로 제정하여 노인들의 취업을 장려하고 있고 또한 노인들이 소득(200만 원)을 가지고 있어도 기초연금을 차등 지급하지는 않고 있어서 우리와 많은 대조를 이루고 있다.

이러하다 보니 노인들은 직장 걱정이 없는 나라이며 노인의 삶의 질이 가장 높은 나라라는 것이다. 세계행복지수 1위 국가다운 정책을 만든다는 것이다. 이러한 정책은 정부보다는 시민단체의 노력이 더욱 절실하며 자발적으로 행복한 국가를 만들기 위해 노력한 결과인 것이다.

덴마크의 교육 또한 마찬가지이다. 교육에 있어서도 누구에게나 기회가 균등하다는 것이다. 이는 명목상으로 주어지는 것이 아니라 실질적으로 누구에게나 기회가 있다는 것이다. 의무교육과 장학금제도가 완벽히 갖추어져 있기 때문이다.

교육제도는 평등, 자유, 공동체의식이 기초인 사회에서 각자 책임, 권리, 의무를 잘 이해하고 미래의 시민으로 거듭나도록 하기 위한 교육을 목적으로 한다. 교육제도는 크게 초등교육(Primary and Secondary, 1~9/10학년), 중등교육(Upper Secondary Education, 9/10~12학년), 고등교육(전문대학 2년, 종합대학 5년, 단과대학 3년 반 과정)으로 나누어져 있다. 주로 초등교육은 공립과 사립으로 나누어져 있으며 주로 사립기관이 담당하고 있다. 공립학교의 교육은 무상이며 사립학교는 정부에서 일률적으로 지원하는 것이 아니라 81~83%까지 지원받고 있어서 교육비는 거의 없다고 보아야 할 것이다.

우리나라에선 초·중·고교를 쉬지 않고 진학한다면 덴마크는 애프터스콜레(Skovbo Efterskole)라는 제도가 있는데 이는 덴마크 학생들이 초등교육을 마친 후 중등학교로 진학하기 전에 1년간 기숙학교에 머무르며 학업에 대한 부담 없이 자신의 적성에 맞는 걸 배우는 학교를 말한다.

또한 중등교육은 우리와 같이 인문계와 실업계로 나누어지며 모두 무상교육이다. 특이한 것은 실업계는 지역 내 기업과 연계하여 임금을 받으면서 교육을 받는다는 것이 특이하다.

중등교육은 대학 진학을 위한 학교와 직업학교로 나뉜다. 학생이 스스로 누구인지 파악하고 공동체 안에서 어울리는 방법을 찾는 걸 교육의 중점으로 삼는다.

어느 방향이든 주저 없이 다양하게 키울 수 있게 도와주고 자신이 덴마크를 위해 무엇을 기여할 수 있는지 여러 방면으로 미루어 판단한 후 대학 진학을 결정한다.

고등교육도 무상으로 이루어지고 있으며 5년 과정의 학·석사 통합과정을 운영하는 5개의 종합대학, 특정 직업교육(예를 들어 교사)을 위한 3년 반 과정의 단과대학, 2년 과정의 전문대학으로 구분되고 있는데 전부 무상교육을 실시하고 있으며, 모두가 공립학교로 구성되어 있다.

그들의 교육방법도 우리와는 판이하게 다르다. 덴마크 교육제도는 암기식 지식 습득보다 개인의 자율성 형성 및 호기심과 판단력 자극을 목표로 하며 직접 경험하고 스스로 의견을 내도록 자극받는다.

2) 노동조합이 활성화된 스웨덴의 인권의식과 복지정책의 변화는 어떠한가?

스웨덴은 9~11세기에 해상활동을 근거지로 한 바이킹의 후예이며 1814년 노르웨이와 국가를 이루었으나 1905년에 분리하여 오늘날에 이르게 되었다. 물론 근대국가의 틀을 갖춘 것은 1523년 칼마르 동맹이 해체된 뒤 주위 국가들의 땅을 많이 확보하고 교육제도나 산업을 정비한 시기부터였다.

그들의 국민성은 자립심이 매우 강하며 또한 원칙을 강조한 덕에 세계 제1의 복지국가와 이상사회를 건설한 인구 800만 명밖에 안 되는 소국이지만 인권과 복지 강국이다. 그들은 국민들의 인권을 보호하기 위하여 강력한 복지정책을 시행하고 있는데 인간으로서 살아갈 수 있도록 최저 생활과 의료복지시설에 대한 정책을 강력하게 추진하여 세계 최고의 이상사회를 건설한 나라 중 하나이다. 다시 말하면 의, 식, 주는 물론이고 실업에 대비한 급여와 의료보험을 가장 잘 지원하는 제도를 갖추고 있다는 것이다. 또한 세계 최고의 청렴도와 공평한 소득 분배, 그리고 기회의 균등을 추구하는 나라이며 인간으로서 살아갈 수 있는 행복추구권을 잘 보호하여 주는 나라라고 할 수 있다.

그들의 정치제도를 보면 정치로는 민주주의, 경제로는 사회주의를 주창하는 사회민주주의를 취하고 있으며 의회를 중심으로 자본주의 시장경제에 사회주의가 주장하는 평등의 원리를 혼합하여 인간의 이상향인 사회를 건설하고자 하는 데 목적을 두고 있다. 흔히 사회민주주의가 혼합하여 정치와 경제적 구조는 혼란스러울지도 모르지만 이와 같은 우려를 말끔히 해소하여 정치적으로는 인간의 기본가치인 자유와 인간의 존엄성을 확보하고 소득의 재분배에 있어서 평등한 사회인 국민 모두가 행복하고 잘사는 나라를 건설한 모범국으로 세계의 부러움을 사고 있다.

이와 같은 것은 국민들의 의식구조가 탄력적이고 국가정책을 믿고 잘 따라준 국민성에 기반을 두고 있어서 경제가 좋지 않을 때는 사회복지를 과감히 삭감해도 불평이나 불만 없이 인간의 가치를 추구하고 인권을 신장시키는 데는 똑같은 목소리를 내고 있다는 것이다.

또한 기독교 정신의 영향과 나폴레옹 전쟁 이후 현재까지 중립국으로서, 즉 1814년 이후 한 번도 전쟁에 참전하지 않았기 때문에 안정적으로 민주주의를 정착시킨 결과이기도 하다는 것이다. 따라서 다른 어느 국가보다도 민주주의 원리와 사회주의 원리를 잘 발달시켜 경제발전을 이룩하고 그에 따른 사회보장제도와 실업문제, 노사문제, 노후문제, 교육문제들을 해결하는 데 주안점을 둔 결과이기도 하다는 것이다. 즉 모든 정치인과 국민들이 현실적인 문제들을 사회개혁을 통하여 잘 해결하였다고 볼 수 있다. 따라서 그들은 항상 미소를 잃지 않고 행복한 삶을 살아가는 것이다.

앞에서도 말했지만 스웨덴은 인권을 보호하기 위하여 사회복지정책과 사회보장제도가 세계 어느 나라에도 뒤지지 않는 세계 일류국가라고 하였다. 이러한 국가를 형성하는 데는 국민들이 국가를 믿고 불평 없이 자발적으로 높은 세금을 낸 데서 그 원인을 찾아볼 수 있다. 즉 세금을 차등적으로 부과하는데 고소득자와 저소득자는 각각 60%와 29%를 내고 있다는 것이다. 그리고 기업가들은 노동자나 고용자들에 대하여 약 32%를 국가에 지불해 국가의 건전성에 기초하고 있다는 것이다.

흔히 높은 세금을 내고, 복지에 대한 지출이 많으면 경제성장률이 낮아진다는 것이 일반적인 경제학자들의 이론이지만 세금이 높고, 복지혜택이 많으면서 경제성장률 또한 매우 높은 스웨덴을 보면 국민 개개인의 행복감과 제도에 대한 신뢰에서 복지와 성장의 두 마리 토끼를 잡을 수 있었음을 알 수 있다.

흔히 국가에 세금을 내는 것은 어딘지 아까운 생각이 들어 온갖 탈세를 하는 것이 우리의 현실이다. 이는 세금을 내면 왠지 국민들이 돌려받는 것이 아니라 정치인들이 잘못 사용한다는 우려 때문에 세금 내는 것을 기피한다는 것이다. 그러나 북유럽의 국민들은 세금은 많이 내지만 다시 복지를 통해 돌려받는다는 믿음이 있고, 형평성 있는 분배가 이루어져, 스웨덴 국민은 실직과 병으로 소득이 없을 때 본인이 낸 세금으로 국가가 일시적이나마 재기할 수 있는 기회를 준다고 믿는다.

이러한 사회복지정책의 밑바탕은 페르 알빈 한손(Per Albin Hansson)이 1928년 발표한 '국민의 집(The People's Home)'에 있다는 것이다. 여기에는 "집(가정)의 기본은 공동체와 동고동락에 있다. 훌륭한 집에서는 누구든 특권의식을 느끼지 않으며 누구도 소외되지 않는다. 독식하는 사람도 없고 천대받는 아이도 없다. 다른 형제를 얕보지 않으며 그를 밟고 이득을 취하지 않는다. 이런 좋은 집에서는 모든 구성원이 동등하고, 서로 배려하며, 협력 속에서 함께 일한다. 이런 '국민의 집'은 오늘날 우리가 안고 있는 특권 상류층과 저변 계층의 사회, 경제적 격차 문제를 극복할 수 있을 것이다." 그는 이러한 내용을 국회에서 연설하였으며 이러한 사회를 만들고자 노력하였다. 그의 이러한 사회복지정책은 14년간 스웨덴 총리를 하면서 차근차근 이어져 나간 결과이다.

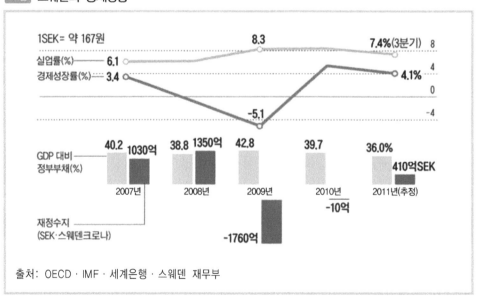

그림 스웨덴의 경제상황

출처: OECD · IMF · 세계은행 · 스웨덴 재무부

이후 타게 에를란데르(Tage Erlander) 총리가 1946년에 부임하여 이러한 정책을 완성하는 데 초점을 두고 정책을 추진하였다. 그의 재임기간 23년 동안에 이룬 업적은 국민의 아버지라 불릴 만큼 국민들의 지지와 추앙을 받았다. 그의 정책의 완성으로 인하여 복지의 중진국에서 선진국으로 탈바꿈하는 계기가 되었다.

그의 정책은 사회민주당의 모토답게 소득의 재분배에 목적을 두고 있다. 소득과 소비의 평등한 재분배를 목적으로 하고 있다는 것이다. 이러한 것은 노동시장에 있어서 임금의 책정부터 달리하고 있다는 것이다. 그들의 임금정책은 최저임금제도가 없는 것으로 유명하다. 임금을 책정하는 방법은 노동단체와 고용주 사이에 이루어지며 이들이 내린 결론이 그대로 반영된다는 것이다. 다시 말하면 단체협약에 따라 임금이 결정된다는 것이다. 이러한 것은 지역에 따라 다소 다르지만 동일한 업종에서는 동일하게 적용된다는 것이다.

여기에서 중요한 사항은 노동단체인 노동조합은 여러 노동조합을 가지고 있다는 것이다. 이러한 노동조합에 노동자들이 가입하고 있으며 그에 따라 각각의 정해진 세금을 내고 있다는 것이다. 만약 노동조합에 가입하지 않는다면 모든 노동행위에서 일어나는 것들, 즉 임금체불, 노동착취 등의 행위에 대하여 모든 법적인 보장을 받을 수 없다는 것이다. 따라서 스웨덴 국민들은 모두가 노동조합에 가입하고 있는데 중복가입도 가능하다는 것이다.

스웨덴은 이러한 세금에 따라 사회복지에 힘쓰고 있다는 것이다. 따라서 높은 세금에 따라 고효율적인 복지정책을 운영하고 있다는 것이다. 이러한 결과 〈2019년 세계행복보고서〉(World Happiness Report)에서 193개국 중 당당히 7위에 랭크될 수 있었다. 비록 대한민국은 54위에 불과하지만 이러한 행복도의 보고서를 보아도 높은 세금을 내야 함에도 불구하고 사회복지가 최고 수준이며 이에 따라 행복순위가 높은 것은 국민들이 국가의 정책에 합의하고 불평이 없다는 것이다. 다시 말하면 누구나 내는 높은 세금은 결국 자기 자신에게 돌아온다는 믿음이 있음을 보여주는 것이다.

스웨덴은 아니지만 덴마크는 우리와 달리 개인의 과세에 다양성이 존재하는데 예를 들면 비만세를 도입하여 비만과 관련된 음식물인 햄버거, 지방함량이 높은 음식, 설탕 등에 세금을 내야 한다는 것이다. 왜냐하면 이러한 음식들은 개인의 건강을 해치게 되며 건강을 해치면 의료비가 많이 든다는 결론 때문이다. 따라서 사회복지에서는 누구나 공평하고 균등하게 받을 수 있도록 한다는 것이다. 이러한 정책들이 덴마크의 세금 부과와 복지정책의 기조라는 것이다.

따라서 국민들은 믿음을 가지고 과세 부담에 동참한다는 것이다. 감히 탈세할 엄두를 내지 못하는 이유인 것이다. 물론 탈세한다면 엄한 법적 제재를 받는다는 것이다. 예를 들면 스포츠, 연예인 등이 소득세를 탈세하면 그 직업에 종사하지 못하는 것은 물론이고 무거운 범칙금이 부과된다는 것이다. 〈페르소나〉라는 영화로 유명한 감독은 1976년에 소득세를 탈세했는데 결국 그는 사회적인 지탄으로 인하여 스웨덴을 떠나게 되었다는 것이다.

아래 그림은 국민의 세금과 복지수준에 관한 각국의 정책이다.

그림 국가별 복지 수준과 국민 부담 비교

출처: 한국보건사회연구원

이러한 세금에 대한 자세는 그들의 정책에도 잘 나타나 있는데 과세정보가 공개된다는 것이다. 우리나라는 「개인정보법」에 따라 모든 것들이 제한받고 있는 반면에 스웨덴은 개인과 기업에 대한 세금 부과에 대하여 공개의 원칙을 지키고 있다는 것이다. 누구든지 다른 사람이나 다른 기업들의 세금에 관해서는 정보를 볼 수 있다는 것이다. 혹은 전화로도 과세정보를 얻을 수 있으며 결국 이러한 공개주의의 원칙은 임금격차를 줄이는 계기가 되며 임금차별을 없애는 순기능을 가져올 수 있다는 것이다. 따라서 매년 개인의 소득이나 불로소득 등을 통하여 서로 간의 믿음이 생기며 높은 과세에도 불평과 불만이 없다는 것이다. 우리의 경우에는 상상도 하지 못할 일이다. 핀란드의 경우는 과세정보도 매년 11월 1일에 공개되는데 그날은 '국민 질투의 날'이라고 부른다.

이러한 정책에 공헌한 사람은 에를란데르(T. Erlander, 1946~1969, 총리재임) 정권의 새로운 사회, 경제, 복지정책들이 내실화 있게 구체적으로 실시한 결과이다. 이를 토대로 그의 후임인 팔메(O. Palme, 1969~1986, 총리재임)는 이 제도를 더욱 가속화시킨 인물로서 약 40여 년 동안 스웨덴식 사회, 경제, 복지정책의 모델이 완성될 수 있었던 것이다.

두 총리는 사회민주주의를 기조로 한 정당의 총수로서 기업들의 수익률과 개인들의 소득세를 국가의 기반정책을 입안하고 실행할 수 있는 부분에 투자하기 시작했다. 이러한 배경에는 국가의 경제정책으로 인한 경제성장을 통하여 수익을 창출했다는 것을 근간으로 하여 높은 세금을 부과함과 동시에 모든 국민들에게 사회복지분야에의 재분배를 통해서 모두가 행복하고, 안정되고, 여유로운 삶을 통하여 혜택을 누리자는 "보편적 복지주의"를 하고자 하였다. 자본주의에서 오는 소득 불균형을 사회보장제도를 통하여 모든 부분에서 국민에게 돌려주자는 것이다.

이러한 정책적 기조는 세계 최고 수준의 사회보장체계를 갖추고 있는데 요람에서 무덤까지 전 생애과정을 교육, 의료, 노동뿐만 아니라 인권보호와 국민의 삶의 질을 보장하고 있다는 것이다. 이러한 부분은 국민의 통합과 사회적 약자로서 불안한 삶을 살아가는 것이 아니라 적극적인 삶을 통하여 국가에 도움을 줄 수 있다는 것이다.

이와 같은 사회보장제도는 스웨덴의 의료체계를 보면 잘 알 수 있다. 즉 대부분의 북유럽 국가들은 사회구성원 모두가 평등의 원칙 아래 양질의 의료서비스를 받게 되어 있다. 자국민뿐만 아니라 난민까지도 의료혜택을 받을 수 있으며 이러한 실행은 물론 높은 조세에 기인한다는 것이다. 예를 들면 유아, 임산부, 청소년 등은 무료로 진료를 받을 수 있으며 성인들의 경우 1차 진료는 사용자 부담을 원칙으로 하는데 15% 내외의 진료비를 자부담으로 한다는 것이다. 이를 본다면 거의 무료나 저비용으로서 국민 모두가 의료혜택을 보는 데는 부담이 없다는 것이다. 이러한 것은 민간 병원이 매우 적으며 이들 또한 국가에서 많은 부분이 지원되기 때문에 가능하다는 것이다.

또한 교육에서는 모든 부분에 있어 무상교육을 하고 있다는 것이다. 다시 말하면 교육은 빈부의 격차, 남녀노소, 장애의 유무에 관계없이 모두에게 열려 있다는 것이다. 이들의 교육제도는 매우 체계적이며 합리적으로 되어 있다고 볼 수 있다. 우선 초등학교를 살펴보면 9학년 학제로 구성되어 있으며 모두 의무적 교육과정이며 초, 중, 고급과정이다. 주로 초, 중 과정은 우리와 같이 담임교사가 대신하며 고급과정은 과목이 늘어남에 따라 전공에 따라 교육을 담당하는 교사가 따로 있다는 것이다. 물론 초등과정을 입학하기 전 6세 이상이 되면 기초과정을 습득하기 위해서 의무교육은 반드시 거쳐야 한다는 것이다.

고등교육에 있어서는 통합교육이 이루어진다는 것이다. 흔히 우리와 같은 일반고, 실업고 등으로 분리하여 진학하는 것이 아니라 일반고, 기술학교, 직업학교 등이 포함된 통합교육체계로 운영한다는 것이다.

대학교육은 매우 특이하다. 우리나라의 경우에는 고등학교를 졸업하거나 그에 자격이 있는 경우에만 대학 입학이 가능하지만 스웨덴의 경우에는 25세 이상 직장 경력이 4년 이상이면 누구나 가능하다는 것이다. 그리고 1, 2학년의 경우 교양과정은 전혀 없이 전공과정이 시작되며 모든 교육의 등록금은 무상으로 실시하여 학업지원을 위한 장학금이나 융자금을 받을 수 있도록 하고 있다는 것이다.

이는 '국민의 집(The People's Home)'의 일환으로 국가가 행복한 집을 대신해야 한다는 의미이며 자녀 교육은 개별 가정이 아니라 국가의 의무사항이라는 것이다. 전 총리 한손의 주장이던 '국민의 집'을 기반으로 인식한 것이다. 이때, '국민의 집'은 붕괴한 가족을 대신하여 국가가 가족의 역할을 다해야 한다는 의미로 국가가 자녀 교육뿐만 아니라 모든 단계에서 개인의 문제에 개입하여 돌봐야 한다는 생각이다. 여기서 '자녀'의 개념은 나아가 국가 전체로 확대된다. 국가가 아버지가 되고 국민이 자녀라는 생각으로 확대되어 국가 전체가 집이 된다.

'국민의 집'이 갖는 목표는 국민의 연대와 평등을 기초로 자유로운 시민, 자립심과 독창성을 갖춘 훌륭한 시민을 육성하는 것이다. 이러한 국민의 집 이념을 실현하기 위해 에를란데르 정권은 가족을 돌보는 복지정책을 차근차근 실행하여 그 복지를 유지하고 운영하기 위해 1960년대부터는 증세정책으로 전환했다. 이는 오늘날의 높은 과세 부담, 효율적인 복지 사회정책과 경제정책의 시작이며, 이른바 스웨덴 모델의 탄생을 의미한다. 이러한 스웨덴식 모델은 전 세계 국가들의 모범이 되어 각 나라 정책입안자들이 배우고자 하는 실정이다.

스웨덴은 1979년 세계 최초로 가정 내 체벌을 금지하는 아동학대금지법을 제정하였다. 이러한 법에 대해 북유럽 국가들은 무리한 시도라고 비아냥거렸지만 "모든 아동들은 좋은 환경에서 보호를 받아야 한다."라고 하는 이념 아래 지금은 전 세계적으로 확대하여 실시하고 있다. 따라서 성인들처럼 아동의 인격은 존중되어야 하며 모든 생활수준과 관계없이 동질의 교육을 받을 수 있도록 무상으로 교육을 실시한다는 것이다.

이러한 이념 아래 스웨덴의 교육은 모든 아동의 성장발달을 육체적, 사회적, 정신적인 것에 두고 있으며 이를 위하여 교육에 관한 양적, 질적으로 어려움이 없는 사회보장제도를 수립하여 실시하고 있다. 예를 들면 이러한 교육을 원활히 하기 위하여 육아휴직을 사용할 수 있으며 그 기간은 총 480일이다. 이것을 부모가 각각 240일씩 사용하며 기본일 수 90일을 제외한 나머지 기간은 서로에게 양도할 수 있는 탄력적 정책을 쓰는 것이 특징이라 할 수 있다. 또한 이 기간 동안에는 약 80%에 해당하는 급여를 보장받기 때문에 육아휴직을 잘 이용하는 편이다. 기업주는 이러한 제도에 적극적으로 협조해야 하며 육아휴직자는 기본적으로 이러한 혜택을 누릴 수 있다는 것이다. 이에 대한 인사상의 불이익이나 임금상의 불이익은 상상도 할 수 없도록 제도적으로 장치를 해놓았다. 또한 누구나 교육받을 권리를 보장하도록 육아정책을 마련해 놓았다는 것이다. 즉 공부하려는 의지만 있으면 모두에게 기회가 있으며 무상교육과 아동 및 아동 양육을 위한 수당정책이 마련되어 있어 건전한 노동시장에 남녀 모두 참여할 수 있다. 이는 오늘날 스웨덴 경제의 활성화를 위한 근간이 된다는 것이다.

다시 말하면 스웨덴의 경제적 번영은 사회복지를 근간으로 하여 오늘날 부강한 나라로 발돋움할 수 있게 되었다고 해도 과언이 아닐 것이다.

이러한 정책으로 인하여 부의 공평화 및 재분배, 아동의 인권보호 및 복지정책으로 인하여 아름다운 가정 그리고 아름다운 국가를 만드는 데 일조한다는 것이다. 이러한 아동수당을 살펴보면 다음의 여섯 가지(임신현금 급여, 출산휴가 및 급여, 아동 간병 휴가 및 급여, 아동수당, 한 부모에 대한 양육지원비, 입양 수당 등)가 있는데 건강한 국민의 집을 짓는 데 활력소를 제공하고 있다.

스웨덴을 여행하다 보면 아빠들이 아름답게 느껴지는 모습을 보게 되는데 여유롭게 아이들과 쇼핑하거나 신나게 노는 모습이다. 이러한 아빠들을 라테 대디(Latte daddy)라고 부르는데 이를 통해서 어렸을 때부터 양성평등에 대하여 자연스럽게 배우는 기회를 갖게 된다는 것이다.

이것은 양육보조정책 덕분이라 할 수 있다. 즉 동양의 전통적인 가정과 다르게 그들의 역할은 따로 정해진 것이 아니라 누구나 우수한 능력을 사용할 수 있도록 배려해 놓았기 때문이다. 이러한 정책이 곧 경제성장과 직결된다는 것이며 우수한 인력을 확보할 수 있다는 것이다. 이러한 우수인력은 곧 개인소득을 높게 해주며 이는 세금과 관련되어 복지수준을 높일 수밖에 없다는 논리이다. 따라서 남자는 돈을 벌어 와야 한다는 고정관념에서 벗어나 아동과 함께 지내는 시간이 많아져 아이는 건전한 심성과 함께 어렸을 때부터 양성문화를 접하게 되어 성인이 되어서도 부모의 생활양식을 자연스럽게 익히게 된다는 것이다.

이러한 것을 토대로 정부는 적극적인 노동시장정책을 실시하고 있다. 1990년대에 들어 세계적인 불황이 왔을 때도 실업률을 줄이고자 노력하였는데 이는 적극적인 노동시장 개입으로 해결하고자 하였다. 따라서 정부와 국민들은 건전한 노동시장을 만들기 위해 지혜를 모아 실업률을 대폭 낮추었으며 각종 프로그램을 통하여 지속적인 노동력을 창출하려는 노력을 꾸준히 했다는 것이다.

이러한 정부의 노력은 노동시장위원회를 설치하여 노동시장의 수요와 공급을 정확하게 파악함으로써 구직자들의 완전고용을 목표로 일을 추진하였으며 조화로운 사회를 만드는 데 노력을 게을리하지 않았다. 따라서 스웨덴 국민들은 영구적인 실업을 예방하기 위하여 전국의 온라인을 통해 본인이 원하는 구인, 구직을 쉽게 할 수 있도록 완벽한 시스템을 구축하여 자신의 능력과 적성, 흥미, 그리고 경력에 맞추어 빠르게 알맞은 직장을 찾도록 하였다.

또한 양성평등의 원칙 아래 고용시장에 있어서도 1979년 양성평등법에 따라 국가공무원 채용 시 여성 인원을 보완하도록 명시하였으며, 남성 일자리에 여성을 고용하는 고용주에게는 일정한 혜택을 주고 있다는 것이다. 따라서 스웨덴의 경우에는 세계 최고의 여성 고용비율을 보이는데 1989년 통계자료(OECD)에 의하면 78%의 고용률과 2% 이하의 실업률을 보이고 있다는 것이다. 이런 결과는 국가와 국민들의 슬기로운 지혜의 결과이기도 하며 적극적인 정책과 수행의 결과이기도 하다는 것이다.

이와 같은 결과는 당시의 시대 상황과 일치한다. 고도의 경제성장을 이루기 위해서는 많은 노동력이 요구되는데 이는 남성만으로 되지 않는다는 시대적 공감대와 정부의 여성 취업을 위한 적극적인 정책의 결과라는 것이다. 이러한 정책을 수행하기 위하여 당시의 정부지도자들은 경제 지원과 환경을 조성하기 위하여 적극 노력하였다는 것이다. 예를 들면 스웨덴의 국민의식과 여성의 취업을 지원하기 위한 다양한 정책들을 내놓았다는 것이다.

그 결과 육아휴직과 육아수당 등 법 제도를 정비함으로써 스웨덴 기혼여성의 취업률은 1945년 이후 1960~1970년 고도 성장기까지 급상승했다는 것을 알 수 있다.

표 기혼여성의 취업률 추이

연도	기혼여성의 취업률(%)
1930	8.2
1940	9.4
1945~1946	10.9
1950	13.7
1960	23.9
1965	31.9
1970	48.7

출처: Kerstin Sorensen, "Gender Ideology and Economic Policy in the Making of the Welfare State," 2005.

이뿐만 아니라 정치적인 면에서도 여성의 인권이 성장하기 시작하였는데 특히 여성의 참정권 확대가 오늘날의 여성정책에 밑거름을 두었다는 것이다. 여성의 참정권은 다른 대륙이나 국가에서와 마찬가지로 참정권에 제한을 받고 있었다. 과거에는 오직 특권계층에게만 투표권을 주었으나 여성들에 대한 부정적인 인식으로 인하여 여성들에 대한 투표권을 아예 없애자는 여론에 따라 여성의 참정권은 보장되어 있지도 않았으나 1771년 헌법이 개정되면서 이를 박탈하였다는 것이다. 18세기가 시작되자 여성들이 참정권을 요구하기 시작하여 1919년 보편적인 선거권을, 즉 모든 성인 남녀는 동등한 자격을 가지게 되는 보통 선거권을 가질수 있게 되었다.

이와 같은 평등사상은 실생활에서도 여실히 나타나고 있다. 즉 스웨덴을 가보면 우리와 다른 점을 발견할 수 있는데 화장실에는 남녀를 구분하는 표시가 없는 것이 특징이다. 즉 남녀 모두가 동일한 화장실을 사용한다는 것이다. 우리나라와 같이 남녀가 구분되어 있지 않다는 것이다.

스웨덴은 영어의 남(he), 여(she)에 해당하는 han, hon을 unisex인 hen으로 바꾸며 평등한 성(gender-equal)을 넘어 자연적인 성(gender-neutral), 즉 젠더 사회로 나아가고 있다. 이는 생물학적으로 성을 구분하는 시대가 아닌 사회, 문화적인 성의 사회를 중시하고 있다는 것이다. 사실 hen이란 단어를 스웨덴 사람들이 자주 사용하지는 않는다고 한다. 여전히 han과 hon이 기본 단어이다. 하지만 스웨덴은 남녀의 구분이 아닌 평등한 사회를 추구하며 그러한 시각으로 사회를 변화시키고 개혁하고자 한다는 것이다.

이러한 인식의 변화는 그 나라의 국민성이 남녀의 차별을 없애는 데 일조하여 아무도 부담감 없이 살 수 있어야 하며 또한 그러한 의식을 가지기 위해서는 부담감에서 벗어나게 되는 화장실 문화를 개조하는 데 있다. 즉 남녀가 평등하다고 하여 인위적으로 행하는 것이 아니라 실질적 제도 개선이 따르는 환경의 변화가 있어야만 가능한 것이다. 스웨덴의 정책은 이 두 가지를 해결하는 데 목적을 두었기 때문에 다른 나라보다도 성 평등이 일찍 개선되었다고 볼 수 있다.

또한 스웨덴 대학의 기숙사도 마찬가지이다. 남녀 숙소가 구분되어 있지도 않고 동일한 주방을 사용하는 것이 자연스럽다고 한다. 물론 한국과 스웨덴이 성 평등에 대한 시각차는 존재하지만, 여기서 중요한 것은 스웨덴이 평등한 사회를 만들 수 있었던 원동력은 '모두가 평등하게 느낄 수 있게끔 환경을 조성해 주는 것'에서 오는 것이기에 우리들의 인식도 여자, 남자 구분 없는 사회로 개선되는 방향으로 나아갈 수 있도록 제도적 개선과 환경을 조성한다면 가능하다는 것이다.

우리와 전혀 달라 보이는 화장실의 모습을 살펴보면, 즉 남녀가 공통으로 사용할 수 있다는 것과 내부 화장실에는 남성의 변기가 없는 것이 특징이며 모든 칸은 방음이 잘된 방의 구조로 되어 있다는 것이다. 그러다 보니 개인의 사생활이 보호받기 때문에 자연스럽게 공용으로 사용할 수 있다는 것이다. 화장실이 비밀의 공간이 아닌 생활의 공간으로서 자리 잡는 모습으로 변모하였다는 것이다.

스웨덴식 화장실과 우리나라식 화장실의 구조를 잘 살펴보면 우리는 들어가면 모든 것은 칸막이로 되어 있지만 스웨덴은 사생활이 보장된 구조를 하고 있다는 것이 특징이다. 그들이 얼마나 양성평등을 위해 개혁하고 사회적 비용을 투자했는지를 알 수 있다. 우리의 투자에 대한 인식은 이윤을 재화로써 뽑아내는 데 관심을 두지만 스웨덴은 소소한 곳까지 세밀하게 투자한다는 것이다.

우리나라도 많이 좋아졌지만 그들은 공공장소에서의 도덕을 굉장히 중요시한다. 그들은 세계 제1위의 준법정신과 도덕을 지키는 데 철저한 나라로도 유명하다. 따라서 그들의 공중도덕은 화장실에서도 나타나는데 항상 깨끗하며 자기 집처럼 사용한다는 것이다. 대부분 공중화장실은 우리와 같이 무료가 아니라 유료로 운영되고 있기 때문이다. 1회 사용료는 5크로나(약 700원 정도)이며 대부분 동전으로 내야 하지만 심지어는 카드로 결제 가능한 화장실도 있다. 이러하다 보니 항상 청결한 상태를 유지하고 있고 자기가 내는 세금이나 유지비용을 헛되게 사용하는 것을 방지하기 위함도 그 이유 중 하나일 것이다.

우리에게도 이러한 도덕과 문화 습관이 어려운 것일까? 어렵지는 않다는 것이다. 어렸을 때부터 바람직한 성 문화를 통하여 자연스럽게 몸에 익히도록 하여 우리의 의식을 개선한다면 우리 곁으로 오는 날이 더욱 머지않을 것이다.

위에서 스웨덴의 생활태도, 국민의식, 인권상황들을 살펴보았듯이 전 세계는 사회복지라든가, 사회보장제도, 이를 통한 인권보호에서 완벽하지는 않지만 스웨덴식 모델을 배우려고 노력 중이다. 그들은 사회주의가 추구하는 소득의 불균형을 타파하고 개인의 자유와 인권의 보호, 인간 존엄성을 추구하는 민주주의라는 어울리지 않는 제도를 혼합한 방식을 성공적으로 완수하였기 때문이다.

　다시 말하면 자본주의의 약점인 소수 자본가들의 횡포를 막을 뿐만 아니라 법과 제도를 대중들의 이익에 부합시키려는 정책을 동시에 입안하여 성공적으로 수행하였기 때문이다. 노동자들에게는 땀 흘린 대가를 보장해 주고 이를 통한 자본가들의 고수익을 사회에 재배치함으로써 자본주의를 법과 제도를 통해 보완하였다는 데 있다는 것이다. 이러한 것은 노동조합의 활성화가 한 부분을 차지하고 있다. 이러한 활동을 통하여 기업과 노동자 그리고 국가가 고도성장의 밑거름이 되며 서로 상생의 길을 걷는 모범적인 국가로 탈바꿈하였던 것이다.

　이는 우리에게 주는 시사점 또한 적지 않다. 요즈음 기업과 노동자들의 불협화음 그리고 정책의 부재는 우리 모두의 행복권을 추구하는 데 실패하고 있다는 것이다. 따라서 정의로운 사회로 가는 것은 양보와 상생의 길밖에 없다는 것이다. 우리는 모두 각자의 활동에 충실하되 자신들의 이익을 위해 법망을 피하는 우리의 모습을 보면서 북유럽 국가들의 국민성과 정치인들의 태도가 우리의 모습과는 달라 많은 차이를 느끼게 한다는 것이다. 서로 간의 각성이 필요한 때라 생각한다.

제 **10** 장

넬슨 만델라 대통령을 배출해서
유명해진 남아프리카공화국의
인권은 어떻게 발전했는가?

영국과 네덜란드의 각축장이 된 남아프리카공화국은 어떠한 역사를 가지고 있는가?

　남아프리카공화국은 아프리카 최남단에 자리한 나라로서 1488년 포르투갈 선원 바르톨로뮤 디아스(Bartolomeu Dias, 1451?~1500)에 의해 처음으로 남아프리카 대륙이 유럽에 알려진 국가이다. 남아프리카공화국은 동쪽으로는 인도양으로 서쪽으로는 대서양을 접하고 있으며 아프리카 국가 중 가장 먼저 네덜란드인들이 이주하기 시작하였고 많은 자원 때문에 해상무역의 전진기지 역할을 하였다. 이로 인하여 유럽인들의 주목을 받기 시작한 국가였다.

　남아프리카는 인간의 존엄성과 평등 그리고 법치주의와 다당제로서 민주주의를 지향한다는 기치 아래 설립된 국가라고 남아프리카 헌법 제1조에 분명히 명시되어 있다. 그러나 이러한 헌법이 제정되기까지는 수많은 아픔과 시련을 겪은 나라 중 하나였다는 것을 우리는 그들의 국기에 나타나는 상징성을 통해 알 수 있다.

　이들의 국기를 구체적으로 살펴보면 적색은 피를 상징하며, 녹색은 농업과 국토를 의미, 청색은 하늘과 바다를 상징하며, 흑색과 백색은 흑인과 백인을 상징하고, Y자는 다양한 종족과 인종으로 구성된 사회를 통합한다는 것이다. 여기에서 중요한 것은 적색의 의미인데 이는 남아프리카의 독립과 해방을 위한 노력의 결실을 의미한다는 것이다. 즉 피를 상징하는 것이며 이것을 위하여 얼마나 아픈 시련을 겪었는지를 보여준다고 할 수 있다.

　남아프리카공화국은 특이하게도 수도는 세 도시로 이루어졌다. 다시 말하면 행정, 사법, 입법 수도가 분리되어 있다는 것이다. 굳이 구분하자면 프리토리아, 블룸폰테인, 케이프타운으로 나누어져 있으며 우리에게 잘 알려진 수도는 케이프타운이다.

　남아프리카공화국이 우리에게 잘 알려진 이유는 최근까지 활동하다 지금은 고인이 된 인권운동가이자, 남아프리카공화국의 최초 흑인 대통령인 넬슨 만델라(Nelson Mandela, 1918~2013)에 의해서이다. 만델라라는 인물은 나중에 소개하기로 한다. 왜냐하면 남아프리카공화국을 오늘날 인권국가로 있게 한 장본인이며 인종화합의 역사를 만든 역사적인 인물이기 때문이다.

남아프리카공화국은 여러 민족이 어울려 살아가고 있고 여기에 인종, 종교 등도 혼잡해 사는 국가이다. 이러하다 보니 역사적으로 많은 아픔과 시련이 공존하면서 현재에 이르렀다. 그들의 인종은 아프리카계 79.60%, 유럽계 9.10%, 혼혈 8.90%, 아시아계 2.5%로 구성되어 있으며 종교는 아프리카에서 드문 기독교로 구성되어 있다. 이러한 기독교를 이끈 지도자는 흑인인 데스몬드 투투(Desmond Mpilo Tutu, 1931~)로서 아프리카의 인권운동에 앞장선 인물로도 유명하다.

이 나라는 1994년까지는 인종 갈등으로 인하여 경제적 빈부격차가 많이 존재하였지만 넬슨 만델라가 대통령에 취임하고 난 뒤 인종차별이 점차 사라지자, 많은 자원을 이용하여 서서히 빈부격차가 줄어들고 있다. 다시 말하면 아파르트헤이트, 즉 인종분리 통치를 하던 1991년 이전에는 백인 통치의 시대인 까닭에 흑인에 대한 차별정책으로 흑, 백인의 빈부격차는 상상 외로 심하였으나 아파르트헤이트가 붕괴된 이후부터 빈부격차는 점차 해소되고 있다는 것이다. 이는 과거의 경제정책은 고용기회와 토지 소유에 대한 불평등으로 인하여 경제는 침몰하게 되었고 이로 인하여 빈익빈부익부(貧益貧富益富) 현상이 두드러진 시대였다고 볼 수 있다. 특히 백인들은 남아프리카공화국의 모든 토지와 경제활동의 수혜자로서 아파르트헤이트가 붕괴되기 전까지는 그들의 세상이었다. 그러다 보니 흑인들은 인종의 다수자이면서 최대의 빈곤자로서 살아가는 처지였다는 것이다. 당시 남아프리카공화국은 흑인에 대한 분리정책으로 인하여 그들의 주거활동, 경제활동, 신체의 자유 그리고 토지 소유, 기본적인 인권까지도 철저히 백인들에 의해 분리되었던 시기였다는 것이다.

그러나 민주화가 이루어지는 1990년 이후부터는 다소 나아지고 있지만 아직 인프라(Infrastructure) 구축과 토지개혁 그리고 고용 등이 더디게 진행되어 여전히 빈부격차는 심하다고 볼 수 있다. 따라서 더딘 민주화로 인하여 빈부격차를 줄이지 못하는 원인이 된다는 것이다. 오늘날의 남아프리카공화국은 이러한 모순들을 해결하기 위하여 모든 노력을 기울이고 있으나 설상가상으로 현대 질병에 있어서 가장 골칫덩어리인 후천성면역결핍증(HIV/AIDS)까지 겹쳐서 그들의 경제정책에 어려움을 더하고 있다는 것이다. 통계에 의하면 2013년 기준으로 약 630만 명이 감염되어 있다는 것이다. 전 인구의 약 17%가 감염자라는 것이다. 이에 따라 국가 경제에 밑바탕이 되는 노동력이 감소될 뿐만 아니라 노동생산성도 감소하여 그들의 경제성장에 발목을 잡고 있는 형편이다. 이러다 보니 경제적 빈곤상태가 계속되어 사회보장은 저 먼 세상의 일이며 인권과 사회복지는 과거보다 개선되고 있으나 여전히 후진성을 면치 못하고 있다.

그러나 2000년 이후 아프리카인들에 대한 고용기회와 고용 촉진을 위한 흑인 고용정책을 사용하여 경제는 아프리카에서 가장 발달된 결과를 양산하였다. 그들의 경제산업을 살펴보면 농업과 목축업이 매우 발달하였고 또한 지하자원이 풍부한 나라였다. 즉 옥수수, 밀, 포도, 오렌지, 설탕, 양털 등이 많이 생산되며 지하자원으로서는 금, 다이아몬드, 우라늄, 백금, 망간, 석탄 등이 많이 생산된다. 이 중에서 금은 전 세계 생산량의 60%를 차지하는 자원부국이다. 이러한 자원은 많은 노동력을 필요로 하는데 이러한 노동에 아프리카인들을 적극 고용하는 정책을 편 결과로 오늘날 Black Diamond라고 부르는 아프리카인 중산층이 생겨날 정도로 빈곤층은 개선되어 가는 실정이다. 따라서 이들을 중심으로 경제성장을 이루어 사회보장제도에 적극적으로 관심을 가지게 되면서 빈곤층이 감소하기 시작했다는 것이다.

이러한 시기가 오기까지 매우 오랜 시간이 필요했고 수많은 투쟁과 갈등의 연속이었다는 것이다. 이러한 역사 속에서 빈곤층은 여전히 심각하지만 사회보장제도, 인권 등이 서서히 변해가는 것을 볼 때 남아프리카공화국은 인권과 사회보장제도, 경제성장을 이루는 데 있어 세계가 주목하게 될 것이다.

 아파르트헤이트(Apartheid) 정책으로 인한 흑백 갈등으로 유명한 남아프리카공화국의 인권의 역사는 어떤 과정을 거쳤는가?

1488년 남아프리카 대륙이 발견된 후 네덜란드 무역상들이 남아프리카 케이프타운에 상륙하여 유럽인들 중에서 네덜란드인들이 처음으로 이주하게 된다. 그러한 과정에 1652년 네덜란드인들이 그곳에 무역기지를 세우는데 그것이 동인도회사이다. 이로써 네덜란드인들은 본격적으로 남아프리카공화국으로 이주하게 되는데 그들을 보어인(Boer)이라 불렀다. 이 말은 농민들을 뜻한다. 현재 이들이 오늘날 남아프리카 백인들의 후손이라고 전해진다. 다시 말하면 남아프리카공화국 백인들의 선조라고 할 수 있다는 것이다.

이후에 토착민과 영국 및 네덜란드가 자원을 놓고 전쟁을 벌이는데 이 전쟁으로 인하여 영국은 보어인들을 제압한 후 그 주변의 지역을 합병하여 영국의 위성국가, 즉 영연방(英聯邦) 국가로서 남아프리카 연방을 건설하였다. 오늘날의 케이프타운은 이렇게 하여 생겨났다는 것이다.

이전까지만 해도 보어인들은 토착민들을 노예로 삼으면서 원주민들을 혹사시켰다. 주로 그들의 영토와 모든 것을 빼앗은 후 그들을 노예로 부리기 시작했다는 것이다. 이러한 과정에서 보어인들이 장악한 자원을 영국과 프랑스가 탐내기 시작하였고 결국은 1차 보어전쟁으로 이어져 보어인들은 내륙으로 이주하기 시작했고 결국 2차 보어전쟁으로 영국은 완전히 주도권을 잡았다.

왜냐하면 영국은 1834년 보어인들이 부리는 노예제도를 폐지하는 바람에 보어인들이 케이프타운을 떠났고 그들은 내륙으로 진출하여 새로운 땅을 찾아 노예를 부리면서 농사를 짓기 시작했다. 이러한 과정에서 보어인들은 모든 세간을 마차에 싣고 내륙을 정복하기 시작하며 노예들을 부리기 시작했다. 즉 보어인들이 북쪽 내륙으로 이동한 사건을 대이동이라는 뜻의 Great Trek이라 불렀다. 그러한 과정에서 2차 보어전쟁이 일어나 영국의 식민지로 남아프리카공화국이 탄생한 것이다.

그러나 보어인들이 이주하였고 전쟁에 패했어도 국내 정치는 여전히 보어인들이 장악하였다. 이러한 정치는 줄곧 인종주의 차별정책으로 이어졌다. 제2차 세계대전 후인 1948년 총선거에서 승리한 국민당은 극단적인 인종차별정책을 선언한다. 이를 아파르트헤이트(Apartheid) 정책이라고 한다.

아파르트헤이트(Apartheid)라는 말은 아프리칸스어로 분리(apartness, segregation)라는 뜻이며 1948년부터 1991년 이 법률이 폐지될 때까지 남아프리카공화국의 인종분리, 차별 그리고 흑인을 배제한 백인 중심의 정치를 의미한다. 이러한 정책은 과거 영국이 지배하던 시절에도 존재하였으나 1948년 국민당 정부에서 더욱 조직화하였고 강력하게 추진한 정책이라는 것이다. 이의 주된 목적은 인종 간의 분리를 시도하는 데 있다. 왜냐하면 당시 백인들은 자신들이 우월하고 흑인 혹은 유색인들은 열등한 인종이라는 시각이 팽배하였기 때문이다. 이러한 내용을 대략 살펴보면 다음과 같이 열거할 수 있다.

첫째, 1949년에 제정된 인종 간 혼인금지법이다. 이 법은 말 그대로 서로 다른 인종 간에는 결혼을 금지하는 법이다. 오늘날에 비교하면 혼인의 자유를 금지한 끔찍한 악법이라 할 수 있다.

둘째, 1950년에 개정된 배덕법(背德法, Immorality Act)이라는 것이 있다. 배덕법은 백인은 유색인종과의 성관계를 금하는 법률로 이러한 관계를 하였을 때는 처벌을 받는다는 것이다. 순수 혼혈주의를 이상으로 하기 위함이라 할 수 있다.

셋째, 1950년에 주민등록법이 제정되었는데 16세 이상의 주민들에게 신분증을 만들어주기로 하였는데 여기에는 반드시 인종 정보를 등록하기로 한 법이다. 다시 말하면 흑인, 백인, 인도인 등 정보를 게시하는 것을 의무화하는 법이다.

넷째, 1951년에 만든 법으로 집단지구법이 있는데 이 법이 아파르트헤이트법의 핵심법률로 분리정책을 실시하는 근거를 만들었기 때문이다. 즉 국토를 특정 인종만이 이용하고 거주할 수 있도록 하였다.

다섯째, 불법거주금지법이 있다. 이 법률은 정부가 대도시의 흑인슬럼가를 합법적으로 철거하기 위한 것이다.

여섯째, 시설분리보존법이 있다. 이 법률은 1953년에 제정된 법으로 서로 다른 인종이 같은 공공 편의시설을 이용하는 것을 금지한다는 것이다. 쉽게 말하면 식당, 수영장, 화장실 등을 같이 이용하는 것을 금하는 법이다.

일곱째, 반투도시지구법이 1954년에 제정된 법률로서 흑인들이 대도시로 이주하는 것을 통제하는 법률이다.

여덟째, 흑인자치정부촉진법이 1958년에 제정된 법으로 홈랜드 혹은 반투스탄이라 불리는 흑인집단 거주지를 남아프리카공화국에서 분리된 독립국가로 만든다는 것이다. 따라서 흑인들에게는 집단 거주지 안에서만 투표권을 준다는 것이다.

아홉째, 대학교육확장법으로서 1959년에 제정하였는데 대학을 인종집단별로 분리시킨 법이다.

열째, 홈랜드 시민권법으로서 1970년에 제정되었다. 이 법률은 홈랜드 거주 흑인들에서 남아프리카공화국 국민으로서의 모든 권리를 박탈하여 외국인으로 간주하는 법이다. 이 법률은 소수민족인 백인을 인구 대비에서 우위를 보이기 위해 기안된 것이다.

위에서 말한 이 법률 등은 약 30여 개가 제정되었는데 모두가 백인을 우위로 하고 흑인을 차별한 법률로 입법되었다는 것이다. 흑인들을 대도시에서 축출하고 혹은 대도시에서 사는 것 자체를 불법으로 간주하여 반투스탄 혹은 홈랜드라는 구역으로 만들어 격리하였고 도시에 살더라도 슬럼가 혹은 흑인 전용 거주지에서 살도록 하는 내용이었다. 다시 말하면 흑인들은 모든 면에서 차별과 멸시를 당하면서 남아프리카공화국의 주민으로서가 아니라 주변인으로서 살아야만 했던 법들이다. 물론 국민으로서의 자격은 박탈하지 않았지만 말이다.

위에서 말한 반투스탄 지역은 황무지를 말하며 모든 시설이 갖추어지지 않은 지역을 말한다.

결국 돈을 벌기 위해서 남아프리카공화국으로 갈 수밖에 없었는데, 이들은 남아프리카공화국의 국민이 아닌 외국인으로서 살아가야만 했다는 것이다. 이 법이 1970년에 제정된 홈랜드 시민법이다. 따라서 이들은 경제적으로 매우 열악한 상태였으며 남아공에서 일하는 외국인 노동자와 백인들의 관광산업을 통하여 수입을 얻을 수밖에 없었다. 문제는 반투스탄은 사실상 외국이었기 때문에 배덕법이 적용되지 않아 흑인과의 성관계가 허용되는 관계로 혼혈인이 넘쳐나 새로운 사회문제가 대두된 것이다.

또한 아파르트헤이트는 위에서 보듯이 극단적인 인종분리정책을 실시했다는 것이다. 예를 들면 흑인들은 대도시를 출입할 경우 1950년에 제정된 주민등록법이라는 법률에 의해 반드시 허가증이 필요하다는 것이다. 이와 같은 유사한 법 등으로 철저하게 인종을 분리하여 놓았고 심지어 시설을 사용할 경우에도 백인과는 같이 사용할 수 없었다. 같이 있는 경우는 체포의 대상이 되었다.

한 방울 규칙(One-drop rule)에 따라 백인들은 혈통이 좋고 유색인종과 흑인들의 피는 더럽다는 이야기로 순수 혈통주의를 이야기하는 것이다. 이 규칙은 미국에서 노예제도가 폐지된 이후 1950년대 중반까지 있었던 인종분리정책으로 자기의 조상 중 흑인의 피가 조금이라도 섞여 있으면 흑인으로 취급한다는 규칙으로 유색인종 간에는 결혼과 성관계를 금하도록 하였다. 이러한 법률이 인종 간 혼인 금지법(Prohibition of Mixed Marriages Act)과 배덕법(Immoral Act)이라는 것이다.

이러한 인종분리정책인 아파르트헤이트(Apartheid)는 45년간 지속되다가 넬슨 만델라 대통령이 취임하면서 붕괴하고 없어졌다. 이러한 붕괴과정에는 남아프리카공화국의 인권운동가, 국제적 여론, 경제제재 그리고 민주화의 영향을 받으며 1990년대에 해체되기 시작했다.

이와 같은 아파르트헤이트(Apartheid)의 해체는 갑자기 이루어진 것이 아니라는 것에 주목할 필요가 있다. 남아프리카공화국의 흑인들이 이러한 정책에 반발하여 시위를 일으킨 것은 1960년까지 거슬러 올라간다. 다시 말하면 이러한 정책에 일방적으로 동의하지 않고 항거하였다는 것이다. 흑인들은 범아프리카회의(ANC)에서 이러한 정책에 항의하여 평화시위를 벌이자 백인들은 발포 명령을 내려 흑인들의 사상자가 생겨났다. 이를 "샤프빌 대학살(Sharpeville massacre)"이라 한다. 또한 1976년 소웨토(Soweto) 지역에서 아프리칸스어를 강제교육시키는 데 항의하여 시위하자 무자비하게 진압한 사건이 일어났다.

이러한 사건을 계기로 국제사회는 남아프리카공화국을 비난하기 시작했고 1989년 대통령은 민족주의와 백인 우월주의 그리고 인권운동가를 석방하는 조치를 취하여 새로운 정신을 가진 새로운 국가를 이룰 것을 합의한 결과 1993년 12월 임시헌법을 선포하고 1994년 최초의 민주선거에 의해 28년을 복역한 인권운동가인 넬슨 만델라를 선출하였다. 만델라는 남아프리카공화국 최초의 흑인 대통령으로서 평화적이고 보복이 없는 정권의 교체를 이루면서 아파르트헤이트(Apartheid) 정책이 해체되었다.

이러한 정권교체의 과정에서 가해자와 피해자의 처리문제가 합의되었기에 순조롭게 진행될 수 있었다. 즉 진실화해협의회의의 권고 내용은 인권침해 가해자들을 사법 처리하는 대신 개별적 사면을 취하는 방식이었다. 이는 진실이라는 사실을 분명히 하고 국민 화합 차원의 방식을 취하는 것 같았다. 이러한 방식은 백인과 흑인들이 국가의 미래를 위해 결정한 불가피한 것이었다.

③ 남아프리카공화국의 인권을 위해 헌신하였던 단체는?

1) 아프리카민족회의(African National Congress, ANC)

아프리카민족회의(African National Congress, ANC)는 1910년 남아프리카 연방이 결성된 직후, 백인 정부가 만든 여러 악법들, 즉 원주민토지법에 반대하여 아프리카인들을 중심으로 1912년 요하네스버그에서 '남아프리카 원주민 민족회의'가 결성되고 1923년 이들을 중심으로 흑인사회는 인종차별에 맞서 이 조직을 확대하여 아프리카민족회의가 조직되었다.

이 단체는 초기에는 인간은 평등하다는 기치 아래 백인들과 동등하게 대우해 달라고 요구했다. 즉 아프리카 원주민들의 권리를 인정해 달라는 것이다. 따라서 이들의 항의가 받아들여지지 않자 비폭력투쟁으로 청원, 대표 파견, 선전 등 간디의 비폭력주의 운동의 일환으로 전개하였으나 1950년대에 들어와 이러한 온건한 방법이 좌절되자 불복종운동으로 선회하였다. 이러한 운동방식에 청년층들이 이전의 방식에 반대하여 청년동맹을 결성하였는데 대표적인 사람이 넬슨 만델라였다.

이들은 인종차별정책들을 위한 법률들이 제정되자 무력투쟁노선으로 급선회하였다. 이들을 주도해 간 인물은 알베르트 루툴리(1960년 노벨평화상 수상)가 1952년 회장에 선출된 이후였으며, 같은 해 불복종운동, 1954년 자유헌장 채택 등 폭넓게 저항하여 많은 지도자가 체포되었다. 그럼에도 불구하고 시민들의 저항은 이에 굴하지 않고 더욱 확대되는 양상을 가져오자 결국에는 1960년 "샤프빌 대학살(Sharpeville massacre)"이 일어났다. 이를 계기로 더욱 과격해지는 양상을 보였고 결국은 게릴라조직인 '민족의 창(Unmkhonto we Sizwe)'의 대표 인물인 넬슨 만델라가 1962년 체포되어 1990년까지 복역하게 되었다.

"샤프빌 대학살(Sharpeville massacre)" 후 백인 정부가 더욱 악랄한 방법으로 흑인들을 말살하자 이들은 무장하여 게릴라전으로 확대되었고 투쟁방법은 더욱 격화되었다. 1976년 소웨토(Soweto)폭동이 일어나자 백인 정부는 이에 대하여 1980년대에 들어 일시적으로 유화책을 내놓았으나 극우단체들과 강경파들이 더욱 강경하게 진압하자 사태는 악화되기 시작했다.

즉 소웨토(Soweto)폭동의 결과 흑인들은 테러로 맞서 1980년 석탄액화공사를 폭파하였으며, 1983년에는 남아프리카공화국의 공군본부를 습격, 200여 명의 사상자를 내는 등 게릴라에 의한 파괴활동을 지속했다. 1986년 아프리카민족회의는 전면적인 인민전쟁으로 맞섰고 테러로써 대항하였던 것이다. 또한 백인 정부의 압박으로 이 회의는 망명정부를 대신하였고 구소련의 개입으로 사회주의적 성향의 강령을 채택하기도 하였다.

1990년 남아프리카공화국은 국제여론의 악화와 민주화의 열망 그리고 국제사회의 경제적 봉쇄에 직면하자 비합법적인 조치를 해제하였고 이 조직을 이끌었다가 투옥된 넬슨 만델라를 28년 만에 석방하자 사태는 진전되기 시작했다. 이를 계기로 과격단체인 범아프리카회의를 해체하였고 1994년 남아프리카 사상 첫 흑인 대통령이 민주적 선거로 인하여 탄생한 후 민주화를 통해 남아프리카공화국을 치유하기 시작했다. 그는 대통령 말기까지 남아프리카공화국의 과거를 청산하고 화해의 길을 열었으며 오늘날에 이르게 한 대표적인 사람이다.

만델라는 후계자이자 아프리카민족회의의 의장인 부통령 타보 음베키(Thabo Mbeki)를 지명하였다. 음베키는 당선되자 만델라의 정신을 이어갔다. 따라서 아프리카민족회의는 남아프리카의 인권운동을 회복시키는 데 위대한 공헌을 하였다.

2) 진실화해위원회(Truth and Reconciliation Commission)

진실화해위원회(Truth and Reconciliation Commission)는 또한 남아프리카공화국을 치유하는 데 앞장선 단체였다. 위에서 밝힌 아프리카민족회의(African National Congress, ANC)가 인권보호와 회복을 위한 운동을 펼쳤다면 진실화해위원회는 남아프리카공화국이 민주화된 후의 흑백 갈등을 치유하기 위해 노력했다는 것이다.

이 위원회는 남아프리카공화국의 미래를 위한 정치적 발전을 주도하였으며 과거사를 슬기롭게 처리하여 새로운 정치체제로 나아가는 데 앞장섰다는 것이다. 그들은 과거사에 대한 처리로 기소와 사면이라는 두 가지 법적 잣대를 잘 활용하였다. 즉 그들은 과거사를 청산하기 위한 목적으로 인권침해를 가한 인물에 대해서는 기소를 통해 진실을 규명하고 그 진실에 대해서는 관용과 화해를 함으로써 보복하지 않고 민주체제로의 이행을 성공적으로 완수하였다. 이를 보면 우리와는 민족성이 매우 다름을 알 수 있다. 오늘날 우리들의 정치사는 보복을 통한 정치 안정을 꾀하였다는 점에서 우리와는 전혀 다른 양상을 보였다는 것이다. 진실을 규명한다는 명목 아래 과거사를 철저히 파헤쳐 보복을 통한 과거 정권과의 차별을 꾀하였다는 것이다.

남아프리카공화국의 이러한 진실규명과 화해의 방식은 그들의 국민성과 관련이 있다는 것이다. 이러한 국민성은 그들의 전통문화인 우분투(ubuntu)와 데스몬드 투투 대주교의 카리스마 있는 리더십에서 비롯되었다고 할 수 있다. 우분투라는 말은 그들의 정신세계인 인간다움(humanness)을 의미하며 인간은 선하며 태어날 때부터 온순함을 가지고 있었다는 말이다. 즉 성선설(性善說)을 의미하는 것이며 우리가 가지고 있는 심성은 배려심과 타인을 이해하는 마음과 같은 것이다. 그리고 인간은 사회적 동물이라는 것이다. 인간은 혼자서는 살아갈 수 없는 존재이며 항상 타인과 함께 살아간다는 것이다. 이러한 면에서 본다면 타인을 이해하고 배려하며 항상 용서하는 마음을 가지고 있어야 하며 절대로 보복하지 말아야 한다는 것이다. 보복은 또 다른 갈등을 가져온다는 것이다.

이것을 우분투 정신이라고 하는데 인간에게는 개인적인 인간다움이 존재하며 집단적으로는 사회성을 가지고 있다는 것이다. 개인과 공동의 갈등을 해결하려면 용서와 관용과 화해로써 치유해야 하며 이러한 치유는 민주적 절차를 존중하고 그 근간에는 인간의 존엄성이 밑바탕이 되어야 한다는 것이다. 이것이 아프리카의 인간에 대한 전통관이며 그 인간관을 이끌어낸 사람이 투투 대주교이다. 여기서 그의 지도력이 엿보인다는 것이다. 다시 말하면 오늘날 민주화의 이행과정을 평화롭게 이행할 수 있었던 것은 이러한 두 가지가 큰 역할을 하였다고 볼 수 있다. 즉 아프리카의 인간관과 용서와 화해를 주장한 기독교적 정신에 입각하였기에 가능했다고 볼 수 있다. 이를 단적으로 보여주는 말이 있는데 그는 '용서 없이 미래 없다'는 치유방식을 한마디로 대변하였다는 것이다.

이러한 방식은 우리 삶의 정신과도 관련이 있다. 우리는 살아가는 데 있어 고의적이든 무의식적이든 타인과의 생활에 있어 항상 위험이 도사리고 있다. 예를 들면 살인, 강도, 분쟁, 결혼, 이혼 등 모든 면에서 항상 좋을 수는 없다는 것이다.

이를 해결하는 방식은 인간다움을 주장하는 우분투 정신과 용서와 관용 그리고 화해라는 철학과 종교적인 관점을 가지고 민주적 절차에 따른 합의를 통해 해결해야 한다는 것이다. 따라서 이 위원회는 이러한 정신을 가지고 1996년부터 1998년까지 활동한 단체였다.

이러한 정신의 예를 들어보면 남아프리카공화국의 헌법재판소가 1996년 살해된 흑인운동가 스티브 비코(Steve Biko)의 미망인이 제기한 소송을 각하한 것을 들 수 있다. 이렇게 함으로써 우분투의 원칙을 재확인하고 개인의 권리보다 공동체 건설이 더 중요하고 우선임을 천명하였다. 그러나 스티브 비코(Steve Biko)의 미망인이 제기한 소송을 각하했다고 해서 가해자가 무죄라는 것이 아니라 죄를 인정하되 용서와 화해의 정신을 통한 새로운 미래를 위한 결정이라는 것이며 공동체를 위한 어쩔 수 없는 결정이라는 것이다.

이러한 정신은 남아프리카공화국을 이끌어가는 데 여전히 유효하다는 것이다. 모든 면에 있어서 사법적 판단은 조정과 중재를 통한 평화로운 해결을 요구하며 공동체를 위한 해결방식이 우선이라고 2010년 남아프리카공화국 사법부는 천명하였다. 다시 말하면 '죄는 미워하되 인간을 미워하지 않는 것'이라는 인간존중의 정신과 '수치심을 안겨주고 사회적 재통합을 지향함으로써 죄는 기억하되 용서와 화해의 정신으로 분쟁을 해결해야 한다는 것이다.

이러한 지도력을 발휘한 투투 대주교는 이와 같은 방식을 사용하려는 것에 대하여 피해자와 가해자 그리고 시민들로부터 많은 비판과 비난을 받음에도 불구하고 기독교적 정신과 우분투 정신을 강조하여 목적이 수단을 정당화시킬 수 없다는 논리로 양쪽을 설득하여 민주체제로의 이행과 인권의 보호라는 국가적 이상과 목적을 실현하는 데 공헌하였다. 이를 '진실과 화해로 가는 길'이라는 깃발 아래 검은 성복을 입고 십자가를 든 사람이 바로 투투 대주교였다. 사실 위원회에 대한 비판 중 하나는 "구원, 화해, 용서, 치유를 강조했던 대주교 개인의 목소리가 모든 과정을 지배하고 정의와 징벌의 거친 언어가 무시되었다"라는 말로 그의 지도력을 대변하기도 한다.

또한 오늘날 남아프리카공화국의 이러한 발전의 원동력은 위원회의 확고한 문제해결의 방식으로 목표를 설정하였다는 것이다. 이러한 목표설정의 내용을 보면 세 가지로 요약할 수 있다. 첫째, 인권침해의 진실을 밝히기 위한 위원회의 활동이다. 둘째, 인권 희생자들에 대한 물리적·상징적인 인정의 행위로써 보상과 회복을 위한 노력이다. 셋째, 정치적 이유에서 저지른 인권범죄자들의 사면을 법이 허락하는 테두리 안에서 허락하는 일이다.

다시 말하면 이러한 세 가지 원칙 아래 아파르트헤이트 정치는 분명하게 인권의 침해가 분명하며 범죄행위라는 것을 밝혔으며 따라서 이에 대하여 보상을 위한 정책 입안서를 제출했다는 것이다.

보상은 두 가지 측면에서 고려되었다. 첫째, 피해자가 발생한 원인 둘째, 피해자가 이로 인해 어떤 이익을 얻었느냐는 문제였다. 이 위원회는 특별히 인권침해가 가져온 결과들을 주목하였다. 이 같은 보상은 생존자와 그 가족들의 삶을 개선하는 데 큰 도움이 되었다. 적절한 보상 없이는 화해도 없다는 것이다. 보상의 범위는 정부 당국자들에게 위임하였다.

그러나 남아공에서의 보상과정을 분석했던 독일의 역사학자 슈멜츠의 지적에 의하면 아파르트헤이트 정치의 청산과 인권침해에 대한 보상의 절차는 흑인과 백인 간의 화해와 새로운 시작이라는 역사적 요구에 밀려 철저하게 이루어지는 못했다. 이는 결국 남아프리카공화국에서의 새로운 인권침해 상황을 막지 못하는 결과로 이어졌다고 볼 수 있다.

민주화를 위한 어쩔 수 없는 선택이라는 이러한 분쟁 해결방식은 새로운 인권침해를 막는 데는 역부족이었다는 것이다. 오늘날까지 국민들의 의식에는 백인과 흑인들 사이에서 벌어지는 인권침해에 대한 철저한 반성이 여전히 없다는 것이다. 그들의 의식 속에는 백인과 흑인의 갈등요소가 있다는 것이다. 이러한 예가 2019년 1월 13일 New York Times의 기사에서 논란이 되었는데 어느 한 교실에서 찍힌 사진에는 인종분리가 성행하고 있다는 것이다.

이 문제가 심각해지자 교육당국에서 사실관계를 확인한 후 교사를 정직시킨 사건이 2019년에 발생하였다는 것은 인종차별정책이 별 진전이 없다는 것을 밝혀준 사례라고 볼 수 있다. 그러나 이에 대하여 분명한 차별이었음에도 불구하고 흑, 백인의 시각차는 여전히 다름을 보인다. 이를 정리하면 다음과 같다.

인권 위원장인 안드레 가움은 남아프리카의 자카란다 FM 라디오와의 인터뷰에서 "일반적으로 이러한 분리는 같은 상황에 있는 모든 학생들이 똑같이 대우받아야 하기 때문에 불공평한 차별에 해당될 것이다."라고 말했다.

일부 논평가들은 나중에야 등장한 사진들에서 백인 및 흑인 아이들이 함께 앉아 상호작용하고 있음을 주목하면서 조사가 진행되어야 한다고 말한다.

이 학교의 운영위원회 회장인 조셉 뒤 플레시스는 따로 있는 백인 아이들과 흑인 아이들이 있는 사진을 보았을 때 처음에는 화가 났다고 말했다. 그는 백인 아이들뿐만 아니라 흑인 아이들 역시 아프리카어로 말하지 않았기 때문에 아이들이 그렇게 분리되었다고 추측했다. 아프리칸스어는 17세기 남아프리카에 도착한 네덜란드 정착민들로부터 유래되었다.

남아프리카 언론에 따르면 "정부는 인종에 기초한 어떠한 차별도 용납하지 않는다. 인종, 종교, 언어를 포함한 다양한 배경을 지닌 학습자들을 받아들일 뿐만 아니라 학교 환경의 모든 측면에서 학교의 아이들은 완전히 통합되어 있다."라고 학교의 주지사들이 말했다.

남아프리카 신문인 선데이타임스의 사설 헤드라인에는 "슈바이저-렌키 학교는 우리를 석기시대로 돌아가게 한다."라고 쓰여 있다. 이러한 기사를 통해 현재도 남아프리카공화국에 인종차별이 남아 있음을 알 수 있다.

 남아프리카공화국 인권 각성의 활시위를 당겼던 샤프릴 대학살(Sharpeville massacre)과 소웨토시위(Soweto riots)가 남아프리카에 주는 의미는 무엇인가?

남아프리카공화국에는 다양한 인종분리정책이 있는데 이를 아파르트헤이트(Apartheid) 정책이라 하며, 1949년부터 1990년대까지 이어졌다. 앞에서 이러한 정책들에는 인종 간 혼인금지법, 배덕법, 주민등록법, 반공법(1950년도에 제정된 법으로 공산당과 관련된 모든 정당활동을 금한다는 것으로 이는 흑인을 탄압하기 위한 정책이며 공산주의자로 몰아 살인 및 테러에 주로 사용), 아프리칸스어 매개법령(이 법은 1976년에 제정하였으며 아프리칸스어와 영어를 50:50으로 균등하게 사용한다고 규정한 법) 등 30여 개의 법률이 존재한다고 하였다.

이 법률 중 흑인의 신분증 휴대를 의무화한 법이 있는데 이 법의 주요 내용은 흑인은 어디든지 허가한 지역만 다녀야 하며 지정된 구역을 벗어날 때는 항상 통행권인 신분증을 휴대해야 한다는 법이다. 이러한 신분증에는 사진과 지문 등 그에 관한 다양한 신상명세서가 기록되어 있다. 일종의 국내 여권인 이 신분증을 소지하지 않으면 통행할 수 없으며 백인은 누구나 제시할 요구를 가지며 이를 거부할 경우 체포의 대상이 된다는 것이다.

이에 대한 남아프리카공화국 시민들의 항의로 1960년 샤프빌 경찰서 앞에서 수천 명의 흑인들이 이 법의 철폐를 위해 비폭력적으로 시위를 한 사건이 있었다. 이러한 시위는 항의의 표시로 여기에 모인 사람들은 통행증을 소지하지 않았으므로 체포하라는 식의 역설적인 방법으로 시위를 하자 백인 정부는 그들에 대하여 무차별적으로 총격을 가하여 사상자를 낸 사건이다. 그들은 잔혹하게 무장도 하지 않은 시위자들을 향하여 기관총은 물론 전투기까지 동원하여 군중들을 해산시켰다는 것이다. 이를 보건대 흑인들을 그 나라의 국민들로 생각하지도 않았고 오히려 적으로 간주한 전쟁 수준이었다는 것이다.

이의 결과로 인하여 남아공의 금광도시로 유명한 요하네스버그에 근접한 샤프릴 지역에서 아파르트헤이트 체제 폐지, 인종차별 반대, 민주화를 구현하고자 하는 어린 학생과 무고한 시민인 흑인들을 학살하여 69명의 사망자, 289명의 부상자를 낸 대학살이 벌어졌다. 이날이 1960년 3월 21일이었다.

이 사건으로 인하여 남아프리카공화국은 국제적인 여론 악화에도 불구하고 이와 같은 인종차별정책을 멈추기는커녕 오히려 더욱 강화하여 홀랜드 시민권법 등을 내놓았다. 이러한 원인은 당시는 동서 냉전으로 인하여 미, 소 그리고 유럽 제국들이 자신의 이익을 저울질하던 때라 그들의 묵인 아래 자행되었다는 것이다. 이를테면 겉으로는 민주화, 인권보호 등을 외치지만 속으로는 자국의 이익에 따라 움직였다는 것이다.

이 사건은 오히려 흑인들을 자극하는 계기가 되었다. 왜냐하면 이전의 시위에는 무장하지 않고 평화적이고 비폭력주의로 일관하였으나 이 사건에 대한 백인 정부의 태도는 너무나 폭력적이었기 때문에 강경노선으로 바뀌었다는 것이다. 이것은 범아프리카회의에 의한 것이었다. 이를 주도한 인물이 바로 넬슨 만델라였다. 그들의 노력에 힘입어 백인 정부는 국제사회가 주도한 경제봉쇄 등으로 인하여 결국은 주민등록법을 위시한 통행법은 1986년에 폐지하였고 이후 샤프빌은 민주화운동의 성지로 자리매김함과 동시에 3월 21일은 세계인종차별 철폐의 날로 지정되어 인권일로 기념되는 중요한 날이 되었다. 이때가 1994년이며 1996년 12월 10일 새로운 흑인 대통령은 남아프리카공화국의 새로운 헌법을 비준하고 서명을 한 장소가 되었다.

남아프리카공화국의 인권을 위한 노력에 또 하나의 지평을 연 사태가 1976년에 발생한 소웨토 학생 시위(Soweto riots, 1976)였다. 이는 샤프빌 대학살(Sharpeville massacre, 1960)과 더불어 민주화와 인권보호를 위한 새로운 도화선이 되었다.

소웨토라는 지역은 남아프리카에서 가장 열악한 흑인 거주지로서 수도와 전기 시설이 전혀 없는 죽음의 도시이다. 그 지역의 인구는 1970년대만 하더라도 대략 120만 명이나 되었으며 노동력을 거의 상실한 상태로 노동력의 절반가량은 실업상태였으며 다른 슬럼가들처럼 술, 마약 그리고 폭력이 난무한 죽음의 도시였다. 그러한 도시에서 사는 흑인들은 학교에 다니면서 미래에 대한 기대감이 컸으며 이로 인하여 배움의 욕망이 강렬한 학생들이었다.

이러한 가운데 백인 정부는 그들의 아파르트헤이트 체제를 강화하기 위하여 모든 학교에서 아프리칸스어를 사용한다는 법령을 갑자기 제정하자 울분을 토하기 시작한 것이다. 당시 이 언어를 사용하는 인구는 거의 없었으며 백인들만 사용했다는 것이다. 이런 교육의 목적을 살펴보면 흑인들은 백인들의 삶을 위해 살아가는 존재라고 인식할 수밖에 없었다는 것이다.

마침내 그들의 울분이 폭발한 것이다. 그들이 평화행진을 하면서 외친 말은 "우리는 배우려고 들어와 하인이 되어 나간다. 아프리칸스어를 타도하자. 백인에 의한 반투 교육은 지옥으로 보내자"라는 구호를 외치던 중 경찰관의 사격으로 13살 어린이가 쓰러지자 그의 형이 그를 안고 병원으로 옮겼으나 결국은 사망하였다. 이 소식을 듣자 학생들은 경찰들은 우리를 학생으로도 시민으로도 보지 않았으며 짐승으로만 보았다며 울분을 참지 못하고 표출한 시위이다. 따라서 폭동이라는 용어는 어울리지 않으며 인권 수호를 위한 투쟁이라고 보아야 한다는 것이다.

소웨토 학생 시위(Soweto riots, 1976)는 소웨토 항쟁(Soweto uprising)이라는

표현을 사용하기도 하는데 1976년 6월 16일 남아프리카공화국의 인권회복을 위한 시위로서 학생들이 주동하였다. 이 사태의 발생배경은 학교 수업의 절반을 아프리칸스어로 진행해야 한다는 강압적인 정부의 방침이었다. 이러한 강압적인 방침에 대항하자 경찰의 총격으로 인하여 수백여 명이 사망했고 그들 대부분은 어린 학생들로 약 2천여 명의 부상자를 낸 참사였다.

이 사태는 샤프빌 대학살(Sharpeville massacre, 1960)과 같이 처음에는 평화롭게 진행하였으나 점차 폭력사태로 번지면서 여러 명이 사망하였다. 이 사태를 좀 더 자세히 살펴보고자 한다면 남아공의 모든 학생들이 중, 고교에서 배우는 교과목에 대하여 강제로 아프리칸스어로 가르치도록 강요한 데서 비롯되었으며 이러한 법령이 1974년에 제정되자 소웨토 학생들이 항의한 시위이다. 그러나 어린 학생들의 항의 표시에 경찰들이 과잉진압하여 일어난 유혈 참사라는 것이다.

아프리칸스어(Afrikaans)는 흔히 네덜란드어의 방언이라고도 하는데 주로 네덜란드 후손들이 남아프리카공화국으로 이주하면서 쓰던 언어라 볼 수 있다. 현재는 남아프리카 공용어의 한 언어로서 영어보다 많은 인구가 사용하고 있다. 이러한 이유로 언어에 대한 분개심이 격해진 상황에 강압적으로 사용할 것을 법령으로 정하자 흑인들이 시위를 일으켰다고 볼 수 있다. 따라서 이런 분개심이 1976년 봄부터 일어나 소웨토 지역의 학생들이 학교 등원 거부 운동으로 시작하여 그해 6월 16일 평화로운 데모 행진을 시작한 것이다. 다시 말하면 이 언어는 상용화되지 않은 언어로서 흑인들의 인종차별적인 인식이 팽배하여 소웨토 지역에서 일어난 학생운동이라 볼 수 있다.

이 사건의 여파로 인하여 유엔 안보리에서는 비난결의안을 채택하였고 남아프리카공화국의 국가기념일로 제정하였다.

위기의 나라를 슬기롭게 구해낸 만델라, 남아프리카공화국의 인권 수호에 앞장선 인물은 누구인가?

우리는 이제까지 남아프리카공화국의 인권을 위한 역사와 그에 대한 노력들이 어떻게 진행되었는지를 살펴보았다. 이러한 과정을 거치면서 인권운동의 선봉이 된 인물들은 많지만 대표적인 인물들을 살펴보기로 하겠다.

첫 번째 인물은 프레데리크 빌렘 데 클레르크(Frederik Willem de Klerk, 1936~) 이다. 그는 남아프리카의 정치인으로 대통령(1989~1994)을 역임한 인물이다. 그는 남아프리카공화국의 백인 대통령으로서 아파르트헤이트 체제의 마지막 대통령인 동시에 넬슨 만델라(Nelson Mandela, 1918~2013)와의 대타협을 통해 평화로운 정권 이양을 한 제7대 대통령으로서 유명한 사람이다. 그는 임기 말 민주체제의 이양과정에서 합리적인 대책으로 별 무리 없이 정권이양을 하여 세계적으로 유명해진 사람으로서 남아공 역사에 이름을 올렸다.

그는 무엇보다도 흑인의 투표권을 보장하여 백인들과 동등한 입장에서 참정권을 행사하도록 하고 평화로운 권력 이양을 주도한 인물이다. 따라서 후임인 넬슨 만델라 대통령이 정권을 이양받아 새로운 시대를 열게 했던 인물로 추앙받는 사람이다.

그는 광산 도시로 지하자원이 풍부한 남아프리카공화국의 최대 도시의 하나인 요하네스버그[요하너스뵈르흐(jöɛ'fianəsbœrx), 현지인들은 흔히 조벅(Joburg) 또는 조지(Jozi)라 부른다. 도시명은 아프리칸스어로 '요하네스의 도시'라는 뜻] 출신으로서 법학을 전공하여 변호사로 일하다 정계에 입문했다. 또한 국가의 요직을 두루 거친 뒤 1989년 9월 총선거에서 제6대 대통령으로 당선되었다.

그는 취임 즉시 전임 대통령과 달리 시대적 흐름에 따라 결국은 민주화로의 길로 가야 한다는 신념으로 완전한 민주주의의 정착을 선언하면서 공공시설분리법 철폐 등 인종차별정책(아파르트헤이트)을 완화하였으며, 이어 1962년 이후 옥중에 있던 흑인 인권지도자 넬슨 만델라를 포함한 흑인 지도자들과 지속적으로 협상하여 1990년 2월 만델라의 무조건 석방, 비상사태의 부분 해제, 정치범 석방, 아프리카민족회의(ANC) 합법화 등의 혁명적 조치를 단행하였다.

그는 이제까지 남아프리카공화국의 고질병이었던 흑백 간 갈등을 마무리하기 위한 평화회담을 열어 흑백 인종차별이 전면 철폐되는 민주국가 건설을 위해 노력하였다. 이를 위하여 보안법의 폐지를 비롯한 흑인 망명 지도자들의 귀환, 흑인 거주지역의 백인 군대 철수 등, 그동안 장애가 되어온 7개 항목을 없애는 데 흑인 인권지도자들과의 합의를 통한 백인들을 설득하는 데 전념한 결과를 도출해 냈다.

이러한 노력의 결과로 1992년 3월에는 백인들을 상대로 인권개선 및 참정권에 관한, 그리고 백인들에 대한 무한한 권력독점을 막도록 하는 인권개선안에 대하여 국민투표를 실시하였다. 그 결과 68.7%의 지지를 얻어냄으로써 흑인참정권 부여 등을 골자로 추진되어 온 '개헌 논의의 정당성'을 획득하였으며, 그 결과 1994년 5월 남아프리카공화국 최초의 흑인과 백인 등 전 국민이 참여하는 자유총선거가 실시되었다. 이 선거에 의하여 구성된 다인종 의회에서 국민당을 누르고 ANC 의장인 넬슨 만델라(Nelson Mandela, 1918~2013)가 대통령으로 선출되었고 ANC에 이어 제2당을 차지한 국민당의 프레데리크 빌렘 데 클레르크(Frederik Willem de Klerk)는 부통령으로 당선되었다. 이러한 과정을 통해 남아프리카공화국 사상 처음으로 흑인 대통령과 백인 부대통령이 선출되는 역사적인 날을 맞이하게 되었다.

그에 대한 평가는 과거부터 인권 후진국이라 낙인찍혀 온 남아프리카공화국을 흑인들에 대한 차별정책 폐지와 민주화 추진 등 그가 취한 일련의 정책은 국제적으로 고립상태에 빠져 있던 이미지를 개선시킴으로써 외교관계 개선뿐만 아니라 국내 정치에도 안정을 가져왔으며 진정한 인종화합으로 인간의 존엄성이라는 것이 얼마나 고귀한 것인지를 알려주는 데 영향을 끼쳤다. 1993년 인종차별정책을 철폐한 공로로 넬슨 만델라와 함께 노벨평화상을 받았다.

두 번째 인물은 남아프리카공화국을 상징하는 인물로서 오늘날 진정한 인종화합을 통해 함께 살아가는 것이 무엇인지를 몸소 보여주고 행동하며 실천한 넬슨 만델라(Nelson Mandela, 1918~2013)이다.

그는 1918년생으로 템부(thembu)족 족장의 아들로 태어났다. 당시 흑인들은 모두 가난하게 태어났으며 그 역시 마찬가지였다. 그가 태어난 곳은 트란스케이 움타타였으며 기독교에서 운영하는 클라크버리(Clarkbury) 중등학교를 다녔다. 그후 변호사가 되기 위하여 1943년 비트바테르스란트(Wit Watersrand)대학에 입학하게 된다. 그는 이 대학에 입학하기 전 1940년 포트헤어대학에서 법학을 전공하였는데 학생시위 가담 혐의로 퇴학당한 적이 있다. 당시 그의 친구가 백인 학생에게 모욕당하는 것을 보고 인권운동가로서 자각하기 시작했다. 다시 말하면 백인들의 인권적 차별에 대하여 부당함을 느꼈으며 대학 활동 중에 학교 측과의 마찰로 인하여 도중에 학교를 그만두어야만 했다.

그는 대학 재학 중에 학생대표위원회를 하였으며 이 과정에서 학교장과의 갈등과 집안에서 정해준 여성과의 약혼을 강요받자 집을 떠나 요하네스버그로 가서 비트바테르스란트(Wit Watersrand)대학에 재입학을 하였다. 그가 다시 대학에 간 이유는 지적 관심의 대상이며 장차 변호사로서의 길을 가고자 하였기 때문이다.

그는 대학시절부터 백인들의 인종차별정책에 항의하기 위한 활동을 꾸준히 전개하였는데 대략적인 경력을 살펴보면 1944년 아프리카민족회의(ANC) 산하 기관으로서 투쟁적으로 강경파인 청년연맹을 창설하였고, 집행위원으로 활동하였다. 이 시기에 동료였던 월터 시술로의 여동생을 만나 결혼하게 된다. 이때부터 만델라는 투쟁의 강도를 높이기 시작했다.

그는 초기에는 평화행진과 같은 비폭력적인 운동으로 백인 정부에 항의하기 시작했다. 또한 법률학을 전공한 덕분에 남아프리카공화국에서 처음으로 흑인 변호사로서 법률상담소를 개설하면서부터 아파르트헤이트(Apartheid, 분리, 인종격리정책을 뜻하는 아프리칸스어) 반대 운동에 적극적으로 가담하게 되며 흑인 인권운동가로서의 길을 가게 되었다.

이 당시 백인정권은 인종분리정책을 강화하기 시작하여 1948년부터 혼인금지법, 배덕법, 주민등록법 등 많은 법률을 제정하기 시작하는데 이 모두가 흑인과 유색인종을 차별하기 위해 생겨난 악법이라는 것이다. 예를 들면 이러한 차별정책은 대부분의 공공장소나 수영장, 거주지 등에는 흑인과 백인이 같이 있을 수 없으며 백인이 생활하는 공간에 흑인은 출입하지 못한다는 정책을 강제로 법률로 정한 것이다.

이러한 분리정책을 경험한 만델라는 아프리카민족회의에 가담하여 평화적인 시민불복종운동을 전개하였으나 백인 정부가 공산주의자로 몰아 체포되었다. 이것은 당시 서유럽과 미국의 지원 아래 그리고 반공법을 가장한 공산주의를 축출하고자 하였고 정부에 대항하는 사람들을 공산주의자로 몰아갔다는 것이다. 그러나 1차 구속 때에는 다행히도 무혐의로 석방될 수 있었다.

이후 남아프리카공화국의 최대 흑인 구역인 소웨토(Soweto)에서 1955년 자유헌장이 선포되었고 이와 관련되어 그는 국가반역죄로 2차 구속을 당하였으나 1961

년 무죄판결을 받고 석방되었다. 그러나 그가 석방되자마자 아프리카민족회의와 같은 조직이 구성되었는데 그것이 강경한 투쟁을 선포하고자 조직한 범아프리카 회의(Pan Africanist Congress, PAC)였다. 이 조직은 아프리카민족회의의 온건노선 을 반대하고 나선 청년들로 구성된 강경파였다.

당시는 샤프빌 대학살(Sharpeville massacre, 1960)이 일어난 상황이라 이에 분 개한 흑인들은 강경투쟁으로 선회하였고 만델라는 백인 정부를 향해 이를 흑인학 살사건으로 규정하고 무장 궐기할 것을 촉구한다. 또한 이를 계기로 1961년 '국민 의 창(Umkhonto we Sizwe)'이라는 비밀군대를 조직하고 게릴라전을 전개하다가 체포되어 28년간 복역하게 된다.

그는 게릴라전을 전개하기 위하여 군사훈련까지 받았으며 무장투쟁하기 위한 정보를 여행을 통해서 수집하는 동시에 연설을 통하여 비밀군대를 소개하며 동참 할 것을 호소하였다. 이를 계기로 체포되어 5년형을 선고받았으나 종신형을 선고 받아 1990년 석방될 때까지 약 28년간 수감생활을 하게 된다.

그의 체포는 전 세계에 알려졌으며 그의 석방을 위해 언론, 자유 민주국가, 인 권운동가, UN 등 전 세계의 유망한 정치가들이 노력하였지만 허사였다. 왜냐하면 당시는 동서 냉전의 시대라서 주위 국가들의 도움으로 버틸 능력이 있었고 또한 그들은 핵카드를 발표하면서 세계를 위협할 정도로 백인 정부들은 권력에 대한 욕망이 매우 강하였다는 것이다.

이러한 백인 정부에 대한 도움은 오래가지 않았다. 1980년대에 들어서자 동서 냉전은 화해무드로 변하였고 주위 국가들은 미국의 도움 아래 서서히 인권에 대한 중요성과 민주주의의 가치를 신봉하기 시작하였다. 그리고 전 세계는 남아프리카 공화국의 인권을 비난하면서 경제제재를 통하여 압박을 가하기 시작했기 때문이 다. 결국 백인 정부는 1990년에 만델라를 석방하게 된다. 그는 수감생활 동안 1979 년 옥중에서 자와할랄네루상(賞), 1981년 브루노 크라이스키 인권상, 1983년 유네 스코의 시몬 볼리바르(Simon Bolirar) 국제상과 같은 인권에 관한 여러 상을 수상 하게 되는데 이 상으로 인하여 세계인권운동의 상징적인 존재가 되었다.

당시의 백인 정부는 프레데리크 빌렘 데 클레르크(Frederik Willem de Klerk)였 는데 당시 인종차별정책인 아파르트헤이트(Apartheid)정책을 폐기하기로 하며 흑인들의 단체들을 인정하는 조치를 취하게 된다. 이를 근거로 흑인운동가 및 지도 자 375명을 석방하게 되는데 만델라도 이 중에 포함되어 1990년 2월 2일 전 세계 의 주목 아래 두 손을 올리면서 감격적인 출소를 하였다. 이 자리에서 이제까지 옥살이를 해준 부인과 포옹하며 앞으로의 포부를 밝혔다.

그는 출소하자마자 각국의 초청을 받았고 이를 통해 인권의 중요성을 전 세계 에 설파하였으며 남아프리카공화국의 현실을 알리는 데 온 힘을 기울였다. 당시 남아프리카공화국의 인권상황은 여전히 후진국이었으며 백인 정부는 권력을 이양 할 의도가 없었고 이에 따라 흑인들의 시위는 날로 격해지며 경찰 또한 무력으로 진압하는 어수선한 분위기였다. 이에 만델라는 전 세계를 향하여 남아프리카공화 국의 인권에 대하여 도움을 줄 것을 호소하였다는 것이다.

그 당시 만델라는 1991년 아프리카국민회의 의장으로 선출되었는데 이를 계기 로 어려운 상황 속에서 당시 백인 정부인 프레데리크 빌렘 데 클레르크 대통령과 협상을 계속하여 남아프리카의 아파르트헤이트(Apartheid)정책을 폐기하기로 합 의하기에 이르렀다. 그는 이러한 협상과정에서 그만의 특유한 유화적인 방법으로 백인 정부, 원주민인 줄루족 그리고 흑인 간의 갈등을 원만하게 해결하였다. 그가 너무 온건하다는 주위의 비판에도 불구하고 남아프리카공화국의 미래를 위해 최 선을 다하여 협상을 진행하였다.

이 결과 남아프리카공화국 사상 처음으로 모든 국민들이 참여하는 투표를 통해 민주적으로 정권을 이양받는 데 성공하여 최초의 흑인 대통령으로 취임하게 되는 쾌거를 이룬다. 이러한 공로로 그는 노벨평화상을 그와 협상을 벌였던 프레데리크 빌렘 데 클레르크와 공동으로 수상하게 된다. 이로써 그는 재임기간 동안 아파르트 헤이트를 종결시켰고 350년에 걸쳐 진실은 규명하되 용서와 화해의 정신으로 지금 의 남아프리카공화국을 탄생시켰다. 그는 대통령에 재선하지 않고 선거를 통해 정 권을 이양시켰으며 2013년 전 세계가 애도하는 가운데 조용히 영면의 길로 갔으나 그의 실천적 행동과 정신은 전 세계 국민의 가슴속에서 살아 움직일 것이다.

또한 그는 한국과도 인연이 매우 깊다. 1995년과 2001년 두 차례에 걸쳐 국빈 으로서 예방하여 서로 간의 양국 현안에 대하여 심도 있게 논의하였다. 그의 대표 적인 저서로는 자유를 위한 투쟁 의지를 밝힌 『투쟁은 나의 인생』(The Struggle is My Life, 1961)과 자서전『자유를 향한 머나먼 여정』(Long Walk to Freedom, 1995)이 있다.

세 번째로는 넬슨 만델라와 매우 깊은 인연이 있으며 정권 이양을 한 후 실질적으로 아프리카 정신인 우분투(ubuntu)의 전통문화와 카리스마 있는 리더십으로 남아프리카공화국을 치유하는 데 앞장선 인물인 데스몬드 투투(Desmond Mpilo Tutu, 1931~)이다.

데스몬드 투투(Desmond Mpilo Tutu, 1931~)는 1남 3녀의 둘째로 태어났으며 아버지는 교사 출신이고 어머니는 가정부로 일하는 가정에서 태어났다. 그는 어린 시절에 살던 곳에서 요하네스버그로 이사를 하는데 이때 일생에 있어 독특한 경험을 하게 되며 이것이 그의 인생에 새로운 항로를 개척하였다.

투투(Tutu)가 12살 되던 해 건강상 이유(결핵)로 병원에서 한 신부를 만나는데 이 신부는 영국 교구에서 파견 나온 트레버 허들스턴이다. 그를 처음 보는 순간 이제까지 상상도 하지 못한 행동이 보였기 때문이다. 이러한 행동은 다음과 같다. "하루는 그가 어머니와 함께 있을 때 신부 옷을 입은 백인이 지나가다 자신의 어머니에게 모자를 벗어 인사하는 것을 보고 믿을 수 없었다."라고 고백했다. 당시의 사회적 상황으로 보았을 때 흑인에게 백인이 인사하는 것은 있을 수 없는 일이라고 생각했기 때문이라는 것이다.

그는 영국 유학시절 영국의 사회상을 보고 인종차별에 대해 눈을 뜨기 시작했다고 한다. 당시 영국에서 흑인과 백인이 나란히 줄을 서서 차례를 기다리는 모습을 보고 인종차별의 부당성을 고민하게 되었다는 것이다. 즉 모든 인간은 얼굴색과는 관계없이 거주지, 참정권, 거주 이전의 자유, 직업선택, 서비스에서도 모든 것이 차별 없이 공정함에 자신의 조국 상황에 분노를 느꼈을 것이다.

또한 대학을 졸업하고 교사가 되어 재직할 때 인종차별적인 반투교육법, 1953년에 모든 흑인아동의 취학을 정부통제하에 둔다는 법률에 실망하여 사직서를 내고 성직자의 길로 가게 된다. 영국에서 성직자 부제(副祭)의 보조(補助)로 그리고 부제로 임명되었다가 1961년 교회의 사제가 되었다.

당시 종교에 대하여 사회의 부당성에 대하여 어떠한 태도를 가지고 있었는지를 그의 저서『용서 없이 미래 없다』에서 남아프리카공화국의 인종차별이 얼마나 심각했는지를, 개신교와 성공회가 인종차별에 저항하기는커녕 얼마나 순응하거나 침묵을 정당화하고 있었는지를 자세히 밝혀 놓았다.

그는 사제로 재직하다가 1975년 자신의 고향인 요하네스버그로 돌아와 1976년 남아프리카공화국 최초로 대성당의 주교가 되었다. 이때 마침 소웨토 학생 시위 (Soweto riots, 1976)가 일어났는데 경찰의 무차별적인 발포로 어린 학생들이 사망한 소식을 듣고는 현장에서 그들의 대변자가 되었고 그 후부터는 당시의 남아프리카공화국의 인권상황을 국제사회에 알리면서 경제적 압박을 가할 것을 주장했다는 것이다. 그는 또한 미국에 대해서도 비판을 가했는데 당시 미국은 적극적인 개입을 통해 사태를 해결하고자 경제봉쇄를 거부하였는데 투투는 다음과 같은 논리로 대응했다. "외국의 투자 철회로 경제상황이 악화되고 일자리를 잃게 된다 하더라도 목적이 있는 고통은 감수해야 한다."라고 주장했다. 우리는 더 큰 이상을 실현하기 위해 즉 인권 수호와 차별정책을 위해서는 국제사회의 경제봉쇄를 감내해야 한다는 것이다.

이후 그는 조국의 인권상황과 인종차별정책의 부당성을 알리기 위해 전 세계적으로 활동하였으며 이는 그의 주된 삶의 목표가 되었다. 이것은 1978년 아프리카 흑인 최초로 남아프리카교회협의회(South African Council of Churches, SACC) 사무총장이 됨으로써 가능하였다. 1980년대부터 그는 적극적으로 인종차별 반대운동을 주도하였으며 1990년 이후 흑인과 백인이 갈등을 일으키자 문제 해결을 위하여 노력하였다. 특히 그는 1994년 만델라가 대통령에 취임할 당시 인종차별과 모든 인권 수호를 위하여 진실을 규명하고 용서와 관용 그리고 화해를 통하여 가해자와 피해자의 아픔을 치료하는 데 힘을 보탰다. 이러한 활동을 한 것은 1994년 진실규명위원회의 위원장으로서의 역할이었다.

1980년 이후 백인 정부는 그를 반정부주의자로 생각하며 해외로 갈 수 없도록 한때는 여권을 발급하지 않았다. 따라서 2년 뒤 여권이 발급되자 해외를 다니면서 인종분리정책의 부당성을 알리기 시작했으며 국내에서는 항의시위를 주도하며 비폭력적인 인권활동가로서의 임무를 다하던 중 잠시 투옥되기도 했다. 그러나 그의 활동에 대한 국제여론을 무시하지 못하여 오래도록 수감할 수는 없었다. 이러한 상황에서 미국에 만델라를 소개하기 시작했으며 그를 도와줄 수 있는 방법들을 모색하기 시작했다. 만델라와 흑인 지도자들을 석방하기 위해서는 국제사회의 도움이 꼭 필요했기 때문이다.

그는 진실화해위원회(Truth and Reconciliation Commission, TRC)의 의장으로 일할 당시 '무지개 국가(Rainbow Nation)'를 주창하였는데 그 이유는 과거 남아프리카공화국의 아픔을 치유하고 가해자로서 피해자로서 평화적 공존의 삶을 살아갈 수 있도록 미래의 아름다운 세계로 나아가자는 것이며 이를 위해 전제되는 것이 진실을 규명하고 용서와 화해로써 개별적 사면을 하고 피해자들은 정부가 앞서서 적절한 보상을 해야 한다는 것이다. 이것은 가해자들이 무죄라는 것이 아니라 공동의 이익을 위해서는 함께 가는 길이 최선의 길이라 생각하였고 이를 바탕으로 국민들을 설득하여 과거사를 해결할 수 있었다. 무지개 국가라는 것은 다양성 속의 통일을 뜻하며, 인종적 차이와 문화적 폐쇄성에 기초한 남아공의 과거를 떨쳐 낼 필요성을 상징적으로 드러내고 있다.

남아프리카공화국은 국민당이 집권한 1948년부터 40여 년간 시행된 아파르트헤이트 정책을 1991년에 결국 폐지했다. 특히 1990년 넬슨 만델라가 석방되면서 백인 정부와 협상이 이루어져 보복이 아닌 화해에 의한 공존이 목표가 되었다. 그리고 1993년에 임시 헌법인 국가통합과 화해 증진법이 제정되었다.

1994년에는 남아공 최초의 모든 국민이 참여한 선거를 하였다. 물론 흑인, 유색인, 원주민, 백인 등 모든 국민이 참여한 선거였다. 선거 결과 만델라가 대통령에 선출됨으로써 평화적인 정권교체가 이뤄졌다. 만델라 정부수립 이후 국가통합을 위한 가장 우선적인 해결 과제가 '인종 간 화합'이었다. 이를 위해 1995년 '국가통합과 화해 증진법' 34조에 의거해 진실화해위원회가 설치되었고 투투가 의장으로 임명되었다.

TRC(진실화해위원회)는 인종차별과 억압으로 인해 심각한 분열을 겪고 있는 국민들에게 용서와 화해의 분위기를 조성했다. 그럼으로써 인권유린이 다시는 발생하지 않도록 인권문화를 개척하는 데 기여하였고 투투는 79세 되던 2010년 10월에 모든 공식활동에서 은퇴하겠다고 선언했다. 그는 억눌리고 차별받는 사람들 편에 서서 고언을 아끼지 않았으며 평화의 상징이자 세계적인 원로의 한 사람으로서 존경받고 있다. 물론 그에게도 이러한 노력을 인정하여 노벨평화상이 주어졌다.

이제까지 남아프리카공화국의 인권이 어떻게 진행되었으며 누가 노력했는지를 살펴보았다. 결론적으로 말한다면 남아프리카공화국의 인종 간 갈등과 차별은 어제오늘 일이 아니라 제국주의가 낳은 부산물이었다. 즉 백인들은 아프리카에 산재된 물적 자원과 필요한 노동력인 인적 자원들을 착취하기 위해 그들의 나라를 강제로 침탈하고 그들을 억압하기 위한 결과로서 자행된 인종차별정책에 기인한다.

아파르트헤이트는 고용의 기회를 박탈하여 빈곤에 허덕이게 하고 인권을 차별한 백인을 위한 정책이라고 할 수 있다. 남아프리카공화국 정부는 고용기회를 증진하고자 블랙 임파워먼트 정책을 적극적으로 도입하였고 빈곤 개선을 시도하였다. 결과적으로 블랙 다이아몬드라 부르는 아프리카인 중산층을 대량으로 생성시켰고 이는 빈곤층 감소로 이루어졌다. 또한 사회보장제도, 특히 빈곤층을 대상으로 하는 사회수당을 재정비하고 연금지급 대상을 확대하는 등 남아프리카공화국은 다른 아프리카 국가들에 비하여 뛰어난 사회지원제도를 가지게 되었고 세대 전체의 빈곤을 축소하게 되었다. 아직도 남아프리카공화국에 빈곤층은 다수 존재하지만 정부 정책의 결과로서 빈곤율이 개선되고 있다고 볼 수 있다.

그러나 이러한 과정이 순탄치만은 않았다. 1948년 백인 정부는 인종분리정책을 공식적으로 선언하였고, 국민당이 아파르트헤이트 정책을 실시하여 인종적으로 분리하여 발전을 추구하고자 하였지만 1990년대에 접어들고 민주화의 요구와 국제사회의 경제봉쇄 등이 가중됨에 따라 흑, 백 그리고 부족 간의 이해관계 및 갈등과 국제사회의 경제제재 등을 견디지 못하게 되자 결국 인종분리정책은 해체된다.

1994년 5월 남아프리카공화국에서 최초의 민주선거가 실시되었고 60%의 압도적 지지를 받은 만델라가 대통령에 당선되었다. 평화적인 정권 이행이 비교적 순조롭게 진행될 수 있었던 것은 인권침해 가해자들을 사법처리하는 대신 진실화해위원회의 방식으로 사면하는 것에 대해 합의가 이루어졌기 때문이다. 협상 참가자들은 뉘른베르크식 재판과 일괄 사면 또는 국민적 망각이라는 극단을 모두 거부하고 타협안으로서 개별적 사면의 방식을 채택하였다. 그 결과 고백과 사면의 교환을 대원칙으로 하는 과거사 청산이 이루어질 수 있게 되었다.

뉘른베르크식 재판은 1945년 11월 20일 독일 뉘른베르크에서 연합군의 군사법원이 제2차 세계대전 전범 24명에 대한 재판을 말한다. 이듬해 10월까지 거의 1년에 걸쳐 진행된 이 재판은 인종 청소를 수행했던 나치의 군사적, 정치적, 경제적 지도자들을 정죄하는 것이 목적이었다.

 관용과 화해를 요제로 하는 과거사 청산방식이 별다른 국민적 저항 없이 수용될 수 있었던 배경에는 남아프리카의 전통문화인 우분투와 데스몬드 투투 대주교의 카리스마 있는 리더십 두 가지가 있었다고 볼 수 있다. 우분투라는 용어는 인간다움을 의미하며 관용, 용서, 관대함, 친절함 등이 내재되어 있는 용어이다. 다시 말하면 인간은 태어나면서부터 선함을 가지고 있으며 또한 인간은 절대로 혼자서는 살아가지 못하는 사회적 동물이라는 두 가지 속성을 내포하고 있다는 것이다. 관용과 화해의 결과를 낳을 수 있었던 이유는 남아프리카공화국의 문화에 거스르지 않고 전통적인 문화의 전제 속에서 해결하고자 하였기 때문이라고 생각한다. 그래서 공동체 내부의 분쟁과 갈등이 관용과 화해의 정신으로 해결될 수밖에 없다고 생각하여 해결된 것 같다.

 이러한 가운데 만델라, 투투 등의 흑인 지도자들과 당시 백인 정부를 이끌었던 클레르크 대통령을 위시한 백인들과의 슬기롭고 합리적인 문제 해결을 통하여 오늘날의 남아프리카공화국을 탄생시켰다. 이러한 과정이 험난함에도 불구하고 여전히 남아프리카공화국에는 백인들의 권위적인 잔재의식이 남아 있어서 인종차별이 아직도 완전하게 해결되지 않은 면이 곳곳에 남아 있다. 그러나 세계는 민주화라는 대세적인 기류를 역행하지 못하고 국민들의 인간에 대한 존엄성이 망각되지 않는 한 그 잔재들은 없어질 것이다.

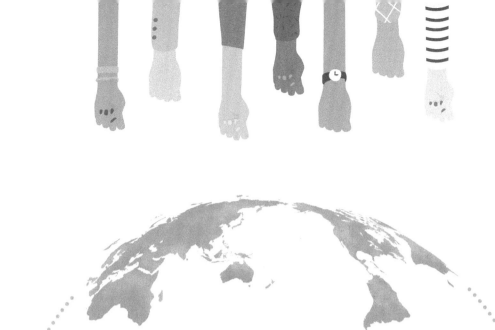

제 **11** 장

이슬람 국가의 인권은 어떻게 진행되고 있는가?

국 제 사 회 와 인 권

세계 4대 종교 중 하나인 이슬람, 이슬람국가는 어디를 지칭하는가?

이슬람이라는 말은 많이 듣고 있지만 정확히 어떠한 종교인지 잘 모를 것이다. 이슬람은 세계 3대 종교로서 불교, 기독교와 함께 세계 대부분의 사람들이 믿고 있다. 이슬람이라는 종교는 회교, 무함마드교, 청진교, 모슬렘이라고도 하며 하나님을 믿는 종교로서 무함마드를 예언자로 보는 종교이다. 즉 무함마드에게 알라(하나님)의 가르침이 계시되었으며 유일신이자 유대계의 여러 종교를 완성시킨 유일신의 종교라고 할 수 있다. 이슬람의 명칭은 아랍어로 순종 및 복종을 의미하며 남성 신자는 '무슬림' 그리고 여자 신도는 '무슬리마'라고도 한다.

불교의 경전은 불경, 기독교의 경전은 성경이라 하듯이 이슬람의 경전은 꾸란 혹은 코란이라 하며 예언자 무함마드가 알라의 말들을 기록하였다고 볼 수 있다. 경전에서 보듯이 교리는 "하나님 외에는 다른 신이 없다. 무함마드는 신의 사도다."라는 것으로 대부분이 수니파 소속이며 시아파가 10~20%를 차지한다. 수니파는 무함마드가 만든 이슬람교를 자신들의 정치권력으로 사용하려는 종교의 한 분파이다. 대부분의 이슬람 신도들은 90% 정도가 수니파에 소속되어 있고 시아파는 무함마드를 신격화하거나 특별한 존재로 부각시켜 '무함마드 왕가'를 이루고자 한 분파를 말한다. 이슬람 신자의 10%가 이에 해당된다고 볼 수 있다. 이슬람교의 특징 중 하나는 "오직 알라만이 불로 심판할 수 있다"라는 말이 있어 장례식 때 화장을 금지하는 풍습이 있다. 이슬람 종교의 기본적인 조항이 세 가지 있는데 첫째는 유일신이라는 것이다. 둘째는 알라신의 계시를 받은 사람이 무함마드이며 무함마드 계시의 가르침을 받아야 한다는 것이다. 셋째는 죽음 이후의 삶과 심판의 날에 해명할 책임을 믿는다는 것이다. 다시 말하면 하나님 외에는 다른 신이 없으며 하나님의 계시를 받은 사람이 무함마드이므로 그의 계시에 대한 가르침을 받아야 한다는 것이며 또한 모든 사람은 자유의지를 부여받았기 때문에 신 앞에서 자신의 행동에 대하여 해명해야 한다는 것이며 죽어서야 심판을 받는다는 것으로 볼 때 죽음 이후에도 우리의 존재는 끝나지 않는다는 것이다.

따라서 이슬람 국가라고 하는 것은 한마디로 무함마드 계시의 가르침을 받는 국가를 말하며 알라신에 절대 순종하고 복종하는 종교를 국교로 하거나 절대적으로 다수자가 믿는 나라들이라 할 수 있다. 이들 나라들은 이슬람법에 의해 통치하며 모든 정치, 사회, 문화 등은 이슬람에 근거하며 이슬람법을 폐지한 나라의 경우 절대다수의 인구가 이슬람교를 믿는다고 할지라도 이슬람 국가라고 칭하지는 않는다. 대표적인 국가가 터키인데 그들은 이슬람법에 좌우되지 않고 세속적인 것을 표방하기 때문이다. 쉽게 말하면 이슬람 국가임을 표방한 국가, 공식 종교인 국가 등으로 나뉜다.

이슬람 국가들의 지역을 살펴보면 대체로 서남아시아, 아프리카 지역에 많이 분포되어 있으며 전 세계적으로 약 12억의 신도를 가지고 있으나 정확하지는 않은 통계이다. 이들 지역의 대표적인 국가로는 세계 최대 이슬람 국가인 인도네시아가 있다. 인도네시아의 이슬람교도는 인구의 약 90%를 차지하며 신도 수는 2억 3천만 명 정도로 추산된다. 파키스탄, 방글라데시, 이집트, 이란, 터키, 나이지리아 등이 5천만 명 이상이다. 이를 민족별로 크게 나누면 아랍계 민족이 20% 수준이고 비아랍계가 훨씬 많은 80% 이상을 차지한다. 우리 생각과는 정반대라고 볼 수 있다.

전 세계적으로 이슬람교도가 분포된 것으로 보아 신도들은 점점 증가하고 있으며, 세계에서 가장 활발하게 이슬람화가 진행되는 대륙은 아프리카라고 볼 수 있다. 이슬람교도는 아프리카 전 인구의 35% 정도를 차지하고 있다. 서아프리카의 사하라 이남의 사바나 지대, 수단 중앙부, 동아프리카 연안부 주민의 대부분은 이슬람교도이며, 지금도 이슬람화가 진행되고 있다.

이슬람교에는 약 200여 개의 종파가 있는데 대표적인 종파가 수니파이며 신도의 약 80%를 차지한다. 다음은 시아파로 약 16%이고 나머지 10%는 신비주의를 표방한 수피파 등이 차지하고 있다고 볼 수 있다. 오늘날 이슬람 국가들 간의 분쟁이 심각한 현상으로 나타나는데 심지어 종교전쟁으로까지 치닫고 있으며 이로 인한 인종청소 및 아동학대 현상 등이 나타나고 있다. 그 대표적인 종파가 수니파와 시아파 간의 분쟁이다.

두 종파는 무함마드 사후에 누가 후계자를 계승하느냐에 따라 두 분파가 생겨났다고 볼 수 있다. 수니파는 대부분의 이슬람 국가들을 차지하며 무함마드의 말과 행동을 따르는 자들을 의미하는데, 즉 관행을 따르는 자들을 의미한다. 시아파는 알리를 추종하는 자들로 주로 이란을 중심으로 세력을 형성하고 있다. 다시 말하면 수니파는 회의를 통해 선출된 칼리프(계승자, 대리자)를 후계자로 볼 수 있으며 시아파는 무함마드의 사위이자 조카인 알리만을 유일한 계승자로 보고 있다. 넓게 말하면 알리와 그의 직계 후손인 11명만이 후계자이며 무슬림의 최고지도자이자 종교지도자를 의미한다. 따라서 이러한 최고의 지도자들을 "이맘"이라 부르는데 이는 무함마드와 같이 완전무결한 존재로 본다는 것이다. 대표적인 예를 들자면 이란의 최고지도자가 절대 권력을 사용하는 것은 "이맘"이라는 독특한 제도에서 비롯된다. 오늘날 두 종파는 이러한 문제를 가지고 끊임없이 반복적으로 종교전쟁을 하는 상황이다. 아이러니(irony)하게도 수니파가 신도 전체의 80%를 차지한다고는 하나, 정치권력, 군사 면에서는 시아파에게 밀리고 있다는 것이다.

여기에서 짚고 넘어가야 할 것이 있는데 기독교와 이슬람교의 관계이다. 성서상으로 보면 두 조상은 이복형제라는 것이다. 그리고 동일한 절대자를 숭배하는데, 즉 하나님을 숭배한다는 것과 사후세계가 있다는 것 그리고 그리스도와 성경을 존중한다는 공통점을 가지고 있다는 것이다.

히잡(Hijab)을 쓴 이슬람 국가에서 여성의 인권은 어디까지 진전되고 있는가?

이슬람 국가에서의 인간관은 모든 사람은 신 앞에서 동등하다는 것이다. 이는 모든 인간은 그 자체로서 존엄성을 가지며 신의 피조물로서 직위, 신분, 민족, 인종, 국적, 지역 등에 관계없이 차별을 받아서는 안 된다는 것이다. 왜냐하면 신의 대리인(代理人)이면서 종복(從僕)이기 때문이라는 것이다. 따라서 남녀는 동등성에서 출발한다.

이와 같은 인간관은 이슬람의 율법에 따라 엄격히 적용하고 있는데 여성에게도 마찬가지이다. 그러나 오늘날의 여성에 대한 관점은 어딘지 모르게 평등의 원칙이 적용되지 않는 것 같다는 것이다. 이슬람 사회에서 여성이 차지하는 위치와 여성에 대한 관점은 시대와 문화에 따라 많은 변화가 있었으며 이러한 변화가 인권에 어떠한 변화를 가져오고 있는지를 살펴보고자 한다.

오늘날 이슬람 국가 여성의 위치와 역할은 종교와 함께 국가의 이념, 국가의 역사적 상황, 경제발달의 수준 등에 의해 많이 좌우되고 있다. 그러나 분명한 사실은 이슬람 국가에 속한 많은 여성들은 아주 오랜 세월 동안 차별받아 왔고 인권을 보장받지 못한 삶을 살아왔다는 것이 사실일 것이다. 다시 말하면 신 앞에서는 모두가 평등하다는 인간관이 오히려 인권의 사각지대에 있다는 것이다.

우선 이슬람 국가를 여행하거나 축구장에 가거나 혹은 이슬람 국가들의 여성 선수를 바라보면 우리에게 생소한 모습이 보일 것이다. 즉 온몸이나 몸의 일부분을 천(베일)으로 덮고 있는 모습을 볼 것이다. 아니면 아예 여성의 출입을 금하는 국가도 있다. 우리는 천(베일)으로 덮는 것을 히잡(Hijab)이라고 한다.

이슬람 여성은 왜 히잡(Hijab)을 쓰는가?라는 의문을 가질 것이다. 히잡(Hijab)이라는 개념은 의복의 개념이 아니라 얼굴이나 머리만을 둘러싸는 천(베일)을 말한다. 즉 온몸을 감싸고 사람의 몸을 보호해 주는 의미가 아니라 어느 일부분을 천으로 감싸는 것, 즉 격리를 의미한다는 것이다. 천(베일)은 코란에 일곱 번 나오는데 이때는 얼굴의 표면에 가리개를 씌우고 얼굴을 가리는 의미보다 여성이 사람을 만날 때 칸막이 또는 방에 내려진 커튼이나 장막을 사이에 두고 대화하는 것을 뜻한다.

이렇게 감싸는 이유는 종교적 근거에서 찾아볼 수 있다. 코란의 제24장 '빛의 장' 제31절에서 비롯된다. "믿는 여성들에게 일러 가로되, 그녀들의 시선을 낮추고 순결을 지키며, 밖으로 드러내는 것 외에는 유혹하는 어떤 것도 보여서는 아니 되느니라. 그리고 가슴을 가리는 머릿수건을 써서 남편과 그녀의 아버지와 남편의 아버지와 그녀의 아들과 남편의 아들과 그녀의 형제와 그녀 형제의 아들과 그녀 자매의 아들과 여성 무슬림과 그녀가 소유하고 있는 하녀와 성욕을 갖지 못한 하인 그리고 성에 대한 부끄러움을 알지 못하는 어린이 외에는 드러내지 않도록 하라. 또한 여성은 발걸음 소리를 내어 유혹함을 보여서는 아니 되나니 믿는 사람들이여 모두 알라께 회개하라. 그리하면 너희가 번성하리라."라는 구절이 코란에 적혀 있다는 것이다.

이는 이슬람은 종교적 관점에서는 분명히 성 평등을 외치지만 성의 역할 면에서는 분명하게 구별하고 있다는 것이다. 즉 남성과 여성은 역할과 기능 면에서는 각자의 기능과 일이 다르다는 것을 의미한다. 남성과 여성은 종교적인 측면에서 각각은 평등함을 강조하지만 기능적인 면에서 남성은 경제적 부양의무가, 여성은 자녀교육과 가정을 보호하는 의무가 분명하게 구별된다는 것이다.

예를 들면 여성은 종교적 임무와 수행적인 측면에서는 혼인, 재산권, 상속권 등에서는 여성의 권리를 평등하게 규정하고 있다는 것이다. 그리고 여성은 보호받을 존재로 본다는 것이다. 히잡(Hijab)을 하는 것도 여성보호 차원이라는 것이다.

이러한 것은 종교적인 차원에서 이해하는 것이 좋다. 그러나 우리의 시각에서 그들을 이해하는 것은 무리라는 것이다. 종교적인 차원에서 본다면 자유권과 여성의 권리를 제약하는 것은 아니라는 것이다. 여성을 속박하는 의미가 아니라 여성을 보호하는 측면으로 이해하여 달라는 것이다.

실제로 각 나라마다 히잡(Hijab)을 쓰는 이유가 모두 있다는 것이다. 이란의 여성은 여성운동의 도구로 사용하였고 다시 말하면 정치, 경제적 권한을 확보하는데 사용하고 있으며 이집트에서는 자발적으로 착용을 권장한다는 것이다. 이런 면에서 볼 때 히잡(Hijab)을 쓰는 것이 자유를 속박하느냐, 아니냐?의 문제가 아니라 강요의 문제냐? 아니면 자율의 문제이냐?가 중요하다는 것이다.

히잡(Hijab)의 형태는 이슬람권에서도 나라별로 차이가 있는데 이는 모든 이슬람권 여성이 히잡(Hijab)을 착용해야만 하는 것은 아니고, 나라, 출신, 지역별로 차이가 있다. 예를 들면 이란처럼 앞머리를 드러내는 식으로 쓰는 경우도 있고 머리카락을 완전히 가리는 게 정석인 나라도 있다. 중동에서 사막의 햇빛을 피하기 위해서라는 이유도 있으며 이슬람이 발생되기 전부터 아랍권 여성들이 쓰던 의상이라는 이유도 있지만, 이슬람교의 경전 코란이 작성된 이후 머리카락과 가슴 등을 가려 남성들의 성욕을 억제시켜 여성을 보호한다는 이유도 있다. 다시 말하면 히잡(Hijab)을 하지 않는 여성은 성행위를 요구하는 것으로 간주하기 때문에 종교적인 이유로 히잡(Hijab)을 착용하는 것이며 이는 여성을 보호하기 위함이라는 것이다. 머리만 감싼다는 점에서 전신을 감싸는 차도르(Chador), 부르카(Burqa, Burka)와는 다르다. 얼굴을 가리지 않으니 안면 베일인 니캅(Niqab)과도 약간 다르다.

안 쓰는 게 대세인 곳, 중간인 곳, 안 쓰기 힘든 곳으로 나뉜다. 예를 들면 파키스탄, 인도네시아처럼 무슬림 여성이라도 히잡(Hijab)을 반드시 착용할 필요가 없는 분위기가 조성된 곳도 있는데, 이러한 곳은 여성 개인이나 각자 집안의 소신에 맡기는 경향이 강하다.

이러한 히잡(Hijab)에 대하여 논란이 된 것은 프랑스에서 발생하였는데, 공공장소 안 종교 상징물 착용금지법은 학교와 관공서 등 공공기관이 종교적인 색채를 금지한다는 원칙 아래 학생과 교사, 공무원 등이 특정 종교를 상징하는 머릿수건, 모자, 십자가 착용을 금지하는 법으로 가장 문제가 된 건 여성 이슬람교도가 머리에 쓰는 베일 또는 두건을 가리키는 히잡(Hijab)이었다고 한다.

2003년 9월 독일연방헌법재판소는 이슬람 교사의 히잡(Hijab) 착용을 금지시킨 바덴뷔르템베르크주의 법은 위헌이라 판결한 바 있다. 하지만 독일의 16개 주(州)는 아이들에게 나쁜 영향을 미친다고 판단되면 독립적으로 종교적인 의복을 금지시킬 수 있어 주마다 다른 법이 적용되고 있다. 2005년 3월 2일 영국 고등법원은 학교에서 전통 이슬람 복장을 금지한 학칙은 '종교의 자유 침해'라는 판결을 내렸다. 그러나 히잡(Hijab) 착용의 찬반론이 다양하게 논쟁거리가 되고 있으며 종교적 자유, 다문화주의 및 상대주의를 내세워 찬성론과 여성 억압, 신정 분리, 이민자의 사회 통합 등을 내세워 허용과 금지가 논쟁이 되고 있다.

또 하나는 이슬람교 국가들에게 흔히 일어나는 인권의 한 형태로 명예살인(Honor Killing)이라는 것이 있어서 전 세계에 논란거리를 주고 있다. 명예살인(名譽殺人, honor killing)이라는 것은 가족, 부족, 공동체의 명예를 더럽혔다는 이유로 조직에서 그를 응징하기 위하여 다른 사람에 의해 살해당하는 행위를 말하며, 명예를 지키기 위한 이유가 살인을 정당화할 수 있다는 명분으로 자행된다. 이와 같이 전 세계적으로 많게는 연간 5,000명이 명예살인으로 희생되는 것으로 추정한다.

보통 간통을 저지른 여성이나 혼전 성관계를 가진 여성에 대한 살인으로 알려져 있으나 명예를 위한 살인은 모두 명예살인이라 할 수 있다. 예를 들면 자신과 부족 그리고 공동체의 명예를 훼손시켰다는 이유로 원수를 갚는 행위 등도 명예살인이라 정의할 수 있는데 이는 원수에게 복수하는 것과 동시에 명예를 지키는 의

미도 담겨 있다고 보아야 한다는 것이다. 명예살인을 위한 방법으로는 돌팔매질, 공개처형, 태형 그리고 생매장을 하는 경우도 있다는 것이다.

이러한 행위가 일어난 예를 말하자면 친오빠에게 성폭행당한 여동생이 아버지에게 살해당했다는 뉴스가 있었는데 아버지는 왜 자기 딸을 죽였느냐?고 묻자 자신의 집안 명예를 실추시켰다는 것이다. 왜냐하면 자기 아들이 문제가 아니라 얼마나 오빠를 유혹하였으면 이와 같은 일이 발생하였겠느냐?며 오히려 자신의 딸에게 책임을 물었다는 것이다. 이는 집안의 명예를 실추시켰다는 죄명을 씌워 딸을 살해함으로써 자기 집안의 명예를 회복하고자 하였다는 것이다.

또한 문제가 되는 것은 오직 여성에게만 명예살인이 허용된다는 것이다. 따라서 명예살인을 한 가해자는 아무런 죄의식이 없다는 것이 문제가 되며 그에게는 어떠한 법적 조치도 없다는 것이 더욱 충격을 주고 있다는 것이다. 이러한 행위는 여성의 존엄성은 찾아볼 수도 없으며 이러한 관습이 아무런 여과도 없이 후세로 이행된다는 것이다. 즉 이러한 관습은 기성세대에서 신세대에게 자연스럽게 전해지며 아무런 죄의식 없이 후대에서 그대로 자행된다는 것이다. 오늘날 이러한 명예살인은 중동 국가에서 가끔 일어나는 현상이다.

매우 끔찍하게 상처를 입은 어린 소녀를 보면 명예살인이 얼마나 잔혹한지를 알 수 있다. 아프가니스탄의 '아이샤'라는 여성이 실린, 전 세계를 경악게 한 신문사의 표지였다. 아직 어린 소녀로 보이는 이 여성은 불행하게도 그녀의 코가 잘린 상태로 죽음의 사슬로부터 탈출하여 자기의 억울함을 밝혀달라고 언론에 호소하였던 것이다. 그녀는 머리카락에 가린 상태였지만 두 귀도 함께 잘린 상태였다. 이 사건을 조사하다 보니 어이없게도 가해자는 그녀의 시아버지와 가족들이었다는 데서 다시 한번 충격을 준다.

이와 같은 짓을 한 이유를 물었더니 그녀가 남편의 폭력 때문에 가출하자 자신들 가족의 명예를 실추시켰다는 이유이며 이 같은 행위는 죄가 아니라 지역사회의 명예를 지키기 위함이라는 것이다.

당시 이러한 사건은 전 세계의 공분을 샀으며 이슬람 국가 인권의 실태를 보여줌으로써 이제까지 여성들의 인권을 얼마나 무자비하게 대해 왔는지를 보여주는 사건이라고 하였다.

따라서 명예살인이라는 전통적 관습은 이슬람 전체를 다시 보게 한 사건이라는 것이다. 그러나 이슬람교는 여성을 보호하고 평등하다는 것을 경전 코란에서 분명히 밝혔다. 이러한 행위는 비이성적인 사회에서의 코란의 확대해석 및 흔히 있는 풍습이 결합하여 자행된 것으로 볼 수 있다. 같은 이슬람 국가라도 다른 지역에서는 흔히 볼 수 없는 일이다. 이러한 이유로 무작정 이슬람교를 잔인한 종교라고 함부로 비난해서는 안 된다.

이런 악습은 코란에서 비롯된 것이 아닌, 경전의 과대 해석과 관습이 섞여 만들어진 것이다. 그들의 관습에 의해 여성들 스스로조차 죽음으로써 가족의 명예를 지켜야 한다는 생각을 하고 있다.

억울하게 살해된 이슬람 여성들과 언제 명예살인이라는 얼토당토않은 이유로 목숨을 잃을지 모른다는 불안감 속에 살아가는 이슬람 여성들의 비참한 인권을 보호하기 위해 많은 노력이 이루어지고 있고 국제 인권기관을 통한 명예살인에 대한 지탄과 이슬람 내부 자성의 목소리는 점점 커져 가지만 명예살인은 줄지 않고 있다. 심지어 1999년에는 명예살인 제도를 없애기 위하여 요르단 국가위원회가 설립되었고 요르단 법 개정을 위한 수많은 사람들의 서명운동도 있었다. 그러나 요르단 하원은 이 법의 개정을 반대했는데 그 이유는 명예는 남자에게만 해당되는 것이고 여성들에게는 해당되지 않는다는 것이었다.

명예살인을 근절하기 위해서는 법의 강화나 개종이 필요한 것이 아니라 이슬람 사회 내 모든 구성원들의 근본적인 인식 변화가 필요할 것이다. 여성들은 본인의 자존감을 높이고, 남성들의 전유물이 아닌 고유한 나 자신으로서 살아가야 하며 남성들은 여성들을 자신들과 동등하고 평등한 존재로 인정하고 존중할 줄 알아야 할 것이다.

이슬람 국가에서 일어나는 여성 인권의 침해사례를 살펴보면 여성에 대한 할례 의식이라는 것이 있다. 흔히 여성 할례(Female Circumcision)라고도 부르는데 여성의 성기를 절제하는 시술을 말한다. 할례(割禮)라는 의미는 남성 혹은 여성의 성기 일부를 잘라내는 의식으로서 일종의 종교의식과 성인의 표시로 행해지는 풍습을 말한다. 물론 기독교, 유대교에도 이러한 의식이 있다. 그러나 이슬람교에서는 너무 과하다는 것이다. 원래는 남성의 표피를 자르는 것으로 일종의 포경수술이라고 생각하면 된다는 것이다.

　이슬람 국가에서는 6세 이전에 보통 할례의식을 하는데 이는 이슬람교도의 상징으로서 가족들은 성대하게 축하잔치를 벌였다. 문제는 여성의 경우라는 것이다. 여성들에게는 종교적인 목적으로 의식을 치르는 것이 아니라 혼전 순결 유지와 성적 욕구 억제를 목적으로 할례가 실시되는 경우가 많다. 특히 소말리아, 지부티, 수단, 에티오피아, 케냐 등 중북부 아프리카에서는 대다수 미혼 여성들이 할례 때문에 고통을 받는다. 왜냐하면 과거의 전통적인 관습으로 실행을 하는데 시술의 70% 이상이 마취제도 사용하지 않는 등 비위생적인 환경에서 이루어지며 종종 출혈 과다, 패혈증, 정신적 충격 등으로 인한 희생자가 많이 생겨난다는 것이다.

　이 때문에 1998년 9월 할례를 유엔난민지위협약이 규정하는 '박해'로 인정, 세계 각국이 망명허용의 근거로 받아들여줄 것을 촉구했다. 또 젊은 여성의 90% 이상이 할례를 받던 케냐, 이집트, 세네갈이 1998년 할례를 금지하였고 스웨덴과 미국은 할례당할 위험에 처한 여성의 자국으로의 망명을 허용하기로 결정했다. 인권단체들의 보고서에 따르면 1분당 4명의 어린 소녀들이 할례를 받고 있고 서구의 이민사회도 예외가 아니어서 영국의 경우 지난 85년 할례 금지법안을 마련했는데도 매년 1만 5천여 명의 소녀가 고통을 당하는 것으로 알려졌다. 법적으로 금지했는데도 의식과 종교를 이유로 근절되지 않는 것이다.

　전통적인 여성 할례는 문화적 다양성을 존중하는 것과 기본적인 인권을 보호하는 것 사이의 딜레마에 대해 논의되는 분야 중 하나이다. 여성 할례는 정식 의료기술로 시술하는 것이 아닌 전통적인 풍습으로 기본적인 인권은 무시한 채 전 세계의 수많은 여성들이 고통받고 있다. 또한 어린 소녀가 극심한 공포 속에서 강제로 시술받게 되므로 정신적 타격이 매우 크다. 할례를 경험한 직후 여성들은 먹는 것과 자는 것, 기분, 인지력 등이 방해를 받는 것으로 나타나고, 많은 소녀들과 여성들이 두려움을 경험하고 분노와 비통과 배반감 등과 같은 감정의 짓눌림에 굴복하거나 억압받는 경험을 하게 된다. 특히 자존감과 자아 정체성에 있어 아주 부정적인 결과를 가져온다.

　할례의식은 다음과 같은 유형으로 나눌 수 있다. 음핵절제시술(clitoridectomy: 음핵(발기성의 작고 민감한 여성 생식기)의 부분 또는 전체를 제거하는 시술방식

(음핵의 표피(음핵을 둘러싼 피부층)까지 제거하기도 함], 절제술[excision: 음핵과 소음순(질을 둘러싼 음순)의 부분 또는 전체를 제거하는 시술방식], 음부봉쇄시술 [infibulation: 음핵과 인접한 음질을 제거한 후, 대음순을 꿰매어 요도와 질을 덮고 소변과 월경 피가 흘러나갈 작은 구멍만을 남겨놓는 시술방식], 그 외로는 생식기를 쑤시게 하기, 꿰찌르기, 절개하기, 문자나 무늬 새기기, 긁어내기, 인두로 지지기 등의 방식이 있다.

또한 이슬람 국가뿐만 아니라 일부 국가에서도 일어나는 여성인권의 침해에는 조혼이라는 제도가 있다. 물론 이 말이 이상하게 들릴지는 모르나 조혼 제도라기보다 경제적인 이유 때문에 팔려가는 일종의 인신매매라 할 수 있다. 이러한 조혼은 성인을 18세 이상이라고 규정하였을 때 이전에 결혼하는 것을 말하는데 전 세계 여성 중 2014년 기준으로 7억 명을 상회한다고 한다. 더욱 심각한 것은 15세 미만도 2억 5,000만 명이나 된다는 것이다. 아프리카, 서남아시아 등 이슬람 국가들이 대부분이라는 것이다.

조혼의 원인은 이슬람의 법률에 따라 한다는 것이다. "계시자 무함마드가 아이샤의 나이 9세 때 결혼을 하였다."라는 구절이 있어서 이슬람법에 따라 조혼을 정당화하고 있다. 대부분 이슬람 국가인 아프가니스탄, 예멘 등이 여기에 해당된다는 것이며 일부 국가에서는 9세부터 여성은 결혼할 수 있다는 여성 관리 지침까지 내놓은 국가도 있다는 것이다.

그러나 상당수 국가들은 경제력 때문이라는 것이다. 즉 경제적으로 어려운 가정에서 결혼 지참금을 받기 위하여 어린아이들을 강제로 시집 보내는 경우가 많다는 것이다.

방글라데시에는 '마흐르'라는 혼자금제도가 있다. 이러한 제도는 남성이 결혼할 경우 여성의 집에 돈을 지불하고 데려오는 것을 말한다.

이를 증명하는 것은 시리아 사태 이후 이 지역 조혼율(早婚率)이 3배 증가했다는 최근 국제 민간 구호단체 케어(CARE)의 조사 결과로 이 역시 경제적 이유로 설명된다. 생면부지의 27세 남성에게 13세 딸 누르를 시집보낸 부모는 유니세프에 "전쟁이 아니었다면 절대로 그렇게 어린 딸을 결혼시키지 않았겠지만 입 하나를 덜기 위해 딸을 보낼 수밖에 없었다."라고 말했다. 조혼은 상당수 가정폭력과 부부

강간으로 이어지며 교육의 기회도 단절된다. 하지만 명예살인 등 죽음의 위협 탓에 도망치기도 어렵다.

이러한 현상은 탈레반 점령지역인 아프가니스탄 중부지역에서 강제 조혼을 했던 것으로 알려진 아프가니스탄의 한 19세 여성이 도망치다 붙잡혀 돌팔매질을 당하는 동영상이 인터넷에 올라와 논란이 되기도 했다. 이러한 사진은 전 세계의 공분을 샀으며 이에 대한 대책을 강구하기도 하였다.

이러한 결과로 인하여 세계보건기구(WHO)에 따르면 전 세계 15~19세 여성들 7만여 명이 조기 출산으로 인한 합병증으로 사망하며, 이는 이 연령대 여성들의 사인 중 두 번째로 많다. 아이의 생명 역시 위험하다. 18세 미만 산모의 아이는 19세 이상 산모의 아이에 비해 생후 1년 안에 사망할 가능성이 60%나 높다.

조혼은 이른 이혼으로 이어지기도 한다. 아프리카 나미비아의 제테라 카페리는 5세에 결혼했지만 12세에 결국 이혼했고, 풍습에 따라 친부모에게도 돌아갈 수 없었다고 한다.

가난한 나라에서 부모가 돈을 받고 어린 딸을 매매하는 것은 우리나라를 비롯해 많은 국가에서 행해졌던 풍습이다. 예멘과 같은 세계 최빈국에서 조혼이라는 폐습이 없어지기까지 과연 얼마나 많은 시간이 걸릴지 누구도 예측하기 어려운 것이 사실이다. 사회의 굴레와 틀을 깨려는 용기와 노력이 계속 이어진다면 그 시기가 당겨질 수는 있지 않을까 생각한다. 우리나라를 비롯해 전 세계 사람들이 이 소녀들의 외침에 관심을 갖는 것도 그날을 앞당기는 데 보탬이 될 것이다.

위에서 말했듯이 결혼하기 위하여 신부집에 비용을 지불하는 혼자금제도를 '마흐르'라고 했다. 이슬람 국가에서 결혼하는 풍습을 자세히 살펴보면 인권침해의 요소가 많다는 것이다.

이슬람 국가에서 결혼은 선택의 요소가 아니라 의무사항이라는 것이다. 무슬림들은 혼자 살거나 결혼 적령기에 결혼하지 않는 것은 용납되지 않는다고 한다. 이것은 결혼을 통하여 개인의 자아발전이라든가 건전한 가족을 형성하여 바람직한 삶의 질을 영위한다면 매우 건전하고 장려할 사항이지만 단지 육체적인 측면만을 강조하고 자녀를 생산하여 다음 세대로 단순히 이어준다는 측면을 생각하면 오히려 동물의 영속성으로 볼 수밖에 없다는 것이다. 이러한 측면에서 본다면 후자로 볼 수밖에 없다는 것이다.

이슬람 국가들은 결혼할 경우 아크드 니카(Akd Nikkah)라는 결혼 계약서를 작성하는데 말이 결혼 계약서지 성관계를 합법화는 문서로서 볼 수 있다. 다시 말하면 무슬림 결혼 계약은 남성에게 성교할 권리를 보장하고 그의 아내 또는 아내들에 대한 완벽한 통제권을 주는 문서라고 할 수 있다. 또한 그 계약서에는 그녀의 처녀성에 따라 신부의 몸값을 결정하는 내용도 포함된다는 것이다.

결혼 후 첫날밤조차도 여성들은 언제든지 자신이 대체될 수 있다는 불안감으로 보낸다는 것이다. 이를 본다면 여성의 인권은 상상조차도 할 수 없고 오직 남자들의 예속물로 보며 무슨 일이든지 통제권은 남성에게만 있다는 것이다. 이것은 신부의 몸값을 전달해 주는 순간부터 가능한 일이라는 것이다. 이 계약서의 주된 요점은 결혼하는 순간 평생 성관계를 할 수 있다는 의미의 계약이라는 것이다.

여성에 대한 인권의식의 결여는 이슬람에서 아내를 때릴 수 있는 네 가지 이유를 보면 알 수 있다. 첫째, 남편이 원치 않는 복장을 하였을 경우 둘째, 합법적인 이유 없이 남편의 동침의 요구를 거절했을 경우 셋째, 기도하기 위하여 부정한 몸을 씻으라고 하는데 거절했을 경우 넷째, 남편의 허락 없이 외출했을 경우에는 여자를 학대해도 상관없다는 것이다. 이러한 면만 보아도 여성들의 인권은 아랑곳하지 않고 상품으로서 소유권을 인정하는 측면이 더욱 강하다는 것을 알 수 있다.

또한 여성의 이혼도 마찬가지라는 것이다. 결혼할 때 매매적인 행위로 일종의 상품을 구입하여 소유하는 개념이라면 이혼은 이슬람 국가인 방글라데시에서는 딸락(Talak)이라는 용어를 사용한다. 이 말의 의미는 여러 명의 부인 중 한 명을 버리는 행위를 말하며 딸락(Talak)이라는 말을 세 번만 하여도 이혼이 성립된다는 것이다. 따로 이혼서류가 필요가 없다는 것이다. 현대에는 전자메일이나 메시지로 세 번만 딸락이라 하여도 가능하다는 것이다. 이러한 것은 이슬람 율법에도 있다는 것이다.

이는 이혼을 매우 쉽게 할 수 있다는 뜻으로 남성의 일방적인 권리라는 것이다. 남성은 성관계, 다시 말하면 결혼 계약서에 따라 결혼을 하더라도 결혼하였던 몸값을 돌려받지 않는 한 언제든지 결혼을 무효로 할 수 있다는 것이다.

이슬람 국가 결혼제도의 특징 중 하나는 일부다처제(一夫多妻制)를 허용하고 있다는 점이다. 일부다처제는 남성은 여러 명의 여성과 결혼해도 무방하다는 것이다. 농담으로 말하면 남성에게는 희망의 나라이며 여성들에게는 불행의 나라라고 할 수 있다.

일부다처제의 역사는 매우 오래되었다. 과거 농경사회에서는 사람의 숫자가 경제력을 과시하였기에 다산(多産)으로서 농업에 종사하는 것이 아주 유용하였기 때문이다. 과거로부터 관습으로 전해 온 자연스러운 현상이었을 것이다. 즉 능력이 있는 남자로부터 생계와 자신의 안전을 보호받을 수 있는 유일한 수단이었을지도 모른다. 따라서 유능하고 지도력을 가진 족장들의 경우는 아내를 많이 취하는 것이 자신의 권위 및 능력이라 생각하여 여러 명의 아내를 거느리는 것이 당연하였을 것이다. 이러한 행위가 자신의 부를 과시하는 표현이라는 것이다.

과거 우리나라의 경우 축첩 및 일부다처제는 매우 흔한 일이었다. 예를 들면 조선왕조시대에 왕과 양반들은 많은 처를 거느리고 있었다는 것을 역사에서 배웠을 것이다. 조선시대 세종대왕은 28명의 후궁을 거느렸던 것으로 기록되어 있다. 그러나 후궁으로만 기록되었지 사실상 수백 명의 궁녀들도 왕의 소유물로서 언제나 마음만 먹으면 후궁으로 선택할 수 있었다. 양반들도 마찬가지였다. 양반들은 자신이 거느리는 노비들을 첩으로 둘 수 있었다. 거기에서 태어난 자식들을 서자(庶子)라고 하여 계급적으로만 양반이었지 사회적으로 많은 차별을 받았던 것이 사실이다. 서자(庶子)는 첩의 자식이라고 할 수 있다. 이러한 제도는 1950년대까지만 해도 흔한 일이었다.

오늘날에는 이와 같은 일부다처제가 없어지는 추세이지만 아직도 법적으로 허용하는 나라들이 아주 많다. 또한 법적으로 허용되지는 않지만 암암리에 허용되는 나라들까지 합하면 매우 많은 나라가 될 것이다. 2017년을 기준으로 하면 58개국이 허용하고 있는데 지구상의 국가 중 1/4이나 된다는 것이다. 이는 대부분 아프리카 지역이며 일부 동남아시아 및 중앙아시아 국가들이 이에 해당되는데 종교적으로 보면 대부분 이슬람 국가들이라는 것이다.

이러한 이유는 이슬람의 경전인 코란에서는 4명의 아내까지 허용하고 있고 최근에는 이슬람권에서도 대부분 1~2명이지만, 귀족이나 부자들의 경우 4명이 아니라 경제력이 있는 한 많은 수의 아내를 거느린다는 것이다. 즉 경제력이 높을수록 아내를 많이 취할 수 있다는 것이다. 물론 맘먹기에 달렸지만 경제력과 부인의 수는 비례한다고 볼 수 있다.

예를 들어 나이지리아의 이슬람교 모하메드 벨로 아부바카르라는 92세 할아버지의 경우 현지 인터뷰에서 "아내는 97명이며 이혼한 아내도 10명이다. 나의 자식은 현재 185명이 있다."라고 당당하게 밝혔다.

이러한 이유는 이슬람의 경전 코란에서는 일부다처제를 허용하는 구절이 많이 나오는데 "만일 너희가 고아들을 공평하게 대해줄 수 없을 것 같은 두려움이 있다면 결혼을 할 것이니 너희가 마음에 드는 여인으로 둘, 셋, 또는 넷을 취할 것이다. 그러나 그녀들을 공평하게 대해줄 수 없을 것 같은 두려움이 있다면 한 여인이나 아니면 너희 오른손이 소유한 것(노비)을 취할 것이다. 그것이 너희가 부정을 범하지 아니할 최선의 길이다."(꾸란 4:3)

원래 일부다처제는 여러 정복전쟁으로 인하여 남성이 많이 부족하고 여성이 과다한 현상에서 비롯되어 이슬람 국가들이 일부다처제를 받아들였다는 것이며 성비(性比) 불균형을 해소하는 데 많은 도움이 되었다는 것이다.

그러나 이슬람 국가에서 많은 여성을 거느리는 데 있어 하나의 조건이 있다. 그것은 자신의 여러 아내를 대하는 데 있어 공평하게 대하고 편애가 없어야 한다는 것이다. 이러한 공평성이 없다면 일부다처제는 존속할 수 없으며 합법적으로 이혼 조건이 된다는 것이다. 따라서 공평성의 내용에는 상속이라든가, 거주 그리고 공정으로 부양하는 것이다.

아내들 간에 성격 차이나 생각 차이를 가진 경우에는 공평성을 지키기가 어렵지만 다른 아내를 무시하거나 한 아내를 편애해서는 안 된다는 것이다.

이슬람권에 속하여 일부다처제를 실시하는 나라로는 인도, 사우디아라비아, 시리아, 파키스탄, 카타르, 오만, 몰디브, 레바논, 요르단, 쿠웨이트, 이란, 이라크, 브루나이, 인도네시아, 부탄, 방글라데시, 바레인, 아프가니스탄 등이 있다. 이러한 일부다처제는 초기에는 남녀의 불균형을 맞추기에는 효용이 있었으나 문제는 오늘날까지 여성을 상품으로 보거나 혹은 소유물로 보거나, 재산으로 보는 경향으로서 여성의 인권을 격하시키는 인식이 여전히 성행한다는 것이다.

③ 아직도 끝이 보이지 않는 전쟁으로 인한 시리아에서의 인권침해는 어떠한 양상을 보이는가?

시리아아랍공화국은 중동 서아시아에 위치한 국가로서 현재 심한 정치적 내란을 겪는 상태로 친서방 반정부단체 시리아 국민연합이 존재하여 같은 국명을 사용하고 있다. 흔히 우리에게는 시리아(Syria)라고 알려져 있다.

인구는 2천만 명을 웃돌았으나 2011년 정부군과 반군 간의 내전으로 인하여 시리아를 탈출한 국민과 내전으로 사망한 사람이 많아 정확한 추정치가 알려지지 않았다. 이 나라의 수도는 비교적 안정된 지역으로 지중해 해안지역에 있는 다마스쿠스이다.

시리아는 내전이 일어나기 전에는 주위에 있는 나라들에 비해 인지도가 적은 나라였으나 내전 이후 매스컴의 영향으로 정부군과 반군, IS와의 잔혹한 전쟁과 독재자 아사드의 독재정치 등이 알려지면서 세계적으로 주목받는 나라이다.

또 한편으로 유명한 것은 귀여운 애완동물인 골든 햄스터가 포획되어 전 세계에서 길러지게 된 나라로 유명세를 타기 시작하였으며, 미국의 억만장자인 스티브 잡스가 시리아계 사람이라는 것이다. 남녀 모두 미남, 미인이 많다고 소문나 있다. 그들은 남유럽인과 비슷하게 생겼기 때문이다. 즉 남유럽 라틴계 및 그리스인과 외형적으로 비슷하다.

이들은 20세기 초까지 이민의 바람을 타고 중남미로 이주한 사람이 많은 관계로 다른 지역 국가들보다 중남미 지역 국가들과 친한 성향을 보인다. 시리아인의 외형상 모습이 남유럽 사람들과 비슷하여 남미에 적응하는 데 한결 쉬웠을 것이기 때문이다. 그 예를 들면 아르헨티나의 제50대 대통령인 카를로스 메넴(1989~1999)을 배출할 정도로 자리를 잡는 데 어려움이 없었다.

또한 주위 이슬람 국가인 터키나 레바논, 이라크, 요르단, EU, 캐나다 등 해외로의 이민이 급증하여 19세기 후반, 20세기 초반 시기를 훨씬 넘어서는 이민 붐이 불고 있다. 그렇지만 나름대로 사회에 정착한 중남미의 경우와는 달리 유럽권 지역에서 여러모로 차별을 당하거나 비하 대상이 되는 경우가 많으며 이슬람권 국가에서 정착했다 해도 사정이 좋은 건 아니라서 레바논이나 터키, 요르단 등지에서도 저임금 노동자 취급을 받으며 거지나 범죄자, 테러리스트로 비하되는 경우가 많다.

시리아는 주위 국가인 이스라엘과는 상당히 불편한 관계이다. 제1, 2차 중동전쟁으로 이스라엘이 시리아의 골란고원 일대를 빼앗고는 전쟁 후에 반환하지 않아 두 나라의 관계는 매우 심각하다. 이외에도 두 나라는 종교적인 갈등에다 군사요충지라는 골란고원의 반환을 꺼리면서 일촉즉발의 관계를 유지한 상태이다.

골란고원은 물과 곡창지대가 풍부하고 광활하기 때문이고 거기다 이 지역에 이미 10만이 넘는 유대인과 2만여 명의 시리아인이 공존하는데(마즈엘 샴스 지역) 여기서도 이스라엘이 걸핏하면 시리아인을 괴롭히거나 폭격을 통해 그들의 의지를 보인다. 일단 자국민이 엄청나게 많이 사는 만큼 그냥 돌려주긴 껄끄러울 것이다. 그러나 이 지역은 시리아 내전 이후 골치 아픈 지역이 되었다. 난민촌으로 탈바꿈할 정도로 통제가 되지 않는 곳으로 변했다는 것이다. 오히려 그들에게 당할 처지에 이를 지경으로 상황이 변했다는 것이다.

오늘날 가장 시급한 시리아의 당면문제는 어떻게 하면 시리아 내전을 종식시키느냐로 이는 국제사회의 관심거리이다. 이에 대한 해법은 쉽지 않은 복잡한 상황이라는 것이다.

시리아 내전은 2011년 독재자인 바샤르 알사이드 대통령의 폭거에 학생들이 민주화를 요구하는 과정에서 비롯되었다. 당시 중동 및 그 주변 지역은 아랍권을 뒤엎은 민중혁명 여파가 시리아에도 들이닥쳤다. 3월 15일 일부 도시에서 시작된 시민 저항은 3월 24일까지 몇몇 시위가 추가로 벌어져 진압과정에서 5명이 목숨을 잃었는데 이때만 해도 시리아 민주화 운동은 아랍의 봄 가운데서도 아주 작은 일이라 이집트나 튀니지처럼 될 가능성은 여전히 적어 보였다.

당시 아랍과 중동지역은 장기적인 독재로 인한 정부의 부패, 인권의 유린, 빈곤 등의 경제적 문제를 겪는 것이 큰 원인이 되었다. 결정적으로는 빈곤과 식량난, 2007~2008년 사이에 있었던 경제 위기와 식량 가격 폭등 현상이 영향을 미쳤다.

이러한 원인으로 시위를 벌이던 중 정부는 학생들을 체포하여 고문을 가했고, 이 학생들의 석방을 요구하는 시위대에 시리아 정부가 발포하는 등, 과잉진압으로 민주화 시위는 점차 무장투쟁으로 전환되기 시작했다. 정부군의 대처가 더욱 잔인한 것은 2013년 8월에는 시리아 정부군이 다마스쿠스 인근 구타의 교외 지역에 생화학무기인 사린가스 공격을 가해 1,000여 명이 사망하는 최악의 참사가 벌어지기도 한 것이다. 이에 정권 퇴진운동으로 번져 이 시위는 걷잡을 수 없는 양상으로 변모하여 갔다. 설상가상으로 여기에 편승하여 이슬람교의 양 종파인 수니파-시아파 간 종파 갈등, 주변 아랍국 및 서방 등 국제사회의 개입, 미국과 러시아의 국제 대리전 등이 더해져 2020년 현재까지 계속되고 있는 내전이다.

무엇보다도 내전의 양상을 복잡하게 하는 것은 시리아 내전의 경우 다른 아랍 국가들과 다르게 수니파와 시아파 간의 종파 갈등이라 하겠다. 다른 아랍계와 마찬가지로 시리아는 전 인구의 약 80%가 수니파, 즉 시리아 인구 2,200만여 명 중 4분의 3이 수니파임에도 불구하고 모든 정부 요직은 시아파가 장악하고 있었다. 이러한 국내 사정을 이용하여 이란을 위시한 시아파들이 정권의 지원 내지 지지를 표명하였고 그 외 수니파 국가들은 반군들의 정권 타도 및 전복을 위하여 무기와 보급품들을 지원하면서 종교적인 대리전 양상으로 복잡하게 진행되고 있다는 것이다. 설상가상으로 이러한 혼란을 틈타 세력을 키운 급진 수니파 무장단체 이슬람 국가(IS)가 시리아 북부를 점령하면서 정부군, 반정부군, IS 등의 3자가 복잡하게 대치하는 등 나라 전체가 사실상 무정부 상태가 됐다.

국제연합에서도 사실상 전면 내전상태라고 유엔 사무차장을 통하여 공식적으로 인정하고 이어서 국제적십자위원회(ICRC)가 민간인 학살이 자행되는 시리아의 현 상황은 내전으로 볼 수 있다고 밝혔다. 또 ICRC가 시리아를 내전상황으로 판단함에 따라 민간인에 대한 살인, 고문, 강간 등을 명령 또는 자행한 이와 민간인 거주지역에 부적절한 무력을 가한 이들을 국제인도법 위반혐의로 기소할 수 있게 되었다.

이러한 상황에서 미국과 러시아가 각각 2014년과 2015년에 시리아 내전에 개입하는 사태에 이르렀다. 미국과 시리아는 중동에서의 패권을 차지하기 위하여 자국에 유리한 정부군과 반군에 대해 지원하기 시작했던 것이다. 이에 따라 미국은 반군을, 러시아는 정부군을 지원하면서 남의 땅에서 자국의 이익을 추구하기 위하여 대리전 양상으로 확대되었으나 2017년 양국은 휴전 합의에 이르렀고 언제든지 전쟁을 할 수 있는 화약고로 남아 있다. 이 당시 정부군은 생화학무기를 사용하였고 반군들은 이를 보복하기 위하여 59발의 토마호크 크루즈 미사일을 발사했다.

이러한 국제 대리전의 양상으로 시리아는 막대한 피해를 보게 되는데 내전으로 인하여 36만 5천여 명이 사망하였고 수백만 명이 정든 고향을 떠나 난민 지위를 얻기 위해 탈출한 결과로 지금의 인구는 내전이 일어나기 전 인구의 절반밖에되지 않을 것이라고 시리아 내전 감시단체 시리아 인권관측소(SOHR) 등이 집계하였다.

특히 시리아 내전이 수년간 이어지면서 생존을 위해 탈출하는 시리아 난민문제는 전 세계적인 문제가 되기도 했다. 쏟아지는 시리아 난민들을 감당하지 못한 주변국들이 점차 국경을 봉쇄했고, 이에 시리아인은 유럽으로 향하면서 유럽 난민 사태의 원인이 된 것이다. 그러던 중 2015년 9월 터키 보드룸의 한 해수욕장에서 시리아에서 탈출한 세 살배기 난민 아일란 쿠르디의 시신이 발견되면서 국제사회에 난민 위기에 대한 경종을 울리기도 했다.

시리아 내전의 원인으로 인한 인권침해 유형으로는 여러 가지가 있다. 먼저 자유권 대한 침해가 발생하였는데 다수의 수니파들은 소수의 시아파들에게 납치, 고문, 언론의 자유, 정치적인 집회, 결사의 자유를 침해받았다. 자유권은 헌법과 법률에 의하여 보장된 기본법으로서 국가로부터 간섭을 받지 않고 자유롭게 행동할 수 있는 권리를 말한다. 시리아 정부는 반정부 단체에게 이러한 기본권마저도 철저히 제한하거나 배제하였다는 것이다.

또 하나의 침해사례인데 바로 평등권을 침해하였다는 것이다. 평등권이라는 것은 인간은 태어나면서부터 국가, 민족, 사상, 빈부격차, 종교 등에 관계 없이 차별을 받아서는 안 된다는 것을 말한다. 다시 말하면 천부인권으로서 국가나 사회집단으로부터 불평등한 대우를 받지 않을 권리를 말한다.

당시 사회적 약자인 수니파들이 종교적 차이로 인하여 시아파들에게 주요 보직 임명 시 배제되었다고 볼 수 있다.

사회권 측면에서 침해를 받았다는 것이다. 국민이 인간다운 생활을 하는 데 필요한 조건을 충족시키도록 요구할 수 있는 권리가 사회권이라는 것이다. 국가나 정부는 자국의 국민들에게 인간다운 생활을 영위할 수 있도록 적극적으로 보호할 의무가 있음에도 불구하고 시리아 난민들을 시리아 반군으로 뒤집어씌워 오히려 고문 및 학살을 자행하여 왔다는 것이다. 당시의 난민들을 국가가 보호하지 못한 관계로 국적 없이 타국에서 지내야 하며 또한 탈출을 시도하다 해상에서 희생당하였으며 탈출을 감행하더라도 받아주는 곳이나 국가가 없어서 다른 나라에까지 사회적 문제가 되고 있다는 것이다.

이와 같이 시리아 내전문제는 끝이 보이지 않고 있다. 시리아 정부는 누구를 위한 정부인지를 인식해야 하며 그들의 총부리가 어디를 겨누어야 할지를 빨리 파악하여 자국의 국민들이 더 이상 피해를 보지 않도록 하여야 할 것이며 국제사회는 자국의 이익보다도 시리아 국민들이 처한 상황을 빨리 인식하여 그들이 인권의 사각지대에서 빨리 나올 수 있도록 지혜를 모아야 할 때이다.

이제까지 시리아의 현 인권상황이 어떻게 발생하였는지와 그들의 현 상황에 대하여 살펴보았다. 지금부터 시리아 내전으로 인하여 인권을 어떻게 침해하는지를 구체적인 사례를 들어 설명할 것이다.

현재 시리아는 내전으로 인하여 불법감금 및 살해가 많이 자행되고 있다. 따라서 내전 중이라 국민들의 실상을 살펴볼 여유가 없을 것이다. 이러한 틈을 타서 시리아 교도소의 인권침해는 상상을 초월할 정도로 끔찍하게 일어나고 있다는 것이다. 다시 말하면 그들의 왕국이 된 것이다. 사회적 강자에 의해 5년간 희생된 자의 수는 사망자 1만 7천 명에 달한다. 이러함에도 불구하고 시리아 정부는 아무런 대책을 내놓지 않고 있다. 아니 오히려 방관하고 있는 것이다. 왜냐하면 그들이 사회적 강자이기 때문이다. 즉 시리아 정부의 계획적·자의적인 말살정책이라는 것이다.

이에 대하여 교도소의 생존자들은 생생하게 증언을 하고 있다. 세이드나야 교도소는 인간으로서 살아갈 수 없는 공간이 되어버렸다는 것이다. 여기서는 인간들이 굴욕감, 모욕감, 질병, 굶주림으로 인해 고통을 받다 결국에는 죽을 수밖에 없도록 치밀하게 고안된 그들만의 세계였다는 것이다. 교도소의 절망적이고 참혹한 환경은 시리아의 계획된 말살정책의 일환으로, 수감자들에게 고통을 주고자 의도적으로 조성된 공간이었고 정부는 그 계획에 동조하고 있다는 것이다.

시리아 교도소에서 만연한 고문과 부당대우에 시달렸던 수감자들의 끔찍한 경험담이 이번에 발표된 국제앰네스티의 신규 보고서를 통해 공개됐다. 국제앰네스티는 시리아 내전이 발발한 2011년 3월 이후 17,723명이 구금 중 사망한 것으로 추정하고 있는데, 이는 평균적으로 매달 300명 이상이 숨지고 있다는 것이다. 2011년 이전 10년간의 국제앰네스티 통계에 따르면 매년 시리아에서 구금 중 사망한 사람은 평균 약 45명으로, 매달 3~4명이 희생된 것에 비하면 엄청나게 증가하였다고 볼 수 있다.

일단 교도소에 들어오는 순간부터 인권침해는 모든 단계에서 일어난다고 볼 수 있다. 수감자는 오자마자 환영회를 거쳐야 하는데 이는 우리가 생각하는 환영회가 아니라 심한 폭행에 시달려야 한다는 것이다. 폭행이라는 것은 언어의 폭력이 아니라 살인용 무기와 같은 것으로 폭행을 당했다는 것이다.

이곳에 수감되었던 어느 변호사는 "그들은 우리를 짐승처럼 대했다. 가능한 한 가장 인간답지 않은 모습이 되기를 원했다. 피가 강물처럼 흐르는 모습을 봤다. 그들은 바로 그때 그 자리에서 우리를 살해했더라도 아무런 문제가 없었을 것이다."라고 증언했다. 다시 말하면 사람을 사람으로서 대하지 않고 그들도 인간이기를 포기한 채로 수감자들을 짐승처럼 대하였다는 것이다.

다음 단계에서는 보안검사라는 명목 아래 인권침해가 심각히 일어나고 있다는 것이다. 이 과정에서는 여성들의 인권에 관한 피해가 심각하다는 것이다. 원래 보안검사는 불법 휴대물건이 있는지, 그리고 수감자의 건강상태를 체크하는 것이 일반적이다. 그러나 교도관들은 보안검사라는 명목하에 여성들을 성폭행하거나 강간을 일삼는다는 것이다. 이러한 과정에서 불응하는 자에게는 고문과 부당한 대우를 하였고 이를 통하여 자백이나 고급 정보를 획득하기 위해 이루어지고 있으며 고문하는 방법은 '둘라브(dulab)'와 '팔라가(falaga)' 등이 있다. 수감자의 신체를 타이어에 강제로 구겨 넣는 것을 '둘라브(dulab)'라 하고 발바닥에 채찍질을 가하는 것이 '팔라가(falaga)'이다. 그리고 '샤베흐(shabeh)'라는 것이 있는데 두 손목을 묶인 채로 매달린 상태에서 구타당하는 것을 말한다.

이것 말고도 더 잔인한 방법으로는 수감자의 몸에 오줌을 누거나, 수감자 배 위에 전기고문, 집게로 발톱 뽑기, 강간, 성폭행, 화상 입히기, 담뱃불 지지기, '샤베흐(shabeh)' 자세(손목으로 매달려 있는 형태)로 구금되어 있었으며 폭행과 과다한 수감인원, 식사 및 의료시설 부족, 위생시설의 열악함 등으로 고생하였다고 증언하고 있다. 이러한 수감시설은 전국에 걸쳐 27개가 존재한다고 한다. 이러한 시설에서는 국제법상 금지되어 있는 행위도 서슴없이 자행된다. 여성은 물론 심지어 어린아이에게까지 자행한다는 것이다. 이는 국제인권단체 휴먼라이츠워치(HRW)가 200여 명을 인터뷰해 발표한 보고서의 내용들이며 이 보고서를 토대로 하여 세계 각국에 고문 관련자들을 국제형사재판소(ICC)에 넘길 수 있도록 유엔안전보장이사회를 압박하라고 주문했다. 시리아에 우호적인 러시아와 중국 정부에도 시리아 정부와의 무기 거래를 중단하고 반인륜적 폭력행위를 규탄하라고 촉구했다. 이는 살인을 방조하고 인권을 무시하는 행위인 것이다. 자국의 이익을 위해 타국의 인권을 침해하는 행위는 자제하라는 것이다. 인간이 살아가는 데 있어 많은 가치가 존재하지만 그러한 가치를 추구하기 위해서는 인간의 가장 기본권인 인권이 최우선이라는 것이다.

 아직도 갈 길이 멀지만 현대사회에서 이슬람 국가의 여성 인권은 어느 정도 수준으로 향상되었는가?

위에서 시리아 내전 동안 실제로 있었던 인권침해 사례를 살펴보았는데 여성과 어린아이들 그리고 무고한 시민들이 얼마나 인권을 침해당했는지를 실감할 수 있었다. 이것이 오늘날의 현실이다. 그러나 전쟁상황이라고 했을 경우라고 생각하며 그래도 과거보다 현재는 많이 향상되고 있다는 것이다.

이슬람교에서는 여성의 신체를 신성시하기 때문에 여성은 얼굴 외에는 신체를 드러내지 못하도록 하고 있다. 이는 이슬람 종교의 교리이며 이는 오히려 여성을 보호하고 있다는 것이다. 물론 종교적이라는 해석에 관여하면 안 되지만 그것을 강요해서는 안 된다는 것이다. 일부 이슬람 국가에서는 상황에 따른 선택적 사항으로 많이 완화되고 있지만 그렇지 못하고 종교적 이유로 오히려 인권을 침해하는 경우가 많다는 것이다. 특히 이란, 사우디아라비아, 아프가니스탄 등 3개국은 8세 이상의 여성에게 차도르 착용을 의무화하고 있다. 여성에게만 굳이 이처럼 복장을 제한하는 것은 분명 남녀 차별은 물론이고 인권침해 요소가 있다. 테헤란의 한 여성 공무원은 "차도르 착용을 강요하는 것은 각자가 가진 표현의 자유와 신체의 자유 그리고 행복을 추구하는 자유를 침해하는 것"이라며 강하게 불만을 털어놓았다.

그러나 이슬람권 국가의 공식적인 해석은 "차도르 착용은 문화적 관습에 따른 것일 뿐 여성 인권 탄압과는 다르다"라는 것이며 이를 종교적 차원으로 해석해야 한다는 것이다. 여성의 취업과 교육 등 사회활동을 촉진하기 위해 만들어진 이란의 대통령 직속기구, 여성 참여센터의 고위 관계자들은 이 같은 견해를 보였다. 이란의 중장년층 여성도 대부분 "신성한 여체를 드러내지 않는 것은 지극히 당연한 일"이라며 차도르 착용의 정당성을 옹호했다.

그렇지만 이집트 등 상당수의 이슬람 국가에서는 여성의 차도르 착용 관습이 이미 깨어진 지 오래다. 복장뿐만 아니라 참정권은 물론 정치활동, 이혼 요구권, 운전, 운동 관람 등 각 방면에서 여성의 자유를 적극 보장하는 추세이다. 특히 사우디아라비아는 월드컵 예선경기를 2019년에 허용하기로 방침을 세웠다. 이는 해외에서 교육받은 여성이 늘고 있는 데다 모하마드 하타미 이란 대통령, 모하메드 6세 모로코 국왕, 압둘라 2세 요르단 국왕 등 서구에서 교육받은 지도자가 대거 등장해 개혁개방정책을 강력히 추진함으로써 이슬람 국가의 여권(女權) 바람은 더욱 거세지고 있다. CNN을 비롯한 외국의 위성방송과 인터넷의 보급은 은연중에 개방과 변화의 압력을 가하고 있다.

이슬람권 여성을 상징해 온 차도르만 해도 90년대 이후 상당수의 국가에서 강요가 아닌 선택으로 바뀌고 있다. 착용이 의무화된 나라에서도 온몸을 감싸는 검은 망토 스타일의 전통차림은 화려한 색상의 스카프형 약식 차도르인 '헤자브'로 바뀌고 있다. 이집트의 카이로 대학 캠퍼스 내를 오가는 여학생 가운데 차도르 차림을 한 학생은 거의 찾아보기 어려웠다. 그나마 스카프로 머리를 가리는 시늉만 한 경우도 많지 않았다.

이슬람 국가에서 행해져 온 '명예살인'도 국제인권단체의 거센 항의와 교육 수준 향상으로 점차 사라지고 있다. 명예살인이란 부정을 저지른 여성을 가문의 수치라 하여 가족이 살해해도 처벌하지 않는 구시대의 관습이라는 것이다. 아직도 요르단에서는 매년 25건, 이집트에서는 50건, 예멘에서는 400건 정도가 발생한 것으로 알려졌다. 2013년 요르단 수도 암만의 국회의사당 앞에서는 명예살인에 반대하는 대규모 시위가 벌어졌다. 어린 여학생들까지 참가한 시위대는 "여성 없이 남성 없다. 명예살인 타파하라"라는 구호를 외쳐 댔다. 시위에 참석한 한 택시 운전사는 "명예살인을 저지른 범인에게 6개월에서 1년형 정도의 가벼운 선고가 내려진다."면서 "여성의 희생을 조장하는 악법은 철폐돼야 한다."라고 말했다.

바레인의 의회 '슈라'에는 4명의 여성의원이 있다. 바레인 사상 첫 여성의원이된 마리암 알 잘라마 박사는 "바레인은 1932년 아랍 이슬람 국가 중 가장 먼저여성의 학교 입학을 허용했으며 현재 남녀 간의 임금 격차도 거의 없다"고 말했다. 보수적인 이슬람 왕정국가 사우디아라비아도 변화의 물결을 타고 있다. 사우디아라비아는 99년 말 여성에게도 '주민등록증'을 발급했으며 79년 유엔이 제정한 '여성차별 철폐조약(CEDAW)'에 가입했다.

이슬람권의 많은 나라에서 여성은 교육과 취업, 정치 참여에서 차별을 받는다. 사우디아라비아 여성들은 지방선거에서 투표할 권리조차 없다. 세계에서 유일하게 여성이 운전을 할 수 없는 국가로 알려졌던 사우디아라비아는 2017년 9월 26일왕령으로 여성의 운전 허용을 발표했다. 다만 여성 운전에 몇 가지 조건을 걸었는데 먼저 여성 운전자의 나이가 30세 이상일 것, 차량 소유주의 승인이 있을 것, 여성 운전면허증을 취득할 것이 그 조건이다. 또한 시내에서만 운전이 가능하며정해진 허용시간 내에서 운전할 수 있도록 했다. 물론 조건이라는 단서를 제공하였지만 괄목할 만한 변화라는 것이 사실이다. 과거에는 여성들이 축구장에서 관람하는 것은 생각지도 못할 일이었지만 2019년에 허용했다는 것은 변화의 바람이서서히 인간에게 다가가고 있다는 증거라고 볼 수 있다. 그동안 사우디아라비아의여성 운전 금지는 종교적, 법적인 근거가 있는 것은 아니었지만 폐쇄적이며 남성위주의 사회 분위기 속에서 형성된 문화였다.

프랑스의 식민 지배 탓으로 여성 정책이 개방적인 모로코에서는 최근 여성의사회적 진출이 두드러진다. 최근 2~3년 사이에 대부분의 고등학교가 남녀 공학으로 바뀌었고 여성의 상속 및 이혼 요구가 잇따르고 있다. 그렇지만 아직 의회가이혼법과 가족법 개정을 거부하고 있어 카사블랑카를 중심으로 여성의 지위 향상을 요구하는 시위가 자주 열리고 있다.

　　이슬람권의 세계관은 매우 복잡한 양상을 나타내고 있다. 다시 말하면 이슬람이 도입되기 전과 후의 사상이 혼재되어 있다고 볼 수 있다. 우상숭배, 전통관습, 사물을 보는 관점, 이슬람적인 세계관 등이 한데 어우러진 양상이라는 것이다. 이슬람이 전파된 이전의 사상들이 이슬람의 종교적 해석 아래 복잡하게 이루어져 인간의 권리, 즉 여성의 권리를 침해하거나 배제시키고 있다는 것이다.

　　아프리카 전역에서는 현재 매년 이슬람교도가 증가하고 있으며 세계에서 가장 활발하게 이슬람화되고 있다. 그러나 아직 이슬람에서 여성의 위치와 여성관은 오랜 세월 동안 차별받아 왔고, 인권을 보장받지 못한 삶을 살아왔다. 이슬람국가에서 행해져 온 '명예살인'은 국제인권단체에서 계속 거센 항의와 교육을 하고 있지만, 아직 완전히 없애진 못했다. 왜냐하면 이슬람 사회는 너무나 종교적인 교리에 집착하여 개방으로 나서기를 꺼리기 때문이라는 것이다. 물론 국민성도 좌우되지만 실질적으로 종교의 폐쇄성 때문이라는 것이다.

　　현재 이슬람 국가에서도 변화가 점진적으로 일어나고 있으나 고립과 폐쇄된 분위기인 사회에서는 히잡, 차도르, 명예살인, 여성 할례, 조혼, 결혼 그리고 여성학대 등과 같은 행위들이 악습으로 유지되고 있는 것 같다.

　　이러한 문제를 해결하기 위해 인권침해사례를 국제사회 및 여론을 통하여 확산시켜야 하며 종교지도자들은 세계화에 발맞추어 신축적인 종교활동으로 전화시킬 필요가 있다는 것이다. 이러한 것들을 위하여 정치지도자들은 현대적 감각에 맞지 않는 구시대의 법, 문화, 관습들을 없애거나 개정하고 국민들은 바른 변화를 위하여 적극적인 권리행사를 해야 할 것이다. 권리는 누가 가져다주지 않는다. 스스로 찾아가는 것이 스스로의 권리를 지키는 것임을 명심해야 한다. 이것이 인권의 역사라는 것이다.

　　다시 말하면 이슬람 국가들의 인권에 대한 개선은 시대적 의무이며 권력집단, 집권세력의 오만과 독선으로부터 빨리 벗어나 천부적이고 기본적인 인권을 보호받을 수 있도록 하는 것이 선택이 아니라 의무라는 것을 빨리 인식해야 할 것이다.

제 **12** 장

영국과 프랑스 그리고 서유럽
국가들의 인권은 어떻게
진행되고 있는가?

영국 인권의 발전과정은 어떠한가?

영국은 특이하게도 모든 법률이 불문법으로 되어 있는 몇 안 되는 나라 중 하나이다. 우리와 미국 그리고 일본과 같이 법으로 명확히 규정되어 있는 것이 아니라 헌법적 규범이 주로 관습법과 관습에 따라 구성되어 있다는 것이다. 다시 말하면 관습에 근거하여 성립된 법으로 이것이 되기 위해서는 관습이 존재하며, 그 관습이 규범이 되어야 하며, 국가가 이것을 법으로 인정하는 절차가 필요하다. 영국의 헌법은 대부분 관습법이라 할 수 있다.

그러나 각국의 헌법이 성문으로 규정하고 있는 권력의 분립이라든지 기본적 인권의 보장 등은 1215년의 마그나카르타(대헌장), 1628년의 권리청원, 1679년의 인신보호법, 1689년의 권리장전 등에 의하여 오랜 역사의 발전 속에서 확립되었다.

또 의회제는 중세의 귀족회의에서 시작되어 오랜 세월에 걸쳐 관행을 쌓아, 국왕의 거부권을 소멸시키고 내각의 지위와 권한 등을 확립하였다. 또 법관의 지위는 의회로부터 완전히 독립되어 있으며, 정식의 동의가 없이는 의회가 법관을 비판하는 것조차 허용되지 않았다. 법관은 오랜 역사의 과정에서 국민의 권리를 보호하는 판례를 많이 남겼는데, 이들 판례는 실질적으로 헌법의 일부를 형성하고 있다. 그러나 다른 나라의 성문헌법이 규정하고 있는 사항을 영국에서는 단독법으로 규정하고 있다. 예컨대, 상원에 대한 하원의 우위를 규정한 국회법이 그것이다. 그러나 이들 법률은 통일된 법전으로 제정, 편찬되어 있는 것은 아니다.

이와 같은 영국의 헌법에는 다음과 같은 두 가지 원리가 관철되고 있다. 하나는 국회는 어떠한 법률이라도 제정할 수 있고, 또 어떠한 법률이라도 폐지할 수 있다는 '국회 주권'의 원리이고, 다른 하나는 보통의 법원이 운용하는 법률이 우위를 차지한다는 '법의 지배' 원리이다.

영국에서 기본적 인권의 보장 등을 명세한 최초의 문서는 마그나카르타(the Great Charter of Freedoms, 大憲章, 1215)이다. 이는 대헌장이라고도 알려졌는데 이것은 일종의 계약서로 볼 수 있다. 왜냐하면 1215년 영국 왕의 횡포에 의해 귀족들이 왕의 권한을 나누는 일종의 계약서라는 것이다.

영국의 국왕인 존 왕(John, King of England)은 프랑스와의 전쟁에서 패한 뒤 국가 재정의 부족에 대한 해결책으로 귀족들에게 강제로 세금을 부과하자 이에 대한 반발로 일어나 국왕을 협박하여 국왕의 권력을 제한하는 각서의 일종이라는 것이다. 국왕이 생명의 위협을 느낀 나머지 귀족들에게 굴복하여 만들어진 문서로서 존왕은 템스 강변의 러니미드(Runnymede)평원에서 진을 치고 있던 귀족들에게 마그나카르타에 서명을 하며 사건은 일단락되었다.

'마그나카르타'를 단순한 계약서로 볼 수는 없다. 마그나카르타는 왕의 절대 권력을 제한함으로써 향후 권력에 대한 새로운 시각을 가지게 하였으며 명예혁명과 산업혁명을 거치면서 권력의 이동에 막대한 영향을 끼친 영국 최초의 권력 나눔에 대한 문서라고 볼 수 있다.

당시 무한하고 신적인 왕권에 대항하여 귀족들이 반기를 든 사건으로 이전에는 감히 상상도 할 수 없었다는 것이다. 이런 사건은 십자군 전쟁으로 인한 교황이나 왕의 권력은 이전 시대까지보다도 많이 무력화되기 시작하였다는 것을 의미한다는 것이다. 아무리 절대적인 권력을 가진 왕이라도 민심을 거스르면 언제든지 권력에 대항하는 세력이 존재한다는 것을 깨닫게 해주는 일종의 대사건이었다. 이러한 의미로 마그나카르타는 세계기록유산으로 등재되어 있으며 실존하는 문서는 대헌장의 초기 필사본이다.

마그나카르타의 내용 자체는 관습법적이고 관례적으로 내려오던 사항들을 문서로 옮긴 것에 불과하다. 대강의 내용을 살펴보면 다음과 같다.

첫째, 교회는 국왕으로부터 자유롭다는 것이다. 둘째, 국왕은 세금 징수 시 반드시 귀족이 참여한 '대의회'를 소집해야 하며 귀족과 국민의 동의를 구해야 한다. 이것은 왕의 명령만으로는 함부로 세금을 거둬들여서는 안 된다는 것으로 왕의 절대 권력을 제한한다는 것이다. 셋째, 잉글랜드의 자유민은 법이나 재판을 통하지 않고서는 자유, 생명, 재산을 침해받을 수 없다. 이 조항은 인신보호를 위한 영장주의의 시초가 되어 전 세계 민주주의 국가의 헌법에 큰 영향을 미쳤다. 여기서 처음으로 자유민의 인권에 대한 권리가 언급되는데 이때 자유민이라는 것은 우리가 알고 있는 모든 사람을 포함하는 것이 아니라 대다수의 농노는 여기에 해당되지 않았고 시민계층을 말하기 때문에 만민을 위한 계약은 아니라는 것이다.

그 밖에 여성의 상속권 인정과 강제로 재혼하지 않을 권리를 명시하는 등 여성의 권리 신장을 위한 조항도 몇몇 있었다. 자유민은 합법적인 재판이나 국법에 의하지 않고는 체포 또는 구금, 추방, 재산 몰수, 공권박탈 등 어떠한 방법으로도 자유권을 침해당하지 않는다.

이 문서는 왕은 절대적 권력이 아니라 모든 것에 있어 법적 절차에 따른 권력을 행사할 것을 주문하고 있다. 또한 이 문서는 보편적인 권리로는 무모한 점이 있었다. 귀족계급의 이익을 위하여 계약서를 작성하였기에 귀족의 권리가 우선하기 때문이다. 또한 이 문서는 17세기 들어 왕권에 대한 권리 투쟁에 있어서 그 기초를 마련하였다는 데서 의의를 찾아볼 수 있다.

둘째, 권리청원(1628)이다. 권리청원(權利請願, Petition of Rights)은 영국 의회가 왕의 잦은 전쟁으로 인하여 그 비용을 국민에게 강제로 부과하려는 것을 의회의 반발로 무산시킨 것이다. 당시 왕의 횡포에, 즉 전쟁비용 강제 기부나, 상납금에 의하여 세금을 거둬들이자 의회가 국왕에게 청원 형식을 빌려 국민의 자유를 보장하기 위한 권리선언을 한 것이 '권리청원'이다. 다시 말하면 1928년 영국 국왕이 전쟁으로 인한 재정 확보의 필요성을 인식하고 특별세 명목으로 세금을 부과하고자 의회를 소집하자 의회는 찰스 1세의 폭정을 바로잡을 기회로 여겨 국왕에게 줄 요구서를 청원서 형식을 취하여 만든 것이라 할 수 있다.

'권리청원'의 내용은 다음과 같다. ① 그 누구도 법률에 의하지 않고 함부로 구속되거나 구금되지 않는다. ② 국민은 군법에서 제외되며 군법에 의해 재판할 수 없다는 것이다. ③ 군인은 강제로 민간인의 집에 머무를 수 없으며 절대 민간인에게 피해를 주어서는 안 된다. ④ 평화 시에는 계엄령을 선포할 수 없다. ⑤ 세금은 의회의 동의를 받아야 한다는 것이다. 이로써 청원의 형식이지만 절대적인 왕권에 맞서 의회 의원들이 일으킨 혁명이라 볼 수 있으며 이는 사람은 태어나면서부터 기본적으로 보장된 권리를 가진다는 자연권 사상에 힘입어 권리청원이라는 형식을 통해 문서로써 영국 왕(찰스 1세)으로부터 승인받게 된 것이다. 이 청원서는 이전의 '마그나카르타'와 후에 만들어진 '권리장전'과 더불어 영국 헌법의 기초가 되었다. 이 권리청원이 갖는 의미는 국민들의 종교, 신체 그리고 언론의 자유를 보장하는 것을 문서로 만들어 놓았다는 것이다.

셋째, 위와 같은 국민의 권리를 문서로 한 '권리청원'을 기초로 하여 국민들에게는 불법체포와 구금 그리고 신체적 자유에 대한 법령이 제정되었는데 이것이 1679년에 만든 인신보호법(인신보호율이라고도 함. 人身保護律, Habeas Corpus Act)이다.

인신보호법(1679)은 아버지 찰스 1세의 후계인 찰스 2세가 의회를 무시하는 절대적인 권력을 행사하는 것에 반발하여 제정된 법률이다. 그 당시 왕정복고(王政復古)로 인하여 추대된 찰스 2세는 의회를 무시하고 가톨릭을 부활시키려 함으로써 전제정치를 폈으나 의회의 반발에 부딪혔다. 이에 대항한 것이 인신보호법인데 내용은 다음과 같다.

① 체포된 사람과 그 친지는 법원에 인신보호령을 내려 체포자를 제한된 기간 내에 법원으로 송치해야 한다는 것이다. 이는 불법적으로 오랜 기간 신체의 자유를 훼손해서는 안 되며 불법을 하지 않을 것을 정하는 것으로 절대군주라도 이를 엄격히 준수해야 한다는 것이다. 이에 관한 법률은 현재 우리나라 및 여러 나라에서도 시행하는 법률이다. ② 법원은 체포된 자를 일정 기간 내에 빠르게 심사해야 하며 심사에 부적합할 경우는 즉시 석방해야 하고, 적합할 경우는 기간 내에 심사하지 못할 경우 보석이나 구금을 해제해야 한다는 것이다. ③ 석방자가 같은 죄를 저질렀을 경우 다시 감금할 수 없다. ④ 영국 국민을 외국으로 보내 구금할 수 없다고 되어 있다. 이는 불법구금을 개인의 인권 차원에서 철저히 방지해야 하며 법절차에 따라 행하되 권력에 의해 자의적으로 행해서는 안 된다는 것이다. 이는 왕권 보호를 위한 절대 권력의 전횡을 방지하고자 하는 측면이 있다. 이러한 요소들을 살펴볼 때 매우 현대적인 의미가 포함되어 있다고 볼 수 있으며 영국 헌법의 기초가 될 만하다는 것이다.

넷째, 권리장전(權利章典, Bill of Rights, 1689)으로, 왕정복고를 통한 찰스 2세가 후임 왕을 선출하는 과정에서 일어난 왕위 계승권이 발단이 되었다. 찰스 2세는 아들이 없어서 후임으로 거론된 찰스의 동생 제임스를 지지하는 토리당과 반대하는 휘그당 사이에 일어난 마찰로 영국은 극심한 혼란에 빠져들었다. 결국 제임스 2세가 왕위에 올랐으나 그의 정치적인 횡포와 전제정치 그리고 로마 가톨릭 신앙으로 복고하려는 움직임을 간파한 의회에서 그를 제거하려 하자 외국으로 도

피하였다. 이를 명예혁명이라고 한다. 이로 인하여 윌리엄 3세를 국왕으로 추대하면서 그의 승인을 받아 제정한 법이 1689년의 권리장전이라 할 수 있다.

'권리장전'은 국민의 자유와 권리를 선언하고 왕권을 제한하고 의회의 권한을 강화한 법률로서 가치가 있고 왕권과 의회의 싸움에서 의회가 승리하여 국민들의 인권보호를 강조하였다. 이 과정에서 양측은 아무런 희생이 없다고 하여 명예혁명이라 한다. 즉 명예혁명의 결과로 생겨난 법률이 권리장전이다.

'권리장전'의 내용은 다음과 같다. ① 제임스 2세의 불법행위를 열거한 뒤 의회의 동의 없이 법률의 제정이나 금전의 징수 및 상비군의 유지를 금지한다. ② 개인의 권리를 강조하는 선거 및 언론의 자유, 잔인한 형벌의 금지, 의회를 자주 소집할 것 등을 규정하는 두 가지 원칙이 주된 내용이다. 따라서 '권리장전'의 의의는 의회정치의 근간이 되었으며, 왕권을 약화 내지 종식시켰다는 것에 있으며 나중에 세계사를 뒤흔드는 미국 독립선언문이나 프랑스 혁명사상에 많은 영향을 미쳤다.

다음은 '권리장전'의 내용이다.

---

1. 의회의 동의 없이 왕권에 의해 법률이나 법률의 집행을 정지시키는 사이비 권한은 불법이다.

2. 최근에 권한을 독점하고 행사했던 바처럼, 왕권에 의해 법률이나 법률 집행을 무기력하게 만드는 사이비 권한은 불법이다.

3. 최근에 종무 위원회 재판소를 설립하기 위해 발행된 위임장을 포함하여 그와 유사한 성격을 띤 모든 위임장과 재판소는 불법이며 유해하다.

4. 의회의 승인 없이 대권을 빙자하여 의회가 이미 승인했거나 향후 승인할 내용과 달리 기간을 연장하거나 편법을 써서 왕권을 행사하기 위한 돈을 거두어들이는 행위는 불법이다.

5. 모든 신민은 국왕에게 청원할 권리가 있으며, 그러한 청원 사실을 구실로 삼아 수감하고 기소하는 조치는 불법이다.

6. 의회의 동의 없이 평화 시에 국내에서 상비군을 징집하고 유지하는 조치는 불법이다.

7. 신교를 믿는 신민은 상황에 따라 법률이 허용하는 범위 내에서 자기방어를 위해 무장할 수 있다.

8. 의회의 의원을 뽑는 선거는 자유롭게 실시되어야 한다.

9. 의회에서 진행된 발언과 토론이나 절차는 재판소나 의회를 벗어난 곳에서 책임을 묻거나 문제삼으면 안 된다.

10. 지나친 보석금이 요구되면 안 될 뿐만 아니라, 지나친 벌금이 부과되어서도 안 되고, 잔혹하고 상식에서 벗어난 형벌이 가해져도 안 된다.

11. 배심원은 정당한 방법으로 선출되어야 하고, 대역죄로 기소된 자를 심리하는 배심원은 토지의 자유 보유권자여야 한다.

12. 유죄 판결 이전에 특정인에게 부과되는 벌금과 몰수를 인정하고 보장하는 조치는 불법이며 무효이다.

13. 모든 요구사항을 처리하고 법률을 수정·보강·유지하기 위해, 의회는 자주 소집되어야 한다.

위의 내용을 보면 제임스 2세가 왕권을 강화하기 위해 행한 불법행위들에 대한 법률과 의회제도의 막강한 권한이 주된 내용으로 의회제도의 근간이 된다고 볼 수 있다.

 ## 세계 정치사를 뒤흔든 프랑스 혁명(Révolution française)은 어떤 혁명일까?

영국에서 권리청원, 인신보호법, 권리장전 등으로 개인의 자유와 인권에 관심을 가지고 국민의 의식이 고조되는 가운데 대륙에서는 인류 정치사에 획기적인 사건이 일어나고 있었다. 그러한 사건이 개인의 자유와 평등 그리고 정의를 주장한 프랑스 혁명이었다. 이러한 혁명은 인류사에 있어 커다란 변혁이었다. 프랑스 혁명은 봉건제를 타파하고 시민사회로 가고자 하는 열망이었다.

프랑스 혁명이 발생한 원인은 다음과 같다. 당시 경제성장으로 인하여 부르주아지 계급이 더욱 확고한 자리를 잡게 되었다. 부르주아지(bourgeoisie)는 원래 성안 사람이란 뜻이었으나 오늘날에는 유산시민(有産市民), 즉 자본가 계급을 뜻한다. 다시 말하면 '성(城)'을 뜻하는 bourg에서 유래되므로 부를 축적한 사람만이 성안에 살 수 있다는 의미로 해석된다. 이 말의 반대말은 무산자(無産者)이며 성 밖의 사람, 즉 안전이 보장되지 못하며 척박하고 부를 축적하지 못한 사람을 뜻하는 프롤레타리아(Proletarier)를 의미한다.

이러한 계급의 성장으로 혜택을 본 귀족계급은 봉건귀족의 약화를 도모한 결과 절대군주의 힘은 더욱 강화되었다. 이는 부르주아지 계급의 성장과 봉건주의적 귀족계급은 서로의 힘이 균형을 이루어 서로가 팽팽하게 맞설 때 그 힘을 조종하는 절대군주의 힘이 필요했기 때문으로 권력이 더욱 막강해졌다는 것이다. 이러한 사회적 상황을 '앙시앵 레짐(Ancien régime)'이라 하는데 즉 절대군주하에서 봉건주의적 권리를 놓지 않기 위하여 안간힘을 쓰는 상황이 되었기 때문이다.

이러한 상황에서 프랑스는 여러 가지 문제에 봉착하는데 첫째는 경제적 재정난에 직면한 것이다. 당시 프랑스는 왕들의 사치로 인하여 막대한 국고를 탕진한 상태가 되고 있었다. 물론 왕족들의 부패와 사치 그리고 궁전과 같은 거대한 건축비로 인한 이유도 있었지만 당시 대륙 저편 미국이 독립전쟁에 직면한 상황이었다. 당시 프랑스는 미국을 도와 독립전쟁에 참전함으로써 막대한 자금을 쏟아부은 상태였다. 따라서 프랑스 수입의 4배가 되는 천문학적 경비 지출이 원인이었다.

당시 루이 16세는 이 문제를 해결하기 위하여 세금을 징수하였으나 문제가 해결되지 않았다. 왜냐하면 프랑스는 당시 신분제를 유지하였으므로 국토의 약 40%를 차지하고도 세금을 내지 않는 1, 2신분들이 있었기 때문이다. 이들의 신분은 성직자와 귀족계급이며 성직자들은 세금을 면제하여 주었으며 귀족계급들은 편법을 사용하여 세금을 내지 않으려고 애썼기 때문이다. 루이 16세가 삼부회를 소집하여 세금을 징수하려 하자 당시의 투표방식이 불공정하여 세금을 더 낼 처지에 몰린 평민계급들은 쁘므(La paum, 손바닥이라는 뜻)에 모여 선언을 하는데 이것이 유명한 '테니스코트의 선서'라는 것이다. 이에 대해 루이 16세가 군대를 동원하여 강제해산을 도모하자 성직자, 귀족 일부, 평민계급들이 국민회의를 만들어 무력시위를 하는 상황에 직면하게 되었다.

또한 평민들의 경제적 상황도 여의치 않았다. 경제성장으로 인한 물가 상승으로 도시와 농촌 간 빈부의 격차는 심화되고 이로 인하여 서민층의 고통은 날로 피폐해지는 상황이었다. 게다가 기상악화가 이어져 휴작하게 되자 식량부족으로 인한 불황과 곡물가격 상승, 물가 상승으로 경제적 악화는 가중되었다. 이러한 가운데 불평등의 문제가 발생하던 시기에 직면하였다.

다시 말하면 부르주아지의 계급적 분화가 일어나 상층 부르주아지는 호화로운 생활을 했던 반면 중소 상인, 길드의 우두머리, 소생산자 등의 하층 부르주아지는 어려운 형편이었다. 제3신분과 프랑스 전체 인구의 대부분인 농민은 거의가 영세농이었고, 18세기 말엽에는 날품팔이로 전락하는 소작농이 늘어나고 있었다.

당시 유럽에는 계몽사상이 널리 퍼지던 상황이었다. 계몽사상은 전통적인 인간관에 도전하는 새로운 인간관의 등장으로 인간의 이성을 강조하는 사상이라 할 수 있다. 계몽사상의 핵심은 이성 중심이며, 이성의 힘에 의해 인간은 우주를 이해하고 자신의 상황을 개선할 수 있다는 것이다. 또 지식, 자유, 행복이 합리적 인간의 목표라고 보았다. 이는 인간 중심사상이라 할 수 있다. 다시 말하면 모든 분야는 자신의 능력에 따라 자유롭게 획득해야 한다는 사상이 유럽에 팽배하던 합리적 사상이 지배하던 시기였다.

이러한 와중에 루이 16세가 군대를 동원해 국민회를 무력으로 진압하자 이를 견디지 못한 시민계급들이 바스티유 감옥을 습격하여 프랑스를 새로운 시대로 이끈 프랑스 혁명이 발발하였던 것이다.

따라서 프랑스 혁명은 초기에 "짐이 곧 국가다."라는 데서 출발하여 "인간은 자유롭게 태어났으나 가는 곳마다 쇠사슬에 묶여 있다."라는 반발로 인하여 시민계급들이 봉기를 일으켰다. 다시 말하면 절대 권력을 타파하고 인간은 자연상태로 돌아가야 하며 이를 위해 국가와 개인은 계약상태로 옮겨가야 한다는 것으로 국가와 개인은 권력의 조화를 이루어야 한다는 루소의 『사회계약론』의 영향으로 시민들은 바스티유 감옥을 습격하여 대혁명의 불길을 피웠다. 세계사에서 처음으로 시민이 권력의 대이동을 주도한 혁명이었다. 이러한 사상과 혁명에 힘을 얻어 1789년 8월 26에 국민회의는 국민이 누려야 할 권리에 대하여 인간과 시민의 권리에 대한 선언으로 프랑스 인권선언이 탄생하게 된 것이다.

프랑스 인권선언은 "모든 인간은 자유롭고 평등한 권리를 가지고 태어났고 나라의 주권은 국민에게 있다."라고 명시하여 민주주의의 윤리를 세우는 데 기초가 된 선언서였다. 프랑스 인권선언의 내용은 다음과 같다.

제1조

인간은 자유롭고 평등한 권리를 지니고 태어나서 살아간다. 사회적 차별은 오로지 공공 이익에 근거할 경우에만 허용될 수 있다.

제2조

모든 정치적 결사의 목적은 인간이 지닌 소멸될 수 없는 자연권을 보전하는 데 있다. 이러한 권리는 자유권과 재산권 및 신체 안전에 대한 권리와 억압에 대한 저항권이다.

제3조

모든 주권의 원리는 본질적으로 국민에게 있다. 어떤 단체나 개인도 국민으로부터 직접 나오지 않는 한 어떤 권력도 행사할 수 없다.

제4조

자유는 타인을 해치지 않는 한 모든 행위를 할 수 있는 것을 의미한다. 따라서 각자의 자연권 행사는 다른 사회구성원에게도 동등한 권리를 보장해 주어야 할 경우 말고는 어떤 제약도 받지 않는다. 이러한 제약은 오로지 법에 의해서만 결정될 수 있다.

제5조

법은 사회에 해로운 행위에 한해서만 금지할 수 있다. 법으로 금지되지 않은 어떤 행위도 막아서는 안 되며, 누구도 법으로 규정되지 않은 행위를 하도록 강요받아서는 안 된다.

제6조

법은 일반의지의 표현이다. 모든 시민에게는 직접 또는 대표자를 통해 법의

제정에 참여할 권리가 있다. 법은 보호하는 경우든 처벌하는 경우든 간에 모든 사람들에게 똑같이 적용되어야 한다. 모든 시민은 법률상으로 평등하므로, 자신의 품성이나 능력에 의한 차별 이외에는 아무런 차별 없이 자신의 능력에 따라 모든 명예를 동등하게 누릴 뿐만 아니라 공적인 직위와 직무를 동등하게 맡을 수 있는 자격이 있다.

제7조

법에 의해 규정된 경우가 아니거나 법에 의해 규정된 형식에 따르지 않고서는 누구도 기소되거나 체포되거나 구금되어서는 안 된다. 누구든 자의적인 명령을 간청하거나 선동하거나 집행하거나 집행되도록 원인을 제공하는 자는 처벌받아야 한다. 하지만 법에 의거해 소환되거나 체포된 시민은 누구든지 지체 없이 그 조치에 따라야 하며, 이에 저항하는 행위는 범죄가 된다.

제8조

법은 엄격하고도 명확하게 처벌에 관한 조항을 규정해 두어야 하고, 범죄를 저지르기 이전에 제정되어 공포된 법에 의거해서 합법적으로 법의 적용을 받는 경우 이외에는 어느 누구도 처벌을 받아서는 안 된다.

제9조

모든 사람은 유죄 선고를 받기 전까지는 무죄로 추정되므로, 설사 체포할 수밖에 없는 상황일지라도 피의자의 신병 확보에 필요하지 않은 모든 가혹 행위는 법에 의해 엄격히 제한되어야 한다.

제10조

누구도 자신의 발언이 법에 의해 확립된 공공질서를 어지럽히지 않는 한, 종교적 입장을 포함하여 자신의 견해를 밝히는 행위가 방해받아서는 안 된다.

제11조

사상과 의견의 자유로운 소통은 인간의 가장 소중한 권리 중 하나이다. 따라서 모든 시민은 자유롭게 의견을 말하고 글을 쓰고 출판할 수 있지만, 법에 규정된 경우에는 이러한 자유의 남용에 대해 책임을 져야 한다.

제12조

인권과 시민권의 보장을 위해서 공권력이 필요하다. 따라서 공권력은 모든 사람의 이익을 위해 존재할 뿐 공권력을 위임받은 사람들의 개인적인 이익을 위해 존재하지 않는다.

제13조

공권력을 유지하고 행정 비용을 조달하기 위해 조세를 부과할 필요가 있다. 조세는 모든 시민들에게 각자의 재산 규모에 따라 공정하게 부과되어야 한다.

제14조

모든 시민에게는 직접 혹은 대표자를 통해 조세의 필요성을 결정하고, 그것을 자유로이 승인하며, 그것의 용도를 확인하고, 조세 부과율과 조세의 산출 방식 및 징수방법과 조세의 징수기간을 결정할 권리가 있다.

제15조

사회는 모든 공직자에게 그 행정 업무에 관한 보고를 요구할 권리가 있다.

제16조

법의 준수가 보장되지 않거나, 권력분립이 확정되지 않은 사회는 결코 헌법을 갖추지 못한다.

제17조

소유권은 신성불가침의 권리이므로, 법에서 규정한 공공의 필요성에 의해 명백히 요구되는 경우 이외에는 누구도 소유권을 박탈할 수 없다. 또한 그러한 경우라 해도 소유자가 사전에 정당하게 보상을 받는다는 조건을 갖추어야 한다.

③ 현대적 의미의 법 내용이 많이 포함된 독일의 바이마르 헌법은 무엇인가?

독일의 바이마르 헌법(Weimar Constitution)은 바이마르에서 헌법이 제정되었다는 연유에서 시작되었다. 이 헌법은 1918년 독일 혁명이 발생한 그 이듬해인 1919년 8월에 제정되었다. 이 헌법을 기초로 하여 독일은 의회민주주의로 향하였으며 바이마르공화국이 탄생하였다.

이 시기 이전에는 프랑크푸르트의 파울교회에서 독일 제헌 국민회의가 개최되어 여기에서 헌법이 제정되었다고 해서 파울교회 헌법 또는 프랑크푸르트 제국 헌법이라 명명하였다. 이 헌법은 입헌군주제를 기초로 하였으나 당시의 국왕 프리드리히 빌헬름 4세가 이를 거절하여 파울교회 헌법은 성사되지 못하였다. 왜냐하면 국왕이 왕권신수설을 고집하였기 때문이다.

이 헌법이 성사되지 못하자 1871년 새로운 독일 헌법인 비스마르크 헌법이 제정되는데 단지 국가기관의 권력기관만을 규정하였고 국민을 위한 기본권은 아예 조항에도 없었다. 또한 북독일연방 헌법에 기초를 둔 군주제를 옹호하였기에 현대적인 의미의 헌법은 아니라는 것이다.

따라서 1919년 파울교회 헌법에 국민의 기본권 조항을 첨가하여 바이마르 헌법으로 대체되었다. 이 헌법이 독일 헌법의 기초가 되었으며 세계 여러 나라의 의회 민주주의를 확립하는 데 많은 영향을 끼쳤다.

이 헌법은 현재도 독일 헌법에 몇 개의 조항이 남아 있을 정도로 현대적인 의미를 가졌는데 근대 헌법상 소유권의 의무성(사회성), 생존권을 보장하고 있어서 민주주의 헌법에 많은 영향을 끼쳤다는 것이다.

바이마르 헌법이 제정될 당시 독일 사회는 매우 혼란한 상태였다. 제1차 세계대전의 전범국으로서 전쟁배상금 등으로 많이 혼란했으며 당시의 군주제가 폐지되고 국민회의가 구성되어 헌법을 공표하였다. 이 헌법은 1919년에 발효되어 제2차 세계대전이 막을 내린 후 폐지되어 역사 속으로 사라지게 되었다. 이 헌법은 현대의 민주주의에 많은 영향을 미쳤다고 볼 수 있다.

바이마르 헌법은 독일의 첫 민주주의 헌법으로서, 독일 국민의 통일을 이념으로 하면서 의원내각제 간접민주주의를 채택하고 직접민주주의의 요소를 부분적으로 도입하였다. 또한 자유민주주의를 근간으로 함에도 불구하고 소유권의 의무성과 재산권 행사의 적합성 등을 인정하였다.

이 헌법의 내용은 독일 헌법 전통에 따라 기능적으로 3개 부분으로 나뉜다. 첫째, 국가와 연방주의의 권한을 규정한다. 둘째, 국가 조직을 서술한 부분이다. 이 부분에서는 국가 조직을 규정하고 그 권한을 서술하였다. 셋째, 국가와 시민 간의 관계를 규정하는 부분이다. 비스마르크 헌법과 달리 바이마르 헌법은 2부에서 많은 기본권 조항을 포함하고 있다. 다시 정리하면 국가의 권한을 먼저 검토하고, 국가 조직(국가 상원, 국가 대통령과 국가 수상, 국가 의회, 국가 법원)을 개관하고 그 권한을 살피는 것이다. 마지막으로 국가와 시민의 관계(기본권, 기본의무)를 검토하는 것이다.

특히 우리가 눈여겨보아야 할 조항은 독일의 개인적 권리를 강조한 부분으로서 독일인은 법 앞에 만인이 평등하다는 것이 주요 원칙이며 또한 모든 인간은 성별에 관계없이 동등한 권리와 의무를 지닌다. 이로 인하여 사회적으로 특혜를 받는 계급이나 귀족이라는 계급은 더 이상 존재하지 않는다는 것이다.

뿐만 아니라 국민은 독일에 거주하는 모든 국민을 시민으로 규정하고 있고 거주이전의 자유와 재산권 등을 국가로부터 보호받을 권리까지 포함되어 있다는 것이다.

개인의 권리에서 특기할 사항은 제한적이라고 명시는 하였으나 모든 개인은 법률의 토대 위에서 제한을 둘 수 있다는 개인의 권리를 침해하면 안 된다는 것이다. 여기에는 체포, 구금, 체포를 거부할 기회가 분명히 제시되어 있다는 것이다. 여기에 첨가하여 사생활도 침해해서는 안 된다는 것이다. 예를 들면 우편, 전신, 전화 등의 통신기록은 남에게 알려주면 안 된다는 것이다. (단, 대통령이 조항 48을 선포할 시에는 제한될 수도 있다.)

또한 표현과 사상, 집회, 결사의 자유도 포함되어 있다. 독일 국민들은 언론, 출판 등을 통하여 자기의 생각을 표현할 수 있으며 표현의 자유를 이유로 불이익을 주어서도 안 되며 검열해서도 안 된다. 또한 집회는 평화롭게 진행해야 하며 폭력을 행사하면 안 된다는 것이다. 그리고 단체를 만들거나 연대를 통한 권리도 보장되어 있다. (단, 대통령이 조항 48을 선포할 시에는 제한될 수도 있다.)

또한 양심적 병역거부를 인정하고 있다는 것이다. 즉 개인은 양심에 따라 폭력과 평화주의에 따른 거부만을 위해서일 때이다. 즉 폭력을 거부하고 생명을 존중하는 원리에 의해 양심에 따라 움직여야 한다는 것이다. 따라서 국민들은 양심과 신앙의 자유를 가지며 자유로운 종교 행위에 의해 어떠한 불이익을 받아서는 안된다는 것도 포함되어 있다.

경제에서도 헌법에 보장되어 있는데 원칙은 정의의 원칙에 따라 누구나에게 경제적 자유는 보장되어 있다는 것이다. 이러한 가운데 국가는 강제로 징발하여서는 안 되고 오로지 공익의 목적으로 해야만 되며 법률적 토대 위에서 적절한 보상은 반드시 이루어져야 한다는 것이다.

그리고 노동자들, 지식인들, 발명가와 작가 및 예술가들의 저작권과 노동의 임금을 반드시 보장해 주어야 하며 이를 위해 노동조합을 만드는 것과 이를 통해 작업환경을 개선할 수 있는 권리를 요구할 수 있다는 것이다. 예를 들면 임금인상과 환경개선을 요구할 수 있는 권리가 있다는 것이다.

따라서 바이마르 헌법에서는 노동인권을 존중하기 위해서는 단결권, 단체교섭권, 단체행동권, 즉 노동삼권을 존중해 주어야 하며 이는 전 세계적으로 널리 존중되고 있는 노동권이 이미 독일에서는 바이마르 헌법을 통하여 규정되고 있다.

 영국의 선거법은 어떻게 제정(1830년대)되었는가?

19세기 서유럽은 많은 변화를 가져오는 시기였다. 산업혁명 이후 인구가 농촌에서 도시로 많이 유입되면서 기존의 생활방식과는 다른 많은 변화를 가져왔다. 또한 14세기부터 대항해시대를 거치면서 제국주의적인 국제사회의 영향으로 외국의 많은 자원들이 유입되면서 영국은 많은 번성을 가져왔으며 이로 인하여 생활수준이 향상되기 시작하던 시기였다.

1689년 명예혁명 이래 영국 의회는 지주, 자유직업인, 대상인, 금융가 등 소수 계층으로 구성되었고, 유권자 수는 성인 남자의 1/6도 안 되었다. 산업혁명으로 농촌인구가 신흥공업도시로 대거 이동하고, 자본가와 노동자계급이 성장함에 따라 선거법 개정이 불가피해졌다.

이와 같은 연유로 도시민들은 새로운 정치의식에 눈을 뜨기 시작하여 참정권을 주장하기 시작하였고 인간다운 삶을 살기 위한 권리를 19세기 초부터 주장하기 시작했다. 당시의 유럽은 정치적으로는 구체제의 부활과 프랑스 혁명 등으로 혼란한 상태였으나 영국은 산업혁명과 명예혁명 등으로 인하여 점진적으로 민주주의의 원리가 지배하는 시기가 되었다. 이에 따라 시민들의 요구는 자신들의 선거구에 많은 관심을 가지게 되었으며 이로 인하여 1832년 선거구에 대한 논의가 이루어져 부패선거구를 폐지하는 선거구 개정법이 이루어졌다.

이러한 선거법은 영국의 정치구도를 변화하게 만들었는데 시민계급인 신흥 상공업자들이 선거권을 획득하여 정치 전면에 부상하기 시작하였다. 이로써 오늘날의 정치적 구도로 형성된 양당체제가 기틀을 잡기 시작하였다. 양당체제란 신흥 상공업자들과 기존 정당인 휘그당이 이를 흡수하여 자유당을 창당하였고 농촌을 중심으로 하는 지주와 신흥도시에서의 노동자를 중심으로 보수당이 만들어졌는데 그 중심에는 기존의 토리당이 있었다.

1차 선거법 개정은 프랑스 혁명의 영향을 받아 1832년에 이루어졌으며 이 선거로 인하여 산업자본가와 중간 시민층은 선거법권을 획득하여 자유당을 만들었으나 일부 농촌에서는 산업혁명의 영향으로 인구가 감소되었으나 그것을 반영하지 않아 과도한 의원들이 선출되자 부패선거구로, 즉 도시와 농촌 인구 간의 의원 수가 불균형을 이루게 되어 불만이 많아지자 1차 선거법 개정에 이러한 부패선거구를 정리하게 되었으나 문제는 노동자들에게는 선거권을 박탈하여 후에 차티스트 운동의 원인이 되었다.

다시 말하면 기존 선거구 제도에 따르면 농업 중심의 남부는 인구 300만 명에 236명의 의원을 선출할 수 있는 반면, 공업 중심의 북부는 인구 400만 명에 단지 68명의 의원만을 선출할 수 있었다. 그 결과 어떤 지역에서는 50명도 안 되는 유권자가 2명의 의원을 선출하는 선거구가 생겨났고, 맨체스터·버밍엄 등의 신흥 공업도시는 1명의 의원도 선출하지 못하는 불합리한 현상이 나타났다. 이에 중산층에 기반을 둔 휘그당은 18세기 말부터 선거법 개정을 요구하였다.

차티스트운동(Chartism, Chartist Movement)은 그 당시 노동자들이 보통선거를 실시할 것을 주장하며 민주주의의 원리인 의회민주주의를 요구하였던 운동이었다. 1838~1840년 당시 1차 선거법 개정으로 노동자들에게 선거권을 부여하지 않자 일어났으며 이러한 명칭은 노동자들이 제기한 인민헌장(People's Charter)에서 유래되었으며 그들이 주장한 것은 보통선거와 비밀선거, 선거구 평등화, 의회 매년 소집, 하원의원 유급제, 피선거권의 재산자격 제한 폐지와 같은 내용으로 이루어져 있으며 이것을 구체화한 문서를 말한다. 이러한 내용은 당시로 보면 영국 사회에 커다란 반향을 일으킨 운동이라 할 수 있다.

차티스트운동을 구체적으로 서술하면 당시 성인 남성들에게는 투표권의 제한이 심하였다. 예를 들면 재산의 보유액에 따라 선거권을 부여하였는데 노동자들은 이러한 것이 매우 부당하다고 의회에 요구하였으나 오히려 노동자들과 연대한 중산계급에게만 선거권을 부여하자 노동자들이 일으킨 운동이라 할 수 있다. 이 운동에 영향을 준 사건은 영국의 중산층들이 자신과의 연대를 통해 선거권을 받자 노동자들을 무시하였다는 데서 노동자들의 반발이 더욱 심했다는 것이다. 이로써 차티스트운동의 시발점이 되었던 것이다. 운동의 끊임없는 결과로 1867년과 1884년의 선거 개정을 통하여 영국에서 남성만의 보통선거가 실시되었으며 여성에게는 제1차 세계대전 후인 1918년(30세 이상)과 1928년(21세 이상)에 실시되었다.

따라서 2차 선거법 개정의 요점은 대다수의 노동자들, 도시의 소시민들, 일부 농촌 노동자들에게 선거권이 부여된 것이라 볼 수 있다. 이러한 선거법 개정은 1867년에 이루어졌으며 당시 커다란 변화를 가져온 일대 사건이라 할 수 있다.

이러한 변화를 토대로 자유당 정부하에서 3차 선거법 개정이 이루어졌는데 1884년과 1885년에 1, 2차 선거법 개정으로 선거권을 부여받지 못하였던 농촌이라든가, 광산, 그리고 지방 소작인에 이르기까지 선거권이 확대되었으며 무엇보다도 획기적인 것은 비밀투표제가 실시되었다는 점이다.

4차 선거법 개정은 획기적으로 확대되었는데 처음으로 여성에게도 실시되었다. 물론 연령상으로는 제약이 있었지만 여성에게 처음으로 선거권을 부여하였으며 남자는 21세 이상, 여성은 30세 이상까지 확대되었다. 이때가 1918년이다.

5차 선거법 개정은 1928년 보수당 정부에 의해서 개정되었으며 선거권이 보편화되는 시기였다. 모든 선거권은 남녀 21세까지 확대되는 것이 특징이며 모든 국민의 유권자가 1차 때 5.9%, 2차 때 14.2%, 3차 때 29.3%, 4차 때 74.8%, 5차 때 개정안으로 전 국민의 대부분인 95.5%로 확대되었다고 볼 수 있다. 이러한 개정을 통하여 현재 영국에서는 1969년 남녀보통선거제도를 확립하며 만 18세 이상의 남녀에게 선거권을 부여하고 있어서 거의 미성년을 제외하고는 선거법에서는 똑같은 권리를 행사한다고 볼 수 있다.

현재 영국과 서유럽의 인권을 위한 노력은 어떻게 진행되고 있는가?

영국을 비롯한 서유럽 국가들은 많은 변화를 거치면서 오늘날 지구상에서 가장 두드러진 인권에 대하여 여러 가지 조치를 취하고 있다. 이와 같은 것은 산업혁명과 프랑스 혁명 그리고 제국주의를 거치면서 인간관에 대한 변화라고 볼 수 있으며 이를 위한 국민들의 노력의 결과라고 볼 수 있을 것이다. 따라서 유럽에는 다양한 인권보호를 위한 제도적인 장치들이 구성되어 있는데 대표적인 것이 유럽인권조약이다.

유럽인권조약(Convention for the Protection of Human Rights and Fundamental Freedoms)은 인간다운 삶을 살아가기 위한 인권과 기본적 자유의 보호를 위한 협약서이다. 다른 말로 표현한다면 유럽인권조약(人權條約, European Convention on Human Rights, ECHR)이라고도 한다.

유럽인권조약은 1950년에 초안을 작성하여 1953년에 유럽 평의회회원 대부분의 승인 아래 발효된 조약으로, 유럽 국가조직인 유럽심의회(The Council of Europe)를 통하여 인권개선을 위한 노력을 꾸준히 하여왔다. 이러한 결과 1949년 유럽인권조약을 심의회에서 받아들여 1950년에 발효한 것이다. 당시 로마에 20개국이 모여 유럽인권조약을 체결하여 승인된 조약서라고 할 수 있으며 이는 당시

'세계인권선언'이 발표된 직후여서 여기에 영향을 받았다고 볼 수 있다. 달리 표현하면 로마조약이라고도 칭한다.

이 조약은 서유럽 여러 나라 간에 체결된 지역적 인권보호를 위한 조약으로 세계인권에 규정된 인권 중 특히 자유권의 보장을 목표로 한다(→유럽 사회헌장). 조약 자체는 전문 및 66개조로 구성되는데, 필요에 따라 의정서를 작성하여 보장된 권리와 실시 조치의 확충을 도모하고 있다.

이 조약의 내용을 몇 가지만 살펴보면 개인은 유럽 협약안에 포함된 권리들에 이의를 제기할 수 있다는 것이다. 따라서 개인들의 권리들이 지켜지지 않는다면 인권위원회에 소송할 권한이 있다는 점에서는 획기적이나 직접 유럽 법정에 상소할 수 있는 권한은 없다는 점에서 다소 불안하다고 볼 수 있다. 다시 말하면 상소권은 유럽 인권위원회에 가입한 국가만이 상소할 수 있으며 자국 안에서 발생한 인권침해를 위원회에 신청할 수 있다는 것이다.

이러한 문제점들을 보완하기 위하여 이 조약은 꾸준하게 발전해 왔다. 즉 개인의 자유권을 보장한다는 측면을 넘어 경제, 사회적인 측면까지 인권의 개념이 확대되었다는 것이다. 이는 1세대 인권의 관심에서 2, 3세대 인권까지로 확대되었다는 것을 의미한다.

이러한 노력은 현재까지 8개로 수정, 보완되어 발전해 왔는데 사유재산, 교육권 보장, 선거권 중에서 비밀선거를 보장하는 것으로 리히텐슈타인, 스위스, 스페인을 제외한 나머지 국가들은 인권에 대한 추가 조항을 신설하였고, 1968년에는 자유로운 거주이전과 추방을 제한하는 조항들이 신설되었으며 1985년에는 평화 시 사형선고를 폐지할 것과 고문 방지를 위한 협약이 수정, 보완되어 지금까지 발전하였다.

조직으로는 본 조약에 의해 설립된 유럽 인권위원회, 유럽 인권재판소와 유럽 심의회의 각료위원회에 의해 실시의 확보를 도모하고 있다. 냉전 종결 후 동유럽 국가들의 가입이 증가하여 2019년 47개국이 유럽 인권보호조약의 비준을 마쳤다. 동 조약의 실시 조치로서 유럽 인권위원회와 유럽 인권재판소가 설치되어 있으며 인권위원회는 체약국(締約國)에서의 신청뿐만 아니라 경우에 따라 개인의 청원권을 인정하고 있다. 인권위원회의 절차로 해결되지 않는 경우 위원회와 체약국은 재판소에 사건을 의뢰할 수 있으며 판결은 법적 구속력을 갖는다. 본 조약은 서유럽 여러 나라 간에 인권의 보장을 국제법적으로 확립하였다.

유럽인권조약 내용은 아래에 구체적으로 적혀 있다.

제1장은 권리와 자유에 관하여 규정한다.

제1조(인권 존중의 의무)는 체약국이 관내의 모든 사람들에게 이 조약이 규정하는 권리와 자유를 보장하여야 하는 의무를 규정한다.

제2조(생명권)는 생명권을 보장하고 있다.

제3조(고문의 금지)는 고문, 비인도적 취급 및 처벌을 금지하고 있다.

제4조(노예 및 강제노동의 금지)는 노예, 강제노역을 금지하고 있다.

제5조(자유 및 안전권)는 모든 사람이 자유와 안전을 보장받을 권리를 가지고 있음을 선언하고 법률이 정한 요건과 절차에 의해서만 그 자유를 박탈당할 수 있음을 규정하고 있다.

제6조(공정한 재판을 받을 권리)는 공정한 재판을 받을 권리를 규정하고 있다. 공정한 재판의 내용에는 신속한 재판, 독립적이고 불편부당한 법원 구성, 판결문의 공개 등이 포함된다. 그리고 이 권리는 민사재판과 형사재판에 모두 적용된다. 그리고 무죄 추정의 원칙, 정보를 제공받을 권리, 방어권의 보장을 위한 시간과 장소의 제공, 변호인의 조력을 받을 권리, 증인 심문권, 통역을 제공받을 권리가 규정되어 있다.

제7조(죄형법정주의)는 범죄자가 행위 당시의 법률에 의해 처벌받도록 규정하고 있다.

제8조(사적·가정생활의 존중권)는 사생활, 가정생활, 집 그리고 친지 관계를 존중할 것을 규정하고 있다.

제9조(사상·양심 및 종교의 자유)는 사상, 양심 및 종교의 자유를 규정하고 있으며, 개종과 신앙 활동의 자유를 포함하고 있다.

제10조(표현의 자유)는 의견을 가질 권리와 이를 표현할 수 있는 자유를 규정하고 있다.

제11조(집회 및 결사의 자유)는 다른 사람과의 평화로운 집회 및 결사의 자유를 보장하고 있다.

제12조(결혼의 권리)는 적령의 남녀가 국내법에 의하여 결혼을 하고 가정을 이룰 권리를 보장하고 있다.

제13조(효과적 구제를 받을 권리)는 이 규약이 규정하고 있는 권리와 자유를 침해당한 개인이 국가의 공권력에 의하여 효율적인 구제를 받을 수 있는 권리를 규정하고 있다.

제14조(차별의 금지)는 이 규약에 의한 자유와 권리의 향유가 성별, 인종, 피부색, 언어, 종교, 정치적 신념, 국적 또는 사회적 신분, 사회적 소수자와의 결사, 재산, 출생 그리고 기타의 지위에 의하여 차별되지 않고 보장된다고 규정하고 있다.

제15조(긴급시의 예외조치)는 이 규약이 규정하는 자유와 권리는 국민적 혹은 국가적에 대하여, **제16조(외국인에 대한 정치적 활동의 제한)**는 제10조, 제11조 그리고 제14조에도 불구하고 각 체약국이 외국인의 정치적 활동을 제한함을 방해하지 아니한다고 규정하고 있다.

제17조(권리행사의 남용 금지)는 이 규약에서 보장되고 있는 자유와 권리가 오히려 이를 파괴할 목적으로 사용되어서는 안 된다고 규정한다.

제18조(권리의 제한에 대한 한계)는 이 규약이 보장하고 있는 권리와 자유에 대한 제한이 이 규약이 정하고 있는 사유 이외의 목적으로 허용되어서는 안

된다고 규정한다.

제2장은 유럽 인권법원의 설립에 관하여 규정한다.

제19조(법원의 설립)는 이 규약이 규정하는 자유와 권리의 보호를 위한 목적으로 유럽인권재판소를 설립할 것을 규정하고 있다.

제20조에서 **제51조**는 인권재판소의 조직과 재판 절차에 관한 규정을 두고 있다.

제3장은 기타 규정으로 조약의 이행방법과 의의에 대하여 설명하고 있다.

제52조는 체약국이 조약의 국내법적 보호를 위한 조치를 설명할 의무를 부과한다.

제53조는 이 규약이 정하는 인권보호를 이유로 국내법적인 인권보호가 방해받지 않을 것을 규정하고 있다. 즉, 국내법적으로 더 많은 인권보호를 요청하고 있다.

이하의 내용은 생략한다.

또한 유럽인권조약에 따라 조직된 유럽 인권재판소는 유럽인권조약에 의하여 설립된 국제사법기관으로서 초국가적이라 할 수 있다. 이 기관의 회원국으로는 2019년 47개국이 있으며 여기에서 제기된 판결 결과를 회원국들은 이행할 의무가 있다는 것이다. 이 재판소는 1949년 설립된 유럽 평의회에 의하여 설립이 추진되어 인권과 민주주의에 대한 수호, 법치주의 그리고 교육, 문화, 환경 등의 가치를 추구하여 개인의 인권을 보호하기 위해 추진되어 왔으며 1959년 유럽인권재판소가 설치되었다. 본부는 프랑스 스트라부르에 있다. 이렇게 이어져 오다가 1998년 유럽인권조약이 개정되면서 상설조직으로 인권 구제기관으로 인정되었다. 비록 서유럽 국가들에게는 한정된 효력을 가진 재판소이지만 재판 결과는 법적 구속력이 존재하되 인권침해를 당한 개인에게 국제적인 절차에 의한 제소를 인정하고 있으며 판결은 자국의 법을 수정하거나 보완하는 역할을 한다는 것이다. 또한 재판소는 개인에게도 손해배상을 할 수 있도록 각국의 정부에게 요구할 수 있도록 하였으며 재판 신청 건수는 해마다 1,500건이 넘는다. 제소는 인권위원회, 조약당사국, 개인 그리고 단체 모두에게 인정된다.

유럽 인권재판소의 판결 사례들을 보면 매우 다양하다. 우리나라에서도 문제가 되는 양심적 병역거부는 인정하고 있다는 것이다. 결론부터 말하자면 유럽인권조약 제9조에 정의된 양심의 자유는 양심에 따라 군 복무를 거부하는 사람들의 권리를 보호해 주는 것이 아니라고 판결했다. 종교적으로 민감한 여호와의 증인의 재판과정에서 이를 인정하였는데 "전 세계의 여호와의 증인들은 정치와 전쟁에 관여하지 않고 평화를 사랑"하며 그들은 자신들이 "칼을 쳐서 보습을 만들고… 다시는 전쟁을 배우지도 않아야 한다"고 굳게 믿습니다.(이사야 2:4) 따라서 중립성을 가지고 양심에 따라 군 복무를 할 수 없다는 것이며 군 복무를 의무적으로 한다면 어떻게 해야 하는가?에 대한 판결이었다.

이러한 양심에 의한 군 복무를 거부한 사람은 1983년생으로 아르메니아의 청년이다. 군 복무를 거부할 시 징역 3년에 처하는 상황에 직면하자 유럽 인권재판소에 제소하여 자신의 양심과 종교적 신념에 어긋난 점을 밝히고 대체 복부를 통하여 국민과 국가를 위해 복무할 것이라 주장하였다. 이러한 주장을 수차례 거듭한 끝에 2011년 16대 1이라는 압도적인 표결로 그의 양심적인 병역거부는 인정되었으며 이런 사람들을 교도소에 수감하는 것은 양심의 자유를 침해하는 행위라며 청년의 손을 들어주었다는 것이다.

그가 2001년에 제소를 결심하여 2011년에 판결을 받을 때까지 아르메니아에는 약 450여 명이 이러한 죄목으로 실형선고를 받았으나 양심적 병역거부가 인정되어 교도소에서 풀려나게 된 계기를 마련해 주었다.

그림 유럽 인권재판소에 계류 중인 국가별 소송건수 현황

※ 2013.9.30 현재, 단위: 건

러시아 2만700
이탈리아 1만4600
우크라이나 1만3850
터키 1만2850
세르비아 1만1950
루마니아 6500
불가리아 3200
영국 2850
조지아 2500
폴란드 2000

총 47개국 11만1000건

출처: 유럽인권재판소

한 가지 판결의 사례를 본다면 유럽 인권재판소는 이슬람 여성 신도들이 쓰고 있는 베일인 부르카를 금지한다는 부르카 금지법은 정당하다는 판결을 내놓았다. 그 이유를 보면 이 법은 다양한 시민들이 함께 살아가기 위한 목적으로 제정되었기 때문이며 적법하다는 것이다. 다시 말하면 법은 공익을 목적으로 하며 종교를 문제삼지 않는다는 것이 중요시되었다고 볼 수 있으며 사회적인 상호작용을 위해서는 얼굴이 중요하다는 것을 고려한 판결로서 프랑스의 손을 들어주었다는 것이다. 따라서 유엔 인권협약에 위배되지 않는다는 것이다.

이러한 판결이 나오게 된 배경은 20대 프랑스 여성이 종교적 자유를 침해한다는 이유로 제소를 하였는데 그 여성은 파키스탄 출신의 여성으로 "남편을 포함하여 누구도 내게 얼굴을 가리는 베일을 쓰라고 강요하지 않고 종교적 신념에 따라 쓰고 있다."라는 것이다.

당시 프랑스는 2011년 '부르카 금지법'을 제정하였는데 이는 헬멧 이외에 얼굴을 가리는 복장을 공공장소에서는 착용하면 안 된다는 것이었다. 따라서 종교적인 목적을 가지고 공공장소에서 착용해서는 안 되며 여성 무슬림의 니캅이나 부르카 등도 금지 대상에 포함됨으로써 이러한 법률을 위반할 경우에는 최대 150유로(약 21만 원)의 벌금을 부과하게 되어 있었다. 이러한 판결에 대한 반응은 두 가지로 나누어지는데 일부 인권운동가들은 종교적인 박해로 보는 시각이 지배적이라며 비판하였고, 다른 한편으로는 일부 종교들의 여성에 대한 개인의 권리가 너무나 편파적이고 독단적이라면서 찬성하는 분위기로 맞섰으나 유럽 인권재판소는 프랑스의 손을 들어주었다는 것이다.

우리나라를 포함하여 전 세계적으로 관심을 가진 판결이 있는데 이는 유럽 인권재판소에서 내린 것으로 동성 결혼을 인정하지 않는 것은 명백한 인권침해라는 것이다.

2015년 7월 21일 이탈리아의 동성 커플들이 합법적으로 결혼할 권리가 없어서 사회생활과 가정생활에 곤란을 겪고 있다는 것을 이유로 유럽 인권재판소에 소송을 제기하였다. 이에 따라 재판소는 이탈리아에서 동성 커플은 공개적으로는 관계를 맺고도 공식적으로는 가족 지위를 전혀 인정받지 못해 이중생활을 해야 한다며 사생활과 가족생활이 존중받을 권리를 제공해야 한다는 유럽인권보호조약 제8조를 위반한 것이라고 밝혔다.

따라서 이탈리아에서는 동성 커플의 결혼을 합법화할 것을 요구하였다. 왜냐하면 서유럽에서는 거의 대부분의 국가들이 동성 결혼을 합법화하였으며 특히 가족 구성원으로서 살아가는 데 애로사항을 들어 개인의 사생활을 침해한다는 것이다.

이에 대한 반대의 목소리도 매우 높은 편이다. 로마를 비롯한 지방정부는 동성 커플의 결혼은 인정해 주되 혼인등록을 무효화해야 한다는 것이다. 이날 재판소는 "일부 지방정부의 동성 결혼 인정 결정은 상징적인 것일 뿐, 동성 커플에 어떠한 권리도 부여하고 있지 않다"라며 아울러 2013년 도입된 '동거 협약'에 대해서도 "상속 권리 등을 인정하지 않는 등 한계가 있다"라고 지적했다.

그러나 찬성하는 쪽의 목소리는 이탈리아에서도 합법화를 해야 한다는 것이다. 마테오 렌치 이탈리아 총리도 동성 결혼 합법화를 약속했으나 연정 파트너인 신중도우파를 비롯한 보수세력의 반대로 법안 처리가 지연되고 있다.

법안 처리 지연에 항의하여 단식투쟁을 벌이기도 했던 이반 스칼파레토 의회 및 헌법 개혁 담당 장관은 이날 판결 소식이 전해진 후 자신의 트위터에 "동성결혼을 인정하지 않는 것은 이탈리아에 큰 망신"이라고 말했다.

이러한 상황에서 1998년 영국의 인권법은 시민의 기본권을 보호하는 보통법의 전통이 있음에도 불구하고 1998년 영국 인권법(Human Right Act 1998, HRA)이 제정된 사정에는 자세한 설명이 필요하다. 1948년 제정된 유엔 인권선언은 제2차 세계대전을 경험한 인류를 전제와 억압으로부터 해방시키기 위한 노력의 일환이 었다. 유럽에서 또한 지역의 결속을 강화하고 나치와 같은 억압적 정부가 재출현 하는 것을 방지하기 위하여 유럽연방을 설립하려는 시도가 있었으며 그 움직임과 연동하여 유럽인권조약을 제정하였다. 유럽인권조약은 1950년 런던에서 서명되었 으며 1953년 9월에 발효하였다. 그리고 유럽재판소는 1959년에 설립되었다.

영국이 유럽인권조약의 체결에 중심적인 역할을 했음에도 불구하고 이것이 영 국 내에서 발효하는 데는 오랜 시간이 소요되었다. 영국은 1951년에 조약을 비준 한 첫 번째 국가였으나 이로써 유럽인권조약이 즉시 국내법적인 효력을 가진다는 의미는 아니었다. 영국의 법체계상 조약이 국내법적인 효력을 가지기 위해서는 의 회가 이를 국내법화(incorporate)하여야 한다. 영국은 처음부터 유럽 인권재판소의 설치에 반대하였다. 또한 영국인이 국내문제를 국제재판소에 제소하는 점을 받아 들이지 못하였다. 그 배경에는 영국의 인권보호 수준이 유럽에서 가장 높기 때문 에 추가적인 보호장치를 도입할 필요가 없다는 자신감이 있었기 때문이다. 즉 영 국 정부가 유럽인권조약 제정에 앞장선 것은 보통법에 의한 인권보호의 전통을 전후의 유럽에 확산할 필요를 느꼈던 것으로, 영국에서 인권보호가 문제되어 밖에 서 비판받게 될 것이라는 생각을 하지는 않았다. 그런데 영국이 유럽인권조약을 국내법으로 입법하도록 요구하는 압력이 발생하였다. 먼저 국제적으로는 국제사 건에서 영국의 법조항 및 법의 적용이 유럽인권조약의 내용과 불합치한다는 결정 이 몇 번 내려졌다. 또한 국내적으로는 노동당이 집권하면서 인권법의 제정에 적 극적으로 임하였다. 노동당은『인권실천백서』를 발간하였는데 이것이 1998년 인 권법의 제정으로 연결되었다.

영국 인권법의 내용을 설명하기 위해서는 먼저 유럽인권조약의 내용에서 시작 해야 한다. 유엔이 채택한 1948년의 '세계인권선언'에 기초하여 유럽의회 회원들 간의 연대를 공고히 하고, 세계 정의와 평화의 초석이 되는 기본적 자유 보장을 위하여 그리고 그 바탕이 되는 효율적·정치적 민주주의와 기본적 권리에 대한 공통의 이해와 준수를 확고히 하기 위한 목적으로 이 협약을 체결하였음을 밝히고 있다. 그 구체적인 내용은 앞의 유럽인권조약에 나왔다.

영국의 1998년 인권법 제1조는 이 법에서 협약상 권리라 함은 협약 제2조에서 제12조 그리고 제14조를 의미한다고 하였다. 그리고 제1의정서의 제1조부터 제3조 및 제13의정서의 제1조를 포함한다고 하였다. 제2조부터 제12조는 위의 내용을 참조하기 바란다. 제14조는 차별의 금지이다. 제1의정서는 1950년 당시 협약을 체결할 때 각국이 이견을 보였던 부분이기 때문에 자유와 권리의 일반적인 내용으로 규정하지 않고 대신에 의정서에 넣음으로써 각국이 선택적으로 수용할 수 있는 여지를 준 부분이다. 제1의정서 제1조는 재산권의 보호, 제2조는 교육의 권리, 그리고 제3조는 자유선거의 권리이다. 제13의정서 제1조는 사형제도의 폐지이다. 인권법 제6조는 공권력 기관이 협약상의 권리와 모순되는 행위를 해서는 안 된다고 규정하고 있다. 공권력 기관이 협약상 권리와 모순되는 행위를 하였다고 주장하는 개인은 관할 법원 혹은 심판기관에 쟁송을 제기하거나(제7조 제1항) 혹은 쟁송 과정에서 협약상 권리 혹은 관련된 권리를 원용할 수 있다(제7조 제1항). 그리고 공권력 기관이 위법한 행위를 했다고 법원이 인정하는 경우에는 그에 합당하는 구제조치를 하도록 규정하고 있다(제8조). 인권법의 제정으로 인한 가장 큰 변화는 법원의 권한에 대하여 주어졌다. 법률과 하위 입법은 인권법에 합치되게 해석되고 집행되어야 한다(제3조). 만일 법원이 법률의 협약상 권리와 일치하지 않는다고 생각할 경우에는 불합치 선언을 하여야 한다(제4조 제2항).

6 제국주의 시대부터 영국과 서유럽 국가들은 외국에 대하여 어떻게 인권침해를 하였는가: 영국과 서유럽의 인권침해 사례

영국을 비롯한 서유럽 국가들은 자연과학, 항해술의 발달 그리고 인쇄술과 총포의 발달로 인하여 자원을 확보하기 위해 아시아를 비롯한 여러 나라를 무력으로 제압하는 과정에서 외국의 수많은 인권을 무참히도 짓밟는 예들이 곳곳에서 나타난다.

서유럽 국가 중에서 특히 영국은 다른 나라들에 비해 산업혁명을 일찍 경험한 덕분에 자원 확보의 필요로 인하여 일찍부터 제국주의의 길로 접어들게 되었다.

그들은 희귀한 자원을 확보하기 위해 아시아에 진출하였는데 그 대상국이 미지의 나라인 인도였다. 영국은 19세기 빅토리아 여왕 시대에 이르러서는 5대양 6대주에 걸쳐 해가 지지 않는 나라라고 할 정도로 세계 최고의 제국주의 국가였다. 그들은 아프리카를 비롯하여, 유럽, 아시아, 오세아니아 및 아메리카를 망라한 거대한 제국을 형성한 패권국이었다.

그러한 식민지 국가 중 하나인 아시아의 미지의 국가인 인도는 20세기 중반에 영국으로부터 독립(1947)할 때까지 영국의 경제적 착취의 대상이 되었다. 그들의 경제적 착취는 자원뿐만 아니라 각종 세금 명목으로 다양하게 착취하였으며 이를 견디다 못한 인도의 독립운동가인 간디는 비폭력 저항을 외치면서 독립을 추구할 정도였다.

예를 들면 인도는 영국의 경제적인 착취로 인하여 매년 굶주림을 경험하였고 이로 인하여 기아에 허덕이다가 많은 사람이 굶주림으로 희생당하였다. 이들의 숫자는 많게는 수백만 명에 이른다는 것이다. 이러한 대표적인 사례가 1943년에 일어난 벵골(Bengal) 대기근이었다. 당시 인도에 쌀을 공급하던 영국령 버마(현 미얀마)가 일본에 의해 점령당하자 영국 수상인 윈스턴 처칠이 인도에서 저지른 참혹한 수탈이었다. 그는 일본의 인도 침공에 대비한다는 명목으로 인도를 비롯한 방글라데시의 곡물을 징발하기 시작했고 이것도 모자라 민간에서는 유통조차 허락하지 않았다. 이로 인하여 인도의 벵골(Bengal) 지역에는 많은 굶주림으로 희생된 사람들이 속출하기 시작했으며 영국이 인도를 점령한 1770년대부터 잘못된 농업정책으로 인하여 수천만 명이 희생되었다는 것이다.

이러한 희생으로 벵골(Bengal) 지방의 대다수 도시에서 아사자들이 속출한데다 1943년 인도에 기근이 들자 마지막 영국인 인도 총독 Louis Mountbatten이 처칠에게 식량 원조를 요청하였다. 처칠은 "아직도 굶고 있는 간디(당시 비폭력 단식투쟁 중)가 안 죽었느냐?" "나는 인도인들을 증오한다. 그들은 추잡한 종교를 가진 추잡한 족속들이다." "현 상황에서 그들은 여분의 것이 아무것도 없다. 인도의 현 생활수준에서 가장 작게 나빠지는 것은 인도인들이 서서히 굶어 죽는 것을 의미한다." 이는 Winston Churchill 영국 수상이 1935년 인도인들에 대해 영국의 하원에서 했던 연설의 내용으로 그들의 요구를 묵살하였다고 한다. 이와 같은 답변은 실제로 인도의 국무장관이면서 국회의원들이 목격한 것으로 영국 의회에서 증언하였다고 한다.

인도의 이러한 비상식적인 행위로 인하여 당시 인도인 700만 명이 희생되었으며 대영제국이 저지른 만행은 약 2,000만 명의 희생자를 만들었다는 것이다. 이것에 대하여 심지어 당시 인도의 국무장관으로 영국의 국회의원, 장관, 총리를 역임한 정치가인 Leo Amery가 자신의 일기에 적은 내용 중에서 밝혔듯이 "인도 문제에서 처칠은 제정신이라고 생각되지 않는다. 히틀러와 처칠의 사고방식 사이에 차이가 느껴지지 않는다."라고 당시를 회고할 정도로 인종차별적인 영국인 정치가들의 행태에 관하여 비판하였다.

영국의 무제한 착취를 통한 식민 지배로 인도에서는 대략 최소 2천만 명에 이르는 인명이 기아와 굶주림으로 사망한 것으로 추정되고 있다. 이러한 대기근이 물론, 대영제국이 저지른 식민지 만행이었다는 것은 말할 것도 없다.

영국은 비단 아시아에서만 그와 같은 행위를 한 것은 아니다. 그들은 1870년대에 남아프리카 보어인(17세기 남아프리카에 정착한 네덜란드계 백인 이주민의 후손)의 영토였던 오렌지 자유국과 트란스발 공화국에서 다이아몬드 광산이 발견되자 영국이 광산을 차지하기 위해 1880년 1차 보어전쟁을 일으켰다. 보어인의 치고 빠지는 식의 게릴라 전술에 패배한 영국은 1899년부터 1902년까지 벌어진 2차 보어전쟁에서는 보어인들이 게릴라전을 수행할 수 없도록 아예 그들의 주거지를 소개해 버리는 초토화 작전을 수행했다. 그와 더불어 16만 명에 달하는 무고한 보어인 여자와 아이, 노인들을 집단 수용소에 감금했다.

집단 수용소의 환경은 매우 열악하여 이질, 콜레라 등 각종 전염병이 돌았고 그중 2만여 명의 보어인이 사망하였다. 보어 민간인의 집단 감금은 보어군의 사기를 저하시켜 결과적으로 영국에 승리를 안겨주었지만 그 잔인성으로 인해 영국은 엄청난 국제적 비난에 시달려야 했다. 그뿐만 아니라 19세기 제국을 경영하는 과정에서 영국은 수단, 이집트, 중동, 중국 등 세계 각지에서 통계조차 낼 수 없을 만큼 수많은 인명을 살상하고 인적, 물적으로 착취했다. 영국은 긴 시간에 걸쳐 학살뿐만 아니라 혹정과 수탈을 병행하며 간접적으로 수천만 명을 굶겨 죽인 것이다.

이와 같은 행위를 볼 때 대영제국은 아무 거리낌 없이 히틀러 못지않은 대학살을 저지른 주범이라 할 수 있다. 제2차 세계대전 당시 독일의 히틀러를 사악 전범자로 묘사한 상황에서 영국도 그와 같은 범죄를 저질렀다는 데서 처칠의 이중성은 더욱 충격을 주고 있다. 당시의 히틀러가 주장한 반유대주의와 더불어 그의 범죄는 씻을 수 없는 오점을 가지고 있었으며 특히 인종 편견적인 사고방식이 20세기 중반까지 존재하였다는 것에 경악을 금치 못할 것이다. 이러한 것으로 볼 때 윈스턴 처칠도 히틀러만큼이나 비난받아야 하며 그 또한 전범자로서 역사에 길이 남아야 할 것이다.

더욱 분노하는 것은 당시의 영국은 미국과 호주가 이러한 기근에 대하여 식량을 지원해 주겠다는 요청도 거절했다는 것이다. 결국 영국 정부는 인종적 차별과 인도인에 대한 증오로 인하여 아무런 죄 없는 일반 국민들을 희생시켰다는 것이다. 이런 이유로도 영국의 행태는 절대 정당화할 수 없다는 것이다. 물론 윈스턴 처칠에게도 책임을 물어야 한다는 것이 국제 여론이라 할 수 있다.

히틀러를 전범자로서 처단해야 한다는 논리는 맞지 않는다고 생각한다. 제2차 세계대전 당시 그리스인 30만 명이 아사(餓死)하였고 구소련을 비롯하여 수많은 유대인들이 굶어서 죽었다. 처칠에게 책임을 물어야 하는 것이 이들의 논리대로라면 히틀러가 지시한 것이 아니기 때문에 히틀러의 잘못이 아니라는 논리와 같다는 것이다. 전쟁으로 인한 어쩔 수 없는 희생이라는 논리는 맞지 않는다는 것이다. 이것은 살릴 수 있는데도 방치한 영국의 잘못이고 명백한 책임회피라는 것이다. 어찌 되었든 간에 정당화될 수 없다는 것이다.

이러한 기근과 아사자의 속출에 대해 벵골 출신 역사학자인 Mukerjee는 "이 기근은 의도적으로 야기된 면이 있다"라고 강조했다. 그는 "1943년 초에 인도는 처칠의 주장에 따라 쌀을 수출했으며 전쟁 중 영국은 인도를 무자비하게 수탈하면서 기근이 발생한 후에도 수탈을 멈추지 않았다"라고 지적했다.

영국뿐만 아니라 서유럽 국가인 스페인도 마찬가지였다. 남미 볼리비아에 위치한 포토시(Potosí)는 해발 4,090m에 이르는 세계에서 가장 높은 도시 중 하나이다. 이 도시가 서구 열강들에게 주목받게 된 이유 중 하나는 '부유한 산'이라 불리는 세로 데 포토시 산(Cerro de Potosí, 때론 Cerro Rico) 아래 있다는 것이다. 이 산은 해발 4,824m에 이르는데 이 산 자체가 은광석으로 이루어질 만큼 은이 매우 풍부하였다. 한때는 스페인 재정을 책임질 정도였으니 얼마나 많은 양이 매장되어 있었는지 가늠할 수 있을 정도이다. 당시 이러한 은의 과잉생산으로 인하여 유럽의 물가를 좌우할 정도였다는 것이다. 그러나 16세기에는 중국, 유럽, 아메리카를 통한 삼각무역을 함으로써 은이 중국으로 들어가자 은의 물가가 잡히기 시작하면서 유럽의 물가가 안정되었다고 한다.

여기서 중요한 것은 은의 생산이 유럽의 물가에 영향을 주는 데 있는 것이 아니라 그것을 채굴하기 위해 얼마나 많은 사람이 희생되었는지가 중요하다는 것이다.

포토시(Potosi)는 1546년 은을 채굴하면서부터 엄청난 발전을 거듭한 끝에 인구가 20만 명을 넘어섰고 아메리카 대륙에서도 가장 큰 도시 중 하나였다. 스페인어로 포토시(Potosi)라는 말은 "가치가 있다."라는 뜻으로 부(富)를 의미하며 재물이 가득한 미지의 땅이라는 것이다. 아직도 막대한 부라는 관용어로 사용할 정도이다.

일설에 따르면 포토시의 민트 마크(mint mark, 글자 PTSI를 겹쳐놓은 모양)가 달러 기호($)의 기원이라고도 한다. 당시 아메리카의 해안에 선적되는 모든 은들은 포토시의 것으로 보아도 무방하다는 것이다. 채굴량은 1556~1783년 동안 4만 5,000ton이나 되었으니 그 당시의 기술력을 생각하면 엄청난 양이라 할 수 있다. 당시에 이러한 생산을 할 수 있었던 것은 잉카제국의 전통적인 부역제도를 이용하였기 때문이다. 잉카제국의 부역제도는 라틴아메리카의 스페인령에서 스페인 국왕이 원주민 통치를 위임하는 제도를 말하며 위임받은 통치자들은 공납이나 부역을 부과할 수 있는 제도를 말한다. 이를 통해 원주민들을 착취하여 노동력으로 삼았고 이로 인하여 당시 열악한 생산시설과 생산 환경 때문에 수천 명이 희생되었다는 것이다.

이것의 원인은 열악한 노동시설에 있을 뿐만 아니라 원주민들이 은 원석을 제련할 때 수은이 나오는데 이를 맨발로 밟도록 하였다는 것이다. 이때 나온 증기로 인한 수은 중독이 사망의 원인이 되었다는 것이다.

다시 말하면 채광에 필요한 노동력을 확보하기 위하여 잉카제국의 전통 부역제도인 미타(mita)를 차용하였던 것이다. 이 제도는 마을마다 일정한 사람들을 차출하는 방식으로 현지인들을 착취하였다. 그러나 잉카제도의 부역제도와 다른 점은 노동력을 징발하는 대신 나라에서 모든 경비를 지불하였고 노동시간도 길지 않았지만 스페인 사람들은 이러한 제도를 악의적으로 이용하여 하루에 12시간씩, 휴가기간에는 일하지 않는다는 원칙도 지키지 않은 채 노동력을 착취하였던 것이다. 그들은 지하 갱도를 내려가서 은을 채굴하여 오르막 250m 정도를 매일 오르내렸으며 일에 비하여 먹는 것은 매우 보잘것없었다. 심지어는 하루에 50kg짜리 부대를 25개씩 운반해야 했다는 것이다. 더욱 가혹한 것은 하루의 일정량을 채우지 못하면 월급에서 제해야 하였고 노동자들이 떠나는 경우 죽은 사람으로 간주하여 미리 장례를 지내고 공무원과 합작하여 다른 노동력으로 대체하였던 것이다. 이로 말미암아 도시의 인구가 2/3쯤 줄었을 정도로 많은 희생이 있었다는 것이다.

또한 원주민들이 계속하여 줄어들자 식민지배자들은 본국에 요청하여 아프리카 노예들을 해마다 약 2,000명씩 수입할 수 있도록 청원하였다는 것이다. 당시 아프리카에서 포토시로 끌려와 노동력을 착취당한 노예의 수는 약 3만 명이나 되는 것으로 추산되며 그들은 '인간 노새(acemilas humanas)'로서 살았다는 것이다. 노새는 일하다 얼마 되지 않으면 죽기 때문에 노새 대신 아프리카 노예들에게 일을 시켰다는 것을 의미한다.

은 생산량이 줄어듦에 따라 주석이 주요 생산품이 되자 그들의 삶 또한 변함이 없었으며 이러한 열악한 환경과 생산시설로 말미암아 노예들은 대부분 규폐증에 걸렸으며 약 8만 명의 원주민과 노예들이 희생되었다는 것이다. 서유럽 열강 제국주의 국가들이 각 지배국가의 원주민들에게 행한 가혹한 행위들은 상상외로 끔찍하게 진행되었다. 그들의 이익을 위하여 행한 타 국민들에 대한 인권침해는 훗날 길이 기억될 것이며 다시는 이러한 인권유린이 일어나서는 안 될 것이다. 또한 서유럽의 가해국들은 피해국에 행한 행위를 잊어서는 안 될 것이다.

이러한 인간의 기본권은 과거뿐만 아니라 오늘날에도 자행되고 있다. 현대 이전의 인권이 개인의 자유권과 사회권에서 비롯되었다고 한다면 오늘날에는 또 다른 극심한 인권침해가 우리들을 위협하고 있다는 것이다. 인간은 깨끗한 물을 마실 권리, 깨끗한 공기를 마실 권리 등 건강에 대한 권리나 환경에 대한 권리가 매우 중요시되고 있다. 이러한 권리를 훼손시킨 사건이 발생하게 되는데 이것이 1952년에 영국을 강타한 스모그(Smog) 사건이다. 이와 같은 사건은 오늘날 미세먼지 등이 우리의 건강을 매우 위협하는 실정이어서 우리에게도 매우 관심이 높다.

영국의 스모그 사건(Great Smog of London)은 1952년 12월 5일~12월 9일까지 대기오염으로 일어났던 스모그 현상을 말한다. 영국은 해양성기후로 인하여 안개가 유명하지만 이전의 안개와는 다른 유독성과 이의 짙은 농도로 약 1만 2천 명을 죽음에 이르게 했고 약 10만 명이 호흡기 질환으로 목숨에 위협을 느꼈던 사건이다. 런던 일대가 안개로 뒤덮였으며 이전에도 10여 차례의 스모그 현상이 있었으나 정부의 무능력한 대처로 인하여 막대한 피해를 줬다고 해서 그레이트 스모그(Great Smog of London)라 명명하게 되었다.

런던은 기후 특성상 안개가 많이 발생하는 지역이고 산업혁명 이후 경제는 급속도로 발전하여 공장의 매연, 난방시설, 과도한 석탄 이용 등으로 대기오염이 많이 발생하곤 하였다.

1952년 12월 5일 런던은 대류 순환이 멈추면서 짙은 안개가 끼었으며 공장에는 대기오염물질이 순환되지도 않으면서 강한 산성의 스모그가 형성되기 시작했다. 물론 여기에는 공장에서의 오염물질 외에도 난방, 차량 등으로 인한 대기오염물질이 최고조에 달하였다.

스모그(Smog)라는 용어는 스모크(smoke)와 포그(fog)의 합성어로서 연기와 안개가 한데 섞이는 것을 말하는 대기오염 중 하나이다. 현대에는 이러한 용어가 각종 대기오염이 모여서 하늘이 뿌옇게 보이는 현상을 일컬으며 자동차의 연료에서 나오는 배기가스, 공장에서 배출되는 배기가스 등의 대기오염물질로 인하여 대도시에 밀집된 도시에서 생기는 것이었으나 오늘날에는 강한 바람을 타고 다른 나라에도 피해를 주는 현상을 말한다. 예를 들면 우리나라의 맑은 하늘이 뿌옇게 보이는 것은 우리에게도 발생 원인이 있지만 환경오염이 심한 중국으로부터 바람을 타고 넘어오는 경우도 있다는 것이다.

이 용어는 1905년 영국의 대기 상태 변화로서 처음 사용하였으나 이 말이 보편화된 것은 에든버러에서 천여 명의 사상자를 내면서 우리에게 친숙한 말이 되었다는 것이다. 스모그의 발생 원인은 공장, 난방, 자동차 배기가스, 석탄연료를 주로 사용하는 화력발전소, 페인트 용매, 저유소, 아스팔트, 황산염, 질산염, 원소탄소 그리고 기온 급강하로 인하여 아침에 생기는 안개라든지 물건을 태우는 곳에서 나오는 강한 아황산가스, 질소산화물, VOCS(휘발성 유기화합물), 미세먼지, 그리고 탄화수소가 원인이 된다고 볼 수 있다.

영국의 스모그 현상은 강한 안개와 대기오염에서 나오는 배출가스가 원인으로서 강산성의 스모그를 형성하여 오염물질의 농도가 늘어나면서 생겼으며 이런 스모그가 런던으로 내려오면서 가시거리가 매우 짧아지게 되었던 것이다. 특히 이러한 현상으로 런던 동부는 가시거리가 30cm도 안 될 정도로 앞을 분간할 수 없었다는 것이다. 실내에서도 마찬가지였다. 스모그가 실내로 들어오면서 영화 및 연극조차 관람할 수 없을 정도였다는 것이며 갑자기 들이닥친 스모그로 인하여 많은 사상자가 발생하게 되었다.

이러한 사상자들은 강한 아황산가스뿐만 아니라 대기오염물질에 포함된 각종 가스를 흡입함으로써 호흡기에 손상을 입게 되어 1만 명이나 되는 사람들이 폐렴이나 심장질환 등의 질환으로 사망하였으며 생명을 건졌다손 치더라도 교통 마비로 인하여 병원에서 치료할 수 없어 사상자가 더욱 많이 발생하였다. 그야말로 영국의 런던은 자연적인 기후와 인간의 무분별한 환경의식 때문에 생지옥을 경험했다.

더욱 구체적으로 말하자면 영국 런던의 대기오염은 주로 공장의 배기가스, 빌딩이나 가정의 난방으로 인한 매연이 주요 원인이었으며 여기에 짙게 깔린 안개가 오염을 더욱 악화시켰다. 당시 런던의 연료는 대개 석탄이었으며 기온이 내려가자 연료소비량이 급증하면서 매연 배출량도 증가하여 공기 중의 황산화물 함유량이 평소의 2배에 달하였고 안개와 매연이 결합하여 스모그현상을 일으키면서 가시거리가 100m도 안 되어 사물을 제대로 알아볼 수가 없었다. 살인적 스모그 사건이라는 말이 나올 만큼 처참했던 이 사건은 5일간 계속되었다. 주로 노인, 어린이, 환자 등 허약체질의 사람들에게 엄습하여 4,000여 명의 호흡기 질환자가 사망하였고, 다음 해 2월까지 8,000여 명의 사망자가 늘어나 총사망자는 12,000여 명에 달하였다. 유아와 노인 사망자가 많았고, 45세 이상에 있어서는 연령과 사망자 수가 비례하는 현상을 나타냈다. 이와 같은 참사로 이어진 스모그 사건은 주로 아황산가스와 떠돌아다니는 먼지가 안개와 결합하여 일어났다. 뮤즈계곡 사건 및 도노라 사건은 공장의 배기가스가 원인이 된 스모그였으며, LA형 스모그는 자동차의 배기가스가 원인이 된 반면, 런던형 스모그의 특징은 가정 난방의 배기가스가 원인이 되었다.

영국의 이에 대한 해결방법은 다음과 같았다.

첫째, 혼잡통행료 최대 3만 5,000원, 주차비도 차등, 런던의 도심 혼잡통행료는 2003년에 도입됐다. 월요일부터 금요일까지 오전 7시~오후 6시 도심에 들어오면 하루 11.5파운드(약 1만 7,000원)를 받는다. 런던시는 2017년 10월부터 여기에 '유독성(Toxicity) 부가세'를 추가했다. 2006년 이전에 등록한 노후차량이 혼잡 통행 구역에 들어오면 10파운드를 더 물린 것이다. 유럽연합(EU)이 정한 유로4 배출가스 기준을 충족하지 않는 차량도 마찬가지다. 사디크 칸 런던시장은 여기서 그치지 않았다. 초저배출구역(ULEZ) 제도를 시작한다는 것이다.

따라서 13년 이상 된 휘발유 차량과 4년 이상 된 경유 차량이 도심에 들어오면 혼잡통행료 외에 내야 하는 유독성 부가세가 기존 10파운드에서 12.5파운드로 오른다. 오염물질 배출이 많은 차량은 도심 진입 시 하루 24파운드(약 3만 5,000원)를 내야 한다. 심지어 런던시는 현재 도심에만 적용하는 초저배출구역을 2021년 런던 외곽까지 대폭 확대할 예정이다. 혼잡통행료는 장애인·구급 차량 등과 함께 전기차에는 면제된다. 런던 도심 옥스퍼드 거리 인근 도로의 주차공간에는 최대 4시간 동안 주차할 수 있다는 안내와 함께 요금표가 붙어 있다. 시간당 4.9파운드(약 7,200원)인데, 경유차는 7.35파운드(약 1만 1,000원)로 비싸다.

특히 2015년 이전 경유차는 50% 할증이 붙어 시간당 1만 6,000원 정도를 내야 한다. 반면 전기차는 10분 가격만 내면 4시간 주차가 가능하다. 4시간 주차 시 전기차는 1,200원만 내면 되지만, 노후 경유차는 6만 4,000원이 든다. 노후 차량으로는 아예 도심에 들어올 생각을 하지 말라는 정책 때문에 도심 거주 주민 중에선 차를 새로 살 때 전기차로 바꾸는 사례가 늘고 있다.

둘째, 석탄 화력발전소는 2025년까지 퇴출하기로 하였으며 원자력발전소를 재가동, 유지하며 재생에너지 장려, 영국 정부는 장기 에너지 정책으로 전환 중이다. 오늘날 우리의 정책과는 사뭇 다르다는 것을 알 수 있다. 오히려 우리나라에서는 원자력을 폐쇄하고 각 지방에 화력발전소를 일정 기간 다시 건설하기 시작하였다.

영국에선 1882년 토머스 에디슨이 런던에 홀본 바이덕트 발전소를 열고 세계 최초로 석탄을 이용해 전기를 생산했다. 석탄이 전력 생산량의 30%를 차지하던 영국은 지난 2015년 석탄 화력발전소를 2025년까지 단계적으로 폐쇄하겠다고 발표했다. 가스 및 원자력 발전으로 에너지정책을 전환하겠다는 구상이었다.

따라서 영국은 산업혁명 이후 가장 긴 사흘 동안 석탄연료 없이 전국에 전력을 공급했다. 전기 생산에서 석탄이 차지하는 비중은 2015년 23%에서 2017년 7%가량으로 급감했다. 공해물질을 대량 배출하는 석탄 화력발전소를 닫는 대신 풍력과 바이오 에너지 등 친환경 발전에 예산을 지원한 결과 재생에너지를 사용해 전기를 생산하는 비율이 2017년 30%까지 올랐다.

원자력은 비중이 다소 줄긴 했지만, 여전히 석탄 화력발전소를 닫는 공백을 메워주는 역할을 한다. 영국 환경단체 등은 여전히 화석연료인 천연가스가 전력 생산에서 차지하는 비중이 40%에 달한다며 정부에 추가대책을 요구 중이다. 영국에선 대학 등 각종 연구기관에서 미세먼지가 폐는 물론 혈액으로도 들어가 건강을 심각하게 위협하며, 도로변 오염물질이 폐 질환으로 숨진 통학 어린이의 사망 원인이었다는 점을 입증하는 등 관련 연구도 활발히 진행하고 있다.

셋째, 2018년도부터 경유 택시 면허 발급을 중단하기로 하였으며 전기 블랙캡 보급, 대중교통을 친환경으로 바꾸는 작업도 한창 진행 중이다. 독특한 모양의 블랙캡이 상징인 런던시는 2018년부터 경유 택시에는 면허를 내주지 않는다. 천연가스나 전기를 쓰는 택시로 바꾸면 지원금을 주고, 노후 택시 면허를 반납하면 최대 1만 파운드(약 1,470만 원)를 지급한다. 신형 전기차 블랙캡도 개발했다. 가격이 6만 6,000파운드로 경유 택시보다 2만 파운드가량 비싸다. 하지만 정부가 7,500파운드 정도를 보조하고, 유지비가 상대적으로 덜 들어 결국 이익이라고 택시 운전자들은 말했다.

우리나라의 경우 휘발유보다 싼 경유를 선호하므로 오히려 경유차의 판매가 늘고 있다. 화물차나 택시 같은 경유차들의 유지비를 보조할 것이 아니라 그들의 환경의식을 바꾸도록 노력하여 친환경적인 수단을 마련하도록 해야 할 것이다.

영국의 이러한 노력은——우리나라도 도입하였지만——대중교통수단을 친환경

차로 바꾸면서 지하철을 이용한 뒤 한 시간 이내에 버스를 타면 요금을 물리지 않는 환승할인제도를 도입했다. 기차와 버스 등 대중교통으로 출퇴근하는 것을 장려하기 위해 하루 동안의 대중교통 요금에 상한을 정해 그 이상은 부과하지 않는다.

런던의 도로는 과거 마차가 다닌 길이 남아 있어 좁다. 그렇다고 가로수가 있는 인도를 없애고 확장하는 경우는 거의 없다. 스모그 대참사 이후인 1955년부터 런던은 그린벨트를 대폭 확장했다. 런던 주변을 도넛처럼 둘러싼 그린벨트가 런던보다 3배 큰 51만 6,000헥타르에 달한다. 칸 런던시장은 2050년까지 런던의 50%를 녹지로 덮어 세계 최초의 국립공원 도시를 만들겠다고 선언했다. 이를 위해 1,200만 파운드(약 177억 원)의 더 푸른 도시 가꾸기 기금을 조성해 나무 심기를 지원 중이다. 우리나라도 이에 대하여 반성할 점이 많다. 교통을 원활히 하기 위해 그린벨트를 해제하고 오히려 도로망을 넓히는 실정이다. 우리나라의 도로망은 최고 수준을 자랑한다. 이는 자랑거리가 되지 못하며 오히려 우리의 생존권을 위협하고 있음을 깨달아야겠다.

이와 같은 영국의 스모그 문제는 우리에게도 머지않은 일이다. 우리나라 상공에 나타나는 미세먼지는 언제 우리에게 위협으로 다가올지 모르는 일이다. 우리는 분명히 안전에 대한 권리, 환경에 대한 권리 그리고 맑은 물과 맑은 공기를 누리면서 건강하게 살아갈 수 있는 권리를 가지고 있다. 이러한 권리를 수호하기 위해서는 개개인의 환경에 대한 의식도 매우 중요하지만 주변 국가와의 국제적인 공조를 통하여 이를 해결할 수밖에 없다는 것이다. 과거에는 자유권을 회복하기 위한 노력은 자국에만 한정되었을지 모르나 제3세대 인권은 국제적인 공조를 통하여 모든 사람이 협력할 수밖에 없다는 것이다.

강경희, "민주화 이후 라틴아메리카의 자유권적 인권 : 아르헨티나, 칠레, 브라질의 사례를 중심으로", 학술논문, 2006.

강경희, "탈냉전 이후 콜롬비아의 군사화와 자유권적 인권", 한국 라틴아메리카학회, 2007.

강민혜, "덴마크 교육은 뭐가 다를까… 진학 앞둔 학생에게 좋아하는 것 찾는 시간 준다면", 『소년중앙』, 2019.

강응천, 『청소년을 위한 라이벌 세계사』, 그린비출판사, 2018.

강준만, "히잡 논쟁", 『세계문화사전』, 인물과사상사, 2005.

고명석, 『사회복지와 인권』, 동문사, 2019.

고민순 외, "인권 – 모든 사람은 똑같이 소중해", 네이버 지식백과, 2010.

고민지, 『태국여성의 지위』, 프레지, 2005.

고상두 외, "영국독립당(UKIP)의 정치적 성장과 한계", 『비교민주주의 연구』, 2016.

공일주, 『이슬람 율법: 명예살인』, 살림출판사, 2010.

곽재성, "인권의 시각으로 본 칠레의 민주화와 신자유주의", 구 서울대학교 스페인중남미 연구소, 1998.

구동회 외, 『세계의 분쟁』, 푸른길, 2016.

구정우 외, 『인권으로 읽는 동아시아』, 전1권, 서울대학교 출판문화원.

국가인권위 역, "인간답게 살 권리가 헌법 34조에 규정", 『사회복지와 인권, 인간과 복지』, p.14.

국가인권위원회, "대한민국 성소수자의 권리 : 한국 사회 성소수자 인권지수는 몇 점일까", 국가인권위원회, 2019.

국가인권위원회, "아동 연예인의 인권, 어디서 보호받나요", 국가인권위원회, 2019.

국가인권위원회, "한국사회의 인권 그림자를 다룬 영화 10편", 국가인권위원회, 2019.

국제앰네스티, "미얀마 해상 위 인권침해", 2015.

국제앰네스티, "베네수엘라의 인권 위기에 대해 알아야 할 10가지 진실", 2019.

권오성, "이슬람이해와 문화 선교전략", 숭실대학교 대학원, 2008.

권용립, 『미국의 정치문명』, 삼인, 2003.

기타오카 다카요시, 『복지강국 스웨덴, 경쟁력의 비밀』, ㈜위즈덤하우스, 2012.

기현석, "영국의 선거제도 개혁논의와 다수제 민주주의", 『세계헌법연구』, 2010.

김경민, "이슬람 국가(Islamic Sate, IS)의 통치전략 분석 : 보상과 폭력을 중심으로", 경희대학교 대학원 석사학위논문, 2018.

김경윤 기자, "살인 인플레 베네수엘라에 '화폐대란'… 시위·약탈에 3명 사망", 연합뉴스, 2016.

김경학, 김영기, 김용철,『동남아시아의 민주주의와 역사』, 2003.

김경호 외,『북한인권문제의 실체적 해부』, 도서출판이경, 2006.

김광수, "영국의 인권법과 인권기관", 유럽헌법회의, 2011.

김귀옥,『북한 여성들은 어떻게 살고 있을까?』, 당대, 2000.

김도균, "인권의 개념과 원리, 인권법", 인권법교재발간위원회, 아카넷, 2006.

김도한, "실천적 인권 보장을 위한 유엔 인권관련 기구의 제도", 건국대학교, 2003.

김문성, "말레이 동성애자·성전환자, 자격 갖춰도 경찰 될 수 없다", 연합뉴스, 2016.

김미혜, "노인과 인권",『복지동향』, 8호, 참여연대, 1999.

김민주,『50개의 키워드로 읽는 북유럽 이야기』, 미래의창, 2014.

김병걸,『문예사조, 그리고 세계의 작가들 : 단테에서 밀란 쿤데라까지』, 전2권, 두레, 1999.

김비환,『현대 인권담론의 쟁점과 건망』, 이학사, 2010.

김비환 외,『인권의 정치사상』, 이학사, 2010.

김비환 외 4명,『인권의 해설』, 이학사, 2011.

김서은 외, "성별에 따른 남성중심집단과 여성중심집단의 양가적 성차별주의와 강간통념의 관계",『상담학연구』, Vol. 17, No. 1, 통권 91호, 2016.

김선민, "한국의 언론이 라틴아메리카 포퓰리즘을 바라보는 시각 : 아르헨티나 사례를 통해서", 부산외국어대학교 중남미지역학 석사·학사 학위논문, 2015.

김선희, "민주화 이후 권위주의 과거청산 과정에 대한 연구 : 아르헨티나와 한국 사례를 중심으로", 서울대학교 대학원 석사학위논문, 2012.

김수경 외,『북한 인권백서』, 통일연구원, 2019.

김시혁,『통 아프리카사』, 다산북스, 2010.

김영경, "이슬람 인권사상과 카이로인권선언 – 그 신학적, 역사적 배경과 쟁점",『새한철학회 논문집』, 제2권, 2003.

김영남, "이슬람 사회제도의 여성문제에 관한 연구 : 파키스탄 이슬람화에 나타난 성차별을 중심으로", 이화여자대학교 대학원 박사학위논문, 2013.

김영철, "라틴아메리카의 다문화주의와 흑인 인권 – 브라질의 흑인 인권을 중심으로 –", 한국라틴아메리카학회, 2005.

김영택, "5월 18일 광주", 역사공간, 2010.

김용민, 홍재우, "유럽회의주의의 심화와 내부 민족주의의 발호 : 2015년 영국 총선거 결과를 중심으로",『영국연구』, 2015.

김용선,『이슬람사』, 명문당, 2012.

김유경, "유엔과 인권관련 비정부기구의 역할", 성균관대학교, 1999.

김은중, "정치적 민주화 이후 라틴아메리카 인권 정치와 대안사회운동", 한국라틴아메리카학회, 2010.

김인오 기자, "과거를 잊은 사람들에게 미래는 없다… '9·11 칠레의 악몽'과 피노체트 쿠데타", 매일경제, 2019.

김재호, "전후 일본에 있어서의 헌법 개정 논의의 전개과정과 쟁점", 『동서연구』, 1999.

김정완, 『만약 사막을 만나지 않았더라면』, 아담북스, 2019.

김중섭, "형평운동연구: 일제 침략기 백정의 사회사", 네이버지식연구, 1994.

김찬환 외, "인권－어린이에게도 인권이 있어요!", 네이버 지식백과, 2010.

김창록, "일본국헌법의 출현", 『아시아연구』, 민영사, 1996, p.14.

김현민 기자, "노예무역에 나선 유럽인들… 설탕에 녹은 피", 아틀라스, 2019.

김혜경, "'게이? 우리나라엔 없어'… 말레이시아 장관 발언 논란", NEWSIS, 2019.

김환석, 『북한 인권문제에 대한 현실적 관점』, 국가안보전략연구원, 2018.

나무위키, "흑인민권운동", https://ko.wikipedia.org/wiki/ 미국의 흑인인권운동, 2019.

나종일, 송규범, 『영국의 역사』, 상, 하, 한울아카데미, 2005.

날맹, "핀란드의 대체 복무자들이 파업한 이유", 『인권이야기』, 447호, 2015.

남녀고용평등업무처리규정 제3조, 노동부 예규 제422호.

남옥정, "시리아 위기와 난민문제", HOMO MIGRANS, 8, 2013.

네이버 지식백과, "떠나자, 동남아시아로!", 2010.

네이버 지식백과, "인권보호운동", 한국학중앙연구원.

네이버 포스트, "다문화가정", 2018.

노니 다르위시, 정성일 역, 『이슬람의 여성과 인권』, 4HIM, 2014.

니콜라이, V. 라자노프스키, 『러시아의 역사(1801-1976)』, 까치, 1982.

대검찰청 미래기획단, 『미국의 수정헌법』, 2015.

데이비드 D. 뉴섬, 『미국의 인권외교』, 탐구당, 1988.

도시사연구회, "공간 속의 시간(유럽 미국 동북아 도시사 연구 현황과 전망)", 심산문학, 2007.

"독재자 피노체트 치하의 삶 : 우리의 자유를 묻던 날", 국제앰네스티, 2013.

말레네 뤼달, 『덴마크 사람들처럼』, ㈜이퍼블릭, 2015.

메이슨 플로랜스, 버지니아 젤러스, 책임감수 최하나, 『론리플래닛 : 베트남』, 안그라픽스, 2003.

明載眞, "議員內閣制(Parliamentary Government)에 관한 硏究", 『법학연구』, 10(1), 1999.

閔俊基, "브라질과 아르헨티나의 민주화과정", 『統一問題와 國際關係』, 1997.

박두영, 『노벨과 교육의 나라 스웨덴』, 북콘서트, 2010.

박병규, "라틴아메리카의 원주민 정책: 칠레를 중심으로", 한국민족연구원, 2012.

박보윤, "브라질과 아르헨티나의 민주화 이행과정 비교 연구", 외교안보학과, 2007.

박영관 기자, "베네수엘라, 생필품 사는데 현금 한 상자", KBS NEWS, 2016. 12.

박영서, 『백인 우월주의 단체 '쿠 클럭스 클랜', KKK』, voakorea, 2016.

박웅희, 『3대혁명』, 한국민족문화대백과사전, 1996.

박종환 기자, "마두로 퇴진, 베네수엘라 반정부 시위로 26명 사망", CBS노컷뉴스, 2019. 1.

박지향, 『제국주의 : 신화와 현실』, 서울대학교출판부, 2000.

박충구, 『종교와 평화』, 홍성사, 2017.

반기문, 유엔사무총장, 한국방송공사 국제방송, 2006.

벤자민 콸스, 『미국흑인사』, 백산서당, 2002.

변광수, 『복지국가 스웨덴 사람들』, 문예림, 1993.

변광수, 『북유럽사』, 위키미디어 커먼즈, 2006.

브런치 매거진, "동남아시아 여성과 아동의 인신매매", 2019.

비상교육, 『기본권』, 비상학습백과, 2019.

비팃 문타폰 외, "유엔인권이사회의 대처가 필요한 인권상황들", 북한인권시민연합, 2008.

서경원, 『Basic 고교생을 위한 정치경제 용어사전』, ㈜신원문화사, 2005.

서동주, "일본고도성장기 : 핵=원자력의 표상과 피폭의 기억", 2014.

서보혁, 『코리아 인권 – 북한 인권과 한반도 평화』, 책세상, 2011.

서보혁 외, "김정은 집권 이후 북한의 인권상황 – 북한의 대내외환경과 인권정책변화를 중심으로", 통일부 북한인권기록센터, 2017.

서울대학교 인권센터, 『인권이란?』(http://hrc.snu.ac.kr/human_rights).

서울대학교 종교학연구회, 『세계종교사 입문』, 청년사, 2011.

서인호, 『고교생이 알아야 할 화학 스페셜』, 신원문화사, 2000.

손영호, 『다시 읽는 미국사』, 교보문구, 2011.

손희두 외, 『북한법령용어사전(Ⅰ) – 기초법 및 헌법편』, 법제처, 2002.

신용호, "장애인 권리협약과 장애인의 인권", 『복지동향』, 116, 나눔의집, 2008.

신윤정, 『스웨덴의 양육지원 정책 방향』, 국가정책연구포털, 2008.

신진희, 『한번 읽으면 절대로 잊지 않는 세계사 공부』, 메이트북스, 2019.

신필균, 『복지국가 스웨덴』, 후마니타스, 2011.

신현수, 『세상을 앞으로 바꾼 인권』, 상상의집, 2015.

아누 파르티넨, 『우리는 미래에 조금 먼저 도착했습니다』, 태학사, 2016.

안치용, 『대한민국 행복지수』, 북스코프, 2008.

앙드레 모루아, 신용석 역, 『영국사』, 김영사, 2013.

앨런 사이나이, "미국경제와 세계경제", 세계경제연구원, 1994.

양동훈, "남미의 인권유산 정리과정과 민주주의 – 비교정치의 시각에서", 한국 라틴아메리카학회, 2006.

에이브러햄 애셔,『처음 읽는 러시아 역사』, 아이비북스, 2012..

여성구, "해방 후 재일 한인의 미귀환 사례의 성격",『한국근현대사연구』, 2006.

연합뉴스, "美 스타벅스 인종차별 논란… '주문 없이 앉은' 흑인 체포".

오문수 기자, "칠레 산티아고에서 만난 여성 시위대, 이유 묻자…", 오마이뉴스, 2019. 1.

오미영, "낙태에 관한 유럽재판소의 입장 : 대한민국에서의 논의에 대한 시사점", 성균관대학교 법학연구소, 2014.

오인석,『세계현대사』, 서울대학교 출판문화원, 2014.

오준호,『반란의 세계사 : 이오니아 반란에서 이집트혁명까지』, 미지북스, 2011.

오혜경 외,『여성장애인과 이중처벌』, 학지사, 2000.

외교부,『아르헨티나 개황』, 2018. 10.

우야마 다쿠에이, 오세웅(역),『너무 재밌어서 잠 못드는 세계사』, 생각의길, 2016.

위키백과, "계몽주의", 우리 모두의 백과사전, 2019.

위키백과, "사회계약", 우리 모두의 백과사전, 2019.

위키백과, "존 로크", 우리 모두의 백과사전, 2019.

유 미, "스웨덴 여성폭력피해자 지원제도 탐방기", 한국여성의 전화인권정책연구, 2017.

유엔 현황, 유엔 자료실, 서울대학교 중앙도서관, 2006.

유정화, 이형석, "아프리카 사회보장제도에 관한 연구 - 남아프리카공화국과 나미비아를 중심으로 -",『법과 정책』, Vol. 22, No. 1, 2016.

윤승민 기자, "베네수엘라, 치안 불안해서 못 살겠다", 주간경향, 2014. 3.

윤혜동,『근대역사학의 황혼』, 책과함께, 2010.

이강원, "젠더와 트랜스섹슈얼리즘: 성전환에 대한 인류학적 연구", 인류학에 대한 성전환적 연구, 2013.

이강혁,『라틴아메리카역사 다이제스트 100』, 가람기획, 2008.

이경주, "일본의 군사대국주의와 평화헌법 개정논의",『역사비평』, 2001.

이광윤, "브라질 흑인의 역사와 문화", 중남미지역원, 2015.

이금순 외, "북한 정치범 수용소", 통일연구원, 2003.

이동윤, "동남아의 지역갈등과 갈등관리 : 아세안(ASEAN)의 지역협력을 중심으로",『한국태국학회 논총』, 제18-2호, 2012.

이미정, "이슬람문화 이해를 통한 무슬림여성의 선교 방안 연구", 목원대학교 신학대학원, 2011.

이봉철,『현대인권사상』, 아카넷, 2001, 2003.

이상수,『미국의 독립선언문』, 네이버 지식백과 Basic 고교생을 위한 사회 용어사전, 2006.

이서행, "신년사",『한국민족문화대백과사전』, 한국학중앙연구원 윤리학과, 2012.

이성로,『북한의 사회불평등 구조』, 해남, 2008.

이영우, "영국의 의원내각제에 관한 연구",『토지공법연구』, 제62집.

이용교 외,『인권과 복지』, 광주대학교출판부, 2014.

이정우, "북한",『한국민족문화대백과사전』, 평화문제연구소, 2009.

이정은, "메이지초기 천황제 국가건설과 인권 : 후쿠자와유키치와 가토 히로유키의 인권론을 중심으로",『사회와 역사』, 2005.

이종훈 외, "세계인권 선언 – 당신의 인권은 안녕하신가요?", 네이버 지식백과, 2006.

이종희, "쉽게 풀어쓴 영국의 선거제도", 전라남도선거관리위원회, 2016.

이종희, 서인덕, 김동하, "우리나라 New 선거제도의 발전 방향에 관한 연구 : 영국의 선거제도와 브렉시트 국민투표 사례 중심", Referendum 국민투표연구회 주관 심포지엄 발제문, 2016.

이주희, "민주화 이후 군부에 대한 문민통제 : 한국과 아르헨티나 사례를 중심으로", 고려대학교 대학원 석사학위논문, 2008.

이준일,『인권법』, 홍문사, 2010.

이지원 역, 앤드루 클래펌 저,『인권』, 교유서가, 2019.

이항구, "천리마운동",『한국민족문화대백과사전』, 1996.

이현영, "방글라데시 여성 차별에 대한 고찰 : 종교문화 및 역사적 전통과 현실을 중심으로", 부산대학교 국제전문대학원 석사학위논문, 2017.

이회수, 이원삼,『이슬람 문명 올바로 이해하기 이슬람』, 청아출판사, 2001.

임왕준,『일본군 위안소 관리인의 일기』, 이숲, 2013.

임윤갑, "시리아 내전 분석과 전망",『PKO저널』, 14, 2017.

임인숙, "일제 시기 근로정신대 여성들의 정신대 경험 해석과 의미화 과정에 관한 연구", 2003.

임재홍, "근대 인권의 확립",『인권법』, 인권법교재발간위원회, 아카넷, 2006.

임주화, "노인들을 통해 본 노인인권", 광주복지인권연구소, 2019.

장선화, "한국 국회의원 선거제도 개혁의 조건과 과제 : 뉴질랜드 및 영국 사례와 비교적 관점에서",『비교민주주의 연구』, 2013.

장원석, "남아프리카공화국 진실화해위원회와 회복적 정의론",『정치와 평론』, Vol. 21, 2017.

장호순 지음,『미국헌법과 인권의 역사 민주주의와 인권을 신장시킨 명판결』, 개마고원, 2006.

전광석, "사회적 기본권의 헌법적 실현구조", 국가인권위원회 사회권포럼 자료집 1, 2007.

정경희,『미국을 만든 사상들』, 살림, 2004.

정기문,『14가지 테마로 즐기는 서양사』, 푸른역사, 2019.

정수영 기자, "카드뉴스 씻으면 흑인이 백인?… 도브의 인종차별 광고", news1, 2017. 10. 10.

정시내 기자, "위기의 베네수엘라, '국가 비상사태' 선포", MBC NEWS, 2016. 5.

정원호, 『복지국가』, 책세상, 2017.

정인섭, "유엔의 인권보호 활동", 대한국제법학회, 2001.

정종섭, 『헌법학원론』, 박영사, 2006.

정진성 외, "인권으로 읽는 동아시아 – 일본에서의 인권 정의", 인권 조례전문, 서울대학교 출판문화원.

정진성 외, 인권으로 읽는 동아시아 – 일본의 인권 발전 과정, 서울대학교출판문화원.

정회성 기자, "국제인권법으로 국가폭력 가해자 처벌한 칠레에서 배워야", 연합뉴스, 2018. 8.

조순경, "차별을 어떻게 이해할 것인가? 장애우권익문제연구소 자료집, 2002.

조영실, "라틴아메리카의 성 불평등과 구조적 간극", 서울대학교 라틴아메리카연구소, 2017.

조윤승, "스모그와 건강피해 – 런던 스모그참사의 재조명", 대한환경위생공학회지, 1991.

조정환, 『제국기계 비판』, 갈무리, 2005.

조지형, 『헌법에 비친 역사 : 미국 헌법의 역사에서 우리 헌법의 미래를 찾다』, 푸른역사, 2007.

조한욱, "샤프빌 학살", 한겨레–조한욱의 서양사람(史覽), 2014.

조효제, 『인권의 문법』, 후마니타스, 2019.

조효제, 『인권의 풍경』, 교양인, 2019.

주영훈, "사우디 '도망간 여자 잡는 앱' 그리고 구글, 애플의 인권침해 지원 또는 방조?", 아시아엔, 2019.

주진경, "중동이슬람과 여성에 대한 연구", 총신대학교 신학대학원, 2010.

중앙선거관리위원회 선거연수원, 『각국의 선거제도 비교연구』, 2015.

지아우딘 사르다르 외 1명, 『이슬람, 우리는 무엇을 알고 있나?』, 이후, 2009.

채영국, "해방직후 미귀환 재일한인의 민족교육운동", 『한국근현대사연구』, 2006.

최연혁, 『우리가 만나야 할 미래』, 쌤앤파커스, 2012.

최윤필 기자, "가만한 당신, 총구에 맞선 증오 없는 호소… 칠레 인권운동의 상징 아나 곤잘레스", 한국일보, 2018. 11.

최장집, 『민주화 이후의 민주주의: 한국 민주주의의 보수적 기원과 위기』, 후마니타스, 2002.

"칠레 : 피노체트 치하의 삶 '우리가 들을 수 있는 것이라고는 교회 종소리와 사람들의 비명뿐'", 국제앰네스티, 2013.

콜롬비아 헌법, 세계 법제 정보센터, 2019.

클라이브 크리스티, 노영순,『20세기 동남아시아의 역사』, 심산, 2004.

토머스 F, 고셋 지음,『미국 인종차별사』, 나남, 2010.

하영식, "남미 인권 기행(눈물 젖은 대륙, 왼쪽으로 이동하다)", 레디앙, 2009.

하워드 진 지음,『미국 민중사』, 시울, 2006.

하워드 진 지음,『살아있는 미국역사』, 추수밭, 2008..

한겨레신문, "유엔은 세계정부가 될 것인가?, 새 천년, 새 세기를 말한다.", 한겨레신문,
        1998. 8. 5.

한국보건사회연구원, "주요국의 사회보장제도 : 스웨덴", 2012.

한동호 외, "북한의 국제인권조약 비준, 가입 현황",『북한연구백서』, 북한인권연구센터,
        2018.

한상범,『인권 – 민중의 자유와 권리』, 교육과학사, 1985.

한상진 편,『현대사회와 인권』, 나남출판사, 2006.

허강일, "인권보호·증진을 위한 유엔 메커니즘", 한국외교협회, 2004.

허만호,『북한의 개혁, 개방과 인권』, 명인문화사, 2009.

허서윤, "이란 인권침해, 수십 년간 지속돼", 라이헨바흐, 2019.

헬렌 러셀,『세계에서 가장 행복한 덴마크 사람들』, 마로니에북스, 2016.

홍사중,『근대시민사회사상사』, 한길사, 1997.

황규희, "태국여성 지위, 역할 변화 연구", 1998.

Ahreum Lee, "유엔 인권체제의 개혁", 한국외국어대학교, 2011.

MBC, "이제는 말할 수 있다", 2004년 3월 28일자.

Sara C. Nelson, "말레이시아 차 안에서 동성애했다는 이유로 두 여성 공개 태형", HuffPost
        UK, 2018.

SBS CNBC, "말레이 전 부총리 '인니 강진참사는 신이 동성애자에 내린 벌'", 연합뉴스,
        2018.

저자약력

김숙복

강원도 삼척에서 출생하여 대구로 유학을 떠나 계명대학교 사범대학 교육학과를 졸업하고 동 대학교 대학원에서 교육학과 철학을 전공하여 석, 박사과정을 수학하였다. 또한 동 대학에서 교양 및 교직과목 강의를 시작으로 가톨릭상지대학, 계명문화대학, 대경대학, 영남외국어대학을 거쳐 현재는 경북과학대학교 겸임교수 및 창원문성대학교에서 후학들을 가르치고 있다.

대표적인 저서로는 『학교폭력의 예방과 대책』 『생명존중을 위한 자살 예방론』 『고대, 중세로 떠나는 서양철학사』 『근대, 현대로 떠나는 서양철학사』 『대학생들을 위한 쉽게 풀어쓴 손자병법』이 있다.

논문으로는 "R.S. Peters 교육철학에 있어서 자유와 교육" "다산 정약용의 교육사상연구" "조선후기에 있어서 실학과 교육" "간호대학생의 폭력에 대한 대처양식과 현장실습적응" 등이 있다.

정윤화

계명대학교 대학원 간호학과 석, 박사과정을 수학하였고 동 대학교 간호학과, 가톨릭상지대학에서 강의하였으며 칠곡군 정신건강심의(심사)위원회 위원, 칠곡군정신건강복지센터 운영위원회 위원으로 활동하고 있으며 현재 경북과학대학교 간호학과 교수로 재직하고 있다.

대표적인 저서로는 『정신간호학 및 실습지침서』 『정신건강간호학』 『간호정보학』 『인간관계와 커뮤니케이션』 『정신간호학 및 실습지침서』 등이 있다.

논문으로는 "간호대학생의 폭력경험, 대처양식 및 회복탄력성이 정서반응과 임상실습스트레스에 미치는 효과" "간호대학생의 분노표현, 우울이 대학생활 적응과 대인관계에 미치는 영향" "간호대학생의 분노표현방식, 회복탄력성이 대학생활 적응에 미치는 영향" "간호대학생의 폭력에 대한 대처양식과 현장실습적응" "간호대학생의 임상실습 폭력예방 프로그램의 개발 및 효과" 등이 있다.

정일동

연세대학교 대학원에서 정치학을 전공하였고, 계명대학교 대학원에서 교육학 박사과정 중에 있다. 현재 경북과학대학교에서 군사학과장으로 재직하고 있다.

국회 국방위원정책토의에 참가하였고 다국적군 전투실험국제콘퍼런스에 참석하였으며 인성교육진흥협회에서 활동하였다. 또한 한국연구재단위원으로 있었다.

저서로는 『생명존중을 위한 자살 예방론』 『근대, 현대로 떠나는 서양철학사』가 있다.

논문으로는 "작전실시간 대대급 전장상황파악수준 향상방안" "미래 보병부대 방어작전 간 기동수단을 활용한 전투수행" "적 상황에 대한 전장가시화 향상방안" "대대급 지휘통신운영의 효율성 증대방안" 등이 있다.

저자와의
합의하에
인지첩부
생략

국제사회와 인권

2020년 8월 30일 초판 1쇄 발행
2024년 9월 15일 초판 4쇄 발행

지은이 김숙복 · 정윤화 · 정일동
펴낸이 진욱상
펴낸곳 (주)백산출판사
교 정 성인숙
본문디자인 구효숙
표지디자인 오정은

등 록 2017년 5월 29일 제406-2017-000058호
주 소 경기도 파주시 회동길 370(백산빌딩 3층)
전 화 02-914-1621(代)
팩 스 031-955-9911
이메일 edit@ibaeksan.kr
홈페이지 www.ibaeksan.kr

ISBN 979-11-6567-138-9 93330
값 20,000원